本丛书由澳门基金会策划并资助出版

澳门研究丛书 MACAU STUDIES

澳门特别行政区
基本法解析

立法背景和立法原意的探究

Analysing the Basic Law of
the Macau Special Administrative Region
An Approach from
Legislative Background and Intent

骆伟建　江华　赵英杰　/著

社会科学文献出版社
SOCIAL SCIENCES ACADEMIC PRESS (CHINA)

澳門基金會
FUNDAÇÃO MACAU

前　言

　　2019 年 12 月 20 日是澳门特别行政区成立 20 周年的日子。20 年来，"一国两制"在澳门特别行政区的伟大实践取得了举世瞩目的成就。在庆祝澳门特别行政区成立 20 周年的时候，有必要回顾总结"一国两制"实践的经验，从而为"一国两制"事业的发展提供助力。澳门特别行政区"一国两制"事业取得成功的重要经验之一，就是严格依法治澳，坚持宪法和《澳门基本法》是特别行政区的宪制基础，在全面准确理解"一国两制"和《澳门基本法》的基础上，坚定不移地实施"一国两制"和《澳门基本法》。

　　本书通过对《澳门基本法》起草委员会委员的访谈和《澳门基本法》起草的相关文献资料的研究，向读者介绍《澳门基本法》条文的形成过程、立法背景、立法原意、立法目的，希望有助于读者更全面准确地理解基本法的条文。

　　本书是澳门基金会开展的"澳门基本法探源"口述历史项目的研究成果，同时也得到了全国港澳研究会的支持，徐泽会长对本书的完善提供了很多宝贵意见。在访谈过程中，还得到了原《澳门基本法》起草委员会部分委员的大力协助，他们虽然年事已高，但仍然以饱满的热情、对"一国两制"事业的忠诚，介绍了亲历《澳门基本法》制定的情况和体会，并提供了宝贵的资料。对此，向上述机构和《澳门基本法》起草委员会委员表示衷心感谢。

目 录

绪　论…………………………………………………………………………… 001

第一篇　《澳门基本法》结构的确定

第一章　《澳门基本法》起草委员会的成立 ………………………… 009

第二章　《澳门基本法》起草委员会的起草工作 ………………… 011

第二篇　《澳门基本法》条文的形成

第三章　《澳门基本法》序言 ……………………………………… 027

第四章　总则…………………………………………………………… 038

第五章　中央和澳门特别行政区的关系 ………………………… 064

第六章　居民的基本权利和义务 ………………………………… 094

第七章　政治体制…………………………………………………… 135

第八章　经济………………………………………………………… 239

第九章　文化和社会事务 ………………………………………… 262

第十章　对外事务…………………………………………………… 282

第十一章　《澳门基本法》的解释和修改 …………………… 289

第十二章　附则……………………………………………………… 302

第三篇 《澳门基本法》起草委员会委员访谈

陈滋英委员访谈纪要 …………………………………………… 309

宗光耀委员访谈纪要 …………………………………………… 320

武连元委员访谈纪要 …………………………………………… 360

田曾佩委员访谈纪要 …………………………………………… 366

罗立文委员访谈纪要 …………………………………………… 372

胡厚诚委员访谈纪要 …………………………………………… 379

曹其真委员访谈纪要 …………………………………………… 391

廖泽云委员访谈纪要 …………………………………………… 398

康冀民委员访谈纪要 …………………………………………… 412

郭东坡委员访谈纪要 …………………………………………… 431

孙琬钟委员访谈纪要 …………………………………………… 442

黎祖智委员访谈纪要 …………………………………………… 453

附 录

中华人民共和国澳门特别行政区基本法（草案）征求意见稿 ………… 487

中华人民共和国澳门特别行政区基本法（草案） ……………………… 508

绪　论

一　研究《澳门基本法》起草的背景、形成的过程及其立法原意的意义

只有全面准确地理解基本法，才能够做到坚定不移地实施《澳门基本法》，才能够保障《澳门基本法》被正确地遵守和执行，才能避免对《澳门基本法》片面、错误乃至歪曲的理解。事实上，在《澳门基本法》的实施过程中，确实存在上述的错误现象，要防止、克服和纠正这些错误的现象，一个重要的办法，就是温故而知新，了解《澳门基本法》条文形成的背景和立法原意，明白《澳门基本法》的真实含义。掌握了《澳门基本法》的立法原意，当对《澳门基本法》条文的理解发生争议时，也就可以明辨是非，辨识真假。

二　研究《澳门基本法》起草的背景、形成的过程及其立法原意的方法

全面准确理解《澳门基本法》，离不开对《澳门基本法》立法背景和立法原意的掌握。掌握立法原意，就要研究《澳门基本法》条文形成的过程，起草委员会委员和社会各界人士是如何在不同的意见争论中逐步达成共识，表达基本法规范明确的含义。本书采取忠实于《澳门基本法》制定的历史和事实的态度，以文献研究的方法，对《澳门基本法》条文形成过程中的各种意见进行梳理，并且按照条文草拟的不同阶段，从《澳门基本法（草案）征求意见稿（讨

论稿)》，到《澳门基本法（草案）征求意见稿》《澳门基本法（草案)》，再到《澳门基本法》文本的最终定稿，并依此顺序还原《澳门基本法》条文的形成过程，探求《澳门基本法》的立法原意。

三 研究《澳门基本法》起草背景、形成的过程应注意的两个主要特点

研究《澳门基本法》形成的过程和立法原意，一定要抓住《澳门基本法》起草的特点。《澳门基本法》起草委员会主任委员姬鹏飞在第八届全国人民代表大会第一次会议上所作的《关于〈中华人民共和国澳门特别行政区基本法（草案)〉和有关文件及起草工作的说明》中指出："由于国家对香港和澳门的基本方针政策是相同的，香港和澳门两个特别行政区的基本法都根据我国宪法第三十一条和'一国两制'的总方针以及国家对港澳的基本政策来制定，所以澳门特别行政区基本法（草案）的总体结构和主要原则与香港特别行政区基本法是一致的。……但是，澳门在政治、经济、文化、历史和社会等方面都有其自身的特点，澳门特别行政区基本法（草案）正是从实际情况出发，充分体现澳门的特点。"①这一论述，突出了《澳门基本法》起草的两个显著的特点。在理解《澳门基本法》时，既要注意与《香港基本法》的相同点，也要注意不同点，这样才能更好地掌握《澳门基本法》。

如果进一步深入研究《澳门基本法》起草过程，还可找到一个共通点，凡是与《香港基本法》相同的规定，在起草《澳门基本法》条文时，没有大的争议，在征求社会各界意见时，也没有太多意见。而在有关澳门的特殊内容上，却有不少分歧，通过长期讨论，逐步达成了共识。所以，本书在介绍和研究《澳门基本法》形成的过程和立法原意时，将重点分析《澳门基本法》有特点的条文。

（一）《澳门基本法》与《香港基本法》相同的原因

《澳门基本法》与《香港基本法》相同的原因有以下几点。

---

① 《关于〈中华人民共和国澳门特别行政区基本法（草案)〉和有关文件及起草工作的说明》，外交部驻澳门特区特派员公署网站，1993 年 3 月 21 日，http://www.fmcoprc.gov.mo/chn/zt/yglz/51337275.htm。

第一，先有《中英联合声明》，后有《中葡联合声明》。《中英联合声明》中中国政府对香港的政策是"一国两制"，这决定了《中葡联合声明》中中国政府对澳门的基本方针政策与香港是相似的，二者保持基本一致，体现了国家政策的连续性与一致性。同时，基本法的制定是将国家对港澳的基本方针政策法律化，所以把中国政府的政策作为基本法制定的政策依据，进而决定了《中葡联合声明》中已经有的文字表述，没有必要修改和调整的，就保留不变。正如姬鹏飞主任委员在第八届全国人民代表大会第三次全体会议上的开幕式讲话中所说："我们制定澳门基本法，就是要将中葡联合声明中所载入的中国政府对澳门的方针、政策用法律的形式规定下来。"①

第二，有《香港基本法》可供参考。《香港基本法》的规定，尤其是有关"一国"的规定，与澳门的实际情况没有不同的，保持相同的表述。这决定了《澳门基本法》起草过程中草拟的一些条文是没有争议的，意见一致，立法原意与《香港基本法》相同。这有两种情况，一种是文字完全一致；另一种是文字略有区别，内容完全相同。在1990年12月11日第五次全体会议上，中央与特别行政区的关系专题小组工作报告指出："澳门作为特别行政区，其地位同香港特别行政区基本上是一样的。所以，在起草澳门基本法的序言和上述五章的条文时，香港特别行政区基本法的序言和有关章节的许多条文可供参考。另有一部分条文，由于澳门和香港的情况不同，需要根据澳门的特点并参照中葡联合声明重新草拟，……都应根据澳门的实际情况作出规定。"②

（二）《澳门基本法》的特殊规定

根据澳门实际情况起草的条文，有一些讨论和争议，需要重点加以探究。这是本书挖掘的重点。将"一国两制"理论与澳门的实际情况相结合，制定出符合澳门实际需要、促进澳门发展的条文。这有两种情况，一种是香港没有澳门独有的，如博彩业、土生葡人利益和习俗、重组司法机关等；另一种是与香港区别对待的，如行政长官和立法会产生办法等。

---

① 全国人大常委会澳门基本法委员会办公室编《中华人民共和国澳门特别行政区基本法起草委员会文件汇编》，中国民主法制出版社，2011，第29页。

② 全国人大常委会澳门基本法委员会办公室编《中华人民共和国澳门特别行政区基本法起草委员会文件汇编》，第68页。

四　研究《澳门基本法》形成的过程和立法原意应该注意四个依据

起草委员会委员在制定基本法条文时，始终坚持以下四个依据来达成共识。

一是"一国两制"理论。基本法是"一国两制"理论的法律化，基本法的规范离不开"一国两制"理论，基本法的规范只能依据"一国两制"理论来确定，只有符合"一国两制"理论，基本法的规范才能有利于"一国两制"的实施。

二是中国政府对港澳的基本政策。根据"一国两制"理论，国家对港澳制定了具体的方针政策，将"一国两制"理论具体化和政策化。中国政府提出了十二条基本政策，这些政策构成特别行政区制度的内容。基本法要将具体的方针政策上升为法律的规定。

三是宪法相关规定。宪法是国家的根本法，1982年宪法将"一国两制"的原则写入，第31条规定："国家在必要时得设立特别行政区。在特别行政区内实行的制度按照具体情况由全国人民代表大会以法律规定。"第62条第（14）项（现行宪法）规定了全国人民代表大会"决定特别行政区的设立及其制度"的职权。据此，中国政府在《中葡联合声明》中明确指出："上述基本政策和本联合声明附件一所作的具体说明，将由中华人民共和国全国人民代表大会以中华人民共和国澳门特别行政区基本法规定之，并在五十年内不变。"基本法要根据宪法制定，宪法中的"一国"规范和"两制"要求均必须在基本法中得到体现。基本法不可能作出与宪法规定相抵触的规范。

四是澳门的具体情况，以事实为依据。在运用"一国两制"理论，运用国家对港澳的基本政策和宪法的相关规定时，必须和澳门的具体情况相结合。只有联系实际和符合实际，才能解决具体的问题，彰显"一国两制"的生命力，显示"一国两制"的优越性。

五　本书论述的顺序和脉络

第一，按照《澳门基本法》序言章节的顺序，对《澳门基本法》起草过程中一些条文的形成过程进行介绍。

第二，按照《澳门基本法》条文形成的时间顺序，先介绍起草委员会委员在专题小组起草过程中的讨论，然后介绍全体会议时委员们的讨论，再介绍委员们对社会意见的讨论，最后介绍全体会议时委员们的共识，即从《澳门基本法（草案）征求意见稿（讨论稿）》到《澳门基本法（草案）征求意见稿》，再到《澳门基本法（草案）》，最后是《澳门基本法》。

本书的目的有三：第一，客观地介绍《澳门基本法》条文的形成过程和共识的取得；第二，在介绍完一个条文的形成后，全面准确解释该条文的含义；第三，揭示和明确《澳门基本法》条文的立法原意和精神。

第一篇 《澳门基本法》结构的确定

第一章　《澳门基本法》起草委员会的成立

　　1988 年 4 月 13 日，第七届全国人民代表大会第一次会议通过了《全国人民代表大会关于成立澳门特别行政区基本法起草委员会的决定》，"决定成立中华人民共和国澳门特别行政区基本法起草委员会，负责澳门特别行政区基本法的起草工作。澳门特别行政区基本法起草委员会向全国人民代表大会负责，在全国人民代表大会闭会期间，向全国人民代表大会常务委员会负责。澳门特别行政区基本法起草委员会由包括澳门同胞在内的各方面的人士和专家组成，具体组成人员名单由全国人民代表大会常务委员会决定并公布"。[1] 该决定主要有三项内容：第一，明确起草委员会的工作任务是负责澳门特别行政区基本法的起草工作；第二，起草委员会的性质是一个工作机构，对全国人民代表大会及其常务委员会负责；第三，起草委员会的组成要有代表性和专业性，包括各方面的人士和专家。

　　1988 年 9 月 5 日，第七届全国人民代表大会常务委员会第三次会议通过了《中华人民共和国澳门特别行政区基本法起草委员会名单》[2]，《澳门基

---

① 全国人大常委会澳门基本法委员会办公室编《中华人民共和国澳门特别行政区基本法起草委员会文件汇编》，第 1 页。

② 全国人大常委会澳门基本法委员会办公室编《中华人民共和国澳门特别行政区基本法起草委员会文件汇编》，第 2 页。中华人民共和国澳门特别行政区基本法起草委员会名单（1988年 9 月 5 日第七届全国人民代表大会常务委员会第三次会议通过），主任委员：姬鹏飞；副主任委员：胡绳、王汉斌、马万祺、何鸿燊、雷洁琼（女）、钱伟长、何厚铧、薛寿生、李后、周鼎。委员（按姓名笔画排列）：万国权、马万祺、王汉斌、王叔文、毕漪文（女）、刘华、许崇德、孙琬钟、李成俊、李后、李钟英、李康、李裕民、肖蔚云、吴荣恪、吴建璠、何厚铧、何鸿燊、宋玉生、陈炳华、邵天任、武连元、林家骏、周小川、（转下页注）

本法》起草委员会正式成立。《澳门基本法》起草委员会由来自内地和澳门的48位委员组成，内地委员有负责或处理澳门事务的相关部门的负责人、法律专家、知名人士、民主党派代表，澳门委员有工商界、法律界、新闻界、教育界、宗教界、劳工界的代表，还有葡萄牙在澳门的后裔居民的代表。从委员的组成看，充分体现了广泛的代表性和专业性。1990年6月28日第七届全国人民代表大会常务委员会第十四次会议和1991年9月4日第七届全国人民代表大会常务委员会第二十一次会议分别审议了《澳门基本法》起草委员会主任委员姬鹏飞关于澳门特别行政区基本法起草委员会任免的报告，考虑到个别委员因工作调动和个人原因辞去委员职务，决定了部分委员的任免事项。①

（接上页注②）周南、周鼎、经叔平、项淳一、赵汝能、胡厚诚、胡绳、柯平、饶不辱、勇龙桂、钱伟长、郭丰民、诸桦（女）、姬鹏飞、黄汉强、曹其真（女）、崔德祺、康冀民、彭清源、鲁平、雷洁琼（女）、廖泽云、黎祖智、薛寿生；秘书长：鲁平；副秘书长：诸桦（女）、胡厚诚。

① 全国人大常委会澳门基本法委员会办公室编《中华人民共和国澳门特别行政区基本法起草委员会文件汇编》，第3~4页。第七届全国人民代表大会常务委员会第十四次会议审议了澳门特别行政区基本法起草委员会主任委员姬鹏飞关于澳门特别行政区基本法起草委员会委员任免的报告，决定："一、免去周鼎的澳门特别行政区基本法起草委员会委员和副主任委员职务。二、免去周南、郭丰民的澳门特别行政区基本法起草委员会委员职务。三、增补郭东坡为澳门特别行政区基本法起草委员会委员和副主任委员。四、增补田曾佩、陈滋英为澳门特别行政区基本法起草委员会委员。"第七届全国人民代表大会常务委员会第二十一次会议审议了澳门特别行政区基本法起草委员会主任委员姬鹏飞关于澳门特别行政区基本法起草委员会委员任免的报告，决定："一、免去薛寿生的澳门特别行政区基本法起草委员会委员和副主任委员职务。二、免去胡厚诚的澳门特别行政区基本法起草委员会委员和副秘书长职务。三、免去黎祖智的澳门特别行政区基本法起草委员会委员职务。四、增补宗光耀为澳门特别行政区基本法起草委员会委员和副秘书长。五、增补罗立文为澳门特别行政区基本法起草委员会委员。"

第二章 《澳门基本法》起草委员会的起草工作

一 制定工作规则和工作计划

1988 年 10 月 25 日，《澳门基本法》起草委员会举行了第一次全体会议。这标志着《澳门基本法》起草工作正式开始。

姬鹏飞主任委员在开幕式讲话中指出了起草《澳门基本法》的意义："着手制定的澳门特别行政区基本法，就是要把国家对澳门的基本政策，用法律的形式规定下来。这是一项十分重要的、具有历史意义的任务。"① 同时，也提出了起草《澳门基本法》的要求："制定澳门基本法，可以借鉴香港基本法起草工作的经验，但澳门也有不同于香港的地方，必须从澳门的实际出发，考虑澳门的特点，广泛地听取各界人士的意见，深入地调查研究。只有这样，才能起草出一部体现'一国两制'方针的符合澳门实际的基本法。"②

第一次全体会议确定了《澳门基本法》起草工作的大体规划和步骤。会议同意用四年多的时间完成《澳门基本法》起草工作，分四步走：第一步，从全体会议后到 1990 年初，在调查研究基础上，草拟出《澳门基本法结构（草案）》；第二步，从 1990 年初到 1991 年下半年，拟出《澳门基本

---

① 全国人大常委会澳门基本法委员会办公室编《中华人民共和国澳门特别行政区基本法起草委员会文件汇编》，第 5 页。

② 全国人大常委会澳门基本法委员会办公室编《中华人民共和国澳门特别行政区基本法起草委员会文件汇编》，第 5 页。

法（草案）征求意见稿》，并公开征求意见；第三步，从 1991 年下半年到 1992 年第二季度，经过征求意见和修改，将《澳门基本法（草案）》提交全国人大常委会予以公布；第四步，从 1992 年第二季度到 1993 年初，经第二次征求意见和修改，将正式的《澳门基本法（草案）》提请全国人大审议通过。①

第一次全体会议还确定了起草委员会工作的原则和方法。第一，加强研究和学习国家对澳门的基本政策；第二，深入澳门社会进行调查研究，了解澳门的实际；第三，广泛征询和听取各界人士的意见和建议；第四，按照民主协商的原则，在讨论问题时应充分发扬民主，各抒己见，遇到问题协商解决。②

1989 年 5 月 9 日至 10 日，起草委员会举行第二次全体会议。这次会议的主要任务有两个：第一，初步讨论《澳门基本法》结构；第二，审议通过起草委员会工作规则。委员们就《澳门基本法》结构的内容，初步交换了意见和看法。会议通过了《关于成立澳门特别行政区基本法结构（草案）起草小组的决定》。③《澳门特别行政区基本法结构（草案）》起草小组（以下简称"结构小组"）包括秘书长、副秘书长各一人，内地委员和澳门委员各三人，其任务是根据"一个国家，两种制度"的方针和《中葡联合声明》的精神，从澳门实际出发，在广泛征询和听取澳门各界人士意见的基础上，起草《澳门基本法结构（草案）》提交，《澳门基本法》起草委员会第三次全体会议讨论。

二 起草《澳门基本法结构（草案）》

结构小组共举行了三次小组会议，其间赴澳门调查和咨询。结构小组第一次会议制订了草拟工作计划，收集报刊发表的有关基本法结构的意见以及

① 全国人大常委会澳门基本法委员会办公室编《中华人民共和国澳门特别行政区基本法起草委员会文件汇编》，第 6 页。
② 全国人大常委会澳门基本法委员会办公室编《中华人民共和国澳门特别行政区基本法起草委员会文件汇编》，第 6 页。
③ 全国人大常委会澳门基本法委员会办公室编《中华人民共和国澳门特别行政区基本法起草委员会文件汇编》，第 25 页。澳门特别行政区基本法结构（草案）起草小组成员名单（按姓氏笔画为序）：刘焯华、许崇德、肖蔚云、吴荣恪、吴建璠、胡厚诚、黄汉强、鲁平；召集人：鲁平、胡厚诚。

其他相关资料。1989 年 9 月，结构小组赴澳门调查研究，并开展咨询工作，为期 13 天。其间，结构小组访问了工厂、学校、居民区，举行了 13 次座谈会。参加座谈会的人士有工商界、金融界、建筑置业界、旅游娱乐界、教育界、体育界、新闻界、宗教界、劳工界、街坊会的代表。结构小组还听取了基本法咨询委员会基本法结构专责咨询小组、各社会团体、各基本法关注小组的意见，以及在澳门的草委、全国和广东省部分人大代表、政协委员的意见。第二次会议对咨询后收集的意见进行研究分析，委员们互相交换了意见，委托三位法律专家草拟《澳门基本法结构（草案）》初稿。1989 年 10 月 17 日举行了第三次会议，进一步讨论《澳门基本法结构（草案）》的修改意见，形成了提交全体会议审议的《澳门基本法结构（草案）讨论稿》。这个结构草案在澳门进行了为期 20 多天的公开征询意见，共收集到 118 份意见书，697 条具体意见。[①] 意见比较集中在第一章"总则"、第二章"中央与澳门特别行政区的关系"、第三章"居民的基本权利和义务"、第四章"政治体制"。

1989 年 11 月 20 日，起草委员会第三次全体会议审议通过了《澳门基本法结构（草案）》。

三 《澳门基本法结构（草案）》起草过程中的主要问题

结构小组召集人鲁平秘书长在向全体会议作《关于〈中华人民共和国澳门特别行政区基本法结构（草案）讨论稿〉的说明》中，明确草拟基本法结构的指导思想由三方面组成。第一，体现"一国两制"方针和《中葡联合声明》的精神，实质就是要准确把握好立法政策。第二，反映澳门的实际和特点，维护澳门的稳定和发展，实质就是要坚持实事求是的立法思想。第三，既要将基本原则和内容明确规定下来，又要避免因条文过繁过细束缚将来的特区政府，实质就是要处理好立法技术问题。[②] 总之，必须按照这三点去处理、取舍各种意见。

---

① 全国人大常委会澳门基本法委员会办公室编《中华人民共和国澳门特别行政区基本法起草委员会文件汇编》，第 34 页。

② 全国人大常委会澳门基本法委员会办公室编《中华人民共和国澳门特别行政区基本法起草委员会文件汇编》，第 31 页。

（一）关于《澳门基本法》结构安排的讨论①

1. 关于第一章"总则"的内容

对结构草案应该规范特区政治、经济和法律等方面的制度和政策，委员们基本上取得共识，没有争议。

2. 关于第二章"中央和澳门特别行政区的关系"的内容

有意见认为，澳门居民的人权非常重要，应该列入第二章。但是，经过讨论和分析，大多数意见认为，特别行政区是国家的一个地方，是在中央授权下高度自治，《澳门基本法》在规定了特别行政区基本制度和政策后，应该明确中央与特区的关系，然后再规定特区内部的制度和居民的权利、自由。从《澳门基本法》的体系和逻辑讲，这种安排比较合理。先解决澳门特区实行什么样的制度，再解决澳门特区与中央之间是什么关系，然后解决特区内部的居民权利、义务及与特区政府之间的关系，以及行政与立法、司法的关系，经济、文化和社会事务、对外事务等问题。具体来说，第一步，明确"一国"与"两制"的关系；第二步，明确中央与特区的关系；第三步，明确特区居民与特区政府的关系，居民享有什么权利，履行什么义务，特区政府享有什么职权和承担什么责任；第四步，规定特区的政治体制、经济、文化和社会事务等制度。

3. 关于第三章"居民的基本权利和义务"的内容

有意见认为，对居民的权利和义务的规定可以分节表述。但多数意见认为，考虑到分节后内容并不均衡，有的可能有很多条，有的可能只有一两条，从立法体例上看不协调，所以分节规定的意见没有被采纳。

但是，对居民权利和义务规定什么内容，委员们有一个基本共识，即考虑到澳门回归前适用葡萄牙宪法的有关规定，所以在起草《澳门基本法》有关条文时，除了以《中葡联合声明》附件一的有关规定为依据外，葡萄牙宪法的有关规定和国际人权公约的有关规定可作为参考，目的是保障澳门居民的权利和自由不低于国际标准。

有意见认为，应将葡萄牙后裔居民权益单列一章或一节，以示重视。多

---

① 全国人大常委会澳门基本法委员会办公室编《中华人民共和国澳门特别行政区基本法起草委员会文件汇编》，第31~32页。

数意见认为，葡萄牙后裔是澳门居民中的一个部分，澳门居民享有的权利和自由，葡萄牙后裔同样享有，专门规定一章或一节没有必要，但可以有专门条文规定葡萄牙后裔的权益受法律保护。

在第三次全体会议讨论时，有委员认为，草案的结构安排不够理想，应当重新安排自由权利的内容编排，应尽可能详细列出，以利于增强澳人的信心。有委员建议，将葡萄牙宪法中有关权利自由的规定，在《澳门基本法》中全部列出，或尽可能详细地列出。但多数委员认为，《澳门基本法》只能列出基本权利，其他权利由特区立法规定。

4. 关于第四章"政治体制"的内容

有意见认为，立法机关应列入"政治体制"第一节，即在行政长官一节之前，因为立法机关是民选机关，类似葡萄牙国会在葡萄牙政治制度中的地位。显然，这种意见是希望参照外国的议会制政治体制的做法。但大多数意见认为，特区的政治体制安排应该与《中葡联合声明》有关政治体制的规定相一致。《中葡联合声明》规定的顺序是：政府、立法会、司法机关。联合声明所规定的政治体制中不同机构的前后顺序，反映了政治体制中行政长官与其他机构之间地位的不同和特殊的关系。如果将立法机关列入第一节，就是要突出立法机关在特区政治体制中的主导地位和统领作用，显然与"一国两制"下对特区政治体制的要求不符。

有意见认为，将财政作为专项列入"政治体制"一节。多数意见认为，财政属于经济范畴，将在"经济"一章中规定。财政预算和收支批准与监督的权限可在立法会的职权中加以规定。

有意见认为，应该设立廉政机构和保留行政审计机构。多数意见认为，应在起草具体条文时具体研究。

有意见认为，应该保留市政机构。多数意见认为，可以在起草条文时研究。

有意见认为，将廉政机构放到司法机构中，以利于行政长官接受廉政机构监督。

有意见认为，公务员的留用规定应放到附则中，作为过渡问题处理，正文规定公务员制度。

有意见认为，应专设一节规定行政、立法、司法关系。多数意见认为，三者关系会在规定三个机构的职权和关系时作出规定，没有必要专门作一节规定。

5. 关于第五章"经济"、第六章"文化和社会事务"的内容

有意见认为，旅游娱乐业是澳门的一个支柱产业，也是澳门的一个特色，应该在《澳门基本法》中规定。多数委员予以认同。

有意见认为，虽然澳门当时还没有民用航空，联合声明中也没有类似的规定，但是，希望《澳门基本法》有所规定，为澳门未来发展提供条件。多数意见认为，暂时在结构中不规定，视澳门国际机场建设的情况而定。

有关劳工的问题，多数意见认为，在"经济"一章中规定比在"文化和社会事务"一章中规定更合适，因为劳工与经济关系更密切。如果在"文化和社会事务"一章规定劳工问题，就变成了社会福利问题，不够准确。

有意见认为，经济和社会文化的条文应该简单扼要，不要对政策性、指导性的原则作过于具体的规定，以免限制将来特区自行处理的权力。

起草委员会委员在讨论结构时，有意见认为，为贯彻宜简不宜繁的原则，可考虑经济和文化不列专章，将有关经济和文化的一些原则性问题写进总则，对一些具体问题《澳门基本法》就不用规定。一些委员认为，有关经济和文化问题虽然不要规定得太细，但仍有许多问题要规定，列入总则显得过于臃肿，还是列为专章好。

此外，对第七章"对外事务"、第八章"本法的解释和修改"、第九章"附则"没有具体的意见。

（二）属于《澳门基本法》条文的具体内容讨论

澳门社会不同的界别或阶层、社团、政治性团体等希望在《澳门基本法》中规定他们关心的问题或者与他们切身相关的权利。①"纱纸契"问题。希望《澳门基本法》承认澳门历史上遗留的"纱纸契"，从而居民可以依据"纱纸契"获得土地所有权。②归侨权益问题。希望《澳门基本法》对澳门的归侨权益加以保护，明确规定归侨的权益。③国籍问题。希望《澳门基本法》对澳门居民的国籍问题作出明确规定，对持有葡萄牙护照和葡萄牙身份证的居民，以及葡萄牙后裔居民是否可以选择国籍作出规定。④驻军问题。希望《澳门基本法》对是否驻军有明确规定。⑤死刑问题。希望《澳门基本法》对澳门是否实行死刑作出规定，一部分意见主张在《澳门基本法》中明文规定不实行死刑。⑥违反基本法的审查权问题。希望《澳门基本法》规定由澳门法院拥有对违反《澳门基本法》行为的审查权。⑦司法官的资格问题。希望

《澳门基本法》规定，司法官也应该要求是澳门永久性居民。⑧关于行政长官的任免问题。有意见主张行政长官无须由中央任命，或要求行政长官由澳门居民罢免，或要求由澳门居民选举行政长官。⑨全国性法律适用问题。有意见认为，社会主义法制与资本主义法制不同，全国性法律不应在澳门适用。⑩关于国家安全问题。希望《澳门基本法》对叛国的定义作明确规定。⑪关于国际人权公约适用于澳门的问题。虽然国际人权公约当时还没有在澳门适用，希望《澳门基本法》规定国际人权公约适用于澳门。

上述意见，反映了澳门居民突出关心的一些问题，后来也成了《澳门基本法》起草和咨询意见时，反复讨论和争论的问题。这些问题，有的属于澳门地方性问题，如"纱纸契"和归侨权益，都是"两制"中需要认真处理的问题。有的涉及中央权力的问题，如驻军、基本法解释权、中央任命权、全国性法律适用，均涉及"一国"的原则和中央管治权的问题，需要在《澳门基本法》条文起草中按照"一国"的原则慎重处理。

由于涉及《澳门基本法》条文的具体内容，在讨论和审议《澳门基本法》结构时并不需要作出结论，也不需要详细讨论。所以，委员们同意留待具体条文起草时讨论。

四　《澳门基本法结构（草案）》的确定

1989年11月20日，起草委员会第三次全体会议审议通过了《中华人民共和国澳门特别行政区基本法结构（草案）》。

中华人民共和国澳门特别行政区基本法结构（草案）

（中华人民共和国澳门特别行政区基本法起草委员会
第三次全体会议一九八九年十一月二十日通过）

序　言

一、历史背景，中葡联合声明，澳门问题的解决

二、依据中华人民共和国宪法第三十一条，按照"一国两制"的方针，设立澳门特别行政区

三、依据中华人民共和国宪法，制定澳门特别行政区基本法，维护国家主权和澳门的稳定与发展

第一章　总则

一、澳门特别行政区是中华人民共和国不可分离的部分

二、全国人民代表大会授权澳门特别行政区实行高度自治

三、澳门特别行政区政府和立法机关由当地人组成

四、澳门特别行政区不实行社会主义制度和政策，保持原有资本主义制度和生活方式，五十年不变

五、澳门原有的法律基本不变

六、澳门特别行政区保护私有财产权

七、澳门特别行政区保障居民的权利和自由

八、澳门特别行政区土地和自然资源的所有权、管理权、使用权

九、语言、文字

十、区旗、区徽

十一、基本法的地位

第二章　中央与澳门特别行政区的关系

一、澳门特别行政区直辖于中央人民政府

二、中央人民政府负责管理与澳门特别行政区有关的外交事务

三、中央人民政府负责管理澳门特别行政区的防务，澳门特别行政区政府负责维持澳门特别行政区的社会治安

四、中央人民政府任命澳门特别行政区行政长官和主要官员

五、澳门特别行政区享有行政管理权

六、澳门特别行政区享有立法权

七、澳门特别行政区享有独立的司法权和终审权

八、中央授予澳门特别行政区的其他权力

九、澳门特别行政区的中国公民有权依法参与国家事务管理

十、中央人民政府所属各部门和各省、自治区、直辖市与澳门特别行政区的关系

十一、中国其他地区的人进入澳门特别行政区的批准手续问题

十二、某些全国性法律在澳门的适用问题

十三、澳门特别行政区应自行立法禁止叛国等行为

第三章　居民的基本权利和义务

一、澳门居民的定义

二、法律面前人人平等

三、选举权与被选举权

四、言论、新闻、出版、集会、游行、示威、结社、组织和参加工会、罢工自由

五、人身自由

六、住宅不受侵犯

七、通讯自由和秘密受保护

八、迁徙、旅行、出入境自由

九、宗教和信仰自由

十、选择职业自由

十一、诉诸法律和法院的权利

十二、教育、学术研究、文学艺术创作和其他文化活动的自由

十三、婚姻自由、自愿生育的权利

十四、享有私有财产所有权、继承权，财产被依法征用时得到补偿的权利

十五、享有社会福利的权利，劳工福利受法律保护

十六、享有澳门特别行政区法律保障的其他权利和自由

十七、依法保护葡萄牙后裔居民的利益，尊重其习惯和文化传统

十八、保护在澳门的其他人的合法权利

十九、澳门居民的基本义务

第四章　政治体制

第一节　行政长官

一、行政长官地位

二、行政长官资格

三、行政长官产生

四、行政长官任免

五、行政长官职权

六、咨询机构

七、廉政机构

第二节　行政机关

一、行政机关组织形式

二、行政机关主要官员的资格、产生和任免

三、行政机关职权

四、行政机关与立法机关的关系

第三节　立法机关

一、立法机关的组成和产生

二、立法机关成员的资格和任期

三、立法机关的职权

四、立法机关成员的权利和义务

五、立法机关主席、副主席产生办法和职权

六、立法机关会议召集和立法程序

第四节　司法机关

一、法院、检察院的组织

二、法院、检察院的职权

三、独立审判，只服从法律

四、法官、检察官和其他司法人员的任免

五、评政审计机构

六、澳门特别行政区与中国其他地区的司法关系

七、澳门特别行政区与外国的司法互助关系

第五节　市政机构

第六节　公务员

第五章　经济

一、财政税收

二、货币金融

三、对外经济贸易、自由港、单独关税地区、国际贸易协定

四、工商业

五、娱乐业

六、航运和民用航空

七、土地契约

八、劳工

第六章　文化与社会事务

一、教育、科学技术、文化

二、宗教

三、专业资格

四、社会服务

五、澳门特别行政区社团与中国其他地区有关组织的关系

六、澳门特别行政区社团与外国有关组织的关系

第七章 对外事务

一、参加与澳门有关的外交谈判

二、参加有关国际组织、国际会议、签订协议

三、有关国际协定在澳门的适用问题

四、签发护照和其他旅行证件

五、同外国或外地区互免签证问题

六、在外国或外地区设立官方、半官方的经济和贸易机构

七、外国或外地区在澳门设立机构的条件和程序

第八章 本法的解释和修改

一、本法的解释

二、本法的修改

第九章 附则

原有法律的延续和原有证件、契约的继续有效

五 《澳门基本法结构（草案）》的特点

（一）《澳门基本法》结构具有宪制性法律的形式和内容

《澳门基本法》作为一部宪制性法律，在法律文本的结构方面既有宪制性法律的形式，如序言、总则、居民的权利和义务、政治体制、经济、文化和社会事务、对外事务、基本法的解释和修改等，也有宪制性法律应有的内容，如特别行政区基本制度，包括"一国两制"下的"一国"与"两制"的关系、中央与特区的关系，中央管治权与特区自治权的关系，特区行政、立法和司法机关的职权和关系等。所以，《澳门基本法》的结构符合宪制性法律的基本要求，涵盖了"一国两制"下特别行政区制度的基本内容和各项基本制度，结构是合理的。

（二）《澳门基本法》结构体现了"一国两制"的逻辑

《澳门基本法》从三个层次展开"一国两制"的逻辑。第一个层次是以"一国"为起点，规范"一国"与"两制"关系，明确特区的基本制度。特区是中华人民共和国不可分离的一部分，全国人大授权特区高度自治，"澳人治澳"，保留原有制度，包括经济社会制度，权利和自由制度，行政、立法、司法的政治制度等。第二个层次是以中央管治权为起点，明确中央领导特区、行使对特区的管治权，包括中央直接行使的权力，如行政长官由中央任命，基本法由全国人大常委会最终解释，对特区的行政权、立法权与司法权进行监督。第三个层次是以行政长官对中央负责和特区负责为起点，规定行政长官在特区体制中的主导地位和作用、行政与立法的关系，以及其他的具体制度，包括规范居民权利和义务的制度与经济、文化与社会制度等。所以，《澳门基本法》结构符合"一国两制"的原则。

（三）《澳门基本法》结构体现了中央管治权的要求

特区的政治体制是基本法的一个次结构，如何安排这个次结构，直接影响"一国两制"的实施，影响基本法结构的稳定。这个次结构为什么确定行政主导而不是立法主导？除了回归前港澳的政治体制是总督制不是立法主导外，更重要的是"一国两制"下中央对特区进行管治，需要特区对中央负责。谁能对中央负责？只有中央任命的行政长官才能做到。所以，这决定行政长官必须是特区政治体制的核心，发挥主导作用。这样将行政长官规定在"政治体制"第一节顺理成章，凸显了行政长官在特区政治体制中的重要地位。所以，从政治体制是行政主导而不是立法主导，行政长官、行政机关、立法机关和司法机关前后顺序安排的讨论中，可以看到对特区政治体制是行政主导还是立法主导从一开始就有争论。但是，经过讨论，基本法结构还是采用了行政主导的制度安排。所以，特区行政、立法和司法制度的安排也是符合"一国两制"的要求的。

第二篇 《澳门基本法》条文的形成

1989 年 11 月 20 日，起草委员会通过了《中华人民共和国澳门特别行政区基本法起草委员会关于设立专题小组的决定》①，决定设立五个专题小组，分别为：（1）中央与澳门特别行政区的关系专题小组（简称"中央与特区关系小组"），负责草拟包括序言、总则、澳门特别行政区对外事务、《澳门基本法》的解释和修改以及附则；（2）居民的基本权利和义务专题小组（简称"居民权利和义务小组"）；（3）政治体制专题小组（简称"政治体制小组"）；（4）经济专题小组（简称"经济小组"）；（5）文化与社会事务专题小组（简称"文化与社会事务小组"），包括区旗、区徽图案。专题小组的主要任务和职责是就基本法的有关章节的起草进行调查研究，并提出报告和草拟条文。此后，基本法起草工作进入了草拟条文的阶段。

1990 年 3 月，应《澳门基本法》咨询委员会的邀请，《澳门基本法》起草委员会的内地委员赴澳门调查研究，在十多天的时间里，内地草委和当地草委一道，广泛接触了澳门社会各界人士，先后同各方面的代表 600 多人举行 25 次座谈，听取了他们对起草《澳门基本法》的意见和建议。② 经过 5 个月的工作，各专题小组就各章的原则和主要内容达成共识，提出了工作报告。

第一步，草拟《澳门基本法（草案）征求意见稿（讨论稿）》。1990 年 6 月 7 日，第四次全体会议对各专题小组的初步意见进行讨论。各小组对一些社会关注的问题提出了初步看法，基本形成了一些关注的焦点问题。1990 年 12 月，第五次全体会议讨论了各小组草拟的讨论稿文本。1991 年 4 月，第六次全体会议继续讨论了各小组草拟的讨论稿文本。

第二步，形成《澳门基本法（草案）征求意见稿》。1991 年 7 月，第七次全体会议讨论了《澳门基本法（草案）征求意见稿》，并通过《中华人民共和国澳门特别行政区基本法起草委员会关于公布〈中华人民共和国澳门特别行政区基本法（草案）征求意见稿〉和开展征询工作的决定》，③ 明

---

① 全国人大常委会澳门基本法委员会办公室编《中华人民共和国澳门特别行政区基本法起草委员会文件汇编》，第 41 页。

② 全国人大常委会澳门基本法委员会办公室编《中华人民共和国澳门特别行政区基本法起草委员会文件汇编》，第 48 页。

③ 全国人大常委会澳门基本法委员会办公室编《中华人民共和国澳门特别行政区基本法起草委员会文件汇编》，第 186 页。

确从 1991 年 7 月中旬至 11 月中旬开展为期四个月的征询意见工作。

第三步，提出《澳门基本法（草案）》。1992 年 3 月 5 日，第八次全体会议讨论了专题小组和社会各界对《澳门基本法（草案）征求意见稿》的修改意见。各专题小组根据社会各界提出的意见，对《澳门基本法（草案）》的有关章节做了 100 多处的修改，[①] 提出了《澳门基本法（草案）汇编稿》。经全体会议讨论和审议通过，提交全国人民代表大会常务委员会公布《澳门基本法（草案）》，并进行为期四个月的征询意见工作。

第四步，完成《澳门基本法（草案）》。1993 年 1 月，第九次全体会议审议了基本法草案稿的修改，并审议通过报请全国人民代表大会审议的《中华人民共和国澳门特别行政区基本法（草案）》、《中华人民共和国澳门特别行政区区旗区徽图案（草案）》以及《关于提请全国人民代表大会审议中华人民共和国澳门特别行政区基本法（草案）的决定》。

以下按此顺序介绍《澳门基本法》条文的起草和形成过程。

---

① 全国人大常委会澳门基本法委员会办公室编《中华人民共和国澳门特别行政区基本法起草委员会文件汇编》，第 192 页。

第三章　《澳门基本法》序言

一　序言的主要内容

《澳门基本法》序言由三个自然段组成，主要规定了六个方面的内容：
(1) 澳门的行政区域范围；(2) 澳门历史问题的由来；(3) 实行"一国两
制"和设立特别行政区的宗旨；(4) 设立澳门特别行政区的宪法依据；
(5)《中葡联合声明》与《澳门基本法》的关系；(6) 制定《澳门基本法》
的立法依据。

二　序言讨论的问题

(一) 关于序言第一段

澳门，包括澳门半岛、冰仔岛和路环岛，自古以来就是中国的领
土，十六世纪中叶以后被葡萄牙逐步占领。一九八七年四月十三日，中
葡两国政府签署了关于澳门问题的联合声明，确认中华人民共和国政府
于一九九九年十二月二十日恢复对澳门行使主权，从而实现了长期以来
中国人民收回澳门的共同愿望。

对澳门问题的历史表述是起草过程中集中讨论的问题之一，主要争议集
中在"逐步占领"四个字上。

在中央与特区关系小组草拟条文和起草委员会讨论基本法草案稿时就存在不同意见，主要集中于两个问题：第一，要不要表述这段历史？第二，如何表述这段历史？

1. 《澳门基本法（草案）征求意见稿（讨论稿）》阶段

委员们一致认为，澳门与香港的情况不同，需要根据历史的实际情况表述历史背景。①

1990年12月中央与特区关系小组在向第五次全体会议提交的工作报告中指出："由于澳门和香港的情况不同，需要根据澳门的特点并参照中葡联合声明重新草拟，如序言中关于澳门历史背景的表述……都是应根据澳门的实际情况作出规定。"② 中央与特区关系小组草拟的文本是"十六世纪中叶以后被葡萄牙逐步占领"。委员们讨论时发表了各种意见。

关于要不要表述这段历史，有意见主张可以不提这段历史，向前看。但多数意见认为，写澳门历史问题由来是必要的，如果回避这段历史，就无法理解既然澳门自古以来是中国的，现在又为什么要恢复行使主权。为了要向全国人民交代，必须写清楚这段历史。③ 关于如何表述这段历史，有意见不认同"逐步占领"的提法，认为表述不确切，应该修改。多数意见认为"逐步占领"提法可以接受。④

1991年4月，第六次全体会议继续讨论关于澳门历史的表述。有委员认为，"逐步占领"的提法是符合历史事实的，是中性词，可以不改。有委员建议修改为"自古以来是中国的领土，尽管十六世纪中叶以后被葡萄牙管理"，提出用"管理"一词代替"占领"一词。⑤

1991年7月，第七次全体会议围绕"逐步占领"的提法再次进行了认真的讨论，有的委员提出在《中葡联合声明》中没有提及被葡萄牙逐步占领的表述，为什么在《澳门基本法》中要作这样的表述，是否可以不写，让葡方在面子上好过些？多数委员认为，澳门自古是中国的领土，

① 1990年6月7日中央与特区关系小组第四次会议纪要。
② 全国人大常委会澳门基本法委员会办公室编《中华人民共和国澳门特别行政区基本法起草委员会文件汇编》，第68页。
③ 第五次全体会议第3期简报。
④ 第五次全体会议第1期简报。
⑤ 第六次全体会议第15期简报。

葡萄牙占领澳门是历史事实，应该反映中国政府的立场。也有委员建议用"定居"代替"占领"。①

可以看到，在讨论过程中，一种意见认为，必须对全国人民有一个交代，另一种意见希望回避澳门的历史问题；一种意见认为，"逐步占领"的表述符合历史事实，另一种意见希望用"管理"或"定居"代替"占领"一词。但是，最终，在《澳门基本法》起草委员会公布的《澳门基本法（草案）征求意见稿》采用了"十六世纪中叶以后被葡萄牙逐步占领"的提法。

2. 《澳门基本法（草案）征求意见稿》阶段

1991 年 7 月，《澳门基本法（草案）征求意见稿》公布后，社会各界围绕"逐步占领"发表了不少意见。

内地居民普遍认为只有用"占领"才能说明澳门历史问题，删除"占领"就是抹杀历史事实，是不能容许的。

澳门社会意见纷争。

（1）赞成意见认为，"逐步占领"提法精练、合适，符合历史，对澳门居民及全国人民有交代，也顾及了中葡人民感情和中葡友好关系。

（2）反对意见认为，"逐步占领"对葡人是一种伤害。葡萄牙人在澳门是和平"定居"的，逐步占领带有对葡萄牙人的歧视（有的委员认为，澳门是中国皇帝送给葡萄牙人的）。有的委员认为，"逐步占领"不符合联合声明的表述。

（3）有的意见建议将"逐步占领"改为"逐步管治"。

（4）有的意见建议在"逐步占领"后加上"逐步实施殖民管治"。

（5）有的意见建议在时间划定上改为"十六世纪中叶后，葡萄牙人开始在此定居，从十八世纪中叶起，逐步被葡萄牙人占领"。

委员们在讨论社会意见时，同样存在三种意见。

（1）多数委员的意见是，"逐步占领"的表述是客观的，已经采取了淡化的处理方式，不必修改。

（2）但有委员提出，在联合声明中没有"被葡萄牙逐步占领"的字样，在基本法中希望不要这么写。

（3）有的委员建议改为：16 世纪中叶以后，一些葡萄牙人逐渐在澳门"定居"，葡萄牙开始"管理"澳门。对此，有委员认为，"管理"在法律

---

① 第七次全体会议第 1 期和第 13 期简报。

上没有依据，葡萄牙曾经宣布澳门是葡萄牙的领土，这已经超出了管理的范围。

在 1992 年·3 月 5 日第八次全体会议上，中央与特区关系小组提交的工作报告中指出："'逐步占领'是客观反映历史，对全国人民有所交代，而且整句的措辞简短、平和，符合向前看的精神，不需要做修改。"① 个别委员对此表述提出保留意见，但表示不坚持意见。在全体会议讨论时，有委员认为，"逐步占领"的表述，在葡人社会中引起强烈反应。但多数委员认为，制定基本法是中国的内部事务，作为国内法，就应向人民交代历史，对于澳门的问题，中葡双方有不同的看法，但基本法只能按中国的历史来写。② 最后，起草委员会在表决通过《澳门基本法（草案）》时，虽然有委员按照《澳门基本法（草案）表决办法》提出修正案，要求将"逐步占领"删去，但被多数委员否决。《澳门基本法（草案）》继续保留"十六世纪中叶以后被葡萄牙逐步占领"的提法。

3. 《澳门基本法（草案）》阶段

1992 年 3 月 16 日《澳门基本法（草案）》公布后，社会上再次进行讨论，基本上延续了原有的意见。

（1）有居民赞成"逐步占领"的表述，理由有五：一是符合历史事实，二是能向中国人民交代，三是照顾了中葡两国人民的感情，四是《中葡联合声明》与《澳门基本法》不一样，前者是国际文件，后者是国家法律。五是在《澳门基本法》中，对历史只能概括，不能详细叙述。

（2）反对意见认为，这不利于中葡友好，不符合中葡两国人民和睦相处的历史。如果要表述这段历史，也应该表述为，"十六世纪中叶以后被葡萄牙进驻，并逐步实行殖民管治"。也有意见建议改为"和平占领"、"管治"或"定居"。

（3）还有意见认为，修改为"十六世纪中叶以后葡萄牙人前来定居，十八世纪中叶以后被葡萄牙逐步占领"。

在 1993 年 1 月 13 日第九次全体会议上，中央与特区关系小组工作报告

---

① 全国人大常委会澳门基本法委员会办公室编《中华人民共和国澳门特别行政区基本法起草委员会文件汇编》，第 194 页。

② 第八次全体会议第 2 期简报。

指出:"有的委员提出将'占领'改为'定居'……多数委员认为,'定居'不能确切反映澳门的历史事实,'逐步占领'的表述是对历史进行交代,用词是准确的,也是比较中性的,已经充分照顾到当前的中葡友好关系。而且征询的意见表明,绝大多数澳门和内地人士赞同'逐步占领'的表述,不宜再作修改。"[①] 在全体会议讨论中,多数委员认为,使用"定居"两字不能准确表达历史事实,现在的写法只是对历史进行交代,否则恢复行使主权便无从谈起,而且"占领"也是中性词,已经充分考虑到当前的中葡友好关系,葡萄牙占领澳门也是经过一个较长的时期,符合历史事实,所以序言文字不改动。第九次全体会议在否决了有关修改"逐步占领"一词的提案后,经过2/3多数同意,通过了提交全国人民代表大会审议的《澳门基本法(草案)》,其中保留了序言中"十六世纪中叶以后被葡萄牙逐步占领"的提法。

除了对序言第一自然段中的澳门历史表述有争议外,有意见还建议使用"收回澳门主权"的提法。但多数委员认为收回主权说法不确切,澳门主权从来就属于中国,中国对澳门是"恢复行使主权"不是收回主权的问题。

关于澳门的区域范围,有意见认为,不应该限死,否则将来澳门区域范围要扩大,就不好办了。还有意见建议澳门的范围应包括附近的海域。多数委员认为,现在的表述只是指澳门区域范围的历史和现状,至于将来要不要扩大,是另外一个问题,不应扯在一起。最后,根据多数委员的意见达成了共识。

序言第一段主要解决澳门问题的历史由来,两句话浓缩了中国古代史、近代史和现代史。

解读

1. 澳门自古以来就是中国的领土,十六世纪中叶以后被葡萄牙逐步占领

序言开宗明义,澳门自古以来就是中国的领土,这句话是对历史的陈述,表明中国恢复对澳门行使主权是理所当然的,具有毋庸置疑的正当性。澳门自古以来就是中国的领土是有充分的历史依据的,澳门从秦朝开始属南海郡番禺

[①] 全国人大常委会澳门基本法委员会办公室编《中华人民共和国澳门特别行政区基本法起草委员会文件汇编》,第261页。

县，晋朝属东官县，隋朝属宝安县，唐朝属东莞县，南宋属香山县管辖。① 澳门的历史证明它自古以来就是中国的领土，一直处在中国政府有效管治之下。

这句话直接点出了澳门历史问题产生的原因，是外国的占领导致了澳门与国家分离，使中国不能对自己领土的一部分行使主权。"逐步占领"四个字简明扼要地表达了几个含义。第一，"占领"表达一种状况，即被葡萄牙管治。如果使用"定居"一词，显然没有办法理解定居者怎么行使了对澳门的管治，中国又为什么丧失了行使主权的权力。第二，"逐步"表达了"占领"是一个过程，并不突出某一个历史事件的作用，而是在经历不同时期发生的一系列事件，如葡萄牙向澳门派遣总督，葡萄牙宣布澳门为自由港，签订不平等的《中葡通商条约》等条约后，最终占领了澳门。第三，澳门与祖国的分离是外部力量造成的。所以，澳门同胞与内地同胞感情上并没有割断联系，心系祖国之心始终没有改变。不论是日本侵华战争，中华民族到了最危险的时候，还是改革开放、民族复兴时期，澳门同胞均积极投身抗日战争和支持改革开放，做出了应有的贡献。

2. 中国恢复行使主权是中国人民的共同愿望

1987年4月13日，中葡两国政府签署了关于澳门问题的联合声明，确认中华人民共和国政府于1999年12月20日恢复对澳门行使主权，从而实现了长期以来中国人民收回澳门的共同愿望。实现这一共同愿望，首先表明国家强大了，百多年前国家积弱，被迫签订丧权辱国的不平等条约，今天国家不断强盛，有能力从外国手中收回澳门。正如邓小平所说，不是中方谈判代表有多大本事，是代表背后的国家有能力了，"主要是我们这个国家这几年发展起来了，是个兴旺发达的国家，有力量的国家，而且是个值得信任的国家，我们是讲信用的，我们说话是算数的"。② 其次是表明国家恢复对澳门行使主权，是100多年来中国人民争取国家统一的奋斗结果。实现国家统一是人心所向。因此，理解"一国两制"和基本法就一定要了解这段历史，正确认识这段历史，有助于认识为什么要实现国家的统一，以及增强维护国家统一的自觉性和责任感。

---

① 吴志良、杨允中主编《澳门百科全书》，澳门基金会出版，2005，第12页。
② 《在中央顾问委员会第三次全体会议上的讲话》，邓小平：《邓小平论"一国两制"》，三联书店（香港）有限公司，2004，第25页。

（二）关于序言第二段

为了维护国家的统一和领土完整，有利于澳门的社会稳定和经济发展，考虑到澳门的历史和现实情况，国家决定，在对澳门恢复行使主权时，根据中华人民共和国宪法第三十一条的规定，设立澳门特别行政区，并按照"一个国家，两种制度"的方针，不在澳门实行社会主义的制度和政策。国家对澳门的基本方针政策，已由中国政府在中葡联合声明中予以阐明。

本段的讨论问题主要集中在澳门回归以后国家对其方针政策，以及《澳门基本法》与《中葡联合声明》关系两个问题上。

1990 年 9 月 9 日中央与特区关系小组在完成了《澳门基本法（草案）征求意见稿（讨论稿）》初稿后，在同年 12 月 11 日向第五次全体会议提交的工作报告中指出，有委员建议，序言第二段最后一句"国家对澳门的基本方针政策，已由中国政府在《中葡联合声明》中予以阐明"和第三段最后一句"以保障国家对澳门的基本方针政策的实施"可以删去。也有意见认为，在序言中应将《中葡联合声明》的十二条政策写入。1991 年 3 月 15 日，中央与特区关系小组第七次会议纪要认为，第二段的最后一句和第三段的最后一句，内容比较重要。一方面，说明《澳门基本法》规定的基本政策也是《中葡联合声明》中中国政府阐明的政策，两者是一致的、统一的，体现了政策的连续性。如果删去，对所要表达的原意来说就不完整。另一方面，保留原文简明扼要，也不必将联合声明中十二条政策再抄录。这个意见被委员们接受，第七次全体会议通过《澳门基本法（草案）征求意见稿》之后，就没有不同意见了。此外，在 1989 年 11 月 18 日举行的第三次全体会议上，有委员建议将"方针"改为"国策"；有委员认为，"方针"与"国策"内容是一致的，不改为好；还有意见建议将"保持"改为"有利于"，被委员们接纳。

序言第二段主要阐明了"一国两制"的宗旨，以及澳门回归后国家对其方针政策。

解读

1. "一国两制"的宗旨

序言明确了实行"一国两制"的宗旨："维护国家的统一和领土完整，有利于澳门的社会稳定和经济发展"。简言之,就是要有利于维护国家的主权、安全和发展的利益以及澳门社会稳定、经济发展的利益,这是"一国两制"要实现的目标,也是必须完成的任务,同时也是检验"一国两制"是否成功的标准。所以,"一国两制"必须将国家利益与特区利益有机结合起来,才能达到有利于澳门社会稳定和经济发展的目的。我们必须始终不渝地坚持这个目标。反之,将国家利益与特区利益割裂开来和对立起来是完全错误的,是不符合"一国两制"理论的。

国家采取"一国两制"的方式解决澳门问题、实现国家统一是坚持实事求是的思想路线的结果,充分考虑了澳门的历史和现实情况。历史上,澳门在葡萄牙管治下实行资本主义制度,现实中澳门居民也接受了资本主义制度。"一国两制"允许澳门在回归祖国后继续保留原有的资本主义制度和生活方式,是符合澳门居民的想法和要求的。澳门居民一方面希望回归祖国,实现国家的统一;另一方面也想保留原有的社会制度和生活方式。而"一国两制"既能做到实现国家统一,又能在特别行政区内保留原有的社会制度和生活方式,所以得到澳门居民的认同和支持。

2. 设立特别行政区的宪法依据

序言明确规定,国家"在对澳门恢复行使主权时,根据中华人民共和国宪法第三十一条的规定,设立澳门特别行政区,并按照'一个国家,两种制度'的方针,不在澳门实行社会主义的制度和政策",因为宪法第 30 条规定:"中华人民共和国的行政区划如下:(一)全国分为省、自治区、直辖市;……"我国传统的行政区划中并不存在特别行政区。所以,1982 年宪法特别增加了第 31 条:"国家在必要时得设立特别行政区。"有了宪法第 31 条,才有特别行政区的设置。根据宪法第 62 条第 14 项的规定,"决定特别行政区的设立及其制度"是全国人民代表大会的职权。因此,1999 年 3 月 31 日第八届全国人民代表大会第一次会议通过《全国人民代表大会关于设立中华人民共和国澳门特别行政区的决定》,规定:"一、自 1999 年 12 月 20 日起设立澳门特别行政区。二、澳门特别行政区的区域包括澳门半岛,氹仔岛和路环岛。澳门特别行政区的行政区域图由国务院另行公布。"①

---

① 《中华人民共和国澳门特别行政区宪政法律文献汇编》,澳门理工学院—国两制研究中心,
2009,第 135 页。

3.《中葡联合声明》与《澳门基本法》的关系

序言指出:"国家对澳门的基本方针政策,已由中国政府在《中葡联合声明》中予以阐明。"说明基本法要按照国家对澳门的基本方针政策制定,而国家对澳门的基本方针政策在《中葡联合声明》中由中国政府阐明。所以,《中葡联合声明》中中国政府对澳门的政策即《澳门基本法》制定时应该遵循的立法政策,以保证《澳门基本法》全面准确地体现"一国两制"的方针。

(三)关于序言第三段

根据中华人民共和国宪法,全国人民代表大会特制定中华人民共和国澳门特别行政区基本法,规定澳门特别行政区实行的制度,以保障国家对澳门的基本方针政策的实施。

本段讨论的主要问题是《澳门基本法》的立法依据、核心内容以及《澳门基本法》与"一国两制"方针。

在1989年11月18日第二次全体会议讨论《澳门基本法》结构时,对宪法和《澳门基本法》的关系就有争议。有意见认为,应将依据《中华人民共和国宪法》制定《澳门基本法》改为依据《中华人民共和国宪法》第31条制定《澳门基本法》。多数委员不同意这种修改。理由是:"第一,联合声明规定是依据中华人民共和国宪法制定基本法;第二,依据宪法第31条不准确,宪法与基本法直接有关的条文除第31条外还有第62条等。此外,宪法中还有许多条文与基本法间接有关,如基本法的修改权和解释权要依据宪法有关规定来起草;第三,序言指的是基本法的总的依据,至于如何处理宪法具体条文与基本法的关系,由总则第11条处理。"[①] 这种认识得到委员们的认同和接受。

本段主要内容是明确宪法和《澳门基本法》的关系以及《澳门基本法》的作用。

---

① 第三次全体会议第2期简报。

解读

1.《澳门基本法》的立法依据

序言规定："根据中华人民共和国宪法，全国人民代表大会特制定中华人民共和国澳门特别行政区基本法。"这一规定明确了宪法是基本法的唯一立法依据。为什么宪法是基本法的唯一立法依据？第一，这既是宪法的一项重要原则，也是宪法的明确规定。宪法第 5 条规定："中华人民共和国实行依法治国，建设社会主义法治国家。国家维护社会主义法制的统一和尊严。一切法律，行政法规和地方性法规都不得同宪法相抵触。……"依据宪法制定法律也是世界各国通行的普遍原则。所以，中国政府在《中葡联合声明》中的第十二条政策中明确指出："上述基本政策和本联合声明附件一所作的具体说明，将由中华人民共和国全国人民代表大会以中华人民共和国澳门特别行政区基本法规定之，并在五十年内不变。"中华人民共和国政府对澳门的基本政策的具体说明中第一条指出："中华人民共和国全国人民代表大会将根据中华人民共和国宪法制定并颁布中华人民共和国澳门特别行政区基本法，规定澳门特别行政区成立后不实行社会主义制度和政策，保持现行的社会、经济制度和生活方式，五十年不变。"所以，不论是宪法还是中国政府的声明，均十分明确依据宪法制定基本法。如果法律规范不以宪法为立法依据，它与宪法的关系就不是母法与子法的关系，它本身就获得了与宪法同等的地位，具有了同等的效力，这显然违反了宪法是最高法的原则。第二，《中葡联合声明》虽不是《澳门基本法》的立法依据，但它通过《澳门基本法》将中国政府在联合声明中阐述的基本方针政策，转化为具体的法律规范。所以，《中葡联合声明》和载于联合声明的中国政府政策明确指出，将根据宪法制定《澳门基本法》，并将基本方针政策转化为《澳门基本法》的规定。中国政府的政策，需要通过国内的立法转化为法律的规范。而转化的法律依据只能是宪法。为什么《中葡联合声明》不是《澳门基本法》的立法依据呢？有必要指出立法依据和立法政策的区别。立法依据是解决规范性文件是否合法的问题，立法政策是解决规范性文件是否合理的问题。《澳门基本法》是否合法，只能以宪法为标准。《澳门基本法》是否合理，就要看它是否体现了《中葡联合声明》中中国政府"一国两制"的基本方针政策。所以，基本法序言第二段最后一句话回应了基本法要体现联合声明中国家对特区的基本方针政策。第三段第一句话回应了基本法要以宪法为依据制定。因而，序言完整地表达了立法依据和立法政策的相互关系。

2. 《澳门基本法》的核心内容

《澳门基本法》是一部什么样的法律，有不同的角度可以描述，如是一部全国性法律、一部宪法性法律、一部授权性法律、一部执行《中葡联合声明》的国内法律，是"一国两制"的法律化和制度化。当然，《澳门基本法》也界定了自身的内容，即一部"规定澳门特别行政区实行的制度"的法律。此外，《澳门基本法》还规定了澳门特别行政区实行的制度，保证特别行政区有法可依。

3. 《澳门基本法》与"一国两制"的关系

序言指出，制定《澳门基本法》的目的是"保障国家对澳门的基本方针政策的实施"。"一国两制"是基本法的主要内容，基本法是"一国两制"的法律化。为什么要用法律提供保障呢？因为法律有两个特点，即规范性和强制性。规范性明确了一切机关和个人的行为规则，确保有法可依。强制性是对一切违法的行为可处以惩罚和纠正，凡抵触法律的行为无效，做到有法必依，违法必究。

第四章　总则

一　总则的主要内容

总则将国家对特别行政区的基本政策的内容加以规范。

总则明确了特别行政区制度的基本内容，一方面规范了澳门是国家的一部分，是单一制下的行政区；另一方面规范了澳门特别行政区与国家其他行政区不同，有一定的特殊性。

第一，澳门是单一制下的特别行政区。"一国两制"下的澳门，从性质上来说，是国家的一部分，是国家的一个行政区。国家统一是特别行政区制度的基础和前提。首先，特别行政区由全国人大设立；其次，特别行政区的范围由国务院划分；最后，特别行政区的制度由全国人大制定基本法规定，除包括规定中央与特别行政区关系的制度，也包括规定在特别行政区内部实行的制度。

第二，澳门特别行政区的特殊性。从特别行政区的内容和形式上来说，它具有与一般行政区不同的特点，所以称为特别行政区。保留和实行原有社会制度是特别行政区制度的突出特征。澳门特别行政区的"特别"体现在以下几个方面：全国人大授权特别行政区实行高度自治，实行澳人治澳；保留原有的资本主义制度，包括私有财产制度、人权自由制度、法律制度、土地制度；实行特别的语文制度；拥有自己的区旗、区徽。

第三，宪法和基本法构成特别行政区的宪制基础。在宪法和基本法共同构成特别行政区宪制基础之上建立特别行政区的制度，按照宪法和基本法的宪制原则处理社会主义制度和资本主义制度的关系。

二　总则的主要争议

在《澳门基本法》总则制定过程中，争议比较集中在三个方面：（1）土地私有权的问题；（2）原有法律的处理问题；（3）中葡语文的使用问题。

（一）关于《澳门基本法》第1条

澳门特别行政区是中华人民共和国不可分离的部分。

本条的规定参照了《中葡联合声明》中有关澳门是中华人民共和国的一部分的表述，与《香港基本法》的规定相一致。在《澳门基本法（草案）征求意见稿》公开征询意见阶段，有内地居民建议删去"不可分离"几个字，不必再让人们有分离不分离的观念。委员们认为，不可分离强调的就是统一与不能分割，并不存在和允许可分离的行为，可以保留，不作修改。

本条的主要内容是明确国家统一的原则。国家领土的完整性是"一国"的基本原则，也是"一国"的重要基石，澳门特区必须维护国家的统一和领土的完整性。

解读

1. 中国是单一制国家

《中华人民共和国宪法》序言规定："中华人民共和国是全国各族人民共同缔造的统一的多民族国家。"中国实行单一制的国家结构，是由若干行政区域构成的单一制的主权国家。国家主权先于行政区域存在，地方行政区不是一个政治实体，不具有主权特征，地方行政区的权力来自中央授权；行政区域是国家行政区划的产物。

行政区划是国家为便于行政管理而进行的区域划分。[①] 本条体现的是"一国"的基本原则，也是"一国"的重要基石，坚持国家的统一性和领土的完整性。要准确理解特别行政区是国家行政区划的产物。国家为了在港澳

---

① 《中华人民共和国行政区划》，中央人民政府网，http://www.gov.cn/test/2005－06/15/content_18253.htm。

地区实行"一国两制",采取设立特别行政区的方式管治港澳地区。行政区划不是分割国家的领土,仅是划分地区行政管理的范围。所以,第一,行政区划的权力属于中央。根据宪法第 62 条的规定,全国人民代表大会"决定特别行政区的设立及其制度",由中央根据国家的需要设立不同类型、不同等级的行政区。所以,澳门特别行政区由全国人大设立,并不是由澳门自己决定产生。第二,行政区划的范围也是由中央划定。澳门特别行政区的行政区域范围由国务院划定,不是由澳门自己决定。国家根据特区发展的需要,行政区域范围可以调整。例如,中央人民政府决定,2015 年 12 月 20 日起施行的《中华人民共和国澳门特别行政区行政区域图》,不仅将澳门特别行政区海域面积明确为 85 平方公里,还将澳门特别行政区与广东省珠海市边界之间的关闸澳门边检大楼段,即 2002 年 3 月 21 日国务院授权珠海市政府与澳门特别行政区政府商谈并签署土地租赁合同,把位于拱北联检大楼与澳门关闸之间面积 28042.6 平方米的国有土地出租给澳门特区用于兴建澳门特别行政区新边检大楼配套设施的地段,划归澳门特别行政区管辖。同时,废止自 1999 年 12 月 20 日国务院公布的《中华人民共和国澳门特别行政区行政区域图》。①

2. 行政区

行政区是由行政区划产生的行政管理区域。所以,行政区与国家之间的关系有三个显著的特征。第一,行政区是国家领土的一部分,与国家具有不可分割性。与国家的关系是整体与部分的关系。所以,一切分裂国家的言行,违反一个中国的原则,违反基本法的规定,危害国家的安全,触碰国家统一的底线,应该受到限制,绝对不允许存在。第二,行政区具有地方性特征,在特定的区域管理地方性事务。中央可依法对行政区行使职权,行政区须负责由其管理的地方性事务和中央行使职权作出的决定和措施的落实,对中央负责。第三,行政区是国家的一部分,管理的是地方性事务,决定了行政区对中央的从属性,与中央是领导与被领导的关系。

根据宪法的规定,行政区划分为三级,第一级是省、自治区和直辖市。

---

① 中华人民共和国国务院令第 665 号《中华人民共和国澳门特别行政区行政区域图》已经于 2015 年 12 月 16 日由国务院第 116 次常务会议通过,http://www.gov.cn/zhengce/content/2015-12/20/content_10456.htm。

澳门特别行政区直辖于中央人民政府，决定了澳门特别行政区与省、自治区、直辖市同级，是第一等级的行政区。

（二）关于《澳门基本法》第2条

> 中华人民共和国全国人民代表大会授权澳门特别行政区依照本法的规定实行高度自治，享有行政管理权、立法权、独立的司法权和终审权。

本条规定参照了《中葡联合声明》中有关特区享有高度自治权的表述，与《香港基本法》的规定一致。澳门居民对《澳门基本法（草案）征求意见稿》提出建议，在全国人民代表大会前加上"中华人民共和国"，以保持该机关的法定全称。此条意见被委员们接受。

《澳门基本法》的本条内容表述与《香港基本法》相同，必须体现国家的统一原则。香港在讨论这个条文时，有意见建议采用《中葡联合声明》中的写法，即"除外交和国防事务属于中央人民政府管理外，香港特别行政区享有高度自治。香港特别行政区享有行政管理权、立法权和独立的司法权与终审权"。但是，多数委员认为，外交和国防只是中央的两项重要权力，但不是全部权力，如果将中央的权力限于外交和国防是不符合国家主权原则的，也是不准确的。另有意见建议删去"中华人民共和国全国人民代表大会授权澳门特别行政区依照本法的规定实行高度自治"的规定，认为有授权就有撤销，自治权没有保障。多数委员认为，特区的自治权并非特区固有的，没有中央的授权，就没有高度自治权，删去了授权，自治就失去了权力来源。还有意见主张，基本法没有规定的"剩余权力"属于特别行政区。多数委员认为，既然高度自治权是中央授予的，中央没有授予的权力只能属于中央的保留权力，不可能由特区享有。最终，以上三种意见均没有被《香港基本法》文本采纳。《澳门基本法》起草委员会和社会各界对全国人大授权特区高度自治的规定完全认同，认为《澳门基本法》应该与《香港基本法》的规定保持一致，所以在起草和咨询意见的过程中没有不同意见。

本条的主要内容是明确了国家主权原则、中央授权原则和高度自治原则。

解读

宪法第 2 条规定："中华人民共和国的一切权力属于人民，人民行使国家权力的机关是全国人民代表大会和地方各级人民代表大会。……"第 62 条规定："全国人民代表大会行使下列职权，……（十四）决定特别行政区的设立及其制度，……"宪法的规定表明，第一，主权属于全体人民。第二，全国人民代表大会是人民选举产生的最高国家权力机关，代表人民行使国家的主权。第三，全国人民代表大会行使国家的主权，决定特别行政区的制度，包括向特别行政区授予高度自治权。所以，中央拥有主权，就有权设立特别行政区，授予特区自治权。因此，只有主权才能产生自治权。

要准确地理解本条的规定，必须明确四个要点，即"授权"的概念、高度自治的概念、依照本法的规定和中央授权的含义。

1. 授权

为什么特别行政区的高度自治权源自中央的授权，而不是它本身所固有？为什么特区的高度自治权是中央授权的结果，而不是中央与特区分权的产物呢？回答上述两个问题，必须明白两个关系。

（1）主权、治权与自治权的关系

第一，国家主权是国家治权的基础，治权是主权的核心内容。国家主权的内涵是，主权对内是最终和最高的权力，不受限制地作出决定；对外是独立和排他的权力，自主地作出决定。主权是构成国家的基本要素，凡有国家必有主权。现代国家最根本的属性是主权，拥有充分的权力维护对外独立、对内忠诚和秩序以及在其领土内适用和解释法律制度的最高权和独立权。[①] 主权是国家的原始权力，作为主权的具体体现就是国家通过行使主权对国家领土范围内的事和人进行管辖。国家拥有主权也就拥有行使管治权的权力。主权是管治权的基础，管治权是主权的具体体现。第二，国家治权可以分为国家事务的治权和地方事务的治权。国家根据需要将部分管理地方事务的治权授予地方政府，产生了中央授权与地方被授权的关系。对地方而言，不存在不经中央授权的固有权力。

中央对澳门恢复行使主权后授权特区实行高度自治，符合"一国"的

---

① 《牛津法律大辞典》，光明日报出版社，1988，第 851 页。

原则，符合国家主权和治权理论。全国人大常务委员会委员长吴邦国说："香港特别行政区的高度自治权来源于中央的授权。我国是单一制的国家。香港特别行政区的高度自治权不是香港固有的，而是中央授予的。……从这个角度讲，基本法是一部授权法律。"①

（2）授权与分权的区别

授权是指拥有权力的主体将一部分权力授予另一个主体行使。分权的前提条件是共同拥有权力，然后不同的主体共同对权力进行分配或划分，根据分配或划分的结果分别享有各自的权力。显然，授权和分权不同。首先，基础不同。前者是拥有权力再授权，后者是共同拥有权力再分权。其次，关系不同。前者是负责与被负责、监督与被监督的关系，即被授权者要按授权者的要求行使权力，对授权者负责，授权者对被授权者行为进行监督。分权不形成负责与被负责、监督与被监督的关系，各自平等和独立地行使权力。由于国家拥有对澳门的主权，澳门自身并没有固有权力，所以特区不存在与中央进行分权的基础，只能是中央向特区授权。

2. 高度自治

中央授权特别行政区实行高度自治。高度自治体现在两个方面：第一，特别行政区享有一般地方所不享有的权力，如司法终审权、货币发行权、发行特区护照权等。第二，虽然一般的地方也享有某种权力，但是在程度上特区更高，如立法权方面，特区可以制定法律；行政权方面，特区可以自行制定经济、财政、金融等政策。

虽然特别行政区实行高度自治，但是，高度自治权是中央授予的，这就决定了高度自治的三个限制。第一，地方自治。高度自治的范围不能涉及中央管理事务和中央与特区关系事务，只能限于特区内部的地方性事务。第二，有限自治。高度自治不是完全自治，是有一定限度的，并且是在中央监督下的高度自治。第三，依法自治。在基本法规定的范围内实行自治，不能想怎么做就怎么做，不能超越基本法的规定。

3. 依照《澳门基本法》的规定

如何把握好高度自治的界限呢？本条提出了明确的标准，即"依照本

---

① 《吴邦国在纪念中华人民共和国香港特别行政区基本法实施十周年座谈会上的讲话》，中国政府网，http://www.gov.cn/ldhd/2007 - 06/06/content_ 638628. htm。

法的规定"实行高度自治。其含义有二：第一，对高度自治权的界定不能超越基本法的规定，只能以基本法为限，基本法没有规定给特区的权力不属于自治权范畴；第二，对基本法规定的各项高度自治权，均应按基本法的规定全面准确地解释，不能离开基本法作随意的解释。

在这个问题上，有两种意见必须澄清。第一，将基本法没有规定的权力，用"剩余权力"理论来伸缩和扩张特区自治权的观点。"剩余权力论"产生于美国建立联邦制的过程中，在各州组成统一的美利坚合众国的时候，没有转让给联邦政府的权力归属谁呢？美国宪法明确，凡没有转让给联邦政府的剩余权力，归属各州保留。"本宪法所未授予合众国政府，也未禁止各州政府行使的权力，均由各州或由人民保留之。"① 中国是单一制的国家，由中央对国家进行地方行政区划分，并在地方行政区设立地方政府，再向地方政府授予管理权。所以，中央没有授予的权力由中央保留。中央向特区授权的主要是通过基本法，因此基本法规定特区"依照本法的规定实行高度自治，享有行政管理权、立法权和独立的司法权和终审权"。基本法没有规定的，就是中央没有向特区授权的，也就不属于特区的自治权。第二，有人说，关于香港问题和澳门问题的联合声明是由中英、中葡两国政府签署的，所以高度自治权是两国政府共同授予的。这种说法既不符合国家主权理论，也不符合联合声明的规定，"共同授权论"的逻辑是不成立的。正如上述，授权的前提是必须拥有权力，没有权力就谈不上授权。自治权产生于主权，是中国恢复对港澳行使主权后，中央向特区授权。而中国恢复对港澳行使主权后，英国和葡萄牙在港澳没有任何权力，又何来授权呢？中英、中葡联合声明第2条均明确规定："中华人民共和国政府声明（绝对不是中英、中葡两国政府声明），中华人民共和国根据'一个国家，两种制度'的方针，对香港（澳门）执行如下的基本政策。"所以，对港澳的基本政策，包括中央向特区授予高度自治权是中国政府的政策。如果共同授权，特区岂不成了中英、中葡共管的地方？又怎么体现中国恢复行使主权？因此，"共同授

---

① 《联邦党人文集》在描述联邦政府的权力时，使用的是各州"移交"的权力；在描述各州的权力时，使用的是"剩下"的权力。参见〔美〕汉密尔顿、杰伊、麦迪逊《联邦党人文集》，程逢如、在汉、舒逊译，商务印书馆，1980，第205页。

权论"是攻击国家主权的一种谬论，有意曲解基本法第二条中央授权的规定，我们必须认清它的政治企图和为外国干预特区事务提供借口的危害性。

4. 中央授权

虽然，特别行政区不存在剩余权力，但是考虑到特别行政区发展的需要，基本法采取了灵活的规定。《澳门基本法》第 20 条规定："澳门特别行政区可享有全国人民代表大会、全国人民代表大会常务委员会或中央人民政府授予的其他权利。"这既坚持了授权的原则性，又体现了与时俱进的灵活性。

（三）关于《澳门基本法》第 3 条

澳门特别行政区的行政机关和立法机关由澳门特别行政区永久性居民依照本法有关规定组成。

本条规定参照了《中葡联合声明》中有关特区行政机关和立法机关由当地人组成的表述，与《香港基本法》规定一致。在起草过程中，有委员认为，应该明确司法机关组成人员的资格，加上"司法机关由澳门永久性居民组成"。但有意见认为，特区还要聘请海外法官，不应加以限制。[①]

在就《澳门基本法（草案）征求意见稿》听取意见时，部分澳门居民建议加上"司法机关也应该是永久性居民组成，如有需要，可聘请外籍法官"。多数意见认为，根据澳门的实际情况，在相当一段时期内还会聘请葡萄牙籍司法官，暂不要求司法官必须具有永久性居民资格为好。这个意见被委员们采纳。

本条的主要内容是明确了"澳人治澳"的原则，由澳门永久性居民组成的政权机关行使高度自治权。

解读

1. 行政机关和立法机关由永久性居民组成

永久性公民的含义在第 24 条中分为六种情况具体阐明，永久性居民在

---

① 第五次全体会议第 1 期简报。

澳门特别行政区享有居留权并有资格领取澳门特别行政区身份证，而非永久性居民有资格依照澳门特别行政区法律领取身份证，但没有居留权。所以，永久性居民与非永久性居民在选举、担任公职的权利和义务上有所分别，永久性居民对特区有更强的归属感和责任感。

2. 司法机关不要求由永久性居民担任

这受制于历史和客观的条件。20 世纪 90 年代之前，澳门没有自己的司法体系，是葡萄牙司法体系的一部分，澳门司法机关的法官和检察官均由葡萄牙直接委派。在 1991 年通过了澳门《司法组织纲要法》之后，葡萄牙才将除终审权之外的其他司法权授予澳门，澳门才建立了自己的司法体系。虽然有了自己的司法体系，但是司法官中仍然没有多少当地人。所以，要在澳门过渡时期内完成本地司法官的培养，完全取代葡籍司法官有困难。加之澳门保留了原有的法律，聘请少量葡籍法官，也有一定的需要。因此，基本法没有规定司法官必须具备永久性居民资格。然而，特区成立后考虑到行政机关的公务人员和立法机关的议员均要求具备永久性居民资格，司法机关的司法官不能完全例外。澳门第 13/2001 号法律《进入法院及检察院司法官团的培训课程及实习制度》规定，司法官培训课程的实习员必须具备的条件之一是澳门永久性居民。此后，属于澳门本地编制的司法官必须具备永久性居民资格。事实上，除以合约方式聘请的葡萄牙籍司法官外，特区绝大多数司法官都是澳门永久性居民。这是回归前后的一个明显的变化。

3. 行政、立法机关按照《澳门基本法》的规定组成

《澳门基本法》对各机关组成的规定主要由三个部分构成。①资格。有的要求是永久性居民，有的要求是永久性居民中的中国公民。②条件。有的要求宣誓效忠特别行政区，有的还要求效忠中华人民共和国，并履行相应的法律义务。③产生和组成的方式。有的是依选举产生，有的由委任产生。总之，必须依照《澳门基本法》的规定组成。行政长官的产生和任命、主要官员的提名和委任、公务员的聘用和晋升、立法会议员的产生和司法官的推荐与任命，分别在基本法的相关条文中作了规定，将结合条文详细解释。

"澳人治澳"是由基本法规定的，而基本法是由全国人大制定的，体现了无论是高度自治还是"澳人治澳"，最终决定权都在中央。

（四）关于《澳门基本法》第 4 条

澳门特别行政区依法保障澳门特别行政区居民和其他人的权利和自由。

本条规定参照了《中葡联合声明》中有关保护居民各项权利和自由的表述，与《香港基本法》规定一致。在《澳门基本法》起草过程中，对本条没有不同的意见。

本条的主要内容是确立了尊重和保障人权的原则。

解读

1. 权利和自由的主体

从权利和自由的主体看，不仅澳门居民享有权利和自由，而且澳门居民以外的其他人也享有权利和自由。虽然其他人不是澳门居民，但是他们在澳门生活、学习或工作期间，其合法的权利和自由同样受特区的法律保护。基本法的规定充分说明受保护的人权对象是十分广泛的，体现了人权的普遍性。

2. 依法保护权利和自由

从权利和自由的保护原则看，必须坚持依法保障权利和自由的精神，充分体现人权保障的法治原则。依法保护人权有两个要求。第一，权利和自由是由法律规定的，依法行使权利和自由，必须得到尊重和保障，禁止侵犯法律赋予的权利和自由。第二，滥用权利和自由，超出了法律的规定或抵触法律规定的，不仅不受保障，还要受到法律的追究。

3. 保障权利和自由的责任

首先，保障居民的权利和自由是特区的责任，所以基本法规定，特区要依法保障居民的权利和自由。其次，特区要通过依法施政，创造法律和社会的条件实现居民的权利和自由。因为没有法律和社会条件，居民的基本权利就无法得到保障，无法得到真正落实。

（五）关于《澳门基本法》第 5 条

澳门特别行政区不实行社会主义的制度和政策，保持原有的资本主义制度和生活方式，五十年不变。

本条规定参照了《中葡联合声明》中有关原有资本主义制度五十年不变的表述，与《香港基本法》规定一致。澳门居民在对《澳门基本法（草案）征求意见稿》的意见中提出，应该明确什么是资本主义。对《澳门基本法（草案）》，有意见提出，应删除"原有的"三个字。起草委员会认为，"原有的"三个字必须保留，有特定的含义。原有的资本主义制度如何界定，由《澳门基本法》第 11 条第 1 款规定。

本条的主要内容是确立了原有的资本主义制度和生活方式五十年不变的原则。

解读

1. "原有的资本主义制度和生活方式"的含义

为什么基本法使用"原有的资本主义制度"的提法，即在资本主义制度前加上限定词"原有的"三个字？这是有特殊含义的。"原有的"既表示时态，就是历史形成的，已经存在的，是过去式和现在式，不是将来式，也表示状态，是澳门的资本主义形态，不是其他资本主义模式。具体而言，"一国两制"中的资本主义制度特指在港澳原来实行的那套资本主义制度，不等同于欧美国家的资本主义制度。所以，社会上某些人讨论港澳资本主义制度时，如政治体制，包括选举制度，不是从基本法规定的"原有的资本主义制度"出发，而是跳出"原有的"限制，以西方某些国家的资本主义制度为标准，要求采取相同的政策，是错误地理解了"原有的资本主义制度"。"原有的生活方式"是指澳门居民享有的权利和自由可以继续保留。

2. 原有资本主义制度五十年不变

为什么基本法规定"五十年不变"？五十年后变还是不变呢？第一，五十年不变的规定是有一定依据的，不是信口开河。邓小平说过："中国现在制定了一个宏伟的目标，就是国民生产总值在两个十年内，预计到本世纪末翻两番，达到小康水平，……所以这只能是我们雄心壮志的第一个目标，中国要真正发达起来，接近而不是说超过发达国家，那还需要 30 年到 50 年时间。如果说在本世纪内，我们需要实行改革开放政策，那么在下一个世纪的前 50 年内，中国要接近发达国家的水平，也不能离开这个政策，离开这个政策不行，保持香港的繁荣稳定是符合中国的切身利益的。所以，我们讲

50 年，不是随随便便、感情冲动而讲的，是考虑到中国的现实和发展的需要。""为什么说五十年不变，这是有根据的，不只是为了安定香港的人心，而是考虑到香港的繁荣和稳定同中国的发展战略有着密切的联系。"[①] 第二，"五十年不变"是指"一国两制"的方针不变，特别行政区的基本制度不变。正如《澳门基本法》第 144 条规定："本法的任何修改，均不得同中华人民共和国对澳门既定的基本方针政策相抵触。"另外，特区的一些具体政策和制度随着社会的发展需要改变。"当然，有些要加以改革。"[②] "问题是变好还是变坏，不要拒绝变，拒绝变化就不能进步。"[③] 变是需要的，是不可避免的。但是，变必须是向好的方面变。港澳回归祖国就是一个大的变化，港澳纳入国家的管理体系也是一个大的变化。港澳自身的一些政策和制度也在变化，只要有利于特区的稳定发展都是允许的。第三，五十年后变还是不变，视"一国两制"是否成功而定。邓小平说过："核心的问题，决定的因素，是这个政策对不对？如果不对，就可能变。如果是对的，就变不了。"[④] 所以，要想使"一国两制"方针五十年后继续实施，就必须在五十年内使"一国两制"取得成功。只有五十年的成功，才有五十年后的继续，这是一种因果关系。

3. 特区不实行社会主义的制度和政策

本条是澳门特别行政区实行两种制度的重要条文。如何理解特区不实行社会主义制度和政策？不在特区实行社会主义制度和政策是相对于基本法第 5 条规定中的"保持原有的资本主义制度和生活方式"而言，换言之，因为特区保留和实行了原有资本主义制度和生活方式的内容，所以依据"一国两制"的方针，不在特区实行社会主义制度和政策。不在特区实行社会主义制度和政策，不等于可以反对国家实行社会主义制度和政策。按照"一国两制"的原则，国家的主体实行社会主义制度，港澳实行资本主义制度。在"一国两制"下的特区不实行社会主义制度，并不等于特区可以反对国家的主体实行社会主义制度，正如内地不实行资本主义制度，也不能反对特区实行资本主义制度。"五十年不变"是两个不变，邓小平说过："中国的

---

① 邓小平：《邓小平论"一国两制"》，第 38~39、64 页。
② 邓小平：《邓小平论"一国两制"》，第 2 页。
③ 邓小平：《邓小平论"一国两制"》，第 18 页。
④ 邓小平：《邓小平论"一国两制"》，第 12 页。

政策基本上是两个方面，说不变不是一个方面不变，而是两个方面不变。""应该考虑整个政策的宗旨，各个方面都不变，其中一个方面变了，都要影响其他方面，……要真正能做到五十年不变，五十年以后也不变，就要大陆这个社会主义制度不变。"① 两种制度要和平共处，互相尊重。改变了其中一种制度，"一国两制"就无从谈起。所以，特别行政区要尊重内地实行的社会主义制度，不能反对和破坏社会主义制度。

（六）关于《澳门基本法》第 6 条

澳门特别行政区以法律保护私有财产权。

本条规定参照了《中葡联合声明》中有关私有财产权的表述，与《香港基本法》规定相同。在起草过程中，对把私有财产权的保护放在哪个章节规定有不同意见。有委员认为私有财产权应该放入"总则"。有委员认为，私有财产权是一项居民的基本权利，应该在"权利"一章中规定。有委员认为，私有财产权是特区经济制度的基石，应该在"经济"一章中规定。三种意见都有其合理性，但是从法律结构和立法技术考虑，也不必在一部法律中重复规定相同的内容。鲁平秘书长在《关于〈澳门基本法（草案）讨论稿〉的说明》中指出："考虑到特别行政区实行的基本制度和原则应在总则中规定，而私有财产权是资本制度的一个重要内容，所以建议该条仍放在总则。"② 这样规定，也包含把财产所有权视作一项居民权利的意思，特别行政区需制定法律加以保护。虽然在起草基本法过程中，有意见认为，应在第三章中规定保护澳门居民的财产所有权。这种意见从内容来说是必要的，但是考虑到财产不仅涉及澳门居民私人的财产所有权，而且也涉及澳门特区法人的财产所有权，因此对财产所有权的保护分别规定在第一章"总则"和第五章更为合适。③

对私有财产权如何保护？基本法强调以法律保护的重要性，鲁平秘书长

---

① 邓小平：《邓小平论"一国两制"》，第 53、54 页。

② 全国人大常委会澳门基本法委员会办公室编《中华人民共和国澳门特别行政区基本法起草委员会文件汇编》，206 页。

③ 王叔文等：《澳门特别行政区基本法导论》，中国人民公安大学出版社，1994，第 171 页。

在《关于〈澳门基本法（草案）讨论稿〉的说明》中指出："建议将'依法保护'改为'以法律保护'，强调必须制定法律保护。"[1]

对财产权的表述，最初的提法是"私人财产权"。在《澳门基本法（草案）征求意见稿》征求意见期间，有澳门居民建议将"私人财产权"改为"私有财产权"。在1993年1月13日第九次全体会议上，中央与特区关系小组工作报告提出，同意将"私人财产权"改为"私有财产权"。原因有二：第一，"私人财产权"可以被狭义解释为自然人的财产，不包括法人的财产，改为"私有财产权"既可以包括自然人的财产，也可以包括法人的财产，更全面和准确。第二，私人财产权的提法，强调的是个人的权利；而私有财产权的提法，强调的是私有财产制度。后者可以包括前者，更加全面。[2]

本条的主要内容是确立了保护私有财产权的原则。

解读

1. 以法律保护的含义

《澳门基本法》条文中，既有"依法保护"的提法，也有"以法律保护"的提法。那么，两者有区别吗？区别的意义是什么？"依法保护"从字面看，就是严格按照法律的规定保护，前提是先有法律，然后是遵守和执行法律，偏向被动性。"以法律保护"从字面看，要求用法律保护，如果没有法律的规定，就应该制定法律保护，体现的是主动性，要立法和完善法律保护。

2. 保护私有财产权的意义

本条中的"私有财产权"有两层意思。首先是制度层面的，"私有财产权"是澳门原有的社会经济制度的重要内容，保留澳门原有的资本主义制度必然要保护原有的私有财产权制度。其次是权利层面的，在私有财产权制度下，享有私有财产权也是澳门居民的一项基本权利。所以，《澳门基本法》规定的"私有财产权"既是原有的社会经济制度的基础和重要内容，也是澳门居民享有的基本权利。

---

[1] 全国人大常委会澳门基本法委员会办公室编《中华人民共和国澳门特别行政区基本法起草委员会文件汇编》，第207页。

[2] 全国人大常委会澳门基本法委员会办公室编《中华人民共和国澳门特别行政区基本法起草委员会文件汇编》，第261页。

既然"私有财产权"是澳门社会经济制度的基础，又是澳门居民享有的一项基本权利，对特区而言保护私有财产权也就是一项义务。所以，《澳门基本法》规定"特别行政区以法律保护私有财产权"，明确了特别行政区的责任，必须制定法律并依法保护私有财产权。

（七）关于《澳门基本法》第 7 条

> 澳门特别行政区境内的土地和自然资源，除在澳门特别行政区成立前已依法确认的私有土地外，属于国家所有，由澳门特别行政区政府负责管理、使用、开发、出租或批给个人、法人使用或开发，其收入全部归澳门特别行政区政府支配。

本条规定与《香港基本法》有相似之处，也有不同之处。在《澳门基本法（草案）征求意见稿（讨论稿）》阶段，最初的条文与《香港基本法》相同，特别行政区境内的土地和自然资源属于国家所有。后经过调查研究发现，澳门在法律上和事实上已经存在私有土地。澳门第 6/80/M 号法律《土地法》第 1 条规定："澳门土地，得分为本地区公产土地、本地区私产土地及私有财产土地。"第 5 条第 1 款规定："土地系由非公法人之他人确立一项所有权者，一概视为受私有财产权制度约束。"所以，土地问题应根据澳门的实际情况作出规定。在 1990 年 12 月 11 日第五次全体会议上，中央与特区关系小组工作报告指出，就土地问题建议表述为："除原有法律规定的私有土地外，属于国家所有。"① 确认可以保留原有的私有土地。

在 1991 年 4 月 17 日第六次全体会议上，中央与特区关系小组工作报告建议，第 7 条中的"或团体"可以删去，因为根据澳门的法律，所有团体都必须进行登记取得法人资格，因此可以删去"或团体"三个字，这符合澳门法律的规定。

在《澳门基本法（草案）》征求意见阶段，有部分居民提出，希望解决

---

① 全国人大常委会澳门基本法委员会办公室编《中华人民共和国澳门特别行政区基本法起草委员会文件汇编》，第 70 页。

历史遗留的在清朝年间产生的土地所有权的"纱纸契"问题。在 1993 年 1 月 13 日第九次全体会议上，中央与特区关系小组工作报告认为，第一，"纱纸契"是葡萄牙占领澳门期间产生的问题，应该由澳葡政府在 1999 年前解决，不应该把难题留给将来的特区政府解决。第二，因为土地是可以自由买卖的，其土地所有权性质，应由法律确认而非规定，应将"规定"改为"确认"。中央与特区关系小组同意将有关条文"除澳门原有法律规定的私有土地外"改为"除澳门特别行政区成立前已依法确认为私有土地者外"，① 即划定了解决"纱纸契"问题的最后期限是在 1999 年 12 月 20 日之前，也规定了解决"纱纸契"问题的法律程序要件必须是依法确认的私有土地。②

本条的主要内容是确立了土地为国家所有的原则，但特区政府可以使用，并允许保留特区成立之前的私有土地。

解读

1. 土地和自然资源属于国家所有

宪法第 9 条和第 10 条规定，土地和自然资源属于国家所有。澳门是国家的一部分，原则上澳门的土地和自然资源属于国家所有。但是，土地所有权可以与使用权分离。一方面，特别行政区的发展需要开发和利用土地；另一方面，特区政府从使用、批给土地中获得财政收入。因而，国家授权特别行政区负责管理和使用土地，可以批给个人、法人使用和开发，其收入由特别行政区政府支配。这是高度自治权的一个具体表现。

2. 私有土地依法确认

根据"一国两制"的原则和保持澳门原有的资本主义制度和生活方式五十年不变的精神，不能因为中国恢复对澳门行使主权，设立特别行政区而改变澳门原有的土地的私有财产权。相反，应该继续承认这些土地的私有财产权。但是，《澳门基本法》第 7 条规定承认私有土地有两个条件。第一个条件是私有土地所有权必须在特别行政区成立前确认，第二个条件是私有土地所有权要经过法律确认的程序方才有效。第一，规定"依法确认"时效

---

① 全国人大常委会澳门基本法委员会办公室编《中华人民共和国澳门特别行政区基本法起草委员会文件汇编》，第 262 页。

② 全国人大常委会澳门基本法委员会办公室编《中华人民共和国澳门特别行政区基本法起草委员会文件汇编》，第 262 页。

的必要性。《澳门基本法》第 7 条规定的精神是，仅承认原有的私有土地，但不延续原有土地法中有关私有土地取得的"和平占有"规定。如果原有土地法中有关私有土地取得的规定继续有效，势必会产生新的私有土地财产权，与特区土地属于国家所有的原则产生矛盾。所以，必须对什么时效内依法取得的私有土地财产权给予承认，什么时间后不予确认，作出明确的规定。第二，"依法确认"的时效以特别行政区成立为限。《澳门基本法》第 7 条规定的"依法确认"的有效时间就是以特别行政区成立为限。在此时间之前，首先，在《澳门基本法》公布前，原有土地法已确认的私有土地财产权，特区成立后可以保留。其次，如果在《澳门基本法》公布后，原有土地法还没有确认的私有土地财产权，在特别行政区成立前仍可以继续确认，特区成立后予以承认。因为《澳门基本法》于 1993 年 3 月 31 日公布，至 1999 年 12 月 20 日生效实施，其间有一个过渡期。但是，要遵循时效规定，不能超过 1999 年 12 月 19 日。如果澳门原有法律在过渡期内都不能确认土地的私人所有权，那么该法律的有关规定在 1999 年 12 月 20 日失效后，特区法律就不会再予确认。再次，"依法确认"中的"法"是指澳门原有法律。"依法确认"中的法律只能是当时有效的法律。如果法律已经无效，就不是能可依的"法"。所以，"依法"是有条件和时间限定的，是一个具体的概念，不是抽象的，不是依历史上任何时期产生的法律。法律一旦被废除，就不可能成为依法的基础。从《澳门基本法》的规定上分析，"依法确认"中的"法"是指澳门的原有法律。澳门原有法律是指什么呢？澳门原有法律是指葡萄牙管治澳门期间由澳门本地制定的规范性文件。依据是《澳门基本法》第 8 条的规定："澳门原有的法律、法令、行政法规和其他规范性文件，除同本法相抵触或经澳门特别行政区的立法机关或其他有关机关依照法定程序作出修改者外，予以保留。"全国人大常委会法制工作委员会副主任乔晓阳在关于《全国人民代表大会常务委员会关于根据〈中华人民共和国澳门特别行政区基本法〉第一百四十五条处理澳门原有法律的决定（草案）》的说明中，就澳门原有法律的内涵指出："澳门原有法律是指澳门本地制定的法律、法令、行政法规和其他规范性文件。"澳门特区终审法院在第 23/2005 号判决中对《澳门基本法》第 7 条的规定作出了清晰的解释，明确私有土地所有权必要要在特区成立前确认，完全符合基本法立法原意。

（八）关于《澳门基本法》第8条

澳门原有的法律、法令、行政法规和其他规范性文件，除同本法相抵触或经澳门特别行政区的立法机关或其他有关机关依照法定程序作出修改者外，予以保留。

本条规定参照了《中葡联合声明》中"原有法律基本不变"的表述，与《香港基本法》的原则一致。但澳门法律体系与香港有所区别，所以在具体表述上有所不同。关于澳门原有法律的保留，在《澳门基本法》起草时，有两个问题引起了讨论。一是原有法律的范围；二是除立法会外其他机关是否可以修改相应的规范性文件。

对原有法律的范围，在1990年12月11日第五次全体会议上，有委员主张，澳门原有的法律，应包括葡萄牙为澳门制定的法律和延伸到澳门适用的葡萄牙法律。多数委员认为，澳门原有的法律是澳门立法会制定和颁布的法律，葡萄牙为澳门制定的法律，或延伸到澳门的葡萄牙法律，只有经过澳门立法机关的立法程序进行本地化以后，才能作为澳门的原有法律加以保留。[①]

对行政长官可否修改原有的规范性文件，在1990年12月第五次全体会议上，中央与特区关系小组工作报告提出，"经澳门特别行政区立法机关或其他有关机关依照法定程序作出修改者外，予以保留"。[②] 对此，有委员认可行政长官可以修改原有的规范性文件。有委员建议删去"或其他有关机关"，因联合声明中的表述是"经澳门特别行政区立法机关修改者外"，没有"其他有关机关"这个提法。但多数委员认为，基本法的规定应该与行政长官的职权相对应，如行政长官有立法权或追认立法权就应该保留修改原有规范性文件的权力。[③] 最终，基本法根据行政长官有制定行政法规的职权的规定，规定"或其他有关机关"可以修改原有法律。

---

① 第五次全体会议第1期简报。
② 全国人大常委会澳门基本法委员会办公室编《中华人民共和国澳门特别行政区基本法起草委员会文件汇编》，第70页。
③ 第五次全体会议第2期简报。

本条的主要内容是确立了澳门原有法律基本不变的原则。

解读

1. 原有法律的概念

原有法律是一个概括性的概念，是原有的法律、法令、行政法规和其他规范性文件的总和。而原有的法律是一个具体的概念，特指法的某一种渊源、一种表现形式。所以，基本法只是保留不与基本法抵触的原有的法律、法令、行政法规和其他规范性文件。

2. 原有法律的范围

虽然，对原有法律的范围的理解有不同认识，但是在 1999 年 10 月 25 日第九届全国人民代表大会常务委员会第十二次会议上，全国人大常委会法制工作委员会副主任乔晓阳在《关于〈全国人民代表大会常务委员会关于根据《中华人民共和国澳门特别行政区基本法》第一百四十五条处理原有法律的决定（草案）〉的说明中》明确指出："澳门原有法律是指澳门本地制定的法律、法令、行政法规和其他规范性文件。"① 所以，澳门特别行政区筹备委员会只审查了澳葡政府制定的规范性文件，不审查葡萄牙制定的规范性文件。因为如果将葡萄牙主权机关制定的规范性文件保留为澳门特别行政区的法律，完全与中国的国家主权原则抵触，所以不能将其作为保留的对象。

3. 原有的法律、法令、行政法规规范性文件保留的情况

基本法明确了两种情况。一是不能与基本法抵触，凡抵触者不能保留。针对不同的情况采取四种方法处理。整部法律抵触基本法的，则完全废除；部分条文抵触基本法的，则部分废除；整部法律虽然被废除，但在新的法律制定之前可参照适用；原有的法律、法令、行政法规和规范性文件，虽然被保留下来，但在适用时要根据国家主权原则和基本法的规定作必要的变更、适应、限制或例外的处理。二是被立法会或其他有关机关依照法定程序作出修改的不予保留。

4. 原有的法律、法令修改的主体

立法机关对原有的法律进行修改是毫无争议的。但是，对原有的法

---

① 《关于〈全国人民代表大会常务委员会关于根据《中华人民共和国澳门特别行政区基本法》第一百四十五条处理澳门原有法律的决定（草案）〉的说明》，中国人大网，http://www.npc.gov.cn/wxzl/gongbao/2000 - 12/06/content_ 5007192. htm。

令、行政法规和其他规范性文件除了立法机关有权修改外，其他有关机关也可以修改。基本法中的"其他机关"具体是指什么机关？按照法律系统解释的方法，从基本法的体系中可以看到，除了行政长官依据《澳门基本法》第 50 条的规定制定行政法规外，没有其他机关可以制定抽象性的规范性文件，从而可以推定行政长官有权限修改除法律之外的原有的规范性文件。这种理解得到澳门终审法院的认同，终审法院第 28/2006 号裁判书指出："澳门特别行政区《澳门基本法》是明文赋予行政长官及政府制定行政法规的权力，《澳门基本法》未设与《葡萄牙共和国宪法》第 115 条第 7 款相应的规定，换言之，《澳门基本法》无任何规定禁止制定独立的行政法规。按照《澳门基本法》的规定，行政长官的行政法规不是为了单纯执行一立法机关事先已通过的法律（原则性法律）而制定的，亦无须事先经法律（授权性法律）将主体及客体权限赋予行政长官，他才可制定这些行政法规。"[1] "行政长官这种'制定行政法规权'是指直接源于《澳门基本法》的原始制规权（它并非是次要的，它非指仅可制定执行性的行政法规）。"同时，行政长官制定的行政法规可以修改原有的法令也得到特别行政区立法会制定的法律的确认。澳门特别行政区第 13/2009 号法律《关于订定内部规范的法律制度》第 8 条规定："法令所载的规定依下列规则被修改、暂停实施或废止：（一）属第六条规定的事项，透过法律为之；（二）属第七条第一款规定的事项，透过独立行政法规为之；（三）属于需制定具体执行性规定的事项，透过补充性行政法规为之。"

5. 修改原有的法律和法令应依据法定程序进行

根据澳门第 13/2009 号法律《关于订定内部规范的法律制度》的规定，行政长官制定的行政法规只能修改部分的法令，而不是全部的法令，且仅限于行政法规可以调整的事项，即原有法令规定的事项属于行政法规可以调整的事项，则行政法规可以修改法令。不属于行政法规调整的事项，行政法规不能修改法令。据此，特别行政区成立后，行政长官依据《澳门基本法》的规定和《澳门立法法》通过制定行政法规修改了一部分法令的内容。

---

[1] 澳门特别行政区终审法院第 28/2006 号裁判书，http://www.court.gov.mo/sentence/zh - 53590d01d24ea.pdf，第 5~6 页。

（九）关于《澳门基本法》第9条

澳门特别行政区的行政机关、立法机关和司法机关，除使用中文外，还可使用葡文，葡文也是正式语文。

本条规定参照了《中葡联合声明》中有关中葡文使用的表述，与《香港基本法》规定相同。在《澳门基本法（草案）征求意见稿（讨论稿）》阶段，对中葡语言使用问题进行了充分讨论。中央与特区关系小组在第四次全体会议的报告中指出："有人建议基本法应再次强调中文作为澳门特别行政区首位官方语文的地位。本专题小组讨论认为中文当然是澳门特别行政区政府的首位官方语文，按照《中葡联合声明》的规定，将来除使用中文外，还可使用葡文。但鉴于目前澳葡政府的官方语文为葡文，按照《中葡联合声明》的有关规定，将来可留用的中、高级公务员中多数不懂中文，某些领域还必须使用葡文，因此可再加上'葡文也是正式语文'。"① 对专题小组的工作报告，第四次全体会议简报记载了不同意见，有委员认为葡文不是国际通用语言，不必规定政府和居民使用。② 有委员要求同时使用中文、葡文。③ 两种意见比较对立。有委员建议将正式语文改为法定或官方语文。绝大多数委员同意参照《香港基本法》规定。④

在《澳门基本法（草案）征求意见稿》阶段，澳门社会有意见认为，官方语文与正式语文之间有差别，规定中文和葡文均是澳门的正式语文为好。也有意见认为，应以中文为准。

在《澳门基本法（草案）》阶段，有澳门居民建议改为"澳门特别行政区的正式语文是中文，葡文也是正式语文"，或将"还可使用葡文"改为"应当使用葡文"。也有意见认为，澳门行政机关、立法机关和司法机关应当使用中文，还可以在一定时期内同时使用中文和葡文。还有意见认为，中葡文具

---

① 全国人大常委会澳门基本法委员会办公室编《中华人民共和国澳门特别行政区基本法起草委员会文件汇编》，第51页。
② 第四次全体会议第1期简报。
③ 第四次全体会议第2期简报。
④ 第四次全体会议第3期简报。

有同等法律效力（即实行两种语文同时使用、具有同等效力的双语制）。

各种意见主要集中在以下三个方面。第一，葡文是正式语文还是官方语文？第二，葡文是还可使用，还是必须使用？第三，中文、葡文有没有主次之分，以中文为准还是同时使用、同等效力？最终，《澳门基本法》并没有确立澳门采用双语制，而是规定除使用中文外还可以使用葡文，但并非必须使用葡文，葡文是正式语文，有法律效力。

本条的主要内容是确立了澳门特区的语文政策，除使用中文外，还可使用葡文。

解读

1. 正式语文的含义

正式语文的对应词是非正式语文，所以，正式语文强调的是使用该语文有法定效力。对非正式语文官方可以不使用，就是有人使用了非正式语文，对官方也不产生法律效力。

2. 中葡文有主次

从《澳门基本法》第 9 条的语法结构看，使用中文是必须的，是主要的，因为澳门特别行政区是中国的一部分，使用中文理所当然。考虑到澳门的历史和现实情况，照顾葡萄牙后裔居民的需要，还可以使用葡文。在澳门特别行政区成立后，原则上以中文为准。全国人大常委会在关于《中华人民共和国澳门特别行政区基本法》葡萄牙文本的决定中明确规定："葡萄牙译本为正式葡文本，和中文本同样使用；葡文本中的用语的含义如果有与中文本有出入的，以中文本为准。"[1] 所以，一方面，中葡文并非必须同时使用；另一方面，中葡文也不具有同等效力。对此，《全国人民代表大会常务委员会关于根据〈中华人民共和国澳门特别行政区基本法〉第一百四十五条处理澳门原有法律的决定》第 5 条明确规定："有关葡文的法律效力高于中文的规定，应解释为中文和葡文都是正式语文；有关要求必须使用葡文或同时使用葡文和中文的规定，依据《澳门基本法》第九条的规定办理。"[2] 这清楚地说明，《澳门基本法》第 9 条既不要求行政、立法和司法机关必须同时使用中文和葡文，也没有规定中文和葡文具有同等效力。

---

[1] 《中华人民共和国澳门特别行政区宪政法律文献汇编》，第 141 页。
[2] 《中华人民共和国澳门特别行政区宪政法律文献汇编》，第 143 页。

（十）关于《澳门基本法》第 10 条

澳门特别行政区除悬挂和使用中华人民共和国国旗和国徽外，还可悬挂和使用澳门特别行政区区旗和区徽。

澳门特别行政区的区旗是绘有五星、莲花、大桥、海水图案的绿色旗帜。

澳门特别行政区的区徽，中间是五星、莲花、大桥、海水，周围写有"中华人民共和国澳门特别行政区"和葡文"澳门"。

本条第 1 款规定参照了《中葡联合声明》中有关国旗、国徽，区旗、区徽的表述。特别行政区除悬挂国旗、国徽外，还可以使用区旗、区徽。起草委员会决定，公开向社会征集区旗、区徽图案。征集和评选办法规定，图案的设计有三个原则：体现"一国两制"的精神、反映澳门的特点、庄严美观。经过评选产生了一等奖和二等奖，根据起草委员会的意见，需要对区旗、区徽图案作出修改。后经委托修改，最终产生了区旗、区徽图案。

本条的主要内容是明确了特区使用国旗、国徽和区旗、区徽的原则，规范了区旗、区徽的图案。

解读

1. 国旗、国徽的使用

澳门是中华人民共和国的一部分，国旗、国徽是国家的象征，澳门使用国旗、国徽充分表明其是中央政府管辖下的一个地方行政区，完全是必要的。澳门特区不仅要使用国旗、国徽，而且必须按照国家的法律来使用国旗、国徽。所以《澳门基本法》附件三列入了《中华人民共和国国旗法》和《中华人民共和国国徽法》，作为适用澳门特区的全国性法律，必须得到尊重和实施。污辱和损毁国旗、国徽的行为要受到法律的制裁。

2. 区旗、区徽的图案和使用

区旗、区徽的图案中，五星是中华人民共和国国旗、国徽中的主要元素。区旗、区徽采用五星体现了"一国"的原则。莲花元素展示了澳门的特色，澳门是莲花宝地，莲花寓意祥和、安康，更有出淤泥而不染的品格。大桥和海水反映了澳门特区的地理环境，是一座海滨城市。所以，区旗、区徽图案体现了"一国两制"的精神。

澳门特别行政区使用区旗、区徽，既象征着进入"一国两制"的新时代，又有利于开展对外事务领域的交流与合作，在国际组织、国际会议、国际活动及体育赛事上展示澳门的风采。

（十一）关于《澳门基本法》第11条

根据中华人民共和国宪法第三十一条，澳门特别行政区的制度和政策，包括社会、经济制度，有关保障居民的基本权利和自由的制度，行政管理、立法和司法方面的制度，以及有关政策，均以本法的规定为依据。

澳门特别行政区的任何法律、法令、行政法规和其他规范性文件均不得同本法相抵触。

本条规定参照了《香港基本法》，并与《香港基本法》规定相同。在《澳门基本法》起草和征求意见的过程中，并没有产生大的争议。只是根据澳门法律体系以及法律渊源的特点，建议将最后一句改为："任何法律、法令、行政法规和其他规范性文件均不得与基本法抵触。"

本条的主要内容是确立了宪法和《澳门基本法》之间的关系，宪法和《澳门基本法》共同构成澳门特别行政区的宪制基础，以及《澳门基本法》在澳门特别行政区法律体系中的地位。

解读

1. 宪法第31条和《澳门基本法》的关系

宪法和《澳门基本法》的关系是起草《澳门基本法》过程中讨论比较多的一个问题，原因是宪法规定的社会主义制度，基本法规定的资本主义制度，两者是相容的关系还是对立的关系引发讨论。一种意见认为，宪法和基本法是不相容的关系，宪法在整个特别行政区不适用，没有约束力，所以基本法应该规定宪法对特区没有效力。由于这个意见在理论上不符合宪法是国家最高法律，宪法在国家所有领土范围内生效的原则，在现实上也不符合"一国两制"的方针，宪法中国家主权和国家制度的规范必须在特区适用的要求，所以被起草委员会否定。另有意见认为，宪法和基本法是相容的关系，"一国两制"是由宪法规定的，坚持"一国"，实行"两制"，都是有宪法依据的。基本法是根据宪法制定的，宪法对基本法有约束力，对特别行政区同样有约束力，这个原则不能否定。但是，根据"一国两制"的方针，社会主义制度和政策不在特别行政区实行，所以宪法中有关社会主义的制度和政策的规定也不在特区实行，对此基本法应该有所规定。这个意见得到大家认同。这就是《澳门基本法》第11条产生的背景。那么，如何恰当地规定宪法和基本法的关系呢？当然不能随心所欲，天马行空，还是应该以宪法第31条的规定为依据，即"在特别行政区内实行的制度，按照具体情况由全国人民代表大会以法律规定"。宪法授权基本法根据"一国两制"政策和特别行政区的具体情况，对特别行政区的制度作出具体规范，因此才有了"根据中华人民共和国宪法第三十一条，澳门特别行政区的制度和政策，包括社会经济制度，有关保障居民的基本权利和自由的制度，行政管理、立法和司法方面的制度，以及有关政策，均以本法的规定为依据"的规定。这一规定表明：第一，宪法适用于特别行政区是前提，如果宪法不适用于特别行政区就无须处理宪法与基本法和特区的关系；第二，在宪法适用特区的大前提下，尊重"两制"的要求，根据宪法第31条的规定，宪法中有关社会主义制度和政策的规定不在特区实行，特区的社会经济制度、人权制度、政治制度以基本法为准。因此，既要认识到宪法和基本法关系中的原则性，又要认识到宪法和基本法关系中的特殊性，只有将原则性和特殊性有机结合，才能全面准确理解宪法和基本法的关系，理解宪法和基本法共同构成特别行政区的宪制基础。

2. 特区的有关制度以本法的规定为依据

第一，特别行政区以基本法为依据的内容是有范围的，只限于特区社会经济制度，有关保障居民的基本权利和自由的制度，行政管理、立法和司法方面的制度，以及有关政策，不能超出此范围。在这个范围以外的制度和政策，以宪法为依据。第二，特别行政区的有关制度和政策以基本法为依据，意味着符合基本法的规定就是有效的，并不构成与宪法的抵触而无效，基本法的这一规定本身也是合宪的。对此，1999年3月31日，《全国人民代表大会关于〈中华人民共和国澳门特别行政区基本法〉的决定》明确表示："澳门特别行政区基本法是根据中华人民共和国宪法，按照澳门的具体情况制定的，是符合宪法的。澳门特别行政区设立后实行的制度政策和法律，以澳门特别行政区基本法为依据。"

3. 基本法的地位和效力

一方面，基本法的法律渊源是宪法，是由全国人民代表大会制定的，是规定特区实行何种制度的全国性法律，须得到全国遵行；另一方面，基本法又是特别行政区的宪制性法律，它的地位和效力要高于特别行政区的本地法律。无论是澳门原有的法律能否被采用为特别行政区的法律，还是特别行政区立法机关制定的法律和行政长官制定的行政法规，均要符合基本法。基本法既是特区立法的基础，也是判断特区法律是否有效的标准。因此，本条与序言第三段阐明了宪法与基本法共同构成特别行政区的宪制基础。

第五章　中央和澳门特别行政区的关系

一　中央与特区关系的主要内容

第一，明确中央与特区关系的性质。澳门特别行政区是直辖于中央人民政府的享有高度自治权的地方行政区域，决定了中央与特区的关系是领导与被领导的关系。"一国"决定了国家只有一个中央，由中央代表"一国"。一方面中央行使国家的主权性权力，另一方面特区获中央授权行使权力，要对中央负责。中央与特区不是平行关系，法律关系的性质决定了中央与特区之间权力和义务的内容。中央的权力和特区自治权必须从法律地位去分析，不同的地位和身份决定了享有不同的权力和承担不同的义务。法律关系的性质搞错了，弄颠倒了，国家的宪制秩序就要乱了。这是处理中央与特区关系的逻辑起点。

第二，规范中央与特区的权力分工与合作。基本法对中央的权力和特区的自治权作了分工，同时也要求中央的权力与特区自治权互相合作，有机结合。

第三，明确中央与特区的义务。中央要保障特区的自治权，特区要维护国家的主权、安全、发展利益。

中央和特区关系的逻辑原理是，从"一国两制"的基础上，延伸出中央和特区的权力与义务关系，决定了中央与特区是领导与被领导、监督与被监督的关系，并由"一国"的主权产生了中央的管治权，由"两制"的要求产生了特区的自治权，从而也产生了双方的责任和义务。

二 中央与特区关系的主要争议

在基本法起草过程中，对驻军、中央任免权、全国人大常委会发回权、全国性法律适用、内地居民在特区定居、政治性组织界定等问题展开了讨论。

(一) 关于《澳门基本法》第12条

澳门特别行政区是中华人民共和国的一个享有高度自治权的地方行政区域，直辖于中央人民政府。

本条规定参照了《中葡联合声明》中有关特区直辖于中央人民政府的表述，与《香港基本法》规定相同，在起草过程中没有出现争议。

本条的主要内容是确立了中央领导特区的原则。中央与特别行政区关系的性质是基本法必须确定的问题。只有明确了中央与特区关系的性质，才能确定中央的权力和特区自治权的边界。

解读

1. 地方行政区的含义

地方行政区是由中央根据宪法划分行政区划的产物，因国家的需要设立地方行政区。按照"一国两制"方针，国家设立澳门特别行政区。澳门特别行政区是一个享有高度自治权的地方行政区域，这是澳门作为一个地方行政区域较我国其他地方行政区域（除香港以外）的特殊性所在。

2. 中央人民政府的概念

在基本法中有使用"中央"概念的，也有使用"中央人民政府"概念的，二者之间是什么关系？二者既有联系，又有区别。在1989年5月9日第二次全体会议上，委员们认为，"中央"应该包括全国人民代表大会及其常务委员会和国务院等国家机构。"中央人民政府"专指国务院。[①]"中央"对应"地方"，"中央人民政府"是行政机关，既对应全国人大和最高法院与检察院，也对应"地方行政机关"。两者之间的联系体现在，

---

① 第二次全体会议第5期简报。

"中央"是个集合体,"中央人民政府"是"中央"集合体的一部分,是一个国家行政机关。区别是"中央人民政府"不能与"中央"画等号,前者小,后者大。所以,基本法针对所要调整的内容不同,使用"中央"或"中央人民政府"的概念。例如,当涉及中央与特区关系时,基本法使用了"中央管理的事务""中央与特区的关系"概念。当涉及中央人民政府与特区政府关系时,基本法使用"中央人民政府"、行政长官对"中央人民政府"负责、执行"中央人民政府"发出的指令的概念,是从行政机关(狭义的政府)角度确定中央人民政府的职责、中央人民政府与特区政府的关系。

3. 特区直辖于中央人民政府

"直辖"一词包含领导、从属、管辖和监督之意,即中央领导特区,特区从属于中央。具体而言,特区直辖于中央,第一,中央对特区行使地域管辖权,特区不能脱离中央。第二,中央对特区行使事务管辖权,不论是中央直接行使负责管理的权力,还是行使监督的权力,特区不能排斥中央。直辖于中央人民政府的核心就是中央对特区享有全面管治权。为什么特区要直辖于中央人民政府?这是有宪法依据的。宪法第89条规定,国务院行使下列职权:"统一领导国家地方各级国家行政机关的工作。……"特区政府是地方行政机关,所以要接受最高国家行政机关——国务院的领导。第三,"直辖"一词同时也界定了澳门特别行政区在行政区域体系中的地位,是和省、自治区、直辖市同属于第一等级的行政区。

(二)关于《澳门基本法》第13条

中央人民政府负责管理与澳门特别行政区有关的外交事务。

中华人民共和国外交部在澳门设立机构处理外交事务。

中央人民政府授权澳门特别行政区依照本法自行处理有关的对外事务。

本条规定参照了《中葡联合声明》有关中央政府负责外交事务的规定,与《香港基本法》规定相同,在起草过程中没有出现争议。

本条的主要内容是明确了中央管理外交事务、特区管理对外事务的权力。

解读

1. 外交事务的概念

外交是国家为实现其对外政策，通过正式代表国家的机构、人员的官方行为，对外行使主权，处理国际关系和参与国际事务。外交事务主要包括外交谈判、官方往来、缔结条约、参与国际组织和会议。在基本法中，外交权属于中央，特区根据中央授权享有对外事务管理权。外交事务与对外事务的根本区别是对主体资格的要求不同，凡是需要以主权国家的主体资格处理的事务就是外交事务；凡是可以允许以非主权国家资格，如地区或单独关税地区等资格处理的事务就是对外事务。澳门特区是中国的一部分，不具备主权资格，也就没有外交事务处理权。请注意基本法的表述是"中央人民政府负责管理与澳门特别行政区有关的外交事务"。"有关"两个字很关键，说明澳门特区本身没有外交事务。中央处理的是与特区有关的外交事务，即中央的外交行动涉及特区，如中央批准加入的国际条约是否适用于特别行政区，就与特区发生了联系，构成与特区有关的外交事务，虽然与特区有关，但必须由中央政府处理，不属于特区自行处理的事务。

国家的外交事务具体由外交部负责处理，所以主管外交事务的外交部在特区设立了特派员公署，处理与外交事务有关的事宜。其主要职责是：（1）处理由中央人民政府负责管理的与澳门特别行政区有关的外交事务；（2）协调处理澳门特别行政区参加的有关国际组织和国际会议的事务；协调处理国际组织和机构在澳门特别行政区设立办事机构的问题；协调处理在澳门特别行政区举办政府间国际会议的事宜；（3）处理有关国际公约在澳门特别行政区适用的问题，协助办理中央人民政府授权澳门特别行政区与外国谈判缔结有关双边协定的事宜；（4）协调处理外国在澳门特别行政区设立领事机构或其他官方半官方机构的有关事宜，办理有关领事业务；（5）办理中央人民政府和外交部交办的其他有关事务。

2. 对外事务的概念

对外事务是以非主权资格的身份参与国际关系和交往，如在经济、文化、科技等领域同外界建立联系，并在这些领域参加一些不要求主权资格的国际组织和国际会议，签订国际公约。澳门特区参加的比较重要的国际组织有世界贸易组织、亚洲开发银行、万国邮政联盟、世界知识产权组织、国际刑警组织等。到2018年底，外交部驻澳门特区特派员公署共办理国际公约适用澳门事项 600 余起，其中 450 项国际公约已在澳门特区适用。[①]

3. 中央授权特区自行处理对外事务

特区的对外事务处理权并不是固有的，而是中央政府授予的。第一，中央政府授予特区的对外事务处理权是有范围的，《中葡联合声明》用了"适当领域"的限制，基本法延续了联合声明的表述，列举了特区主要在经济、贸易、金融、航运、通信、旅游、文化、科技、体育等"适当领域"的对外事务，不能超出基本法规定的"适当领域"自行处理对外事务。第二，中央对授予特区处理的对外事务进行监督，确保特区在符合国家外交政策前提下处理对外事务。如澳门可根据需要在外国设立官方或半官方的经济贸易机构，报中央人民政府备案。

4. 特区依照本法自行处理对外事务

特区政府处理对外事务的条件是必须依照基本法的规定进行，不能超越基本法。首先，自行处理要依法。具体而言，就是根据《澳门基本法》第七章"对外事务"的具体规定，行使自治权。其次，在符合法律规定的情况下可以自行处理，根据特区的需要，进行对外联系，参加国际组织和会议，签订国际条约等。

5. 外交权与外事权需要有机结合

虽然外交事务由中央政府负责管理，对外事务由特区自行处理，两者之间有分工，但是两者之间需要互相配合。国家行使外交权，支持、协助和配合特区的对外事务处理，正如外交部驻澳门特区特派员公署"协助处理""协助办理"特区的对外事务，如协助澳门特区与外国签订各类双边协议，支持澳门对外经济、文化等事业的发展。同样，特区的对外事务处理权也要支持、配合国家的对外政策。如在"一带一路"倡议中，澳门利用自身优势发展与共建"一带一路"国家的经济贸易文化联系，从而协助国家与这些国家开展友好合作。

（三）关于《澳门基本法》第 14 条

中央人民政府负责管理澳门特别行政区的防务。

---

① 外交部驻澳门特区特派员公署网站，http：//www.fmcoprc.gov.mo/chn/satfygjzz/tyyflsw/gjgy/。

澳门特别行政区政府负责维持澳门特别行政区的社会治安。

本条规定参照了《中葡联合声明》中有关中央政府负责管理特区防务的表述，与《香港基本法》规定有所不同。在起草过程中主要争议是是否应当规定驻军。

在《澳门基本法（草案）征求意见稿（讨论稿）》阶段，1990年3月25日中央与澳门关系小组第二次会议纪要指出，澳门人士对中央与澳门特区关系的意见，主要集中在驻军和全国性法律在澳门适用这两个问题上。委员们初步交换意见认为，关于驻军问题，既然在《中葡联合声明》和《澳门基本法结构（草案）》中均未作出规定，那么在基本法中仍以不作规定为好。

在1990年6月7日第四次全体会议上，中央与特区关系小组工作报告指出："澳门各界对澳门特别行政区基本法中是否写明驻军、驻军的地位提出了不同的看法。本专题小组认为，驻军体现国家主权，《中葡联合声明》也明确规定澳门特别行政区的防务由中央人民政府负责。至于是否驻军，由中央人民政府决定。如果驻军，澳门特别行政区基本法中就要写明中央人民政府派驻澳门特别行政区的军队不干预澳门特别行政区的事务；驻军人员除遵守全国性的法律外，还须遵守澳门特别行政区的法律；驻军费用由中央人民政府负担。"① 会议讨论中也有三种意见：反对驻军；② 参照《香港基本法》规定写明驻军，这样就是必须实际驻军了；③《澳门基本法》不规定驻军，要不要驻军由中央决定。④

1990年9月9日中央与澳门关系小组第五次会议纪要记载，有委员认为，应该加入如下内容：澳门特区政府在必要时可向中央人民政府请求，中国人民解放军协助维持治安和救助灾害，中国人民解放军部队在澳门特别行政区，除须遵守全国性的法律外，还须遵守澳门特别行政区的法律，澳门特区不负担军费。有意见认为，维持联合声明表述，不涉及驻军。

在1990年12月11日第五次全体会议上，中央与特区关系小组工作报

---

① 全国人大常委会澳门基本法委员会办公室编《中华人民共和国澳门特别行政区基本法起草委员会文件汇编》，第51页。
② 第四次全体会议第1期简报。
③ 第四次全体会议第2期简报。
④ 第四次全体会议第30期简报。

告建议将本条文表述为"中央人民政府负责澳门特别行政区的防务"。^① 委员们讨论时意见还有分歧。有意见认为，按联合声明写法，驻军与否由中央决定，《澳门基本法》暂时不明确规定。也有反对《澳门基本法》规定驻军的意见。也有认为不论是否驻军都应先规定驻军的法律义务，如类似《香港基本法》的规定，条文的表述既要避免不能驻军，又要避免必然驻军的情况。还有委员建议加上以下内容：澳门特别行政区政府在必要时可向中央人民政府请求派中国人民解放军协助维持治安和救助灾害；中国人民解放军在澳门特别行政区除须遵守全国性的法律外，还须遵守澳门特别行政区的法律；澳门特别行政区不负担军费；等等。^②

在 1991 年 4 月 17 日第六次全体会议上，中央与特区关系小组工作报告指出："关于澳门特别行政区的防务和治安问题，以按中葡联合声明和基本法'结构'草案中的提法草拟为妥，对该条条文不作改动或增加新的内容。"^③

在《澳门基本法（草案）征求意见稿》阶段，澳门居民的意见也不一致。有意见主张，基本法应规定不在澳门境内驻军，一是澳门没有空间来驻军，二是葡萄牙已不在澳门驻军。有意见认同征求意见稿中的表述，理由与联合声明规定一致，也照顾到了澳门的历史和现状。

在《澳门基本法（草案）》阶段，澳门居民仍有两种对立的看法。一种认为驻军涉及国家主权，不能规定不驻军；另一种认为，澳门地方小，现在又没有驻军，可以不驻军。

最终，《澳门基本法》维持《中葡联合声明》中的表述，规定中央人民政府负责管理特别行政区的防务。

本条的主要内容是明确了中央管理防务、特区管理治安的权力。

解读

1. 防务的概念

国家防务是为防备和抵抗侵略、制止武装颠覆等，保卫国家的主权、统一、领土完整和安全所进行的军事活动。基本法采用"防务"的提法，而

---

① 全国人大常委会澳门基本法委员会办公室编《中华人民共和国澳门特别行政区基本法起草委员会文件汇编》，第 71 页。
② 第四次全体会议第 3 期简报。
③ 全国人大常委会澳门基本法委员会办公室编《中华人民共和国澳门特别行政区基本法起草委员会文件汇编》，第 102 页。

没有使用"国防"的提法，是有考虑的。如果使用"澳门特别行政区的国防"，容易被人误解为澳门是一个国家。事实上，澳门是中国的一部分、一个地区，它的外部安全、对外防务是整个国家外部安全和对外防务的一个组成部分，使用"防务"的提法更妥当。由于防务是国家的外部安全，属于国家层面的事务，所以应该由中央人民政府负责管理。

2. 治安的概念

治安主要指社会秩序的安全，一个国家和地区的内部安全。澳门特别行政区的内部社会秩序安全属于地方性事务，所以由澳门特别行政区政府负责管理。

3. 防务与驻军

防务与军事活动密不可分，军事活动的主体是军队，没有军队就没有军事活动和防务，没有军队国家也就没有维护防务的能力。中央人民政府负责防务的含义有二：第一，明确了中央人民政府的职责范围，防务不属于特区自治事务，是属于中央管理的事务；第二，中央人民政府履行防务的职责时，采取什么样的方式和措施，什么时候什么地点派驻军队，以及派驻多少人数的军队，是中央负责防务的权限，不能限制或剥夺。认同中央负责防务却不接受中央可以派驻军队履行职责的意见限制了中央的防务权，《澳门基本法》不接纳这种意见是完全正确的。

1998年9月18日，中央人民政府考虑到澳门内外安全的情况和需要，决定在澳门回归后派驻适量精干的军队，既是国家恢复对澳门行使主权的象征，也能起到稳定澳门社会的作用。中央的决定得到了澳门绝大多数居民的认同和拥护。为了做到驻军依法履行职责，1999年6月28日全国人大常委会通过了《中华人民共和国澳门特别行政区驻军法》。该法明确规定，澳门驻军由中华人民共和国中央军事委员会领导；军费由中央人民政府负担。驻军的职责有四项，即防备和抵抗侵略，保卫特别行政区的安全；担负防卫勤务；管理军事设施；承办有关涉外军事事宜。另外，该法还规定驻军不干预特别行政区的地方事务，必要时协助特区维持社会治安和救助灾害。

4. 防务与治安的关系和结合

防务和治安的各自任务有所不同，但是两者之间有密不可分的关系。防务安全为内部的治安稳定提供了必要的条件。必要时，驻军可以协助和支持维护治安，是维护治安力量的重要后盾。同时，履行防务的驻军对救助特区的自然灾害也可以发挥重要的作用。如 2017 年的"天鸽"风灾对澳门造成了重大损失，为了尽快恢复澳门居民的生活和生产秩序，应行政长官根据《中华人民共和国澳门特别行政区驻军法》的规定提出的请求，中央人民政府予以批准，驻军迅速出动救灾，帮助特区恢复了正常的社会秩序，受到了各界的广泛好评。同时，澳门特区立法会也制定了第 4/2004 号法律《军事设施的保护》、第 6/2005 号法律《中国人民解放军驻澳门部队协助维持社会治安和救助灾害》、第 23/2009 号法律《中国人民解放军驻澳门部队因履行防务职责而享有的权利和豁免》以及第 27/2004 号行政法规《对军事设施所作的行政违法行为的处罚制度》，为防止、制止、制裁破坏防务军事设施的行为，保障防务设施免遭破坏提供了法律保障，协助和支持了防务。所以，应将两者有机结合以保障特别行政区的内外安全和稳定。

（四）关于《澳门基本法》第 15 条

中央人民政府依照本法有关规定任免澳门特别行政区行政长官、政府主要官员和检察长。

本条规定参照了《中葡联合声明》中有关中央人民政府任命行政长官和主要官员的表述，与《香港基本法》规定在内容上完全相同，但在表述上略有差别，更加准确地体现了中央的权力。

在《香港基本法》起草过程中，对此项权力有三种不同的意见：一种意见认为，居民有罢免行政长官的权力；[1] 另一种意见认为，主要官员不应由中央政府任命，只要报中央政府备案即可；[2] 还有一种意见主张，中央任命只是程序，不是实质性的权力。[3] 这些意见经过讨论，不符合中央享有任命权的原则，被《香港基本法》一一否定。所以，在《澳门基本法》起草过程中并没有引起类似的争议。

---

[1] 香港特别行政区基本法咨询委员咨询报告，第 29 页。
[2] 香港特别行政区基本法咨询委员咨询报告，第 30 页。
[3] 香港特别行政区基本法咨询委员咨询报告，第 31 页。

在《澳门基本法》起草过程中，根据《中葡联合声明》有关主要官员范围（相当于原"政务司"级官员、检察长和警察部门主要负责人）的规定与《中英联合声明》有关规定（相当于司级官员）的区别，确定了中央人民政府任免的对象。1991年6月2日，中央与特区关系小组第九次会议纪要建议在中央任免对象中加上"检察长"。1991年7月9日第六次全体会议上，中央与特区关系小组提交的工作报告指出："由于澳门特别行政区检察长不属于行政机关的主要官员，委员们同意将第十五条改为'中央人民政府依照本法第四章规定任免澳门特别行政区行政长官、行政机关的主要官员和检察长'。"[①]

除了《澳门基本法》在任命对象的范围上与《香港基本法》规定有所不同外，委员们认为，中央的人事权应该包括任命和免除两项权力，这样才能更加全面和准确地体现中央对特区的领导权。

本条的主要内容明确了中央人民政府对行政长官等的任免权和特区拥有产生行政长官人选的选举权。

解读

1. 任免的含义

"任"是任命，"免"是免除。所以，"任免"包含了两项权力，既享有任命的权力，也享有免除的权力。中央的任免权不仅是一项形式上、程序上的权力，还是一项实质性的权力，即既可以任命，也可以不任命，而非仅仅是形式上和程序上的权力，即只能任命。"任免"的真实含义是实质任免权，这是起草委员会起草基本法时达成的共识。1986年11月8日，《香港基本法》起草委员会政治体制小组工作报告指出："行政长官在当地通过选举或协商产生，由中央人民政府任命，此项任命是实质性的。对此，小组会上没有人表示异议。"[②] 这再清楚不过地说明了任免权是实质性的权力，并且是立法原意。

2. 依照本法规定任免行政长官和主要官员

中央行使任免权不是随意的，而是严格按照基本法的规定进行的。第

---

① 全国人大常委会澳门基本法委员会办公室编《中华人民共和国澳门特别行政区基本法起草委员会文件汇编》，第145页。

② 全国人大常委会香港基本法委员会办公室编《中华人民共和国香港特别行政区基本法起草委员会文件汇编》，第62页。

一，先由选举产生行政长官人选，然后由中央人民政府根据选举的结果进行任命。主要官员是由行政长官提名后由中央人民政府任命。如果立法会通过了对行政长官的弹劾案，再由中央人民政府决定是否免除行政长官的职务。如果行政长官违背了誓言，不能做到效忠中华人民共和国和澳门特别行政区，不符合爱国爱澳的标准，没有履行依基本法规定的对中央负责的法律义务，中央人民政府可以免除行政长官的职务。中央为了行使好实质任免权，提出了任免行政长官的标准。2014 年 8 月 31 日，第十二届全国人民代表大会常务委员会第十次会议通过的《全国人民代表大会常务委员会关于香港特别行政区行政长官普选问题和 2016 年立法会产生办法的决定》指出："香港特别行政区行政长官，既要对香港特别行政区负责，也要对中央人民政府负责，必须坚持行政长官由爱国爱港人士担任的原则，这是'一国两制'方针政策的基本要求，是行政长官的法律地位和重要职责所决定的，是保持香港长期繁荣稳定，维护国家主权安全和发展利益的客观需要。"①符合这个标准的行政长官人选，中央人民政府才会任命，否则就不任命。如果行政长官在任期内违背了这个标准，那么中央人民政府就可以免除行政长官的职务。

3. 中央人民政府实质任免权的意义

基本法规定的中央人民政府对行政长官和主要官员的任免权是实质性的权力，根本原因是，中央对特区不是形式上的领导，而是真正意义上的领导，行政长官对中央也不是形式上的负责，而是真正意义上的负责。要确保中央对特区的真正领导和特区对中央的真正负责，中央就必须享有对行政长官的实质任免权。如果行政长官不接受中央的领导，不对中央负责，那么中央就有权免除行政长官的职务。基本法规定立法会可以制约行政长官，对行政长官严重违法的行为可以提出弹劾案，但不能直接罢免行政长官。澳门居民可以监督行政长官的工作，但不能罢免行政长官。否则，就会让中央人民政府的实质任免权流于形式，直接影响中央人民政府对特区的领导和行政长官对中央负责的效果。

---

① 《全国人民代表大会常务委员会关于香港特别行政区行政长官普选问题和 2016 年立法会产生办法的决定》，http://www.cssn.cn/zx/yw/201408/t20140831_1310662.shtml.

（五）关于《澳门基本法》第 16 条

澳门特别行政区享有行政管理权，依照本法有关规定自行处理澳门特别行政区的行政事务。

本条规定参照了《中葡联合声明》中有关特别行政区享有行政管理权的表述，与《香港基本法》规定相同，在基本法起草过程中并没有不同的意见。

本条的主要内容明确了特区享有行政管理权。

解读

1. 行政管理权的含义

行政权是高度自治的核心，其范围不局限于基本法的规定，包括经济建设、市政建设、社会秩序、文化体育、公共卫生等，也包括国籍法、国旗法、国徽法等全国性法律涵盖的范围。最初基本法尝试对行政管理作出界定，但是挂一漏万，最后改为依照本法规定处理行政事务。基本法规定的行政事务，具体而言，就是基本法中的经济、文化和社会事务、对外事务等章节中具体规定的行政事务，也就是特区的行政管理权范围。

2. 依照本法规定处理行政事务

因为特区的行政事务范围是由基本法确定的，所以特区政府必须依据《澳门基本法》处理行政事务，做到依法行政。

（六）关于《澳门基本法》第 17 条

澳门特别行政区享有立法权。

澳门特别行政区的立法机关制定的法律须报全国人民代表大会常务委员会备案。备案不影响该法律的生效。

全国人民代表大会常务委员会在征询其所属的澳门特别行政区基本法委员会的意见后，如认为澳门特别行政区立法机关制定的任何法律不符合本法关于中央管理的事务及中央和澳门特别行政区关系的条款，可将有关法律发回，但不作修改。经全国人民代表大会常务委员会发回的法律立即失效。该法律的失效，除澳门特别行政区的法律另有规定外，无溯及力。

本条规定参照了《中葡联合声明》中有关特区享有立法权的规定，与《香港基本法》规定相同。在起草过程中，主要有三个引起争论的问题，即全国人大常委会对特区法律可否发回？发回的时间有没有限定？发回的标准是什么？

在《澳门基本法（草案）征求意见稿（讨论稿）》阶段，第五次全体会议上有委员建议，"可将有关法律发回"中的"可"字应改为"必须"，因为"可"字说明全国人民代表大会常务委员会可将有关法律发回，也可以不发回，而在特区立法机关制定的法律不符合基本法的情况下，不发回将产生消极影响。有些委员认为，这里的"可"字理解为有权的意思更合适。① 在《澳门基本法（草案）征求意见稿》阶段，有意见认为，对不符合《澳门基本法》规定的中央管理的事务、中央和特区关系的条款的法律，可以发回。但"中央管理的事务"没有明确界定，需要明确。另有意见认为，法律发回应该有时间限制，不能无限期。

在《澳门基本法（草案）》阶段，有意见认为，全国人大常委会"可将有关法律发回，但不作修改"的规定中，"不作修改"是多余的，应该删去。

最终，起草委员会认为，"可"有多种含义，此处的"可"表示有权力发回。由于中央没有授予特区的权力都属于中央保留的权力，没有必要对中央管理的事务作出限定。全国人大常委会对特区立法的监督不应该有时间限制，只要被监督对象还存在，监督就同时存在。所以，《澳门基本法》与《香港基本法》的规定保持了一致。

本条的主要内容是明确了特区享有立法权，中央享有审查权。

解读

1. 立法权的含义

《澳门基本法》第 71 条第 1 项规定，立法权包括四项具体权力，即制定、修改、暂停实施、废除法律的权力。澳门特别行政区享有立法权，可具

---

① 第五次全体会议第 6 期简报。

体行使上述四项权力。

2. 备案的概念

备案不同于批准，所以《澳门基本法》规定，备案不影响法律的生效。因为法案经过立法会审议、通过和行政长官签署并公布就完成了立法程序，法律就产生了效力。特区将已生效的法律报全国人民代表大会常务委员会备案，就是将已生效的法律登记、保存、备查至全国人民代表大会常务委员会。特区法律之所以要向全国人大常委会备案，是因为立法会是依据基本法制定法律，法律是否符合基本法应该由对基本法享有最终解释权的全国人大常委会审查决定，以确保特区法律符合基本法。

3. 全国人大常委会审查特区法律的范围

只有当特区立法机关制定的法律不符合基本法关于中央管理的事务及中央与特区关系的条款，全国人大常委会经征询其所属的基本法委员会的意见并在审查确认后才将特区法律发回，不让有关的特区法律继续生效，目的是维护基本法的权威，维护中央的权力。第一，基本法确立的这个标准是清晰的，也符合基本法的原则和逻辑。因为中央享有国家的主权，特别行政区的自治权均由中央授予，凡中央没有授予的权力都保留在中央，所以对中央的权力没有必要采用列举的方式规定范围，否则挂一漏万，变成了限制中央的权力。相反，中央授予特区自治权，就必须明确授予自治权的范围，具体列举。第二，审查和发回特区法律是中央的一项权力，所以用"可"字表示并肯定了中央的权力，是恰当的。如果用"必须"一词，重点强调的是全国人大常委会的责任。相比之下，"可"字既包括全国人大常委会有权，也涵盖了全国人大常委会的责任，更加全面。

4. 发回的程序和后果

全国人大常委会行使对特区法律的审查和发回的权力，是非常严肃认真的，有必要的程序规范。全国人大常委会行使基本法审查权和发回特区法律前，要征询基本法委员会的意见，而基本法委员会委员分别由澳门和内地的委员组成，充分体现了在听取不同的意见后再作出决定。为什么只发回不作修改？因为修改法律属于立法权，而立法权属于特区立法机关，自然全国人大常委会不能行使特区的立法权，也就不能对特区的法律作出修改。规定全国人大常委会不作修改，是尊重特区立法权的体现。而发回是行使监督权，判定有关的特区法律不符合基本法，所以一旦发回，该法律立即失效。

5. 发回法律无溯及力

法不溯及既往是法治的一项原则，不能用今天的规定约束昨日的行为。虽然有关的特区法律因不符合基本法的规定被全国人大常委会发回并失去效力，但是在该法律生效期间获得的权利和承担的义务仍然有效，除非该法律本身事先有明确规定。这样规定的目的是维护社会秩序的稳定和保护人们的期待利益。

6. 全国人大常委会发回特区法律没有时限

监督程序与批准程序不同。批准需要规定时限，不批准不能生效。而审查不影响生效，作为事后监督，审查伴随被监督对象的始终，法律存在一天，其是否符合基本法就要随时接受监督审查，如果规定监督审查的时限，过了一定时限不能监督审查特区法律是否符合基本法，可能会导致违反基本法的法律不能被纠正，直接损害基本法的权威和实施，显然是有问题的。所以，基本法对全国人大常委会审查特区法律不作出时间限制是完全正确的。

（七）关于《澳门基本法》第18条

在澳门特别行政区实行的法律为本法以及本法第八条规定的澳门原有法律和澳门特别行政区立法机关制定的法律。

全国性法律除列于本法附件三者外，不在澳门特别行政区实施。凡列于本法附件三的法律，由澳门特别行政区在当地公布或立法实施。

全国人民代表大会常务委员会在征询其所属的澳门特别行政区基本法委员会和澳门特别行政区政府的意见后，可对列于本法附件三的法律作出增减。列入附件三的法律应限于有关国防、外交和其他依照本法规定不属于澳门特别行政区自治范围的法律。

在全国人民代表大会常务委员会决定宣布战争状态或因澳门特别行政区内发生澳门特别行政区政府不能控制的危及国家统一或安全的动乱而决定澳门特别行政区进入紧急状态时，中央人民政府可发布命令将有关全国性法律在澳门特别行政区实施。

本条规定参照了《中葡联合声明》中有关特区法律体系的表述，与《香港基本法》规定相同。在起草过程中主要出现三个问题，即全国性法律适用的时效、全国性法律适用的程序、全国性法律适用与保障人权的关系。

在《澳门基本法（草案）征求意见稿（讨论稿）》阶段，第六次全体会议上有意见认为，全国性法律在特区适用应规定期限，如特区遇有危害国家安全的动乱，全国性法律"暂时"在澳门适用。但也有委员认为，在澳门实施全国性法律的前提是发布紧急状态或战争状态，这里已经含有时间限制。[①]

在《澳门基本法（草案）征求意见稿》阶段，有委员提出，紧急状态下全国性法律在澳门特别行政区实施，应有时间限制，建议条文中加上"直至紧急状态结束为止"或在澳门特区实施前加上"暂时"两字。但有委员认为，紧急状态结束，自然终止，可以不加。

有澳门居民针对征求意见稿提出，是否对在紧急状态下的全国性法律在特区的适用设置一个咨询程序？也有居民认为，在进入紧急状态的时候，也不得终止权利和自由的行使，只能限制部分权利和自由的行使。

在《澳门基本法（草案）》阶段，有居民提出进入紧急状态前也需要征得特区政府同意，并在全国性法律实施前加上"临时"二字，并加上"仍要保障人权"。有意见要求增加"行政长官向全国人大常委会提出，经全国人大常委会决定进入紧急状态"的内容。

在香港讨论时，有意见认为，全国性法律在特区必须通过特区立法才可实施。

最终，起草委员会认为，紧急状态下的全国性法律适用与特定情况有关，特定情况消失了，全国性法律的适用也就终止。由于是紧急情况，不可能再进行咨询来决定全国性法律的适用，更不能通过特区立法实施全国性法律，否则贻误时机，造成更大的危害，不符合处理紧急状态的要求。所以，保持与《香港基本法》相同的规定。

本条的主要内容是明确了特区的法律体系既包括特区自行立法，也包括适用于特区的全国性法律。

解读

1. 特区法律的概念

本条所指的特别行政区实行的法律，是指特区的法律体系和法律渊源包

---

① 第六次全体会议第 11 期简报。

含的各类规范性文件。这种理解符合基本法本条的规定，因为《澳门基本法》第8条规定的"澳门原有法律"中既有立法会制定的法律，也有其他机关制定的法令、行政法规和其他规范性文件。据此，特别行政区成立后，行政长官依照基本法的规定制定的行政法规也是特别行政区法律体系的一部分。

2. 全国性法律概念

同样，在本条中的全国性法律也是广义的法律。因为从基本法附件三所列的全国性法律看，既有全国人大和全国人大常委会制定的全国性法律，也有其他机关通过的全国性适用的规范性文件。还有专门针对澳门特区制定并适用的国家法律，如《中华人民共和国澳门特别行政区驻军法》。所以，立法者是将法律作广义理解，才将全国人民代表大会及其常务委员会之外机关制定的规范性文件列入基本法附件三。

3. 全国性法律在特区适用的条件

根据"一国两制"的方针，尊重特别行政区的法律制度，全国性法律在特区的适用，仅限于国防、外交和其他依照基本法规定不属于特别行政区自治范围的法律。其逻辑是：凡属于"一国"的范畴，属于中央的权力和中央管理的事务，中央为依法行使权力和依法管理而制定的法律，根据需要可以在特区适用，以保障中央的权力，处理中央负责管理的事务。所以，全国性法律在特区适用的范围与中央的权力和管理的事务范围是相一致的。中央权力、中央管理的事务是全国性法律适用的前提条件，符合这个条件的全国性法律才适用特区，两者之间是因果关系。

4. 全国性法律适用的程序

根据本条的规定，区分两种不同的情况，适用不同的程序。全国性法律列入基本法附件三的程序，一是要事先征求特区政府和基本法委员会的意见；二是特区可以采取公布实施也可以采取立法实施的办法。而在特区进入紧急状态的情况下，中央人民政府无须征求特区意见或由特区公布全国性法律，可直接发布命令将有关全国性法律在特区实施。原因很简单，进入紧急状态后，必须以最迅速的方式处理动乱。否则，延误时机，不仅不能解决动乱，反而造成动乱失控，危及国家安全。"动乱"的近义词是暴乱、骚乱。本书中的"动乱"要具备两个要件，一是特区政府不能控制；二是动乱危及国家统一和安全，具体而言，应该是《澳门基本法》第23条所指的行为。危害国家统一和安全的行为可分为个人行为和群体行为，"动乱"属于群体所为，危害更大。所以中央必须在特区政府不能控制的情况下，直接采取非常措施，制止动乱，维护国家的统一和安全。中央处置"动乱"，需要依法，所以必须将处理动乱所需的全国性法律在特区实施。事实告诉我们，所有的动乱，不仅危害国家的利益，而且也损害居民的权益。依法处置动乱，既能维护国家统一和安全，也能保护居民的合法权利及自由，是完全必要的。在特区进入紧急状态时，哪些居民的权利和自由受到保护，哪些受到限制，具体由法律规定。

5. 全国性法律适用的时间

列入基本法附件三的全国性法律在特区的适用没有时间限制，紧急状态下的全国性法律在特区的适用有时间限制，因为它是基于特区出现了危害国家安全的群体事件，一旦群体事件平息，这些全国性法律继续适用就没有必要。但是，由于特区进入紧急状态是由全国人大常委会决定，全国性法律的适用由中央人民政府发布命令决定，所以具体终止紧急状态和全国性法律适用的时间，在基本法中不宜规定，应该由全国人大常委会和中央人民政府视具体情况决定。

（八）关于《澳门基本法》第 19 条

澳门特别行政区享有独立的司法权和终审权。

澳门特别行政区法院除继续保持澳门原有法律制度和原则对法院审判权所作的限制外，对澳门特别行政区所有的案件均有审判权。

澳门特别行政区法院对国防、外交等国家行为无管辖权。澳门特别行政区法院在审理案件中遇有涉及国防、外交等国家行为的事实问题，应取得行政长官就该等问题发出的证明文件，上述文件对法院有约束力。行政长官在发出证明文件前，须取得中央人民政府的证明书。

本条规定参照了《中葡联合声明》中中国政府对澳门回归后政策中有关司法权和终审权的表述，与《香港基本法》规定相同。在起草过程中没有出现争议。

本条的主要内容是明确了特区享有司法权，但是管辖范围有一定的限制。

解读

1. 司法权和终审权的概念

司法权主要指法院的审判权，是依照法律规定和法定程序解决法律纠纷的权力。终审权是指法院最终审理的权限，即终审法院对案件进行最后一级审判的权力。本条规定的特区法院享有司法权和终审权是有一定限制的，即仅对特别行政区的案件有审判权。

2. 原有法律制度和原则对司法管辖权的限制

特区的司法管辖权和终审权除了限于特区地方性的案件外，还要受到原有法律制度和原则对司法管辖权限制的约束。简言之，原有法律的规定和原则对法院司法管辖的限制继续有效，特区法院仍要遵从，除非特区的法律作出了新的规定。比如，仅以回归前宪制方面的限制为例。原有的法律制度规定，军人履行军事职责时所涉及的法律纠纷，由军事法院管辖。澳门立法机关制定的法律是否符合宪法的违宪审查权属于葡萄牙宪法法院。总督提名政务司司长、委任立法会议员、任命咨询会委员的行为不受法院司法权的审查；总督依职权增添司法官人数以及任命司法系统人员的行为不受法院管辖；总督因政治问题而作出的拒绝关系人入境或驱逐其出境的行为，法院无司法管辖权。以上凡因"政治行为"排除法院管辖的规定，在特别行政区继续保留。除原有法律制度和原则限制外，特区法院对特区所有案件享有管辖权。

3. 法院对国家行为和国家行为的事实无管辖权

不论上款中的原有法律对司法管辖权作了何种限制，但在特别行政区，依据基本法的规定，特区法院对"国家行为"和"国家行为的事实"无管辖权。

"国家行为"是由国家机关以国家名义作出的运用国家主权所为的行为。"国家行为"具有高度的政治性，相关国家机关在决定如何运用国家主权作出国家行为时，其考量的因素是政治性的，建基于自身的政治判断，因而不能对其提起司法诉讼，应交由法院管辖。"国家行为"主要表现为国防和外交，但不限于此，所以条文中加上了"等"字，"等"表示除国防、外交外的国家主权作出的其他行为也不受特区法院管辖。属于国防、外交的国家行为包括决定在特别行政区驻军，中央人民政府批准外国在特区设立领事机构或其他官方、半官方机构；其他国家行为包括中央人民政府对特区行政长官和特区政府主要官员的任免，全国人大常委会对特区立法机关备案的法律的审查和发回，决定全国性法律在特别行政区的适用，对基本法条款的最终解释等，特区法院完全无管辖权。

"国家行为的事实"是指国家机关以国家名义，运用国家主权作出的行为而产生的事实。如，国家采取外交行为，产生了与他国建立了外交关系的事实。特区法院在审理某一个案件时，涉及当事人所在国之间是否存在外交关系的事实时，特区法院对此事实不能自行作出判断，必须取得行政长官就该事实发出的证明文件，而行政长官在发出证明文件时须取得中央人民政府的证明书。行政长官的证明文件对法院有约束力。换言之，特区法院可以审理涉及"国家行为的事实"的案件，但对案件涉及的"国家行为的事实"不能决断。例如，澳门第 2/2009 号法律《维护国家安全法》第 5 条第 5 款规定："如有需要，司法机关可向行政长官或通过行政长官向中央人民政府取得上述文件、资讯和物件是否已被确定为国家机密的证明文件。"明确"国家行为的事实"应由中央人民政府决定，而不是由特区法院决定。但是，中央人民政府仅仅是决定案件中的"国家行为的事实"，并不对案件作出审判，案件的审判仍由法院负责。

4. 证明文件和证明书的关系

证明文件和证明书之间的关系，是由中央人民政府与行政长官的关系决定的。中央人民政府领导特别行政区政府，行政长官对中央人民政府负责，所以，行政长官要就中央人民政府负责的事务向法院发出证明文件，自然要根据中央人民政府的指示作出，即中央人民政府发出证明书，行政长官根据证明书发出证明文件。

（九）关于《澳门基本法》第 20 条

> 澳门特别行政区可享有全国人民代表大会、全国人民代表大会常务委员会或中央人民政府授予的其他权力。

本条规定与《香港基本法》规定相同，在起草过程中没有出现争议。

本条的主要内容明确了特区除基本法授予的自治权之外，还可以根据需要由中央授予其他权力。

解读

1. 其他权力的含义

应结合《澳门基本法》第 2 条的规定理解本条授权的含义。《澳门基本法》第 2 条确立了中央向特区授予自治权的原则，明确特区自治权来源于中央授权。但是，有意见主张，在基本法中没有规定的权力，应该属于特区所有，即"剩余权力论"。但是"剩余权力论"产生于联邦制国家，成员邦将部分权力转让给联邦政府后，保留未转让的权力，凡未转让的权力都是"剩余权力"，归成员邦所有。然而，中国是单一制国家，由中央向地方授予自治权。虽然港澳地区实行特别行政区制度，但并没有改变国家的单一制结构，特区高度自治仍然是中央授予的。中央没有授予的权力当然属于中央所有，联邦制下的"剩余权力论"完全不适用于"一国两制"下中央与特区的关系。考虑到特别行政区发展的需要，中央可以根据实际情况，向特区再授权，既坚持了授权的原则，又体现了授权的灵活性，还保障了高度自治。因此，产生了本条的规定，特区还可以"享有全国人民代表大会、全国人民代表大会常务委员会或中央人民政府授予的其他权力"。

2. 本条中央授予其他权力的依据是宪法和法律

本条中央对特区的授权是依据宪法和法律的规定，能不能授予、授予多大的权力都要符合宪法和法律的规定。如 2009 年 6 月 27 日，《全国人民代表大会常务委员会关于授权澳门特别行政区对设在横琴岛的澳门大学新校区实施管辖的决定》授权澳门特别行政区依照澳门特别行政区法律实施管辖。本条规定的授权与第 2 条规定的授权构成完整的授权体系，不仅保证了特区的高度自治，也保障了特区的发展。

（十）关于《澳门基本法》第 21 条

澳门特别行政区居民中的中国公民依法参与国家事务的管理。

根据全国人民代表大会确定的代表名额和代表产生办法，由澳门特别行政区居民中的中国公民在澳门选出澳门特别行政区的全国人民代表大会代表，参加最高国家权力机关的工作。

本条规定与《香港基本法》规定相同。在起草过程中，有澳门居民在《澳门基本法（草案）征求意见稿》阶段对如何选举澳门地区的全国人大代表提出意见，有的要求间选产生全国人大代表，有的要求普选产生全国人大代表。但是，多数意见认为，选举产生全国人大代表是依据宪法和法律的规定和程序进行，特区选举全国人大代表的间接选举原则与全国其他地区的原则要一致，选举的方式可以根据澳门的实际进行调整。最终，起草委员会认为，澳门特区全国人大代表的产生方式属于中央管理的事务，应由全国人民代表大会根据澳门的具体情况加以规定。

本条的主要内容明确了特区居民中的中国公民可以享有参与国家事务管理的权利。

解读

1. 依法参与国家事务的管理

国家事务是指全国性的事务，不是特区地方性事务。依法参与国家事务的管理，体现在以下几方面。第一，有权参与国家事务的管理。为什么澳门居民中的中国公民有权参与国家事务的管理？原因是澳门是中国的一部分，中国是澳门居民中的中国公民的祖国，澳门居民中的中国公民也是中国公民的一部分。所以，宪法赋予中国公民参与国家事务管理的权利，也包括澳门居民中的中国公民，体现了澳门居民中的中国公民是国家的主人。第二，依法参与国家事务的管理。一是依据宪法和法律的规定拥有中国公民的资格；二是依据宪法和法律规定的途径与方式参与全国人大代表选举，担任国家机关公职，行使对政府工作的批评、建议的权利；等等。

2. 中国公民的资格

中国公民是拥有中国国籍的人。《澳门基本法》附件三中列明《中华人民共和国国籍法》在澳门特别行政区适用。《全国人民代表大会常务委员会关于〈中华人民共和国国籍法〉在澳门特别行政区实施的几个问题的解释》规定："凡具有中国血统的澳门居民，本人又出生在中国领土（含澳门）者，以及符合《中华人民共和国国籍法》规定的具有中国国籍的条件者，不论其是否持有葡萄牙旅行证件或身份证件，都是中国公民。"所以，中国公民的资格由中国国籍法规定，并依中国国籍法取得。

3. 澳门特区居民中的中国公民参与全国人民代表大会的工作

全国人民代表大会是我国最高权力机关，行使最高立法权。澳门居民中的中国公民参与国家事务的管理，主要是被选举为全国人大代表，参加最高国家权力机关的工作。为此，基本法条文专门进行了规定。中央根据全国人民代表大会选举法和澳门的实际情况对澳门地区的全国人民代表大会的代表名额和产生办法作出规定。1999 年 3 月 15 日第九届全国人民代表大会第二次会议通过了《澳门特别行政区第九届全国人民代表大会代表的产生办法》，考虑到代表名额和人数之间的比例和便于澳门特别行政区全国人大代表单独组成代表团，规定代表名额为 12 人。由第一届特区政府推选委员会中的中国公民，没有参加推选委员会的澳门特区第九届全国人大代表，以及不是推选委员会委员的澳门特区居民中的中国人民政治协商会议第九届全国委员会委员和澳门特区立法会议员中的中国公民组成选举会议。选举会议成员 10 人以上联名，可以提出代表候选人。候选人名额应比应选名额多出 20% ~ 50%，进行差额选举。采用无记名投票的方式，代表候选人中得票多的当选。2017 年，《中华人民共和国澳门特别行政区选举第十三届全国人民代表大会代表的办法》规定，澳门特区全国人大代表名额维持 12 人不变。选举会议由参加澳门特别行政区第十二届全国人民代表大会代表选举会议的人员，非上述人员的澳门特别行政区居民中的中国人民政治协商会议第十二届全国委员会委员，以及澳门特别行政区第四任行政长官选举委员会委员中的中国公民和澳门特别行政区第五届立法会议员中的中国公民组成。参选人必须声明，拥护《中华人民共和国宪法》和《澳门特别行政区基本法》，拥护"一国两制"，效忠中华人民共和国澳门特别行政区，未直接或者间接接受外国机构组织、个人提供的与选举有关的任何形式的资助。采用差额选举，无记名投票的方式，获选举会议成员过半数选票当选。澳门虽面积小，人口不多，但仍然有由 12 位代表组成独立的代表团，充分显示了国家对澳门特别行政区的重视。

澳门特区的全国人大代表，一方面积极参与国家方针政策的讨论，建言献策；另一方面就澳门涉及与内地的经济贸易、社会民生等领域的事务发表意见和建议，推动国家制定相应的政策，采取相应的措施，发挥了参政议政、沟通内地和澳门的桥梁作用。

（十一）关于《澳门基本法》第22条

中央人民政府所属各部门、各省、自治区、直辖市均不得干预澳门特别行政区依照本法自行管理的事务。

中央各部门、各省、自治区、直辖市如需在澳门特别行政区设立机构，须征得澳门特别行政区政府同意并经中央人民政府批准。

中央各部门、各省、自治区、直辖市在澳门特别行政区设立的一切机构及其人员均须遵守澳门特别行政区的法律。

各省、自治区、直辖市的人进入澳门特别行政区须办理批准手续，其中进入澳门特别行政区定居的人数由中央人民政府主管部门征求澳门特别行政区政府的意见后确定。

澳门特别行政区可在北京设立办事机构。

本条规定参照了《中葡联合声明》中有关内地居民进入澳门特区采取适当办法管理的表述，与《香港基本法》规定相似。但在《澳门基本法》的起草过程中，仍对个别问题有争议。

在《澳门基本法（草案）征求意见稿（讨论稿）》阶段，起草委员会讨论的问题主要有两个。一是对各省、自治区、直辖市在澳门特区设立机构问题进行讨论。在第四次全体会议上，有意见建议，必须将企业与其他机构加以分别，区别对待。[1] 也有意见建议将政府机构与公司机构区别开来，在澳门设立公司，符合澳门的法律规定即可。在第五次全体会议上，中央与特区关系小组工作报告指出，同意将政府机构与公司区别对待，规定"中央人民政府各部门和各省、直辖市、自治区在澳门设立机构，须经澳门特别行政区同意，呈报中央人民政府审批"。[2] 二是对内地居民进入澳门特区及定居问题进行讨论。在第四次全体会议上，有意见主张，内地居民进入澳门和在澳门定居的人数由特区政府决定和负责，内地协助。[3] 在第五次全体会议

---

[1]　第四次全体会议第2期简报。

[2]　全国人大常委会澳门基本法委员会办公室编《中华人民共和国澳门特别行政区基本法起草委员会文件汇编》，第51页。

[3]　第四次全体会议第1期简报。

上，有意见认为，先由澳门特区政府决定，后由中央人民政府批准进入澳门特区居民的人数。有意见认为，不能只针对内地人员作出限制，应针对所有外来人员，否则就是歧视。①

在《澳门基本法（草案）征求意见稿》阶段，有委员提出进入澳门特区定居的人数，由特区政府决定，须中央人民政府同意，主动权在特区。另有委员认为，目前的写法由中央人民政府主管部门征求特区政府意见后决定进入澳门特区定居的人数是根据现行的做法规定的，是比较可行的，不必改动。澳门特区居民对征求意见稿持类似的意见。

在《澳门基本法（草案）》阶段，有澳门居民认为，内地居民进入澳门特区和在特区定居的最后批准权应在特区政府手中，有利于特区政府对社会发展进行规划，也有利于特区政府更好地维护社会治安。这种意见在讨论《香港基本法（草案）》时同样出现过。但是也有居民认为，维持现行的做法不变为好。

在1991年4月17日第六次全体会议上，中央与特区关系小组工作报告建议将第22条中的"中国其他地区"改为"各省、自治区、直辖市"。

最终，起草委员会认为，商业机构和政府机构应该区别对待，商业机构在特区的设立按市场规则和法律规定办理，政府机构在特区设立需要特区政府同意，中央批准。内地居民进入和定居澳门特区按已经实行的规定办理，由中央人民政府主管部门征求特区政府意见后确定和批准。

本条的主要内容是明确了中央维护特区高度自治权的责任。

解读

1. 中央人民政府所属部门的含义

根据宪法的规定，中央人民政府即国务院。国务院的所属部门，是指国务院下属的部、委机构，如公安部、商务部、文化和旅游部等。所以，应将国务院和国务院所属部门加以区分，不能混为一谈。国务院领导特别行政区政府，并可向行政长官发出指令。但国务院所属部门不干预特别行政区的自治事务，也不领导特别行政区政府。国务院所属部门与特区如果需要在某一领域互相配合，那就需要通过协商建立互相合作的机制，如警务合作机制。基本法如此规定，意味着不同于在内地国务院所属部门可以指导地方政府相

① 第五次全体会议第1期简报。

关部门工作的已有做法，而是规定特区政府由国务院直接领导，就是为了保障特别行政区的高度自治，体现了中央既授予特区高度自治又维护特区高度自治的精神。

2. 中央人民政府所属各部门和各省、直辖市、自治区不干预自治事务

国务院所属各部门、各省、直辖市、自治区对基本法规定的由特别行政区自行处理的事务，不发出命令指令，不存在领导、指导关系。两者之间只存在相互合作关系。如在经济领域，由商务部与澳门特别行政区政府签署CEPA协议；在警务治安领域，由内地公安机关与澳门特别行政区政府签署警务合作协议；在地方事务合作领域，由广东省政府和澳门特区政府之间签署《粤澳合作框架协议》，做到两地之间互相尊重、互相合作、互不干预。

3. 设立机构的含义和程序

指国务院所属部门和内地地方政府在澳门设立政府代表机构须经澳门特别行政区政府同意，由中央人民政府批准。这里的机构是指政府机构，不是公司性质的商业机构。前者从事的是行政活动，后者从事的是经济活动，两者性质和职能不同。所以，应该按照不同的法定程序设立。为什么对内地地方政府在澳门特区设立机构采取严格的双重审批程序，即特区政府同意和中央政府批准，原因只有一个，就是减少和避免对特别行政区高度自治可能产生的不利影响。如无必要，绝不设立，从严控制。

4. 中央各部门和内地地方政府在特区设立的一切机构及其人员均须遵守特区法律

无论是中央各部门还是各省、自治区、直辖市在澳门设立的机构及其在澳门工作、生活的人员，在澳门从事活动，都必须遵守特区法律并受特区法律的约束。除法律有特别规定外，均接受特区司法的管辖，绝对没有法外特权。如果允许不遵守特区法律的行为存在，势必损害特区的权威。所以，遵守特区法律是维护特区秩序的必要条件。

5. 内地居民进入澳门和在澳门定居需要批准

考虑到特区实行不同于内地的制度，以及特区享有出入境管理权，所以内地居民进入澳门特区需要办理出入境手续。按照历史上形成的、现行继续采用的做法，由中央人民政府主管部门批准，而不是由内地居民任意出入境。同时，因内地居民符合内地法律规定的条件赴澳门定居，基于历史上形成的、现行采用的做法，也由中央人民政府主管部门确定名额并批准。但是名额的人数是在征求特区政府意见后确定的，考虑了澳门特区的接受能力。为什么要继续采用原有的做法呢？因为一国之内本国居民的流动，包括定居，是属于中央管理的、中央与特区关系的事务，不属于地方管理的事务。内地与特区不是国内和国外的关系，而是境内和境外的关系。所以，在一国之内，居民能不能出入特区，能不能在特区定居，自然属于中央的管理权限。

（十二）关于《澳门基本法》第23条

> 澳门特别行政区应自行立法禁止任何叛国、分裂国家、煽动叛乱、颠覆中央人民政府及窃取国家机密的行为，禁止外国的政治性组织或团体在澳门特别行政区进行政治活动，禁止澳门特别行政区的政治性组织或团体与外国的政治性组织或团体建立联系。

本条规定与《香港基本法》规定相同，在起草过程中有一些不同的意见。

在《澳门基本法（草案）征求意见稿（讨论稿）》阶段，在第五次全体会议上，有意见认为可删去"应"字。多数委员认为，"应"就是要表示特区政府有责任自行立法。[1] 1990 年 9 月 9 日中央与特区关系小组第五次会议纪要明确《澳门基本法》的规定应与《香港基本法》的规定一致。

在第 23 条中是否对叛国作出定义，存在不同意见。在 1990 年 6 月 7 日第四次全体会议上，中央与特区关系小组工作报告指出："可参照《香港特别行政区基本法》和葡萄牙《刑法典》对'叛国罪'的具体规定来草拟澳门特别行政区基本法的有关条文。"[2] 有意见认为，叛国的定义应在特区法律中规定，不需要在基本法中规定，这样有灵活性。[3]

在《澳门基本法（草案）征求意见稿》阶段，部分澳门居民认为，自行立法是完全必要的。有的认为，不能一概禁止与外国政治性组织和团体建立联系，政治性团体有进步的，有反动的。也有的认为，政治性团体难以界

---

① 第五次全体会议第 5 期简报。
② 全国人大常委会澳门基本法委员会办公室编《中华人民共和国澳门特别行政区基本法起草委员会文件汇编》，第 52 页。
③ 第四次全体会议第 2 期简报。

定。还有的认为联系难以界定，担心界定不准，人权受到限制。

在《澳门基本法（草案）》阶段，内地居民认为叛国行为属于危害国家安全的犯罪，性质是十分严重的，危害国家主权，应适用国家法律，由内地法院管辖，而本条将这方面的立法权赋予澳门特区立法会不合适。也有意见认为，维护国家安全的立法权应该在中央，不是在特区。也有澳门居民对基本法草案提出意见，认为政治性组织和政治性活动太抽象，建立联系也太抽象，难以确定，建议删去后面两句话。也有的提出在澳门的葡人社团与葡萄牙政党关系怎么处理的问题。

最终，《澳门基本法》起草委员会认为，维护国家安全的立法是应该的、必需的，绝对不是可有可无、可以自由选择的，采用"应"字是准确的。对危害国家安全的具体行为的界定，交由特区自行立法解决。

本条的主要内容是明确了特区维护国家安全的义务。

解读

1. "应"的含义

"应"就是应该、应当，在法律上就是必须，属于义务的范畴，必须按法律规定作为或不作为，不能自由选择。为什么是"应"？这是"一国两制"的逻辑要求和必然结果。第一，"一国"是"两制"的基础，没有"一国"就没有"两制"，损害"一国"，势必损害"两制"。维护"一国"，自然就要维护国家的安全，没有国家安全，就不可能有"一国"。第二，实行不同社会制度的特别行政区，仍然是国家的组成部分，受中央人民政府领导，有义务维护国家的统一和安全。如果以实行不同社会制度为由，不承担维护国家安全的责任，那么就是将"两制"与"一国"割裂、对立，最终破坏"一国两制"。第三，"一国两制"既符合国家的利益，也符合特区的利益，当然也符合包括特区居民在内的全体中国人民的利益。维护国家的安全，既维护了国家的利益和特区利益，也维护了包括港澳居民在内的全体中国人民的利益。所以，维护国家安全是特区及其居民一项神圣的宪制责任和义务。

2. 自行立法的含义

"自行立法"四个字表示，"立法"是任务和目的，"自行"是立法的方式，通过特区制定相应的法律，达到维护国家安全的目的。所以，国家立法与特区自行立法实质相同，只是形式不同。实质相同，即无论是国家法律还是特区法律，均必须禁止危害国家安全的行为；形式不同，一个是国家层面的法律，一个是特区层面的法律。为什么基本法要授权特区自行立法？这充分体现了中央尊重特区的法律制度。从法理上讲，国家安全是属于中央管理的事务，中央完全有权立法。但是，考虑到特区的实际情况，特区实行不同于内地的法律制度，有自己的一套法律规范，包括对犯罪的规定，在构成危害国家安全行为的要素认定上，如行为人的主观要件（目的和动机的判别）、犯罪行为的客观要件（危害行为和危害结果）可能与内地法律有所不同，所以，中央授权特区自行立法。自行立法的规定，既能维护国家安全，又能与特区法律体系相容，一举两得，是非常好的安排。

3. 三个禁止的必要性

第一，禁止危害国家安全的行为。为什么要禁止叛国、分裂国家、煽动叛乱、颠覆中央人民政府、窃取国家机密的行为？因为"叛国"是投敌叛国，里通外国，发动对国家的战争行为，侵犯和危害国家主权独立；"分裂国家"是将国家的一部分分离出去的行为，必然危害国家领土的完整；"煽动叛乱"是公然抗拒法律秩序的行为，必然危害国家的公共秩序；"颠覆中央人民政府"是用暴力和其他严重非法手段摧毁合法政府的行为，必然危害合法政府的依法管治；"窃取国家机密"是窃取、泄露国家机密的行为，必然对国家安全造成危害。因此，对这些严重危害国家安全的行为必须予以禁止。由于基本法是宪制性法律，只能作出原则性的规定，对叛国、分裂国家、煽动叛乱、颠覆中央人民政府、窃取国家机密的行为的界定，交由具体法律规定。

第二，禁止外国的政治性团体在特别行政区从事政治活动。为什么要作出禁止呢？因为外国的政治性团体从事与澳门特别行政区有关的政治活动，必然会危害国家的主权，干预特别行政区的事务。所以，为了防止和制止外国的政治势力危害国家主权，干预特别行政区事务，必须明确禁止外国的政治性社团在特区从事针对澳门的政治活动。

第三，禁止特区政治性团体与外国政治性团体的联系。为什么要禁止两者的联系呢？如果外国的政治性团体领导和指导澳门的政治性团体活动，财政上前者支持后者，组织上后者从属于前者，那么外国的政治势力借助澳门的政治团体必然影响澳门的政治生活。为了防止和制止澳门的政治势力与外国的政治势力互相勾结，引入外部政治势力，或者受外部政治势力的影响，破坏澳门社会的政治稳定，必须对此种联系予以明确禁止。至于什么是政治性团体，什么是政治性团体间的联系，交由具体法律界定，不会出现模糊不清的情况。

2009 年 12 月 25 日，澳门特区立法会根据《澳门基本法》，经过细则性辩论和表决，通过了《澳门特别行政区维护国家安全法》，履行了宪制责任。法律对危害国家安全的犯罪行为的犯罪主体、犯罪构成的主客观要件、犯罪的社会危害性，均作了严格清晰的规定。罪与非罪完全能够清楚地判定，处以何种刑罚也是一清二楚，既维护了国家安全，又保障了居民的权利和自由。

第六章　居民的基本权利和义务

一　居民权利和义务的主要内容

第一，明确居民是权利和义务的主体。由于澳门是中华人民共和国的一个特别行政区，不是一个独立的政治实体，不适宜采用国籍身份作为权利和义务的主体，但可以采用居民身份作为权利和义务的主体，从而，既符合澳门的法律地位，也符合澳门居民由中国公民和非中国公民组成的实际情况。

第二，规定了居民的各项权利和自由，包括政治上的权利、法律上的权利、人身的权利、经济社会文化的权利、教育的权利、工作的权利、信仰的权利等，体现了权利和自由的广泛性。

第三，除了《澳门基本法》和特区法律规定的权利和自由外，两个国际人权公约适用于澳门的规定继续有效，体现了澳门居民享有的权利和自由符合国际的人权标准。

第四，规定了居民的义务。居民在享有权利的同时，要履行法定的义务，将权利和义务有机结合。

二　有关居民权利和义务的主要争议

1. 形式和内容的繁简与多少问题

有意见主张，权利和自由写得越多、越详细就越好，有利于居民信心的确立。另有意见认为，基本法只规定基本权利，不是所有权利，不需要一一列出。基本法作为宪制性法律，第一，只能原则性规定权利的内容，具体留待法律细化；第二，只能规定基本权利，不能规定所有权利。[①]

2. 几个社会关注的问题

在起草过程中，围绕死刑问题、保护妇女权益问题、华侨问题、劳工问题、两个国际人权公约在澳门的适用问题展开了讨论。

三　有关居民权利和义务的条文

（一）关于《澳门基本法》第24条

澳门特别行政区居民，简称澳门居民，包括永久性居民和非永久性居民。

澳门特别行政区永久性居民为：

（一）在澳门特别行政区成立以前或以后在澳门出生的中国公民及其在澳门以外所生的中国籍子女；

（二）在澳门特别行政区成立以前或以后在澳门通常居住连续七年以上的中国公民及在其成为永久性居民后在澳门以外所生的中国籍子女；

（三）在澳门特别行政区成立以前或以后在澳门出生并以澳门为永久居住地的葡萄牙人；

（四）在澳门特别行政区成立以前或以后在澳门通常居住连续七年以上并以澳门为永久居住地的葡萄牙人；

（五）在澳门特别行政区成立以前或以后在澳门通常居住连续七年以上并以澳门为永久居住地的其他人；

（六）第（五）项所列永久性居民在澳门特别行政区成立以前或以后在澳门出生的未满十八周岁的子女。

以上居民在澳门特别行政区享有居留权并有资格领取澳门特别行政区永久性居民身份证。

---

① 第四次全体会议第2期和第4期简报。

澳门特别行政区非永久性居民为：有资格依照澳门特别行政区法律领取澳门居民身份证，但没有居留权的人。

本条规定参照了《中葡联合声明》中有关居民身份的表述，与《香港基本法》规定既有相同之处，也有不同之处。一方面，澳门情况与香港不同，澳门有土生葡人社群，需要适当照顾；另一方面，也是吸取香港的经验，应该规定得更加明确和清晰，有所改进。

在《澳门基本法（草案）征求意见稿（讨论稿）》阶段，有关永久性居民的定义主要存在三个方面的争议。第一，在什么条件下澳门居民中的中国人在澳门以外所生的子女可以成为永久性居民？在第五次全体会议上，有意见认为，应明确在成为永久性居民后所生的子女才能成为澳门永久性居民。也有意见要求父母均是永久性居民后在澳门以外所生的中国籍子女才是永久性居民，[1] 即对于父母双方还是一方需要是澳门永久性居民有不同意见。在第七次全体会议上，大多数委员认为，只要父母有一方是澳门永久性居民即可。[2] 第二，关于澳门居民中的葡萄牙人在澳门以外所生的子女可否成为永久性居民的争议。澳门居民中的葡萄牙后裔在澳门以外所生的子女是否能成为永久性居民？澳门居民中的葡萄牙后裔居民建议，葡萄牙人在澳门以外所生的子女也是澳门永久性居民。第三，关于在澳门的葡萄牙后裔居民的国籍问题。有意见认为，可以承认双重国籍，或可享有自由选择国籍的权利。但委员们认为："关于国籍问题，《中华人民共和国国籍法》已作了规定，基本法不宜另作规定。"[3]

在《澳门基本法（草案）》阶段，仍然延续了对讨论稿的争议。有委员认为，父母双方都是中国籍的澳门永久性居民，在澳门以外所生的子女，才能成为澳门永久性居民。大多数委员认为，按照世界通例，只要父母一方是本国公民，所生子女即可取得本国国籍，因此只要父母一方为中国籍的澳门永久性居民，其在澳门以外所生子女，系为澳门永久性居民，但仅以成为澳门永久性居民后所生子女为限，在此以前的子女不算。在 1992 年 3 月 5 日

① 第五次全体会议第 11 期简报。
② 第七次全体会议第 2 期简报。
③ 全国人大常委会澳门基本法委员会办公室编《中华人民共和国澳门特别行政区基本法起草委员会文件汇编》，第 55 页。

第八次全体会议上，居民权利和义务小组的工作报告建议在本条文第 2 项后加上"及在其成为永久性居民后在澳门以外所生的中国籍子女"。① 明确限定只有在成为永久性居民后在澳门以外所生的子女才能成为永久性居民，即子女出生时父母至少一方成为永久性居民是该子女成为永久性居民的必要条件。还有意见认为，双亲是澳门永久性居民的葡萄牙人在澳门以外所生的子女，也应该是永久性居民。有委员在 1992 年 3 月 5 日举行的第八次全体会议上提出类似的修改案，建议规定葡萄牙后裔居民在澳门以外所生的子女可为永久性居民，但没有得到多数委员的支持，被全体会议否决。在 1993 年 1 月 13 日举行的第九次全体会议上，居民权利和义务小组工作报告指出："对于要求把葡萄牙后裔居民在澳门以外所生的子女也列为澳门永久性居民的意见，委员们认为它与中葡联合声明的有关规定不符，不宜采纳。"② 不同意将葡萄牙后裔居民在澳门以外所生的子女也列为永久性居民的意见。

最终，《澳门基本法》起草委员会同意按照《中葡联合声明》中的有关表述，仅对中国公民在澳门以外所生的子女是否能够成为永久性居民明确了一个前提条件，即必须是成为永久性居民后所生的子女才是永久性居民。

本条的主要内容是明确了澳门永久性居民的资格及其取得永久性居民资格的条件。

解读

1. 取得永久性居民的资格

不同国籍的人取得永久性居民资格的条件不同。基本法对中国籍、葡萄牙籍和其他外国籍居民取得永久性居民的资格，列出了不同的条件。

（1）中国居民的条件。分为三种情况。第一，在澳门出生。中国公民因在澳门出生取得永久性居民资格需要具备三个条件。一是本人具有中国籍；二是本人出生在澳门；三是在其出生时本人父母至少一方是澳门居民。关于第三个要件是属于澳门原有法律的规定和长期以来实行的政策。所以澳门特别行政区第 8/1999 号法律明确规定，父母一方在澳门合法居住或已取

---

① 全国人大常委会澳门基本法委员会办公室编《中华人民共和国澳门特别行政区基本法起草委员会文件汇编》，第 196 页。

② 全国人大常委会澳门基本法委员会办公室编《中华人民共和国澳门特别行政区基本法起草委员会文件汇编》，第 264 页。

得澳门居留权后所生子女,才有条件成为永久性居民。否则,父母双方均不是澳门居民,与澳门没有实质联系,其所生子女是澳门永久性居民并不合理,也会产生许多社会问题和矛盾,不利于社会的稳定。第二,在澳门居住。中国公民因在澳居住取得永久性居民资格必须符合年限的要求,在澳门合法连续通常居住七年以上。第三,在澳门以外出生。中国公民在澳门以外所生的子女成为永久性居民的条件,一是必须在其父或母成为永久性居民之后在澳门以外所生的子女;二是子女具有中国国籍,才能取得永久性居民的资格。反之,父母不是永久性居民,其在澳门以外所生的子女也就不是永久性居民。该子女如要成为永久性居民,则必须经批准在澳门合法连续居住满七年后才有资格。作出这种限制也有其必要性,否则在澳门以外所生的子女人数众多,且不经批准来澳门定居,势必给澳门教育、就业、住房、社会保障带来压力,影响澳门稳定发展。

(2)葡萄牙籍居民的条件。区分两种情况。第一,在澳门出生。因在澳门出生取得永久性居民资格需要具备三个条件,一是在澳门出生;二是以澳门为永久居住地;三是出生时父母至少一方必须是澳门居民。凡在澳门以外出生不能取得永久性居民的资格。这显然与中国籍居民不同。因为外国人只有把澳门作为永久居住地而不是临时居住地,表示以澳门为家,才与永久居民身份相符。第二,在澳门居住。在澳门居住取得永久性居民资格要具备两个条件,一是在澳门合法连续居住七年以上;二是要以澳门为永久居住地。

(3)其他外国籍居民的条件。区分两种情况。第一,在澳门出生。因在澳门出生取得永久性居民资格需要符合两个条件。一是必须是成为永久性居民后所生,即先成为永久性居民后所生的子女;二是未满18周岁子女。子女年满18周岁后,必须选择是否以澳门为永久居住地。如果放弃以澳门为永久居住地,则丧失永久性居民资格。第二,在澳门居住。因在澳门居住取得永久性居民资格需要符合两个条件,一是在澳门合法连续居住七年以上;二是以澳门为永久居住地。

2. 国籍、连续居住、永久居住地、居留权的含义

(1)中国国籍

中国公民是指具有中国国籍的人。根据基本法附件三的规定,《中华人民共和国国籍法》在澳门特别行政区适用。澳门居民中哪些人是中国公民,依《中华人民共和国国籍法》确定。由于澳门实行"一国两制",《中华人民共和国国籍法》在澳门的适用要考虑澳门的历史和现实情况。为此,全国人民代表大会常务委员会于 1998 年 12 月 29 日通过了《关于〈中华人民共和国国籍法〉在澳门特别行政区实施的几个问题的解释》。按照解释,区分两种不同的情况。

一是凡具有中国血统的澳门居民,本人出生在中国领土(含澳门)者,以及其他具有中华人民共和国国籍条件者,不论其是否持有葡萄牙旅行证件或身份证件,都是中国公民。由于历史的原因,澳门居民中的一部分中国人,他们持有葡萄牙的旅行证件或身份证件,但不能因此改变其中国国籍的身份。

二是凡具有中国血统又具有葡萄牙血统的澳门特别行政区居民,可根据本人意愿,选择中华人民共和国国籍或葡萄牙共和国国籍。上述居民在选择国籍之前,享有基本法规定的权利,但受国籍限制的权利除外。在澳门因中葡人士通婚产生了一部分具有中国和葡萄牙血统的社群,俗称土生葡人或葡萄牙后裔居民。按照葡萄牙国籍法,他们是葡萄牙公民;按照中国国籍法,他们是中国公民。中国不承认双重国籍,解决他们的国籍问题,要采取灵活的办法,一是尊重他们的意愿,不强求他们做中国公民;二是自由选择国籍,而且不规定时限,非常宽松和务实。一旦选择一种国籍,就要放弃另一种国籍。再如,上述人士若参与特别行政区全国人民代表大会代表的选举,即选择了中国国籍。

第 7/1999 号法律《澳门特别行政区居民办理国籍申请的具体规定》,对国籍申请的种类(加入中国国籍、退出中国国籍、恢复中国国籍、选择中国国籍、变更中国国籍)、提出国籍申请的条件、国籍申请的审核均作了具体的规范。

(2)通常居住

通常居住指的是合法在澳门居住并以澳门为常居地。《澳门特别行政区永久性居民及居留权法律》第 4 条规定,非法入境、非法逗留、仅获逗留、以难民身份逗留、以非本地劳工身份逗留、领事机构非本地人员、被法院判决监禁和羁押等不属通常居住。居民暂时不在澳门居住,如出外留学、经商等,并不表示已不再通常居住于澳门。判断是否居住于澳门,考虑的因素包括:不在澳门的原因、期间、次数;是否在澳门有惯常住所;是否受雇于澳门机构;其主要家庭成员,尤其是其配偶及未成年子女的常居地。

（3）永久居住地

第8/1999号法律《澳门特别行政区永久性居民及居留权法律》第8条规定了永久居住地的条件。判断申请人以澳门永久居住地，一是取决于事实的推定，二是取决于本人的明示表示。根据《澳门特别行政区永久性居民及居留权法律》第8条的规定，首先，申请人声明以澳门为永久居住地。其次，必须提供有关资料证明，如在澳门有无惯常居所；家庭成员，包括配偶及未成年子女是否在澳门通常居住；在澳门是否有职业和稳定的生活来源；在澳门是否依法纳税。政府依据其声明和事实，来确定他是否以澳门为永久居住地。

（4）居留权

根据《澳门特别行政区永久性居民及居留权法律》第2条的规定，居留权是指自由进出特别行政区，不附加条件地在特别行政区逗留，以及不得被驱逐出境的权利。居留权是一个特定的概念，有上述特定的内涵，不能与居住权、定居权混为一谈。例如，非永久性居民可以在澳门定居，但无居留权，受到某些方面的法律限制。其他外国籍的澳门永久性居民，如果不在澳门通常居住36个月以上，即丧失居留权，但保留自由进出澳门和不被施加逗留澳门的限制。

（二）关于《澳门基本法》第25条

> 澳门居民在法律面前一律平等，不因国籍、血统、种族、性别、语言、宗教、政治或政治信仰、文化程度、经济状况或社会条件而受到歧视。

本条规定参照了《中葡联合声明》中有关法律面前人人平等的表述，与《香港基本法》规定在原则上基本相同。但是，《澳门基本法》根据《中葡联合声明》附件一中国政府声明中的规定，将不因国籍等条件不同而受歧视的内容规定在本条中。条文在起草过程中不存在争议。

本条的主要内容是确立了法律面前一律平等的原则。

解读

1. 一律平等的含义

（1）在守法和执法上一律平等。在法律面前一律平等要求在守法和执法上相同对待，不能区别对待。任何个人、团体和政府机关在遵守法律上必须平等，不允许区别对待。

（2）在立法上，"法律面前人人平等"中的"平等"不是"等同"。"法律面前人人平等"不能理解为"人人一样"。平等不是绝对平等，而是相对平等，也就是说，法律平等承认合理的差别，针对不同的主体和不同的情况区别对待，以求得实质上的平等，而不是形式上的平等。因此，相同情况相同对待，不同情况不同对待，这才是平等的要义。《澳门基本法》也是以此为原则的。例如，《澳门基本法》第46、63、57、72、88、90条规定，行政长官、主要官员、行政会委员、立法会主席与副主席、终审法院院长、检察长必须由中国公民担任，因为这些重要的职位是国家主权的具体体现，居位人也有责任和义务效忠国家。所以，因不同国籍区别对待是必要的、合理的，并不构成对其他国籍的人的歧视。例如，《澳门基本法》第24条规定，拥有中国国籍的人和拥有葡萄牙国籍及其他外国国籍的人成为澳门永久性居民的条件是区别对待的，要求其他国籍的人必须以澳门为永久居住地。比如，《澳门基本法》第26、97、139条规定，永久性居民享有选举权和被选举权，公务人员必须是永久性居民，永久性居民中的中国公民可领取特区护照，非永久性居民中的中国公民只能领取旅行证件。基于身份区别对待不同的人群及其权利也是社会认同的。比如，《澳门基本法》第38条规定，未成年人、老年人和残疾人受关怀和保护，妇女的合法权益受法律保护。特区根据基本法制定的法律作出了相应的保护。照顾未成年人和老年人就是因年龄区别对待，而保护妇女的权益则是以性别区别对待。例如，《澳门基本法》第39条规定，居民依法享有享受社会福利的权利。允许特区制定法律，区别情况规定社会福利的措施。公共房屋和经济房屋即是基于经济状况不同给予某一部分居民的福利。例如，《澳门基本法》第79条规定，立法会议员在会议上发言和表决不受法律追究，就是基于职务需要作出与一般居民不同的规定，成为法定特权。所以，在立法中区别对待不同的人、不同的事，不仅不违反平等的原则，而且是完全必要的。

2. 区别对待不能歧视

虽然区别对待不可避免，但区别对待一定要合理。按照基本法的规定，区别对待的关键是不能构成歧视。所以，《澳门基本法》第25条的核心是"平等"而不"歧视"，只要是客观差别，合理对待，不存在歧视就不违反平等原则。

（三）关于《澳门基本法》第 26 条

澳门特别行政区永久性居民依法享有选举权和被选举权。

本条规定参照了《中葡联合声明》中有关选举权的表述，与《香港基本法》规定相同。在《澳门基本法（草案）征求意见稿（讨论稿）》阶段，有委员建议增加居民享有担任公职的权利。但多数委员认为，担任公职不能作为权利规定，如不能将担任行政长官和主要官员规定为居民普遍享有的权利。居民可以有参选的权利，但不能保证一定担任公职。

《澳门基本法（草案）》公布后，有澳门居民提出既有澳门居民资格又有香港居民资格的人，享有两个特区的选举权和被选举权，形成双重政治权利，应予以防止。但多数委员认为，一个人同时拥有港澳居民身份是历史等原因形成的，不宜限制。在第九次全体会议上，居民权利和义务小组工作报告认为，基本法难以解决双重政治权利问题，"宜在今后另行立法加以规定"。[①] 还有意见建议，除了选举权外，还应使居民享有罢免权、创制权和复决权。对此，多数委员认为，这些权利通常运用于国家和地区重大问题的决策上，但是澳门作为国家的一个地方行政区域，行政长官和主要官员由中央任免，特区政治体制等由中央决定。如果规定居民有罢免权，势必与中央的任免权不协调，居民有创制权和复决权与中央的决定权不相符，所以起草委员会没有采纳这些意见。

本条的主要内容是明确了居民享有选举权和被选举权。

解读

1. 选举权和被选举权的含义

基本法规定的选举权和被选举权是指特区永久性居民可以依照法律的规定，选举或被选举为行政长官、立法会议员的权利。

2. 依法的含义

即依照特区的法律行使选举权和被选举权。从选民资格、选民登记、选

[①] 全国人大常委会澳门基本法委员会办公室编《中华人民共和国澳门特别行政区基本法起草委员会文件汇编》，第 264 页。

民投票等都由法律规定，依法进行。有关选举的法律在特区主要有三部：第3/2004号法律《行政长官选举法》，第3/2001号法律《立法会选举法》，第12/2000号法律《选民登记法》。

3. 永久性居民享有选举权

这是由澳门的实际情况决定的。因为澳门是一个国际性城市，居住在澳门的人员情况较为复杂，除大多数是中国公民外，还有一部分是非中国籍的人。除澳门居民外，还有在澳门的其他人。而且，澳门居民还分永久性居民和非永久性居民，由于他们的法律地位不同，所以他们享有的权利也就不同。因为永久性居民出生在澳门或长期居住在澳门，占居住在澳门的总人口的绝大部分，他们对澳门的稳定和发展最为关心，过去对澳门的稳定发展作出了重大贡献，今后对澳门的稳定发展负有更大的责任。所以，基本法赋予他们选举权和被选举权是必要的。

4. 区分永久性居民和永久性居民中的中国籍公民享有不同的被选举权

因为立法会是特区的立法机关，议员不需要由中央任命，所以立法会议员只要具备永久性居民资格就可以参选或当选。而行政长官和全国人大代表与立法会议员不同，行政长官是特区的首长，由中央任命，宣誓效忠国家，对中央负责，必须拥有中国公民资格。而全国人大代表是最高国家权力机关的成员，代表人民行使国家权力，当然也应该是中国公民。所以，赋予不同的主体享有不同的被选举权是符合"一国两制"原则的。

选举权既是永久性居民参与社会事务管理的一项重要权利，也是对澳门社会应尽的一种责任。所以，行使选举权必须将权利和责任有机结合。

（四）关于《澳门基本法》第27条

> 澳门居民享有言论、新闻、出版的自由，结社、集会、游行、示威的自由，组织和参加工会、罢工的权利和自由。

本条的规定参照了《中葡联合声明》中有关表达自由的表述，与《香港基本法》的规定相同。

在《澳门基本法（草案）征求意见稿（讨论稿）》阶段，有委员提出，居民有加入和组织政治性团体的权利。① 多数委员认为，结社的含义广泛，既包括非政治性团体，也包括政治性团体，所以，无须再专门列出参加政治性团体的权利。

在《澳门基本法（草案）征求意见稿》阶段，有意见希望对本条中各种自由进行详细表述和规定。但多数委员认为，基本法作为宪制性法律，没有需要，也很难对各项自由作出定义，可留待特区法律加以规范。关于罢工的问题，在1991年4月17日第六次全体会议上，居民权利和义务小组工作报告同意恢复"罢工的权利和自由"这一规定。

在《澳门基本法（草案）》阶段，有澳门居民仍认为需要详细地对各项自由作出规定，尤其是新闻自由和知情权比较重要，希望内容具体一点。多数委员认为，如果对保障新闻自由的内容详细规定，则与言论、出版等其他自由只作原则规定的表述不平衡。事实上，澳门原有的法律已经有具体的规范，所以没有必要将法律的规定重复搬到基本法中去。针对有意见希望将知情权写入基本法，在1993年1月13日第九次全体会议上，居民权利和义务小组工作报告指出："多数委员认为知情权的概念不明确，如果在基本法中加以规定，今后难以操作和实施，澳门居民对有关情况的了解，可以通过澳门特别行政区有关法律加以规定。因此，不需要在基本法中写入知情权。"②

最终，《澳门基本法》起草委员会对表达自由、结社自由、游行自由、示威自由、罢工自由作了原则性的规定。有关上述自由的具体内容和界限，不适宜由基本法规定，应由特区法律加以规定。

本条明确了居民享有参政议政的基本权利，包括表达自由和结社自由。

解读

1. 言论、新闻、出版自由的含义

言论自由指的是以口头的形式表达思想的自由，新闻自由是指以采访、报道、通信等形式表达思想的自由，出版自由指的是以文字方式表达思想的

---

① 全国人大常委会澳门基本法委员会办公室编《中华人民共和国澳门特别行政区基本法起草委员会文件汇编》，第79页。

② 全国人大常委会澳门基本法委员会办公室编《中华人民共和国澳门特别行政区基本法起草委员会文件汇编》，第264页。

自由，言论、新闻、出版自由均属于表达自由。从广义上说，言论自由包括新闻、出版自由，言论自由不仅是指讲话的自由，通常还指借助出版、广播、电视三种主要媒介来表达思想的自由。

2. 对言论、新闻、出版自由的保护和限制

澳门法律对言论自由予以充分保障，第 8/89/M 号法律《广播视听法》和第 7/90/M 号法律《出版法》规定，任何人不得以任何借口和理由扣押不违反法律的任何刊物，或以其他方式妨碍其排版、印刷、发行和自由流通。视听广播业务的节目在法律允许范围内，以独立自主形式进行，任何公共或私人机构不得阻碍或强迫。同时，法律对表达自由作出了限制，禁止以下四种行为：违反公民权利、自由及保障；煽动犯罪或提倡排除异己、暴力或怨愤；法律定为淫亵或不雅；煽动对社会、民族或宗教少数群体采取专制或攻击手段，煽动叛乱。司法保密中的程序、有权限的实体视为国家机密的事实和文件、法律规定为机密的事实和文件、涉及保护私人生活和家庭生活隐私的事实和文件不属于报道、采访的内容。如果言论违反刑法，则要受刑法制裁。如果言论产生损害赔偿，依民法负民事责任。对言论自由引起的责任，只能依法追究，并由法院负责审查，作出判决。

3. 结社、集会、游行、示威自由的含义

结社自由是指人们参加旨在追求或促进各种广泛的社会、艺术、文学、文化、政治、宗教或其他活动的目的，组成一个持久性团体的自由。集会自由是指一定数量的人为了一个共同的目的，临时集结聚会，集体表达思想或诉求的自由。游行、示威自由是指一定数量的人为了表达思想或诉求在道路或露天场进行集体活动的自由。

4. 对结社、集会、游行、示威自由的保护和限制

依照澳门法律规定，结社自由受澳门法律保护，第 2/99/M 号法律《设立结社权之一般制度》、第 2/93/M 号法律《集会权和示威权法》规定，任何人有权自由地不需取得任何许可而结社；任何人不得被强迫加入或以任何方式胁迫留在任何性质的社团内；政府不能强迫或胁迫任何人加入或脱离任何性质的团体，干预社团依宗旨自由活动。集会游行的自由同样受保护，居民有权在向公众开放的或私人的地方进行和平及不携带武器的集会，而无须取得任何许可。对于合法的集会、游行、示威，政府不得拒绝提供公共场所。当然，结社、集会、游行、示威自由同样受到法律的限制，结社不得以推行暴力为宗旨，不得违反刑法或扰乱公共秩序。不允许成立武装社团或者军事化、半军事化或准军事社团，以及种族主义组织。不允许违反法律的集会和示威。如在集会中公然引起和煽动犯罪或赞扬犯罪，则要处以刑罚。在私人场所集会须征得所有权人的同意。在公共场所集会须得到有关权力机关的批准。凡使用公共场所、道路的游行和示威，都须得到批准。不容许非法占用公众的、向公众开放的或私人的地方举行集会或示威。偏离集会和示威目的的行为可以被警察中止。对违反法律的集会、示威，还可予以禁止。

5. 工会和罢工的含义及保护与限制

工会是工人的组织，是结社的一种形式，其主要目的是调节和管理工人与雇主之间的关系。罢工是指雇员集体性、一致性地停止工作。行使罢工权不构成违反合同，也不构成解雇的合法理由。法律既保护组织和参加工会与罢工的权利，也加以一定的限制。在任何情况下，罢工都不能使用暴力，不得无限期地进行，不得扰乱社会经济和公众生活，不得破坏生产设备和安全，不得妨碍公共交通秩序。在公用事业（交通、电力、供水等）部门工作的工人不能全体罢工，须维持设备必要的正常运作和对社会服务的不间断。目前，澳门还没有制定具体的有关工会和罢工的法律。

（五）关于《澳门基本法》第 28 条

> 澳门居民的人身自由不受侵犯。
>
> 澳门居民不受任意或非法的逮捕、拘留、监禁。对任意或非法的拘留、监禁，居民有权向法院申请颁发人身保护令。
>
> 禁止非法搜查居民的身体、剥夺或者限制居民的人身自由。
>
> 禁止对居民施行酷刑或予以非人道的对待。

本条规定参照了《中葡联合声明》中有关人身自由的表述，与《香港基本法》规定基本相同，但增加了"禁止对居民施以酷刑或非人道对待"的内容。起草过程中委员们对死刑问题展开争论，主要有三种不同的意见：第一种意见是不设死刑；第二种意见是由立法机关决定；第三种意见是不规定，视今后的情况而定。①

在《澳门基本法（草案）征求意见稿（讨论稿）》阶段，第五次全体会议上有一种意见认为，死刑应由刑法规定。② 另有意见认为，澳门已有100多年没有实行死刑，这是澳门的特点，建议在《澳门基本法》中将这个特点反映出来，规定不设死刑。③ 还有一些委员认为，在《澳门基本法》中没有明确规定不实行死刑，并不意味着一定实行死刑，是否实行死刑由特区立法机关决定，不宜由《澳门基本法》规定。还有委员建议，在澳门除蓄意杀人者外，不处死刑。1991年4月17日第六次全体会议上，居民权利和义务小组提交的讨论稿中列出了不同的意见，有些委员建议在澳门不实行死刑；有的委员建议，除蓄意杀人者外不判处死刑。有委员建议规定澳门居民的生命权不受侵犯。④ 1991年7月9日第七次全体会议上，居民权利和义务小组工作报告指出："多数委员主张，在澳门特别行政区是否实行死刑，没有必要在基本法中作明确规定，而留待将来澳门特别行政区立法机关根据实际情况作出决定。这样更能体现在澳门特别行政区实行高度自治的原则，也更为灵活些。但有些委员不同意第五条的写法，认为应把'在澳门实行死刑'写入本条。"⑤

在《澳门基本法（草案）征求意见稿》阶段，有委员主张在《澳门基本法》中明确规定不实行死刑。有委员认为是否废除死刑，是世界性的争论问题，澳门居民在这个问题上的认识也不一致，目前很难在基本法中写明废除死刑。中央把立法权授予特区，特区可根据具体情况进行立法，决定是否实行死刑。澳门社会的意见有三：一种意见赞成设立死刑，死刑是遏止不稳定分子的最有力武器，具有阻吓作用，死刑是剥夺犯罪人再犯行为最彻底的手段，通过死刑来达到治理的目的。一种意见赞成《澳门基本法》规定不设死刑，澳门原有法律制度没有规定死刑，《澳门基本法》规定不设死刑

---

① 全国人大常委会澳门基本法委员会办公室编《中华人民共和国澳门特别行政区基本法起草委员会文件汇编》，第79页。
② 第五次全体会议第3期和第11期简报。
③ 第五次全体会议第12期简报。
④ 全国人大常委会澳门基本法委员会办公室编《中华人民共和国澳门特别行政区基本法起草委员会文件汇编》，第114~115页。
⑤ 全国人大常委会澳门基本法委员会办公室编《中华人民共和国澳门特别行政区基本法起草委员会文件汇编》，第147页。

是五十年基本不变的具体体现。还有意见认为，《澳门基本法》对死刑不作规定，交由立法机关决定，这样比较有弹性，视澳门的社会治安情况而定。

在《澳门基本法（草案）》阶段，1992 年 3 月 5 日第八次全体会议上，有委员建议，《澳门基本法》规定生命权在任何情况下都不能被剥夺。但多数委员认为，生命权和死刑问题，已经多次讨论，基本法还是不作明文规定为好。[①] 有委员向全体会议提出修改案，规定澳门特区不设死刑，但被全体会议否定。澳门居民对草案稿仍然意见不一。在征求意见后，1993 年 1 月 13 日举行的第九次全体会议上，居民权利和义务小组工作报告指出："关于死刑问题，委员们认为在基本法中可不作规定留给澳门特别行政区立法更为灵活些。同时，委员们认为，澳门现行立法规定'不设死刑'是可以的，但是如果在不设死刑前加'在任何情况下'，则与基本法的规定抵触，根据基本法的有关规定，将来在特别行政区成立时不能保留。"[②] 这个意见，既表明《澳门基本法》对死刑不作规定，也针对当时澳门正在修改的刑法典，一方面同意刑法典可以规定不设死刑，另一方面不能规定在任何情况下都不设死刑。

除了死刑问题外，澳门居民还建议居民有权向法院申请人身保护令，以制止滥用权力引起的任意或非法拘留、监禁。1990 年 9 月 10 日居民权利和义务小组第五次会议纪要同意增加人身保护令规定，并在向 1990 年 12 月 11 日第五次全体会议提交的讨论稿中写入"居民有权向法院申请颁发防止滥用权力的人身保护令"。[③]

最终，《澳门基本法》起草委员会同意对死刑问题不作规定，交由特区自行立法解决。

本条的主要内容是明确了居民人身自由的权利。

解读

1. 人身自由的含义

人身自由既是行为的自由，也包含作出行为的主体的自由，即人的身体

---

① 第八次全体会议第 4 期简报。

② 全国人大常委会澳门基本法委员会办公室编《中华人民共和国澳门特别行政区基本法起草委员会文件汇编》，第 264 页。

③ 全国人大常委会澳门基本法委员会办公室编《中华人民共和国澳门特别行政区基本法起草委员会文件汇编》，第 79 页。

和人身的行为自由，在不违反法律的情况下，可以做自己想要做的事情的自由。人身的行为自由就是不受任意和非法的逮捕、拘留、监禁。所谓"任意"，是指专横、无理；所谓"非法"，是指既无法律依据，也不符合法律规定的程序。人的身体自由是指禁止非法搜查居民的身体，禁止对居民施行酷刑或予以非人道的对待。非法搜身是违反人的意志对人的身体作出的限制。而施以酷刑和非人道的对待，是对人身的摧残。所以，保护人身自由就要禁止上述非法行为。当然，从基本法条文形成的过程可知，禁止酷刑并不包括死刑，是否实行死刑，由特区立法会制定的刑法典规定。《澳门刑法典》分则第一编第四章专门规定了侵犯人身自由罪，第三编规定了违反人道罪。凡非法剥夺他人的行动自由或伤害身体的完整性，均属侵犯人身自由的犯罪行为，将受到法律的惩罚。

2. 人身保护令

居民有权向法院申请颁发人身保护令，制止或纠正任意和非法的逮捕、拘留、监禁。《澳门刑事诉讼法》第206条规定，对任何被违法拘禁之人，终审法院因请求可发出人身保护令。澳门《司法组织纲要法》第44条第10项规定，终审法院"就人身保护令事宜行使审判权"。人身保护的请求可针对三种情况，一是由无权限的实体所采取或命令的拘禁；二是拘禁的理由和事实是法律所不允许的；三是拘禁时间超过法律或法院裁判所规定的期限。人身保护请求受理的程序由三个阶段构成，首先，由被拘禁者或其他人向终审法院院长提出申请并交予执行拘禁的机关，然后由该机关连同拘禁的情况送交院长；其次，由院长召集有管辖权的法庭在八日内进行评议，通知检察院及辩护人到场发表意见；最后，由法院根据不同情况作出决定：如申请缺乏足够依据，则驳回请求；如须法院进一步调查，则命令立即将拘禁者交由法院处理，并委任一法官在规定期间内调查拘禁合法性的条件；如须移送，则命令在24小时内将嫌犯移送有管辖权的法院；如拘禁属违法，立即释放。

（六）关于《澳门基本法》第29条

澳门居民除其行为依照当时法律明文规定为犯罪和应受惩处外，不受刑罚处罚。

澳门居民在被指控犯罪时，享有尽早接受法院审判的权利，在法院判罪之前均假定无罪。

本条内容《香港基本法》并没有作出规定，是澳门原有刑法和刑事诉讼法实行的原则。在《澳门基本法》起草过程中，澳门委员和居民希望把"罪刑法定""无罪推定"两个原则写入《澳门基本法》，从而保障居民在刑事领域的权益。1990 年 12 月 11 日第五次全体会议上，居民权利和义务小组提交的讨论稿中表述为："澳门居民在被合法拘捕后，享有在法定期限内接受司法机关公正审判的权利，未经司法机关判决之前均假定为无罪。"并说明有委员建议，任何人均不得因犯同一罪行受到一次以上的审判。[①]1991 年 4 月 7 日第六次全体会议上，居民权利和义务小组提交的讨论稿中增加了"澳门居民除其行为依当时法律明文规定为犯罪和应受到惩罚外，不受刑法处罚；不因同一犯罪而受两次刑罚处罚"[②] 和"罪刑法定"的内容。1991 年 7 月 9 日第七次全体会议上，居民权利和义务小组工作报告建议将条文修改为："澳门居民，除其行为依当时法律明文规定为犯罪和应受惩罚外，不受刑罚处罚。澳门居民在被指控犯罪时，享有尽早接受司法机关审判的权利，未经司法机关判罪之前均假定无罪。"[③] 删除了"一事不再理"的规定，原因是多数委员认为，"一事不再理"是刑事诉讼法的一项原则，但没有必要将刑事诉讼法中的所有原则都提升到基本法层面。对此，起草委员会接纳了多数委员的意见。1992 年 3 月 5 日第八次全体会议上，居民权利和义务小组工作报告建议将表述改为"在法院判罪之前均假定无罪"。[④]

本条的主要内容是确立了刑法和刑事诉讼法的基本原则，保障了居民在刑事和刑事诉讼领域的一些基本权利。

---

① 全国人大常委会澳门基本法委员会办公室编《中华人民共和国澳门特别行政区基本法起草委员会文件汇编》，第 79 页。

② 全国人大常委会澳门基本法委员会办公室编《中华人民共和国澳门特别行政区基本法起草委员会文件汇编》，第 115 页。

③ 全国人大常委会澳门基本法委员会办公室编《中华人民共和国澳门特别行政区基本法起草委员会文件汇编》，第 147 页。

④ 全国人大常委会澳门基本法委员会办公室编《中华人民共和国澳门特别行政区基本法起草委员会文件汇编》，第 196 页。

解读

1. 罪刑法定原则

罪刑法定原则是指什么行为属于犯罪，对犯罪行为处以什么刑罚须由行为发生时的有效法律明文规定。第一，无法律规定者不为罪，法律不加禁止的行为不是犯罪行为，也不受处罚。第二，法律一般无溯及既往的效力。行为是否构成犯罪，应依行为发生时有效的法律规定作出判断。

2. 无罪推定原则

无罪推定原则是指被控犯罪的人须被推定为无罪，直到或除非本人承认，或有无可怀疑的充足证据时才属有罪。第一，如果无证据提出有罪，被告人有权得到释放。第二，起诉方承担举证责任，以无异议的充足证据证明被告人有罪。第三，被告人没有解释其行为的责任，也没有为自己辩护无罪的责任，除非他以不在犯罪现场、当时神志不清或者自卫等为辩护理由，在这种情况下，被告人必须提出支持申辩的事实证据。

对于《澳门基本法》确立的原则，《澳门刑法典》和《澳门刑事诉讼法典》作出了具体的规定。《澳门刑法典》第1条规定罪刑法定原则的三个内容，犯罪的事实和处罚须以当时的法律规定为限；保安处分也应以当时的法律规定为限；不容许类推，既不能类推确定犯罪事实，也不能类推确定刑罚。《澳门刑事诉讼法典》第49条第2款规定了"无罪推定"的含义，即在有罪判决确定前推定嫌犯无罪。

（七）关于《澳门基本法》第30条

> 澳门居民的人格尊严不受侵犯。禁止用任何方法对居民进行侮辱、诽谤和诬告陷害。
>
> 澳门居民享有个人的名誉权、私人生活和家庭生活的隐私权。

本条内容在《香港基本法》中并没有规定，是根据澳门居民已经享有的权利提升为基本权利作出的规定，在起草过程中没有争议。

本条的主要内容是明确了澳门居民享有人格权和隐私权。

解读

1. 人格尊严

人格尊严是指居民的名誉和居民作为一个人应该受到他人尊重的权利。

人格权的一个最主要的内容是名誉权，名誉是对一个人的品德、声望、信誉和形象等的评价，并受到他人的尊重。所以，法律禁止毁坏他人名誉的行为，对该种行为要追究刑事或民事法律责任。侮辱是以暴力或其他方法公开破坏他人名誉、损害他人人格的严重行为。实施侮辱行为的人在主观上是故意的，有破坏他人名誉的目的；在客观上是公开的行为，当着他人的面用语言、文字或动作进行。诽谤是通过向他人传播虚假事实致使他人声誉受损的行为。实施诽谤行为的人主观上是故意的，目的是损害他人的人格；客观上是捏造事实，加以散布。诬告陷害是捏造犯罪事实，作虚假告发，意图使他人受刑事处分的行为。实施诬告陷害行为的人主观上是故意的，目的是希望他人受刑事处罚；客观上捏造犯罪事实，并向有关机关告发。上述行为不论是直接的还是间接的，都有一个共同点：损害他人的名誉。所以，基本法禁止损害名誉的行为。《澳门刑法典》分则第一编第六章专门规定了侵犯名誉罪，诽谤和侮辱的行为均属于侵犯名誉罪。在《澳门刑法典》分则第五编第四章"妨碍公正之实现罪"中，规定了诬告、虚构犯罪事实的罪名，此行为要受刑法处罚。

2. 隐私权

隐私权是指人的私生活不受侵犯或不被非法公开的权利，包含私生活的自由和私生活的秘密。干扰、窥探他人的私生活，是侵犯他人私生活的自由；而非法公开他人隐私，则是泄露了他人私生活的秘密。澳门第8/2005号法律《个人资料保护法》第1条规定，个人资料的处理应以透明的方式进行，并应尊重个人私生活的隐私。在其他的条文中分别对个人资料处理的正当条件、敏感资料处理的限制和条件、对处理从事不法行为的资料登记要件、个人资料在不同政府部门的互联以及安全性和保密性作出了详细的规定，以保障个人的隐私权。法律对侵犯隐私权的行为予以惩处。《澳门刑法典》第186条规定："一、意图侵入他人之私人生活，尤其系家庭生活或性生活之隐私，而在未经同意下作出下列事实者，处最高二年徒刑，或科最高二百四十日罚金：a）截取、录音取得、记录、使用、传送或泄露谈话内容或电话通讯；b）获取、以相机摄取、拍摄、记录或泄露他人之肖像、或属隐私之物件或空间之图像；c）偷窥在私人地方之人，或窃听其说话；或d）泄露关于他人之私人生活或严重疾病之事实。"上述行为均属侵犯私生活的行为，根据情节轻重依法处罚。

（八）关于《澳门基本法》第 31 条

澳门居民的住宅和其他房屋不受侵犯。禁止任意或非法搜查、侵入居民的住宅和其他房屋。

本条规定参照了《中葡联合声明》中有关住宅不受侵犯的表述，与《香港基本法》规定相同，在起草过程中没有大的争议。但曾有意见建议，将"其他房屋"改为"工作场所"。但多数意见认为，"其他房屋"的提法比"工作场所"的提法涵盖的范围广，包括了工作场所，不需要改动。

本条的主要内容是明确了居民享有住宅自由的权利。

解读

1. 住宅和其他房屋不受侵犯

住宅不受侵犯有两个含义：一是非经屋主同意，任何人不得擅自由外部侵入住宅内部；二是不得在住宅外安装设备，窃听室内的谈话，拍摄室内的活动。其他房屋是指居民生活场所以外的其他场所，包括工作场所，因为工作场所也不是向公众开放的地方，在法律上也可归属私人地方，进入他人的工作场所也要得到所有权人的同意或许可。

住宅和其他房屋不受侵犯是人身自由的一种必然要求，人身活动的空间受到限制或干扰，也就是对人身自由的限制和干扰。为此，禁止任何机关和个人非法搜查与侵入居民的住宅和其他房屋。

2. 住宅和其他房屋不受侵犯的保护和限制

一方面，法律保护住宅不受侵犯。《澳门刑法典》第 184 条明确规定了侵犯住所罪，凡未经同意，侵入他人住宅，或经被下令退出而仍逗留在住宅内，抑或意图扰乱他人私生活、安宁而致电他人住宅均属侵犯他人住宅，判处一年以上三年以下徒刑；第 185 条规定，未经有权者同意或许可，侵入任何设有围障且公众不可自由进入之地方构成侵入限制公众进入之地方罪。另外，法律对住宅自由也做了限制。为了收集犯罪证据、查获和拘禁犯罪嫌疑人，特定的执法人员可以进入居民的住宅和其他房屋，但必须依照法律规定的程序进行。《澳门刑事诉讼法典》第 162 条规定，一般情况下搜查住宅须有法官命令或许可。如果有理由相信延迟搜查可能对重大价值之法益构成严重危险或被搜查者同意，由检察院命令进行。如搜查律师事务所或医生诊所，须由法官亲自在场主持。

（九）关于《澳门基本法》第 32 条

> 澳门居民的通讯自由和通讯秘密受法律保护。除因公共安全和追查刑事犯罪的需要，由有关机关依照法律规定对通讯进行检查外，任何部门或个人不得以任何理由侵犯居民的通讯自由和通讯秘密。

本条规定参照了《中葡联合声明》中有关通讯自由的表述，与《香港基本法》的规定相同。在起草过程中没有争议，只是将《中葡联合声明》中的"通信自由"改为"通讯自由"，后者包括通信，也包括电话、电报等形式。

本条的主要内容是明确了居民享有通讯自由和秘密的权利。

解读

1. 通讯自由和秘密

通讯是指通过书信、电话、电报、传真、电子邮件等形式与他人的联系。通讯自由就是以各种通讯方式对外联系，依法律不受干涉和限制。通讯秘密就是通讯的内容不得非法窃取或泄露。通讯自由和通讯秘密不受任何机关和个人限制；禁止以开拆和其他技术手段获知他人通讯的内容；禁止任何机关和个人泄露他人通讯的内容，包括邮政和电讯部门在履行职能时获知通讯资料向他人泄露。

2. 通讯自由和秘密的保护与限制

一方面，法律保护通讯自由和秘密。《澳门刑法典》第 188 条规定了侵犯函件或电讯罪的几种情形：未经同意开拆他人的包裹、信件或任何文书，或以技术方式知悉其内容，又或以任何方式阻止他人接受上述物品；未经同意介入或知悉他人电讯内容；未经同意泄露上述信件、文书、电讯内容。若有以上情形，处一年徒刑。第 16/92/M 号法律《通讯保密及隐私保护》第 3 条规定，邮政和电讯部门及工作人员对居民的通讯自由和秘密有服务和保密的义务，不得任意拒绝为居民提供通讯服务，也不得泄露居民通讯秘密，否则由法律追究责任。另一方面，法律对通讯自由和秘密作出限制，主要以公共安全和追查刑事犯罪为限。《澳门刑事诉讼法》对扣押函件、电话监听的条件和程序作出了规定。凡函件涉及嫌疑人，涉及犯罪可处三年以上徒刑，扣押对发现事实真相或在证据方面非常重要，经法官作出命令或许可，有关机关可进行扣押。对可处三年以上徒刑的贩卖麻醉品犯罪，禁用武器、爆炸装置或材料的犯罪，走私犯罪，通过电话实施侮辱、恐吓、胁迫及侵入私生活犯罪，经法官命令或许可，有关机关可对电话谈话或通讯进行截听、录音。

（十）关于《澳门基本法》第33条

澳门居民有在澳门特别行政区境内迁徙的自由，有移居其他国家和地区的自由。澳门居民有旅行和出入境的自由，有依照法律取得各种旅行证件的权利。有效旅行证件持有人，除非受到法律制止，可自由离开澳门特别行政区，无需特别批准。

本条规定参照了《中葡联合声明》中有关旅行和迁徙自由的表述，与《香港基本法》规定相同，在起草过程中没有争议。

本条的主要内容是明确了居民享有迁徙和移居自由的权利。

解读

1. 迁徙和移居自由

迁徙自由是指居民可以根据自己的意愿，在澳门地区内从原居住的地方迁往其他地方居住。移居自由是指居民可自愿选择到澳门以外地区居住。两者均是择居的权利。对这两种权利和自由，特区政府不加干涉。

2. 旅行和出入境自由

旅行和出入境自由是指居民根据自己的需要，自由地离开澳门去其他地方经商、学习、旅游等，并能自由地返回澳门。为了满足这种需要，居民享有取得旅行证件的权利，只有持有有效旅行证件的人方可进入其他国家或地区。持有有效旅行证件的人出入境无须特别批准是指居民在有效旅行证件取得后，不需要行政当局的其他批准文件，也不需要行政当局同意，随时可以进出澳门。

3. 出入境自由的保护和限制

迁徙、出入境等自由是人身自由的延伸，居民有择居的自由，也有外出旅行的自由。居民享有此项权利，对工作、学习、生活和对外交往是非常必要的。第 6/2004 号法律《非法入境、非法逗留及驱逐出境的法律》、第 4/2003 号法律《入境、逗留及居留许可制度的一般原则》、第 9/1999 号行政法规《澳门特别行政区旅行证件签发规章》、第 10/1999 号行政法规《澳门居民往来香港特别行政区旅游证签发规章》等规范性文件既对出入境自由予以保护，同时也作出了必要的限制，主要是对犯有刑事罪的通缉犯、正在服刑、取保候审者等，限制他们出境。如《澳门刑事诉讼法》第 184 条规定，"如有强烈迹象显示嫌犯曾故意实施可处以最高限度超逾一年徒刑之犯罪，禁止离境，并收缴他们的旅行证件"。再如，第 55/95/M 号法令《修正及更新入境、逗留及在澳门定居之一般制度》第 14 条规定，被依法驱逐出境的、被判一年以上剥夺自由刑的、存在实施严重犯罪迹象的，特区政府将拒绝他们入境。这种限制对维护社会公共安全和公共利益是必要的。

（十一）关于《澳门基本法》第 34 条

> 澳门居民有信仰的自由。
>
> 澳门居民有宗教信仰的自由，有公开传教和举行、参加宗教活动的自由。

本条规定参照了《中葡联合声明》中有关宗教和信仰自由的表述，与《香港基本法》规定相同。在起草过程中，有委员建议加上"有政治思想信仰的自由"。[①]

但多数委员认为，信仰自由包括政治信仰的自由，没有必要再列出。在 1993 年 4 月 17 日第六次全体会议上，居民权利和义务小组提交的基本法讨

---

① 全国人大常委会澳门基本法委员会办公室编《中华人民共和国澳门特别行政区基本法起草委员会文件汇编》，第 80 页。

论稿删去了"政治思想信仰的自由"。[1]

在《澳门基本法（草案）》征求意见时，有意见认为，应加上限制邪教活动的内容，因为邪教对社会产生不良的影响。委员们经过讨论认为，宗教信仰自由是依法享有的权利，违反法律的邪教自然不受法律保护，相反要受到法律的限制是不言而喻的，可以不加限制邪教的规定。

本条的主要内容是明确了居民享有信仰自由和宗教信仰自由的权利。

解读

1. 信仰自由

信仰自由是个人保持自己喜欢的行为原则（如主张、主义、世界观）以及根据此种原则生活的信念。信仰自由是一种内心的精神活动，一个人可以信仰这种主义，也可以信仰另一种主义，法律对个人持有何种信仰不加干涉。

2. 宗教信仰自由

宗教信仰是个人对具有超自然的超人格性质的存在，如对造物主、上帝、神、佛等的崇拜心情和信念，并以此获得精神上的慰藉。宗教包括信仰、教义以及礼拜、宗教仪式。宗教信仰自由包括：内心的信念自由，信不信宗教，信哪一种宗教完全自行决定；行动的自由，要不要参加宗教仪式和活动自行决定；宗教上的结社自由，要不要参加宗教团体，参加哪一个教派也是自行决定。

3. 信仰自由和宗教信仰自由的保护和限制

澳门第 5/98/M 号法律《宗教及礼拜的自由》第 5 条规定，澳门居民有信奉或不信奉宗教，改变或退出原来信奉的教派，遵行或不遵行所属教派的规条；表达自己信念；单独或集体、公开或私自表示其信念；以任何方式推广所信奉宗教的教义；从事所信奉宗教本身的礼拜行为及仪式。第 2 条规定："一、承认及保障人的宗教及礼拜自由，并确保宗教教派及其他宗教实体受适当的法律保护。二、宗教自由不容侵犯。三、任何人均不得因不信奉任何宗教或因其宗教信念或宗教活动而遭到损害、迫害、剥夺权利、或者免除责任或公民义务，但按法律规定行使良心抗拒权者则例外。"《澳门刑法典》第 282 条规定，对侵犯宗教信仰自由的行为，如公

---

[1]　全国人大常委会澳门基本法委员会办公室编《中华人民共和国澳门特别行政区基本法起草委员会文件汇编》，第 115 页。

然侵犯和嘲弄宗教信徒，污辱宗教崇拜的地方或物件，以暴力相威胁阻止或扰乱宗教崇拜的进行，公然羞辱或嘲弄宗教崇拜行为，处最高一年徒刑。可见，澳门法律对宗教信仰自由提供了保障。同时，法律对信仰自由和宗教信仰自由也作出限制。因为信仰与行为有一定的联系，许多行为是因信仰产生的，如果个人基于信仰作出的行为与法律相抵触，如煽动、诽谤、破坏公共秩序，则要由法律追究责任。宗教信仰自由要遵从如下原则：第一，宗教与国家分离，不规定国教；第二，宗教与政治、法律分离，不因宗教在政治和法律上受到歧视，一律平等；第三，宗教与教育分离，公立学校不开设宗教课程，不强迫学生作宗教礼拜；第四，国家对宗教团体一视同仁，禁止给予特权。澳门第 5/98/M 号法律《宗教及礼拜的自由》第 3 条规定，澳门地区不指定任何宗教，不干预宗教教派的自由组织和礼拜。第 4 条规定，在法律面前各宗教团体一律平等，不允许政治上的歧视。第 10 条规定，向学生提供任何宗教及道德教育，须经学生的父母或亲权行使者请求，并在有能力施教且不妨碍其教学自主的教育场所为之。16 岁或以上学生得自行行使以上所指权利。在宗教教派所开办的教育场所注册者，推定其接受了有关教派实施的宗教及道德教育，但父母和 16 岁以上的学生可以作出相反声明，不接受宗教教育。第 11 条规定，任何人的宗教活动，不得作出与人的生命、身心完整及尊严相抵触的行为，以及法律明确禁止的行为。

（十二）关于《澳门基本法》第 35 条

澳门居民有选择职业和工作的自由。

本条规定参照了《中葡联合声明》中的职业和工作自由的表述，与《香港基本法》的规定基本相同，但增加了"工作的自由"，在起草过程中没有争议。

本条的主要内容是明确了居民有选择职业的自由和工作的自由。

解读

1. 选择职业的自由和工作的自由

选择职业的自由是指居民可根据自己的意愿能力或专长选择谋生的方

式。工作的自由是指个人工作或不工作完全自由，由个人自行决定。但工作
的自由并不意味着一定能获得工作的法律权利。

2. 选择职业的自由和工作的自由的保护与限制

居民享有选择职业的自由和工作的自由，对居民的生存权和发展权是非
常重要的，也为居民享受精神生活创造物质条件。所以，特区政府一方面不
干涉居民择业和工作的自由，不强迫他们从事某一工作或工种；另一方面要
创造良好的社会经济环境，为居民择业和工作提供机会。但是，择业和工作
自由也受到一定的限制，不是个人想要干什么工作就能干什么工作。经商要
受营业许可证制度的约束，有些行业受到专营制度或专卖制度的约束。个人
要想成为医生、律师、工程师等，须具备专业资格，政府批准执业资格后方
能工作。所以，居民要依法行使自己择业和工作的权利。

（十三）关于《澳门基本法》第 36 条

澳门居民有权诉诸法律，向法院提起诉讼，得到律师的帮助以保护
自己的合法权益，以及获得司法补救。

澳门居民有权对行政部门和行政人员的行为向法院提起诉讼。

本条规定参照了《中葡联合声明》中有关诉诸法律和法院的权利的表
述，与《香港基本法》规定基本相同，仅在表述上有所不同。

在《澳门基本法（草案）征求意见稿》阶段，有人建议在"政府和行
政人员行为"之前加上"违法"二字，即对违法行为向法院提起诉讼。因
为"行为"的提法是中性的，只要是行政机关和行政人员的行为均可提起
诉讼，容易被人找借口诉讼。但也有意见认为，不应该加"违法"二字，
行政机关和行政人员的行为是否违法应该由法官审理案件后判断，违法是判
决的结果。只要居民认为合法权益受到侵犯就可提起诉讼。也有意见建议，
加上"免费聘请律师为自己辩护"的内容和"对当事人的控告与申诉不得
打击报复"的内容。① 多数委员认为，没有必要增加上述内容，在 1991 年 4

---

① 全国人大常委会澳门基本法委员会办公室编《中华人民共和国澳门特别行政区基本法起草
委员会文件汇编》，第 80 页。

月 17 日第六次全体会议上，居民权利和义务小组提交的讨论稿已经统一了认识，形成了基本法现有的规定。

在《澳门基本法（草案）征求意见稿》阶段，有人建议将行政人员改为公职人员，与澳门原有法律的提法保持一致。在 1992 年 3 月 5 日第八次全体会议上，居民权利和义务小组建议将"行政人员"改为"公务人员"，与"政治体制"第六节"公务人员"的提法保持一致。① 还有意见认为，居民向法院诉讼不仅限于行政机关的行政人员，应该扩大到所有公权力机关的人员。多数委员认为，立法机关和司法机关中的行政人员，都属于本条规范的范围，不需要改动。

本条的主要内容是明确了居民享有诉诸法律、得到律师帮助、获得司法救济的权利。

解读

1. 诉诸法律

居民遇有法律纠纷和问题时，可通过法律途径请求法院解决，维护自己的权益。诉诸法律对居民来说是一项权利，对法院来说是一项义务。只要居民提起诉讼，符合法律规定的条件，属于法院管辖的范围，法院就有义务受理，不能拒绝。诉诸法律的范围主要有两个方面。一是涉及的民事和刑事法律关系，向法院起诉。如民事中的继承权、债权，刑事中的自诉案件，居民均可依法提起诉讼。二是涉及行政部门和行政人员的侵权行为，向法院起诉。如对行政部门的税收决定、行政处罚等，居民认为有违法律规定的，除了向上级行政部门申诉外，还可以要求法院作出判决。诉诸法律既是居民的权利，也是居民保护自己权利的一种法律手段。

2. 律师帮助

寻求律师帮助是居民在诉诸法律过程中的一项权利。一方面，律师作为法律专业人士有较好的法律知识，了解诉讼程序，可以提供意见；另一方面，律师身份特殊，在诉讼过程中享有一些当事人没有的权利，如可以阅读案卷、询问当事人、调查了解事实等。在刑事诉讼中作为辩护人，在民事诉讼中作为代理人，律师可以帮助当事人更好地维护自己的利益。居民可以聘

---

① 全国人大常委会澳门基本法委员会办公室编《中华人民共和国澳门特别行政区基本法起草委员会文件汇编》，第 196 页。

请和选择律师为其辩护或作为代理人。若经济困难，无钱聘请律师，也可以在政府提供法律援助下聘请律师。澳门第 13/2012 号法律《司法援助的一般制度》保障符合法定条件者不会因经济能力不足而无法透过司法诉讼取得或维护其依法受保护的权益。另外，第 13/2010 号法律《因执行公共职务的司法援助》规定，公共部门的工作人员在因执行公共职务作出的行为或发生的事实而被起诉的情况下可以获得司法援助。符合上述法律规定的，可以免费聘请律师，帮助自己维护合法权益。

3. 司法补救

司法补救是在居民的权益受到侵害时，有权通过司法途径获得对其侵害的合理补偿。如某人被伤害，罪犯尽管被判刑，但被害人仍有权要求伤害人给予赔偿。澳门司法补救制度的具体内容将由法律或司法实践确立和完善。

（十四）关于《澳门基本法》第 37 条

澳门居民有从事教育、学术研究、文学艺术创作和其他文化活动的自由。

本条规定参照了《中葡联合声明》中有关教育和学术研究的自由的表述，与《香港基本法》规定相同，在起草过程中没有争议。

本条的主要内容是明确了居民享有教育、学术研究、文学艺术创作和其他文化活动的自由。

解读

1. 对教育、学术研究、文学艺术创作等自由的保护

教育自由，既包括办学的自由，即社会上除了公立学校外，私人也可根据法律创办学校，也包括教学自由，即学校的教学内容和教学方法等由学校自行决定。学术研究自由，包括自由地探求知识及研究问题，直到得出真实的结论，不受行政命令等的干扰，也包括自由地发表研究成果，展开学术讨论，公正地批评，不断地修正、不断地认识真理。文学艺术创作等文化活动，可以反映历史题材和现实题材的内容，也可以反映政治、经济、文化、军事等不同领域的内容；可以是文字、图像、动作，包括文学作品、电影电视、戏曲戏剧等形式。内容多样，形式不拘一格，百家争鸣，百花齐放。

2. 对教育、学术研究和文学艺术创作等自由的限制

与其他权利和自由一样，教育、学术研究和文学艺术创作等自由也不是无限制的。在行使权利和自由时，不能把人引入歧途，不能侮辱、诽谤，不能有伤风化，不能危害公共安全等。总之，不能作出法律所禁止的行为。

基本法保障教育、学术研究和文学艺术创作自由，对保障居民的精神生活自由，提高居民教育、文化水平，促进社会精神文明建设有重大的意义。根据《澳门基本法》第 37 条，保护教育、学术研究、文学艺术创作等自由的规范性文件有第 9/2006 号法律《非高等教育制度纲要法》、第 10/2017 号法律《高等教育制度》、第 9/2000 法律《订定澳门特别行政区科学技术的政策纲要》；行政法规有《修改〈免费教育津贴制度〉》（第 17/2007 号）、《订定教育发展基金制度》（第 16/2007 号）、《订定学费津贴制度》（第 20/2006 号）、《订定免费教育津贴制度》（第 19/2006 号）、《基础教育学生学费津贴制度》（第 16/2005 号）、《设立科学技术发展基金》（第 14/2004 号）。

（十五）关于《澳门基本法》第 38 条

> 澳门居民的婚姻自由、成立家庭和自愿生育的权利受法律保护。
>
> 妇女的合法权益受澳门特别行政区的保护。
>
> 未成年人、老年人和残疾人受澳门特别行政区的关怀和保护。

本条规定参照了《中葡联合声明》中有关婚姻自由及成立家庭和自愿生育的权利的表述，与《香港基本法》的规定有相同之处，但也根据澳门居民要求，增加了保护妇女权益和未成年人、老年人及残疾人权益的内容。

妇女在澳门社会中是非常重要的社群，不仅在家庭中发挥作用，而且在政治中发挥着参政议政的作用，妇女界别反复提出，在基本法中应该有一条规定保护妇女权益的条文。1992 年 3 月 5 日第八次全体会议上，居民权利和义务小组在工作报告中提出，同意增加妇女的合法权益受保护的内容。[①]同时，在基本法起草时，归侨界别也提出，应该规定保护归侨的权益，因为

---

① 全国人大常委会澳门基本法委员会办公室编《中华人民共和国澳门特别行政区基本法起草委员会文件汇编》，第 197 页。

澳门有很多归侨，他们的权益也应该得到保护。但是，多数意见认为，归侨已经是澳门居民的一部分，与其他居民没有分别，不宜由基本法将其作为一个独立的社群专门保护，不能笼统规定归侨的权益受保护。① 但是，归侨作为一个社会界别可以考虑。所以，在 1992 年 3 月 5 日第八次全体会议上，居民权利和义务小组工作报告提出："建议将归侨作为一个民间团体写在第六章第一百三十二、一百三十三条中。"② 即在基本法有关社团对外交往中列出归侨界别。

本条的主要内容是明确了居民享有婚姻自由和生育自由，法律保护妇女和未成年人、老年人及残疾人的合法权利。

解读

1. 婚姻自由

婚姻自由是指居民依照法律规定，有权决定自己的婚姻，不受任何人的强迫和干涉。婚姻自由包括结婚自由和离婚自由。所以，法律禁止包办婚姻和买卖婚姻。婚姻是法律确认的男女两性结合的形式，婚姻自由也是人身自由的延伸。

家庭是由婚姻关系、血缘关系或收养关系而产生的亲属间的社会生活组织。婚姻是家庭的基础，家庭是婚姻的产物，两者是不可分的。家庭受法律保护，意味着成立家庭之后产生的诸多法律关系，包括夫妻关系、父母与子女关系、收养关系、个人财产和共同财产的关系以及继承关系不受非法侵害。

自愿生育是相对于计划生育而言的，个人要不要生育、什么时候生育、生育多少子女是个人的自由，由个人决定。澳门特区不实行计划生育政策。

所以，保护婚姻自由和家庭对维护社会的稳定和延续是很重要的。

2. 妇女权益

妇女的合法权益受澳门特别行政区的保护。首先，要男女平等。在社会领域消除性别歧视法，政治上实现男女平等地享有选举权和被选举权，经济上采取同工同酬。其次，要夫妻平等。在家庭生活中，无论是在财产关系上还是在对子女的教育、抚养上，权利和义务平等。澳门第 6/94/M 号法律

---

① 第七次全体会议第 2 期简报。
② 全国人大常委会澳门基本法委员会办公室编《中华人民共和国澳门特别行政区基本法起草委员会文件汇编》，第 197 页。

《家庭政策纲要法》规定在家庭中男女平等，在社会中男女同工同酬。行政长官制定了第 6/2005 号行政法规，特区政府在 2005 年设立了妇女事务咨询委员会。委员会的主要目的为：（1）保护妇女的权益及改善其生活条件；（2）寻求真正做到分担家庭、职业、社会、文化、经济以及政治方面的责任；（3）致力于落实妇女应享有的机会、权利及尊严；（4）鼓励妇女全面参与澳门特别行政区的发展。委员会的职责为：（1）就促进、改善妇女的生活条件而制定的中长期政策发表意见；（2）就不同施政领域有关妇女的政策及措施发表意见；（3）建议各项须优先开展的工作，以鼓励妇女长期全面参与社会、文化及经济的发展，以及政治活动；（4）透过听取社会各界有关妇女事务的意见，加强特区政府与妇女之间的沟通；（5）与同类实体交流经验并保持接触；（6）通过内部规章促进妇女事务健康发展。

3. 未成年人、老年人和残疾人权益

未成年人、老年人和残疾人情况比较特殊，属于社会相对弱势的群体，特别需要社会对他们的关心和帮助，保障他们身心健康、生活幸福。同时，在社会上树立和培养尊老爱幼、助人为乐的风尚和道德。澳门第 6/94/M 号法律《家庭政策纲要法》第 8 条和第 9 条对儿童和未成年人权益予以保护，规定儿童不论是否属婚生子女，在社会保障方面均享有相同的权利，以便能健全发展。行政当局应促进母婴扶助网络及托儿所的设立及运作。有智力障碍的儿童获特别援助，从而给予他们适合其人身发展的条件。第 11 条对老年人和残疾人的权益作出规定，行政当局和与家庭利益有关的团体及社会互助机构合作，推行一项旨在帮助老年及有缺陷人士完全融入社会和家庭，保障其经济生活的政策。第 6/2001 号法律《加重因利用不可归责者犯罪情节的刑罚》规定，行为人透过不可归责者作出事实，适用刑罚之最高限度和最低限度均加重 1/3。保护未成年的身心健康，不受非法侵害。

（十六）关于《澳门基本法》第 39 条

澳门居民有依法享受社会福利的权利。劳工的福利待遇和退休保障受法律保护。

本条规定与《香港基本法》规定相同。在起草过程中存在一些争议，主要讨论了集体谈判权。有意见反对集体谈判权，有意见主张规定集体谈判权。多数委员认为，澳门现行制度没有集体谈判权，所以基本法不应规定。① 而且，澳门经济状况不具备规定集体谈判权的条件，基本法可不写。② 对劳工权利，有意见建议加上"劳工的福利待遇和退休保障应随着生产的发展逐步增加，并受法律保护"。但在第七次全体会议上，委员们认为没有必要加上这一条件。劳工福利受法律保护，就是授权立法者根据实际情况规定劳工的福利，并通过法律加以保障，更具灵活性。

本条的主要内容是明确了居民享有社会福利的权利和劳工的福利、退休保障。

解读

1. 社会福利

社会福利是社会经济发展的成果，是社会为其成员提供的服务和保障。所以，社会福利以经济条件为基础，一定要与经济发展水平相适应，超越经济发展水平，社会福利就将失去保障。个人依法享受社会福利，法律没有规定，社会没有义务必须提供服务和保障。就社会与居民关系而言，社会采取主动行为，居民被动地接受，这是享受社会福利的特点。澳门特区建立了双重的社会保障制度，第一层是社会保障制度，由政府、雇主和雇员按比例供款，可享受养老金、残疾金、社会救济金、失业津贴、疾病津贴、丧葬津贴等，给依法享有社会保障的居民提供援助或支付金钱；第二层是中央公积金制度，属于储蓄型养老金制度，先由特区政府财政盈余支付，不足部分由雇主和雇员共同供款。

2. 劳工的福利和退休保障

当劳动者因年老、疾病、伤残和失业等出现困难时，向其提供物质帮助，以保证其基本生活。根据澳门的劳工法律，劳工享有的福利和退休金应受保护，雇主不能任意剥夺或减少。第一，法律明文规定的劳工福利，如有薪假期、休息日等，劳动合同不得作出相反的规定，否则无效，雇主要保证支付工资和不得强迫加班。第二，雇主和雇员在劳动合同中根据双方意思订立的劳工权益，如长期工作享有退休金，雇主不能事后反悔，必须遵守执

---

① 第四次全体会议第 4 期简报。
② 第五次全体会议第 7 期简报。

行，如有违反，要负法律责任。如果出现恶意解雇，劳工可根据法律，通过行政（劳工局）或司法程序解决。

为保障劳工的权益，制定劳工政策，完善劳工法律，特区政府设立了由政府、雇主团体、雇员团体代表组成的社会常设协调委员会，作为咨询性机构向政府提供意见，协调劳工与雇主的关系。实施《澳门基本法》第 39 条的主要法律是第 4/2010 号法律《社会保障制度》。

（十七）关于《澳门基本法》第 40 条

> 《公民权利和政治权利国际公约》、《经济、社会与文化权利的国际公约》和国际劳工公约适用于澳门的有关规定继续有效，通过澳门特别行政区的法律予以实施。
>
> 澳门居民享有的权利和自由，除依法规定外不得限制，此种限制不得与本条第一款规定抵触。

本条的规定与《香港基本法》相同。在《澳门基本法》起草过程中，由于当时两个国际人权公约在澳门没有适用，所以对是否要在《澳门基本法》中规定产生了争议。在《澳门基本法（草案）征求意见稿（讨论稿)》阶段，有意见建议，将两个国际人权公约在澳门的适用写入基本法。在 1990 年 6 月 7 日举行的第四次全体会议上，居民权利和义务小组工作报告认为：“葡萄牙已加入了这两个国际公约，但是否延伸到澳门，尚不明确。如果这两个公约延伸到澳门，小组可考虑把两个公约在澳门的适用写入基本法。”[①] 1992 年 3 月 5 日第八次全体会议上，部分委员向大会提议，要求在基本法中规定两个国际人权公约适用于澳门。由于事实上两个国际人权公约并没有在澳门适用，基本法没有条件加以规定，所以提案被认为不能成立，没有付诸表决。但起草委员会建议，通过中葡联合联络小组的磋商，尽快就两个国际人权公约在澳门的适用达成协议，然后再考虑写入基本法。在 1993 年 1 月 13 日举行的第九次全体会议上，居民权利和义务小组工作报

---

① 全国人大常委会澳门基本法委员会办公室编《中华人民共和国澳门特别行政区基本法起草委员会文件汇编》，2011，第 55 页。

告建议："鉴于中葡联合联络小组已就两个国际人权公约的问题原则上达成共识，委员们认为如果葡萄牙国会能在今年一月第九次全体会议之前完成有关法律程序，则可将本条修改、补充为：'《公民权利和政治权利国际公约》、《经济、社会与文化权利的国际公约》和国际劳工公约适用于澳门的有关规定继续有效，通过澳门特别行政区的法律予以实施。'（第 1 款）'澳门居民享有的权利和自由，除依法规定外不得限制，此种限制不得与本条第一款规定抵触。'"① 最终，葡萄牙完成了将两个国际人权公约延伸适用澳门的法律程序，《澳门基本法》作了相应的规定。

本条明确了两个国际人权公约适用澳门的内容和形式、国际人权公约和特区法律的关系。

解读

1. 国际人权公约适用澳门的内容

《公民权利和政治权利国际公约》于 1966 年 12 月 16 日由联合国大会通过，同年 12 月 19 日在纽约开放签字，1976 年 3 月 23 日正式生效。公约有 53 条，主要内容有：所有民族均享有自决权，自由决定其正当地位；人人享有生存权；身体自由及人身安全；迁徙自由和择居自由、出入境自由；法律面前平等权；人格权；私生活、家庭、住宅或通讯不受侵犯；思想、信念及宗教自由；和平集会权；结社权；家庭和婚姻自由；选举权；不受酷刑或不人道或侮辱对待；等等。《经济、社会与文化权利的国际公约》于 1966 年 12 月 16 日由联合国大会通过，1976 年 1 月 3 日正式生效。公约共有 31 条，主要内容包括：所有民族享有自决权；人人享有工作权；参加工会、选择工会权；社会保障，包括社会保险权；家庭、婚姻、母亲、儿童受保护；免受饥饿权；身体和健康权；受教育权；科学、文化、艺术研究和创造受保护。

根据《澳门基本法》的规定，两个国际人权公约在澳门的适用是有条件、有范围的。《澳门基本法》的规定包含了两个关键词，一是"适用于"，二是"继续有效"。两者之间是因果关系，"适用于"是"继续有效"的前提条件，只有适用于澳门的才有效，不适用于澳门的，对澳门就不产生约束力；"继续有效"是"适用于"的结果。那么，两个国际人权

---

① 全国人大常委会澳门基本法委员会办公室编《中华人民共和国澳门特别行政区基本法起草委员会文件汇编》，第 263 页。

公约的哪些规定适用于澳门，哪些规定不适用于澳门？中葡联合联络小组磋商将两个国际人权公约由葡萄牙延伸适用澳门时，根据澳门的地位和实际情况，对国际人权公约的个别条款作出了不适用于澳门的保留，共有四条。(1) 基于澳门是中国的领土，是中国的一个地方行政区，不是一个独立的政治实体，由全国人民代表大会设立特别行政区，并制定特别行政区基本法，所以特别行政区不存在自决的问题。两个国际人权公约中有关民族自决权的规定不适用于澳门，否则与澳门的法律地位相冲突。(2) 澳门立法机关的成员由选举和委任两部分产生，《公民权利和政治权利国际公约》第 25 条 "在真正的定期的选举中选举权和被选举权，这种选举应是普遍的和平等的并以无记名投票方式进行，以保证选举人的意志的自由和表达" 的规定不适用于澳门，否则将改变澳门原有的政治和选举制度。(3) 澳门的出入境管理制度对非澳门居民的出入境有限制，其中包括在内地的中国公民进入澳门特别行政区也要办理相关手续，不享有无条件的出入境自由。《公民权利和政治权利国际公约》第 12 条中有 "任何人进入其本国的权利，不得任意加以剥夺" 的规定不适用于澳门，否则影响特区出入境管理的自治权。(4) 澳门原有法律制度中对驱逐外国人有特别规定，由本地区的最高首长行使决定权。《公民权利和政治权利国际公约》第 13 条 "应准予提出反对驱逐出境的理由和使他的案件得到合格当局或由合格当局特别指定的一人或数人的复审，并为此目的而请人作代表" 的规定不适用于澳门，否则将剥夺特区行政长官在驱逐事项上的最终决定权。① 因此，澳门是有保留地适用两个国际人权公约的。

2. 国际人权公约适用于澳门的方式

1992 年在中葡联合联络小组磋商并达成共识之后，葡萄牙国会以决议的方式决定将两个国际人权公约延伸适用于澳门。该决议规定："《公民权利和政治权利国际公约》及《经济、社会和文化权利的国际公约》适用于澳门的规定，须在澳门予以落实，尤其是通过当地本身管理机构所发出的专门法则为之。"② 《澳门基本法》作出了同样的规定，国际人权公约需要 "通过澳门特别行政区的法律予以实施"。即通过本地立法后适

---

① 第 16/2001 号行政长官公告，https：//bo.io.gov.mo/bo/ii/2001/07/aviso16_ cn. asp。
② 王西安：《国际条约在中国特别行政区的适用》，广东人民出版社，2006，第 150 页。

用，而不是直接适用。那么，具体实施的法律应该采取什么样的形式？是可以将所有个人权利集合在一起的综合性法律，如人权法，还是必须就某项权利作出规范的单项法律，如选举法、新闻法等？根据中葡磋商并达成的协议，实施国际人权公约的法律应该是单项法律，而不是综合性法律。因此，葡萄牙国会通过的决议明确提出需要制定"专门法则"实施国际人权公约的要求。为什么要强调"单项法律"的形式？就是要防止在香港过渡时期港英政府用综合性的人权法凌驾于其他单项法律之上，架空基本法规定的情况在澳门出现。

3. 国际人权公约与特区法律的关系

一方面，国际人权公约在澳门的适用需要通过特区法律加以实施，要求特区按照国际人权公约的要求，制定和完善相关的法律，以保护居民的基本权利和自由；另一方面，国际人权公约也明确规定，对人的权利和自由可以通过法律加以限制。那么，法律的限制以什么为标准呢？是立法机关制定法律任意限制，还是要遵守一定的原则？对此，《澳门基本法》作出了肯定的回答，法律的限制不得与国际人权公约在澳门适用的内容抵触，使得澳门居民享有和行使权利符合国际人权的标准。国际人权公约允许在什么样的情况和条件下可以对人的权利和自由作出限制呢？国际人权公约列举了以下四个原因：维护国家安全或公共安全；公共秩序；保护公共卫生或道德；他人的权利和自由。基于以上任何一个原因，立法机关都可以立法对权利自由作出限制。因此，权利既要依法保护，也要受到法律的限制，没有绝对的权利和自由。

（十八）关于《澳门基本法》第41条

澳门居民享有澳门特别行政区法律保障的其他权利和自由。

本条规定与《香港基本法》的精神一致，在起草过程中并无原则性争议。但一些人士提议规定为"澳门居民享有澳门特别行政区法律和澳门原有法律保障的其他权利和自由"。其想要表达的意思是，澳门居民既可以享有特区法律赋予的权利和自由，也可以享有原有法律规定的权利和自由。但是，这样的表述不科学，因为澳门特区成立后适用的法律只能是澳门特区的法律，澳门原有法律仅是其中的一部分，将两者并列，既不符合逻辑，也不符合基本法关于"澳门原有法律"的含义。① 所以，该提议未被起草委员会采纳。既然基本法作为宪制性法律，只能就居民的一些最基本、最重要的权利和自由加以规定，那么，除了基本法规定的基本权利和自由外，居民是否还可以享有其他权利和自由呢？对此，基本法作出了肯定的回答。

本条的主要内容是明确了澳门居民除享有基本法规定的基本权利和自由外，还可以享有法律保障的其他权利和自由。

解读

本条的规定突出了澳门居民权利和自由的广泛性和多层次性，不仅享有基本法规定的基本权利和自由，享有两个国际人权公约所规定的权利和自由，还可以享有特区法律规定的其他权利和自由。对澳门居民的权利和自由给予最充分的保障。特别行政区法律既包括原有法律，也包括特区制定的法律。这里所说的原有法律是指符合《澳门基本法》第8条和全国人大常委会关于处理澳门原有法律的决定的规定，自澳门回归之日起，经过必要的变更、适应、限制或例外的原有法律。在这一前提下，原有法律已经规定的权利和自由继续保留，特区还将根据社会发展的情况，赋予居民新的权利和自由，并提供更加丰富的物质和法律保障。

（十九）关于《基本法》第42条

在澳门的葡萄牙后裔居民的利益依法受澳门特别行政区的保护，他们的习俗和文化传统应受尊重。

本条规定参照了《中葡联合声明》中有关保护葡萄牙后裔居民权益的表述，是《香港基本法》中没有的，是从澳门的实际情况出发作出的规定。在起草过程中，这个规定得到澳门居民的普遍认同。葡萄牙后裔居民作为澳门社会中的一个特殊群体，其权益、习俗和文化传统受法律保护是完全必要

---

① 肖蔚云主编《一国两制与澳门特别行政区基本法》，北京大学出版社，1993，第270～271页。

的。基本法对联合声明中的个别字眼有所调整，在 1992 年 3 月 5 日第八次全体会议上，居民权利和义务小组同意将"习惯"改为"习俗"，[1] 因习俗较之习惯包含的内容更加广泛、更加多样。在《澳门基本法（草案）》阶段，有意见认为可以将葡萄牙后裔居民改为葡籍澳门居民、澳门出生的葡萄牙公民或土生葡人。多数委员认为，葡萄牙后裔居民的国籍比较复杂，不能简单推定都是葡萄牙国籍，还是与联合声明中的表述保持一致为好。

本条的主要内容是明确了葡萄牙后裔居民的合法权益和风俗习惯受法律保护。虽然葡萄牙后裔居民是澳门居民的一部分，但是考虑到他们与澳门居民中的中国人无论是在习俗上还是在文化传统上都是有区别的，法律有必要作出相应的规定，对他们作出相应的保护。

解读

1. 葡萄牙后裔居民的定义

葡萄牙后裔居民是指具有葡萄牙血统的人，在血缘上与葡萄牙人有联系。现实中，澳门葡萄牙后裔居民中，有一部分人是具有完全葡萄牙血缘的，有一部分人只具有一部分葡萄牙血缘。澳门的绝大多数葡萄牙后裔居民既有葡萄牙血统，又有中国血统。

2. 葡萄牙后裔居民的利益

对葡萄牙后裔居民的利益要用历史的眼光和法律的观点看待。"一国两制"的一个重要精神是多方都能接受。让港澳居民安居乐业，是保持港澳稳定繁荣的必要条件。举一个例子来说，相当一部分葡萄牙后裔居民是公务员或专业职业人员，公务员或专业职业人员的待遇是比较好的，对他们享有的权益不能因为历史上澳葡政府为他们提供的便利包括葡文的资格、学历的认可等而予以否定。否则，就不是"有容乃大"。

3. 葡萄牙后裔居民的习俗和文化传统

葡萄牙后裔居民是历史发展过程中通婚的结果，并形成了他们的一些特点，诸如习俗、文化传统、相对独特的生活方式等。习俗是历代相沿、积久而成的习惯和风俗，既有自然的因素，也有社会因素的影响。葡裔居民与华人生活和交往，形成了自己的一些习惯和风俗，饮食方面，有"土生菜"；

---

[1] 全国人大常委会澳门基本法委员会办公室编《中华人民共和国澳门特别行政区基本法起草委员会文件汇编》，第 197 页。

节庆方面，他们既过葡萄牙人的节日，也过中国人的节日等。文化传统是一种历史现象，既有民族性，又有历史的延续性。土生葡裔居民把澳门视为自己的故乡，同时在民族感情上与葡萄牙保持一定联系。他们既说葡文又能讲中文（主要是粤语），希望接受葡文教育，喜欢葡式建筑、文物等，形成了固有的心理、文化（"土生文化"）。凡此种种，都应得到尊重。对此，基本法相应作出了一些规定，如行政机关、立法机关和司法机关，除使用中文外还可使用葡文，就是尊重葡裔居民的语言文化，照顾其生活和工作。原有的葡文学校可以继续开办，葡萄牙后裔居民的子女可接受葡文教育。对葡萄牙后裔居民的习俗和文化传统的尊重，不仅使这种文化得以传承，而且保留了澳门中西文化交融的特色。

（二十）关于《澳门基本法》第 43 条

> 在澳门特别行政区境内的澳门居民以外的其他人，依法享有本章规定的澳门居民的权利和自由。

本条的规定与《香港基本法》相同，在起草过程中没有争议，体现了《澳门基本法》对人权的尊重，无论是澳门居民还是澳门居民以外的其他人，在澳门特别行政区依照法律的规定，其权利和自由都能够得到保护。

本条的主要内容明确了非澳门居民可依法享有权利和自由。

解读

理解本条的规定要注意两个要点：第一，必须身处澳门特别行政区境内，受法律域内效力的保护；第二，必须依据澳门特区的法律享有权利和自由。凡基本法和法律规定的只有澳门居民享有的权利和自由，其他人均不能享有，如选举权和被选举权、出入境自由、工作自由、社会福利等权利和自由。

（二十一）关于《澳门基本法》第 44 条

> 澳门居民和在澳门的其他人有遵守澳门特别行政区实行的法律的义务。

本条规定与《香港基本法》规定相同，在起草过程中没有争议，强调澳门居民和在澳门的其他人在依法享有权利和自由的同时，必须依法履行义务，其中最重要的义务就是遵守法律。

本条的主要内容是明确了澳门居民和在澳门的其他人有遵守法律的义务。

解读

1. 遵守法律义务的主体

《澳门基本法》明确，澳门居民和在澳门的其他人均是遵守法律义务的主体。既然澳门居民和在澳门的其他人是依法享有权利的主体，当然也是依法履行义务的主体。无论是澳门居民还是在澳门的其他人，在法律面前一律平等，没有法外特权。只有这样才能维护特区法律的权威、法治的尊严。

2. 遵守在特区实行的法律的义务

关键是要准确理解"法律"的含义。这里的"法律"是"法"的同义词，是广义的法律，既包括立法机关制定的狭义法律，也包括立法机关以外的公权力机关制定的规范性文件；既包括特别行政区制定的规范性文件，也包括在特区实行的全国性法律；既包括普通法律，也包括宪法。为什么说也包括宪法呢？因为无论是从法学理论上还是从国家法制的现实上，宪法作为国家的根本大法必须在全国实施，包括在特别行政区实行。只是在"一国两制"下宪法在特区的实行在形式上才可以具体细分为宪法的执行和遵守。"执行"是指贯彻施行，用行动来落实规定。宪法的执行就是将宪法的规范应用于具体的法律制度，落实于具体的制度、社会和个人的行为，必须与宪法的规范相同，如"一国"原则及规范必须在基本法和特区法律中体现和落实。基本法和特区法律的具体规定必须与宪法关于国家基本制度、国家主权机关的法律地位和职权、国家的象征的规定保持一致，凡抵触则无效。"遵守"是指依照规定而不违背，有服从、遵从、恪守的意思。遵守宪法是指特区和特区居民必须尊重宪法的规定，不得作出或从事破坏宪法的行为。宪法的某些规范不在特别行政区实行，并不意味这些规范失去了效力，国家的主体仍然要依据宪法的规定实行社会主义制度和政策，特区不可以实施资本主义制度和政策为由反对和破坏宪法有关社会主义制度和政策的规定。因此，特区居民和在特区的其他人要遵守在特别行政区实行的法律，包括宪法。

  《澳门基本法》为什么只规定了居民的一项义务呢？因为遵守法律的义务涵盖了许多具体的义务，凡是法律规定应该作为或不作为的义务都是澳门居民和在澳门的其他人必须履行的义务。这样的规定，简单明了，可以避免挂一漏万。

  本章的中心思想是：从澳门特区的法律地位出发，以居民作为权利和义务的主体，从多方面规范居民的权利和自由。并且以国际人权公约作为标准，保障居民的权利和自由。在保障居民权利的同时，居民也要履行法律规定的义务。

第七章　政治体制

一　政治体制的主要内容

"一国两制"下澳门特区的政治体制有以下特点。

第一，地方性政治体制。特别行政区实行的制度由基本法规定，并非由特区自行规定。特区行政长官由中央人民政府任命，对中央人民政府负责。特区行政长官、主要官员等必须是中国公民。特区行政长官、主要官员等就任时必须宣誓效忠中华人民共和国。特区政治体制发展的主导权和决定权在中央。

第二，行政主导体制。特别行政区的政治体制以行政长官为核心。行政长官既是特别行政区的首长，代表特别行政区，又是特别行政区政府的首长，领导特别行政区政府；既对中央人民政府负责，也对特别行政区负责。行政长官在特区政治体制中处于最重要的地位，拥有重要的职权，包括负责执行特别行政区基本法和在特别行政区适用的其他法律；行使向立法会提出公共收支、政治体制、特区政府运作的专属提案权；凡立法会议员提出涉及特区政府政策的法案要得到行政长官的书面同意。

第三，行政与立法的关系。行政和立法之间既互相独立，各自享有和行使基本法与法律赋予的行政权和立法权。同时，二者之间互相制约，互相配合。例如，特区政府向立法会提出法案，立法会审议法案并通过，然后由行政长官签署公布，在整个立法过程中，行政长官和立法会之间的沟通、磋商，体现了既制约又配合的精神。

第四，司法独立。司法机关不受行政和立法机关的干涉，依照法律的规定，独立行使审判权，对法律纠纷作出公正的裁判。

二　政治体制争议的主要问题

在基本法起草过程中主要讨论了以下问题：（1）是行政主导还是立法主导？（2）行政长官是否应放弃外国居留权？（3）行政长官和立法会的产生办法。（4）行政长官立法权、解散权、提请释法权等问题。（5）对行政会的组成、产生方式、成员资格等问题。（6）廉政公署的属性和定位。（7）立法会议员构成比例。（8）议员提案权是否限制。（9）议员特权的范围。

第一节　行政长官

（一）关于《澳门基本法》第45条

> 澳门特别行政区行政长官是澳门特别行政区的首长，代表澳门特别行政区。

澳门特别行政区行政长官依照本法规定对中央人民政府和澳门特别行政区负责。

本条规定与《香港基本法》规定相同，在起草过程中不存在争议。

本条的主要内容是确立了行政长官在特区的法律地位。

解读

1. 特别行政区首长的含义

特别行政区是国家的一个行政区域，特别行政区首长是在特别行政区范围内位居首位的一个机关。特别行政区的政权机构由行政长官、特区政府、立法会和司法机关组成。在四个机关中，哪一个机关位居特别行政区之首呢？基本法规定，行政长官是特别行政区首长。第一，行政长官在特区各机关中处于最高地位。第二，行政长官不是一个人，而是特区政治体制中的一个机构。不论由谁担任行政长官，均有法定的地位、责任和职权，不会因人而异。第三，行政长官中的"行政"两字是行政区的含义，指向特别行政区，表达的是特别行政区的唯一首长。行政机关中的"行政"两字是行政事务和行政权的含义，指向政府的职能和管理的事务。所以，此"行政"不同于彼"行政"，既不能简单地将行政长官等同于行政机关，也不能将行政长官的职权等同于行政权。

2. 代表特别行政区的含义

行政长官是特区的首长，决定了只有行政长官才可以全权代表特别行政区，特区的其他机关不能代表特别行政区，只能代表特别行政区某一个机关，如立法会主席可以代表立法会，法院院长可以代表法院。行政长官代表特别行政区体现在两个方面，对外以特别行政区的名义对中央负责，处理澳门的对外事务；对内以特别行政区整体利益的名义，决定特别行政区的重大政策，如《澳门基本法》第 118 条中根据本地整体利益自行制定发展旅游娱乐业的政策；再如，《澳门基本法》第 51、52、54 条中根据特区整体利益决定签署立法会的法案和解散立法会。

3. 行政长官对中央人民政府负责

按照《澳门基本法》规定，行政长官最重要的职权是负责执行基本法及在特区依基本法适用的其他法律。行政长官既是特区的全权代表，也是特区的第一责任人，对"一国两制"和基本法在特区的实施承担最终责任。"责任"一词有三层含义：第一层含义是义务或职责，即有义务作为或不作为；第二层含义是一定的行为主体须对自身的行为负责，即承担责任；第三层含义是违背义务的行为要受到相应的追究和制裁。对中央而言，行政长官是责任主体、问责主体。行政长官承担这一责任，是由行政长官的身份和地位决定的。行政长官作为特区首长，就要承担对特区的最终责任。根据法治中的权力责任原则，无权力的人无须承担责任，有权力的人一定要承担责任。无权就无责，有权就要问责。责任主体意味着行政长官必然要承担全面的责任。所以，从责任的角度可以看到行政长官在特区政治体制中的核心地位。

4. 行政长官对特别行政区负责

在特区，具体机关承担具体的法律或行政责任，但最终由行政长官承担政治责任。为了做到行政长官对特区负责，基本法规定行政长官领导特区政府；制约立法会，有权拒绝签署立法会法案，解散立法会；负责法律的实施，监督特区法院对基本法的解释，如认为特区法院的解释不符合基本法，可通过中央人民政府，提请全国人大常委会解释基本法；等等。所以，行政长官能够承担对特区负责的责任。

本条的规定确立了行政长官在特区政治体制中的地位和责任，奠定了行政主导体制的基础。为什么基本法要规定行政长官是特别行政区的首长，对中央和特区负责？因为"一国两制"的宗旨是既要维护国家的主权、安全和发展的利益，又要保障特区的稳定、发展和繁荣。如何能够正确处理好"一国"和"两制"的关系以及中央和特区的关系是落实"一国两制"，贯彻实施基本法，保持特区长期稳定发展的关键。在"一国"和"两制"、中央与特区关系之间，行政长官是一个连接点，只有行政长官对中央负责，对特区负责，才能够做到承上启下，上通下达，中央才能通过行政长官对特区实行管治。因此，建立高度集中的行政长官负责制，以避免政出多门是完全必要的。理解特区的政治体制，首先就要准确把握行政长官在特区政治体制中的地位和责任。

（二）关于《澳门基本法》第 46 条

> 澳门特别行政区行政长官由年满四十周岁，在澳门通常居住连续满二十年的澳门特别行政区永久性居民中的中国公民担任。

本条规定与《香港基本法》规定有相同之处，但也有不同之处。在起草过程中，对参选行政长官的资格是否必须在外国无居留权展开了讨论。在1990 年 12 月 21 日第五次全体会议上，政治体制小组提交的讨论稿中，一种意见认为，应该与《香港基本法》的规定保持一致，行政长官参选人必须在外国无居留权。[①] 另有意见认为，澳门与香港情况不同，《中英联合声明》签署后，在过渡期内发生了"居英权"事件，英国政府让香港一部分居民享有完全的英国公民的居留权，为中国政府管治香港特别行政区制造新问题和新障碍。对此，中国政府采取了相应的措施，《香港基本法》规定，

---

① 全国人大常委会澳门基本法委员会办公室编《中华人民共和国澳门特别行政区基本法起草委员会文件汇编》，第 83 页。

在外国无居留权是行政长官参选人的必要条件。这是完全必要的。但是，在《中葡联合声明》签署时，中葡双方知晓澳门居民中有相当一部分人基于历史的原因取得了葡萄牙居留权，葡方在澳门过渡时期并没有采取新的措施改变历史形成的现状。所以，《澳门基本法》无须要求行政长官参选人在外国无居留权。此意见最终被《澳门基本法》起草委员会接纳。还有意见认为，行政长官的资格不应有国籍的限制，只要是永久性居民就有资格参选行政长官。多数意见认为，澳门特别行政区是中国的一个地方行政区，行政长官是特别行政区首长，对中央人民政府负责，如果由一个非中国公民的澳门永久性居民担任行政长官的职务，显然与特别行政区的地位不相适应，与中国恢复对澳门行使主权也不相符合，更不可能要求行政长官效忠中华人民共和国。所以，规定行政长官参选人具备中国国籍是完全必要的。

本条的主要内容是明确了行政长官参选人的资格。

解读

本条规定了行政长官参选人需要具备的四个条件：第一，年满40周岁；第二，在澳门通常居住连续满20年；第三，为澳门永久性居民；第四，为中国公民。没有规定参选人放弃外国居留权，是在考虑澳门居民取得葡萄牙居留权的历史原因后作出的灵活处理，即将行政长官参选资格和当选后放弃外国居留权的义务分开处理，符合澳门的实际，也反映了大多数澳门居民的意愿。但是，如果参选人当选行政长官，在任职期间必须放弃外国居留权，以保证效忠中华人民共和国，也符合行政长官对中央人民政府负责的要求。否则，行政长官具有外国居留权，不能做到一心一意对国家效忠，对中央人民政府负责，就完全不符合维护国家主权和安全的要求。

（三）关于《澳门基本法》第47条

澳门特别行政区行政长官在当地通过选举或协商产生，由中央人民政府任命。

行政长官的产生办法由附件一《澳门特别行政区行政长官的产生办法》规定。

本条规定参照了《中葡联合声明》中有关行政长官产生的表述，第 1 款、第 2 款规定与《香港基本法》相同，但没有《香港基本法》中有关"行政长官的产生办法，根据香港特别行政区的实际情况，和循序渐进的原则而规定，最终达至由一个有广泛代表性的提名委员会，按民主程序提名后普选产生的目标"的规定。在《澳门基本法》起草过程中，起草委员会和澳门社会对此问题也进行过认真的讨论。

1992 年 9 月 23 日政治体制小组第十四次会议纪要记载，对是否普选行政长官的问题，有意见认为应把普选行政长官作为目标加以规定。但多数委员认为，普选行政长官有利有弊，暂时不宜将普选行政长官作为一个目标规定，普选应从澳门实际出发。按联合声明中的表述，规定选举或协商产生行政长官并没有排除将来澳门选择普选产生行政长官制度的可能性。所以，《澳门基本法（草案）》没有对普选行政长官的目标作出规定。

在《澳门基本法（草案）》公布后，有意见要求加上"根据澳门特别行政区的实际情况，和循序渐进的原则而规定最终达到普选产生的目标"。在 1993 年 1 月 13 日举行的第九次全体会议上，政治体制小组工作报告指出："有意见认为应把普选行政长官作为目标加以规定。委员们认为，普选应从澳门实际出发，草案目前规定行政长官通过'选举或协商产生'并未排除将来澳门选择普选行政长官的制度。因此，草案的写法是可行的。"[1] 最终，《澳门基本法》没有规定普选行政长官的目标。

除讨论有关普选行政长官的目标问题外，有意见认为，全体立法会议员应该成为行政长官选举委员会的成员，尊重立法会议员的民意基础。也有意见认为，立法会议员应该有代表参与行政长官选举委员会，但不能是全体立法会议员当然成为行政长官选举委员会的成员，规定立法会选举代表参加行政长官选举委员会是合适的。

本条的主要内容是规定了特区行政长官的产生办法。

解读

1. 选举或协商的含义

选举的字面含义是选择和推举，根据选举人的意志，按照一定的形式和

---

① 全国人大常委会澳门基本法委员会办公室编《中华人民共和国澳门特别行政区基本法起草委员会文件汇编》，第 266 页。

程序，以投票的方式选拔推举代表。协商的字面含义是通过共同商量取得多数共识产生代表。根据《澳门基本法》的规定，选举或协商均是行政长官的产生办法，两种产生办法是并列关系而不是先后关系。究竟是选举还是协商，可根据澳门的情况决定。

2. 中央任命行政长官

第一，中央人民政府任命包括任命或不任命两种可能和结果。在解释基本法第 15 条的规定时已经阐述了中央人民政府的任命是实质性的权力，对选举或协商产生出来的行政长官人选，中央人民政府可根据基本法的有关规定，任命或者不任命。

第二，中央人民政府任命是行政长官产生办法必要的组成部分。行政长官产生办法由两个部分组成，第一部分是选举或协商，第二部分是中央人民政府任命，两者缺一不可。所以，否定中央人民政府任命，就是改变行政长官的产生办法。

第三，中央人民政府对行政长官人选作出任命所遵循的原则。《全国人民代表大会常务委员会关于香港特别行政区行政长官普选问题和 2016 年立法会产生办法的决定》指出："按照香港基本法的规定，香港特别行政区行政长官既要对香港特别行政区负责，也要对中央人民政府负责，必须坚持行政长官由爱国爱港人士担任的原则。这是'一国两制'方针政策的基本要求，是行政长官的法律地位和重要职责所决定的，是保持香港长期繁荣稳定，维护国家主权、安全和发展利益的客观需要。行政长官普选办法必须为此提供相应的制度保障。"[1] 所以，行政长官人选一定要符合"一国两制"的要求，拥护宪法和基本法，效忠中华人民共和国，爱国爱澳，对中央负责，维护国家和特区的利益。

3. 本条第 1 款与第 2 款的关系

第 1 款确立了可以通过选举或协商的方式方法产生行政长官的原则。第 2 款是对第 1 款原则的具体化，在选举和协商两个选项中做出了选择。为此，《澳门基本法》把《澳门特别行政区行政长官的产生办法》作为附件一，规定："行政长官由一个具有广泛代表性的选举委员会依照本法选出，

---

① 2014 年 8 月 31 日第十二届全国人民代表大会常务委员会第十次会议通过，人民网，http: // ah. people. com. cn/n/2014/0901/c358314 - 22165678. html。

由中央人民政府任命。"曾有意见认为，既然附件一选择了选举产生行政长官的办法，就应该删除第1款中的协商产生行政长官的办法。但是，这种意见没有被起草委员会接纳，原因是第1款和第2款之间的关系是原则和细则的关系，第2款可以对第1款的原则进行细则化，但不能否定第1款的原则。虽然《澳门基本法》起草时将选举产生行政长官的办法细则化，并不能由此排除有需要的时候，可以以协商的办法产生行政长官，并对协商的办法进行细则化。所以，第1款在行政长官产生的原则中继续保留了协商的办法。

4. 选举委员会的组成和功能

第一，选举委员会的组成人员以民主开放的原则产生。根据第11/2012号法律《行政长官选举法》，选举委员会委员通过四种方式产生。一是自然当选。第10条规定，全国人大代表自动当选选举委员会委员。全国人大代表是经选举产生的，自然当选是以选举为基础的。二是界别选举产生。第12条规定，第一界别、第二界别各分组及第三界别中的劳工界和社会服务界，其选委会委员由该界别或界别分组中具有投票资格的法人依照本法律有关规定选举产生。三是确认提名产生。第13条规定，由宗教界的有代表性的团体提出选举委员会委员人选，由选举管理委员会确认。四是自行选举产生。第14条规定，由立法会议员和全国政协委员互选产生选举委员会委员。

第二，选举委员会的组成人员具有广泛的代表性。根据《行政长官选举法》，行政长官选举委员会由400人组成，其中工商、金融界别120人，文化、教育等界别115人，劳工、社会服务、宗教等界别115人，立法会议员的代表、市政机构成员的代表、澳门地区全国人大代表、澳门地区全国政协委员代表50人。

第三，选举委员会以民主的程序和方式选举行政长官候选人。不少于66位选举委员会委员被提名为候选人，以一人一票无记名投票方式选出行政长官候任人。《行政长官选举法》第60条规定，候选人必须得票超过全体选举委员会委员的半数，如果没有人得票超过半数，则得票最多候选人进入第二轮选举，得票多者当选。

5. 行政长官产生办法如需修改，由澳门实际情况决定

《澳门基本法》没有将普选行政长官作为目标规定，是从澳门的实际情

况出发决定的。"澳门的大多数人不赞成行政长官由普选产生，而且澳门基本法附件一中已包含 2009 年后可以修改行政长官产生办法的内容和程序，包含了循序渐进的意思，因此没有列入香港基本法中这样一款条文。"① 要不要普选行政长官，什么时候普选行政长官，不能以某种理论为标准，先入为主地作出规定。《澳门基本法》既不肯定普选是必须实现的目标，也没有排除或禁止未来普选的可能性，如何选择应根据澳门的实际情况来决定。所以，不能把普选作为既定的目标来对待，否则不仅不利于特区政治制度的健康发展，而且会影响国家和特区的稳定与发展。如果澳门社会有实际需要，又具备可行的条件，可以通过修改基本法对普选行政长官作出新的规定，这样处理更符合实事求是的原则。

（四）关于《澳门基本法》第 48 条

> 澳门特别行政区行政长官任期五年，可连任一次。

本条规定与《香港基本法》规定相同，但在起草过程中就行政长官的任期与立法会议员任期不一致的问题进行了讨论。有委员认为，行政长官与立法会议员的任期应该一致，因为澳门有委任议员，当行政长官和立法会换届时，就会出现行政长官离任但行政长官委任的议员是否留任或新上任的行政长官是否继续委任的问题。有委员认为，一方面，行政长官和立法会的任期不同，是为了避免在同一年既竞选行政长官又选立法会议员；另一方面，一旦行政长官作出委任，委任议员与选举议员的任期就应该一致，不受行政长官离任的影响。立法会议员的政治委任和特区政府主要官员的政治任命应该区别对待，立法会议员不需要与行政长官共进退。②

本条的主要内容是明确了对行政长官任期的规定。

解读

基本法规定行政长官只可连任一次，是为了防止因无限制的连任可能造

---

① 肖蔚云：《论澳门基本法》，北京大学出版社，2003，第72页。
② 第六次全体会议第 6 期简报。

成的权力不受约束的情况发生。规定任期五年，与立法会每届四年不同，是为了尽量避免与立法会同年选举造成当年特区政府和居民忙于选举影响正常工作的情况发生。

（五）关于《澳门基本法》第49条

澳门特别行政区行政长官在任职期内不得具有外国居留权，不得从事私人赢利活动。行政长官就任时应向澳门特别行政区终审法院院长申报财产，记录在案。

本条规定与《香港基本法》规定有相同之处，也有不同的地方，主要围绕行政长官就任期间应否在外国无居留权进行讨论。

在《澳门基本法（草案）征求意见稿（讨论稿）》阶段，1990年12月11日第五次全体会议上出现了四种意见。第一种意见认为，行政长官必须在外国无居留权。因为行政长官代表特别行政区，而特区是中国的一部分，行政长官应是主权的代表，如果他在外国拥有居留权，如何表示主权在中国呢？[①] 第二种意见认为，不必规定行政长官在外国无居留权。在《香港基本法》中写入在外国无居留权主要是因为英国搞居英权，需要加以限制。澳门的情况不同，澳门十多万持葡萄牙护照的居民是历史形成的，对这些人的国籍、地位，《中葡联合声明》中已有明确立场，即他们仍然是中国公民，而葡萄牙护照仅仅是旅行证件。有委员提出，澳门持有葡萄牙护照的人大多数是本地人士，如加上"在外国无居留权"，好像与"澳人治澳"原则矛盾。第三种意见认为，行政长官在任职期间不能使用外国居留权。第四种意见认为，根据中国国籍法，中国公民均不能拥有外国居留权，不加放弃外国居留权也可以。[②]

在1991年4月17日第六次全体会议上，政治体制小组工作报告提出："小组委员认为行政长官是澳门特别行政区的首长，要对中央人民政府和澳门特别行政区负责，他代表澳门特别行政区，体现国家主权，不应持有外国

---

① 第五次全体会议第13期简报。
② 第五次全体会议第17期简报。

护照，不应在外国有居留权，否则会产生双重效忠问题。现在条文的写法与香港基本法中把‘在外国无居留权’作为行政长官的参选资格，已有区别。这样的规定是必要的。"① 委员们对此展开了热烈的讨论。多数委员认为，行政长官在任职期内不得具有外国居留权是一个原则问题，行政长官不能双重效忠，这既是政治问题，又是对澳门有利的规定，而且这只是对行政长官的要求，不涉及大多数澳门居民，所以该条的规定还是很宽松的。② 有委员认为，没有必要规定行政长官在外国无居留权，并提出四点理由：第一，对持有外国护照的澳门居民来说，很难限制其外国居留权；第二，葡萄牙的法律有规定，放弃外国居留权以后不能再申请；第三，《香港基本法》规定，持有英国属土公民护照的香港居民也是中华人民共和国公民；第四，根据联合声明中方备忘录的规定，外国护照仅为旅行证件。也有委员建议，行政长官在任职期间不能使用外国居留权，所以不一定要放弃。对此，有委员不予认同，认为：第一，行政长官地位特殊，规定其不得具有外国居留权，体现了国家主权原则；第二，行政长官没有外国居留权，不影响澳人治澳；第三，如果行政长官在几个国家都有外国居留权，而没有全部放弃，就要承担法律责任；第四，澳门与香港情况不同，持有英国属土公民护照的香港居民，在英国不享有居留权；第五，规定行政长官不得具有外国居留权，符合各国立法通例；第六，在联合声明中，中葡双方就澳门居民的国籍问题各抒己见，所以基本法应该明确。③ 最终，基本法起草委员会没有接纳有关行政长官就任期间不用放弃或不能使用外国居留权的意见，明确规定不得具有外国居留权。

本条的主要内容是明确了对行政长官义务的规定。

解读

第一，不得具有外国居留权。外国居留权与澳门居留权是两个不同的概念，外国居留权实指拥有外国公民的资格。《澳门基本法》从澳门的历史和现实情况出发，对外国居留权问题的处理采取既坚持原则，又合情合理的办法。原则性体现在参选人任职行政长官后不得具有外国居留权，因为行政长

---

① 全国人大常委会澳门基本法委员会办公室编《中华人民共和国澳门特别行政区基本法起草委员会文件汇编》，第 149 页。
② 第六次全体会议第 1 期简报。
③ 第六次全体会议第 2 期和第 3 期简报。

官具有外国公民资格，显然与国家主权原则相抵触，难以确保对国家的效忠，一心一意服务国家和特区。合情合理表现为行政长官参选人是否保留或放弃外国居留权由本人自行决定。有否外国居留权不是作为参选行政长官的资格，而是作为行政长官的义务来规定，这就体现了原则性和灵活性的结合。

第二，不得从事私人赢利活动。行政长官是特别行政区的首长，如果可以从事私人赢利活动，不可避免地会出现以权谋私、权钱交易、官商勾结，妨碍公平公正履行职责，难以公正无私地为居民服务。事实上，行政长官不能从事与履行公职无关的活动。

第三，申报财产。行政长官就任时应向终审法院院长申报财产。为什么不是向廉政公署申报财产？主要是为了避免因廉政专员对行政长官负责而产生利益冲突或监督不力的问题，所以应向终审法院院长申报财产，接受社会的监督。

（六）关于《澳门基本法》第50条

澳门特别行政区行政长官行使下列职权：

（一）领导澳门特别行政区政府；

（二）负责执行本法和依照本法适用于澳门特别行政区的其他法律；

（三）签署立法会通过的法案，公布法律；签署立法会通过的财政预算案，将财政预算、决算报中央人民政府备案；

（四）决定政府政策，发布行政命令；

（五）制定行政法规并颁布执行；

（六）提名并报请中央人民政府任命下列主要官员：各司司长、廉政专员、审计长、警察部门主要负责人和海关主要负责人；建议中央人民政府免除上述官员职务；

（七）委任部分立法会议员；

（八）任免行政会委员；

（九）依照法定程序任免各级法院院长和法官，任免检察官；

（十）依照法定程序提名并报请中央人民政府任命检察长，建议中央人民政府免除检察长的职务；

（十一）依照法定程序任免公职人员；

（十二）执行中央人民政府就本法规定的有关事务发出的指令；

（十三）代表澳门特别行政区政府处理中央授权的对外事务和其他事务；

（十四）批准向立法会提出有关财政收入或支出的动议；

（十五）根据国家和澳门特别行政区的安全或重大公共利益的需要，决定政府官员或其他负责政府公务的人员是否向立法会或其所属的委员会作证和提供证据；

（十六）依法颁授澳门特别行政区奖章和荣誉称号；

（十七）依法赦免或减轻刑事罪犯的刑罚；

（十八）处理请愿、申诉事项。

本条规定与《香港基本法》规定有相同的内容，也有根据澳门的实际情况增加的内容。在起草过程中，主要讨论行政长官的立法权、提请人大解释基本法的权力、赦免权、解散立法会的权力和委任立法会议员的权力等问题。1990 年 6 月 8 日举行的第四次全体会议上，政治体制小组工作报告提出："为了有效地履行行政管理的职责，行政长官应有必要的权力，但也要受一定的监督。行政机关与立法机关应'互相制衡，又互相配合'。行政机关必须遵守法律，对立法机关负责。但立法机关与行政机关不是领导与被领导的关系。"① 根据这个原则，安排了政治体制中的各种关系。

第一，关于行政长官的立法权问题。在 1990 年 9 月 9 日的政治体制小组会议上，有意见认为，在行政长官职权中加入制定行政法规的内容。也有意见建议行政长官"在立法会授权范围内制定补充法例"。1990 年 6 月 7 日第四次全体会议上，政治体制小组工作报告提出："立法权属于立法机关。从行政工作的需要出发，行政机关可以制定'行政法规'。有个别委员建

---

① 全国人大常委会澳门基本法委员会办公室编《中华人民共和国澳门特别行政区基本法起草委员会文件汇编》，第 57 页。

议,可允许行政长官按照'追认制度'制定具有法律性质的法令。"① 委员们对行政长官是否拥有立法权展开了讨论。有意见认为,澳门立法权可采用追认制度或授权制度。② 可授予行政长官一定的立法权,包括制定行政法规,以提高立法效率。③ 1990 年 11 月 13 日政治体制小组第六次会议上,有委员建议删去"补充法规";有委员建议规定追认行政长官颁布的法例;有委员建议将"补充法规"改为"行政法规"。最后同意将"补充法规"改为"行政法规"。在 1990 年 12 月 14 日第五次全体会议上,政治体制小组提交的讨论稿规定,行政长官有权"制定行政法规并颁布执行";同时注明,有的委员认为行政长官还可制定法律,由立法机关追认。④ 对此,委员们进行了讨论。有意见认为,制定法律是立法机关的专有职权,行政长官不能制定法律。⑤ 有意见认为,行政权与立法权应该分开,行政长官不能拥有制定法律的权力。有意见提出,如果行政长官有权制定法律,就需立法机关追认。但是如果立法机关不追认,就会产生问题。所以,与其一定要使行政长官能制定法律,不如规定由立法机关授权行政长官立法。⑥ 在 1991 年 4 月 17 日第六次全体会议上,政治体制小组提交的讨论稿在行政长官的职权中规定"行政长官制定行政法规并颁布执行"。委员们对此基本认同。

第二,行政长官提请全国人大解释基本法的权力。在《澳门基本法(草案)征求意见稿(讨论稿)》阶段,有意见建议,行政长官与立法会在法案上出现分歧,不仅仅是因为涉及整体利益,有时可能是因为违反了基本法的某一条规定。在这种情况下,当立法会以 2/3 多数通过这一法案,行政长官认为其与基本法抵触时,可以既不签署也不发回立法会重议,而是将有关争议的法案提交全国人大常委会裁决。

在《澳门基本法(草案)征求意见稿》阶段,有意见提出,在法案是

---

① 全国人大常委会澳门基本法委员会办公室编《中华人民共和国澳门特别行政区基本法起草委员会文件汇编》,第 57 页。
② 第四次全体会议第 4 期简报。
③ 第四次全体会议第 5 期和第 6 期简报。
④ 全国人大常委会澳门基本法委员会办公室编《中华人民共和国澳门特别行政区基本法起草委员会文件汇编》,第 84 页。
⑤ 第五次全体会议第 13 期简报。
⑥ 第五次全体会议第 17 期简报。

否违反《澳门基本法》上意见不一时，为避免出现导致行政长官解散立法会或被迫签署立法会再次通过的原案的情况，应设立一种机制：行政长官可提请全国人大常委会解释基本法，并以全国人大常委会解释为准处理行政长官与立法会之间的分歧。另有意见认为，要求全国人大解释涉及严肃的法律程序，应在行政长官签署法案成为法律之后，而不是在之前进行。经过讨论，委员们认为，规定行政长官负责执行基本法，已经包括在执行基本法的过程中，如有需要可以提请全国人大常委会解释基本法，不必再作提请全国人大常务委员会释法的规定。

第三，行政长官双重权力的表述。有委员认为，行政长官既是澳门特别行政区的代表，又是政府的首脑，有两种身份，所以其职权应该分开规定。[①]

第四，负责实施法律的权力。有委员提出将行政长官职权中负责执行"其他法律"的内容删去，"其他法律"的执行，应由政府负责。有委员认为，这里的"其他法律"是指基本法附件三的全国性法律，当地的法律由特区政府负责执行。有委员建议为避免歧义，将"其他法律"改为"全国性法律"。[②]

第五，关于赦免权。有委员认为，澳门有独立的法律制度和赦免权，所以授权行政长官行使赦免权。有委员提出行政长官拥有这项权力，会受到很大压力，因为澳门地方小，谁都去找行政长官要求赦免，会使行政长官十分为难。有委员建议行政长官咨询行政会意见后决定赦免或减轻刑事犯罪的刑罚。

第六，关于解散立法会。有委员认为，行政长官解散立法会不能规定在行政长官职权中，否则作为职权就会经常行使。在1991年4月第六次全体会议上，有委员认为，解散立法会的权力应由中央人民政府行使，但行政长官有建议权，这样可以与依法弹劾行政长官的做法保持平衡。澳门居民针对征求意见稿认为，行政长官只有建议中央人民政府解散立法会的权力。有意见认为，立法权和行政权之争，凡涉及法律原则的交由司法议决，不关乎法律原则的若协商不成，可交全民投票决定。

第七，委任立法会议员。征求意见稿发布后，有委员认为，行政长官委

---

①　第二次全体会议第 6 期简报。

②　第六次全体会议第 14 期简报。

任立法会议员，不能只有任命而无罢免，建议改为任免立法会议员。

在第八次全体会议上，政治体制小组同意在"安全"前加上"国家和特别行政区的"的限定，并加上"重大公共利益"的原因决定是否作证。①

最终，《澳门基本法》起草委员会接纳行政长官可以制定行政法规，享有实施法律权、赦免权、委任立法会议员和解散立法会的权力。

本条的主要内容是明确了行政长官的职权。

解读

1. 行政长官职权的双重性

基本法规定，行政长官既是特别行政区的首长，又是特别行政区政府的首长，具有双重法律地位，从而行政长官在行使职权时的身份不同，对行政、立法和司法的关系会产生不同的影响。例如，作为特别行政区的首长行使职权，负责执行基本法，签署立法会通过的法案并公布法律，提名特区政府主要官员，委任立法会议员，任命法院的法官等，不受立法会的制约。又如，行政长官领导的特区政府对立法会负责，接受立法会的监督等。

（1）领导特别行政区政府

特区政府是特别行政区政治体制中的行政机关，负责处理特别行政区的行政事务，行政长官与行政机关之间是领导和被领导的关系。所以，行政长官对行政机关享有领导权，具体体现为行政长官对行政政策享有决策权，对行政事务享有处理权，对行政人员享有任免权。

（2）负责执行《澳门基本法》和依照本法适用于澳门的其他法律

第一，负责执行基本法的含义。负责既是责任，也是义务。负责就是作为最终的责任人，基本法是特区的宪制性法律，行政长官是特区的最高首长，由最高首长负责宪制性法律实施是完全适当的，体现了权责相适应的原则。负责执行，就是负责实施和落实基本法的规定。首先，凡基本法规定的由中央管理的事务、中央和特区关系的条款，协助中央实施和落实。凡基本法规定的高度自治范围内的事务，行政长官积极实施和落实。其次，凡基本法实施中遇到的困难或争议，行政长官依据职权不能解决的，则要向中央人民政府报告，请求协助解决，其中包括提请中央人民政府请求全国人大常委

---

① 全国人大常委会澳门基本法委员会办公室编《中华人民共和国澳门特别行政区基本法起草委员会文件汇编》，第 198 页。

会解决基本法实施过程中遇到的困难和争议，否则因争议造成基本法不能够实施，或者基本法的规定变形走样，行政长官就没有履行负责执行的职责。行政长官在负责基本法实施过程中，提请全国人大常委会释法的目的有三，一是保障对基本法解释的全面性，即对所有条款可以解释。全国人大常委会对基本法所有条款包括自治范围内的条款有权解释，但在程序上需要由行政长官提请。如果特区法院解释有问题，全国人大常委会又不能主动纠正，怎么办？所以，需要在程序上有一个安排。由行政长官提请，正是为全国人大常委会行使对自治范围内的条款的解释提供机会。二是保障全国人大常委会对基本法的最终解释权。因为没有提请程序，全国人大常委会就不能对特区法院的解释再行解释，特区法院的解释就成了最终解释，造成在自治范围内的条款上全国人大常委会的最终解释流于形式。三是保障特区法院解释的正确性。按照基本法解释制度，特区法院可以对自治范围内的条款作出立法解释，这一点与欧盟成员国法院无权对欧盟条约作出立法解释不同，由于立法解释涉及基本法条款的原意，特区法院错误理解基本法条款原意的情况完全有可能发生，而这种错误如果不加以纠正，对基本法条款将产生长期的影响，唯有提请全国人大常委会解释，方能防止。没有这个机制就没有基本法的统一实施，如果允许特区法院在解释基本法的问题上享有最终解释权，又接受全国人大常委会对基本法也有最终解释权，那么两者之间的分歧就无法解决，基本法的统一实施就没有可能。所以，不能由两个机关都说了算，特区法院的解释必须以全国人大常委会解释为准。

第二，负责执行依照基本法适用于特区的其他法律的含义。对"其他法律"的理解必须与《澳门基本法》第 18 条和第 65 条联系起来分析。首先，第 18 条第 1 款规定："在特别行政区实行的法律为本法以及本法第八条规定的澳门原有法律和澳门特别行政区立法机关制定的法律。"一般情况下，全国性法律不在特别行政区实施，但是第 2 款规定："凡列入本法附件三的法律，由澳门特别行政区在当地公布或立法实施。"特区如何公布和立法实施全国性法律需要由行政长官负责执行。所以，行政长官除了负责执行基本法之外，也要负责执行在特别行政区实施的全国性法律。其次，行政长官负责全国性法律在特区的实施是对中央负责的一个组成部分，也是对中央负责的一种具体要求。最后，《澳门基本法》第 65 条规定，特区政府"执行立法会通过并已生效的法律"，立法会通过的法律由特区政府执行体现的是特区政府对立法会的负责。因此，行政长官对中央负责，行政机关对立法会负责，决定了前者负责执行全国性法律、后者负责执行特区立法会制定的法律是符合逻辑的。

（3）签署立法会通过的法案，公布法律；签署立法会通过的财政预算案，将财政预算决算报中央人民政府备案

第一，签署法案的含义。《澳门基本法》第51条规定，行政长官可以签署也可以拒绝签署立法会通过的法案，并将法案发回立法会重议。一方面，行政长官对中央负责并负责执行基本法，而立法会制定法律必须符合基本法的规定，如果行政长官认为立法会通过的法案不符合基本法的有关规定，可以拒绝签署并发回重议；另一方面，行政长官是特别行政区的首长，对特别行政区负责，如果立法会通过的法案不符合特别行政区的整体利益，行政长官也不能签署并须发回重议。财政预算案是法案中极为重要的一类法案，不仅需要行政长官签署，还需要报中央人民政府备案，接受必要的监督。

第二，公布法律的含义。公布是澳门特区立法程序的最后一个环节，也是法律生效的必要条件，由于行政长官是特别行政区的首长，代表特别行政区，由其公布法律是完全合适的。

（4）决定特区政府政策，发布行政命令

第一，特区政府政策是指一定时期内特区政府工作的目标和任务，为实现目标和任务应遵循的原则、实施的方式、采取的步骤和具体措施。由于行政长官是特别行政区政府的首长，当然特区政府政策的最终决定权由行政长官行使，与行政长官对中央人民政府负责和对特区负责的责任相一致。

第二，行政命令是依法要求相对人进行一定的作为或不作为的意思表示。行政命令具有强制力，一是要求相对人进行一定作为的命令，另一类是要求相对人履行一定的不作为的命令。可以是单纯的命令，就某些事务发出指示、规定、通知等，也可以是规范性的命令，对某些事务制定规程、细则、办法等。特区政府为了实施政策，进行有效的行政管理，需要发布具有强制性的各种命令，保障顺利施政。所以，《澳门基本法》赋予行政长官发布行政命令的权力。

（5）制定行政法规并颁布执行

第一，行政法规的概念。准确界定基本法中行政法规的概念，必须将《澳门基本法》第50、58、64条和第11条联系起来分析。首先，行政法规

的立法主体是行政长官，只有行政长官方拥有制定行政法规的权力，第64条规定特区政府只是草拟行政法规。其次，制定行政法规有特定的程序，特区政府草拟行政法规后，《澳门基本法》第58条规定由行政长官提交行政会征询意见，然后由行政长官颁布执行。再次，行政法规不是行政性、规范性文件的统称，而是澳门法律的一个独立的渊源和一种表现形式，不同于《澳门基本法》上一项中的行政命令。所以，《澳门基本法》第11条将法律、法令、行政法规和其他规范性文件并列。

　　第二，行政法规与法律的关系。立法会制定法律，行政长官制定行政法规，两者之间是什么关系呢？在基本法起草过程中，曾有意见建议行政长官制定"补充法规"，显然，"补充法规"只能是补充法律的规范性文件或者法律的实施细则。但是，这种意见最终被行政长官制定"行政法规"替代，说明行政法规既可以由行政长官根据《澳门基本法》的规定制定，也可以根据立法会的法律制定法律的实施细则。在《澳门基本法》实施过程中，澳门立法会制定的第13/2009号法律《关于订定内部规范的法律制度》（简称《澳门立法法》）进一步明确了行政法规制定的立法依据。第4条规定："三、独立行政法规得就法律没有规范的事宜设定初始性的规范。四、补充性行政法规得为执行法律而订定所需的具体措施。"《澳门立法法》把行政法规分为"独立行政法规"和"补充性行政法规"，事实上清楚地确认了行政法规有两种立法依据。一是以《澳门基本法》作为直接立法依据，在没有法律的情况下，对行政长官管理的事务进行立法；二是以澳门法律为依据，在立法会制定法律的情况下，为执行法律而制定行政法规。同时，《澳门立法法》也明确了法律和行政法规调整的对象范围，第7条规定了七项属于独立行政法规规范的内容："（一）充实、贯彻和执行政府政策的规范；（二）管理各项公共事务的制度和办法；（三）政府的组织、运作及其成员的通则；（四）公共行政当局及其所有的部门及组织单位的架构和组织，包括咨询机关、具法律人格的公共部门、公务法人、公共实体、自治部门及基金组织、公共基金会、其他自治机构及同类性质机构的架构及组织，但不包括属于立法会、法院、检察院、审计署及廉政公署的机构或纳入其职能或组织范围内的机构，以及对基本权利和自由及其保障具有直接介入权限的机构，尤其是刑事调查机关；（五）行政会的组织、运作及其成员的通则；（六）行政违法行为及其罚款，但罚款金额不超过澳门币＄500000.00（五十万元）；（七）不属于本法第六条规定的其他事项。"具体排除了行政法规不能规范的具体事项。①

第三，行政法规与原法令的关系。原澳门总督可以制定法令，现特区行政长官可以制定行政法规，如果法令被保留为特区法律制度的一部分，那么行政法规是否可以对法令进行修改？对此，《澳门立法法》第8条也作出了明确规定："法令所载的规定依下列规则被修改、暂停实施或废止：（一）属第六条规定的事项，透过法律为之；（二）属第七条第一款规定的事项，透过独立行政法规为之；（三）属于需要制定具体执行性规定的事项，透过补充性行政法规为之。"所以，凡原有法令涉及的事项，现属于行政法规调整的范围，那么行政法规就可以对其进行修改或将其废止。

《澳门基本法》赋予行政长官制定行政法规的权力，对行政长官发挥行政主导作用、领导特区政府施政是非常重要和必要的。

（6）提名并报请中央人民政府任免特区政府主要官员

行政长官直接领导特别行政区政府，特别行政区政府主要官员直接接受行政长官的领导，两个独立机关即廉政公署的廉政专员和审计署的审计长直接对行政长官负责。为了使特区政府主要官员与行政长官的施政理念保持基本一致，由行政长官向中央人民政府提名特区政府主要官员人选，组成特别行政区政府和两个独立机构，如果认为特区政府主要官员不能胜任，可建议中央人民政府免除其职务，这是必要的权力。

（7）委任部分立法会议员

根据基本法规定的特区立法会制度，立法会议员由选举和委任产生。保

---

① 《澳门立法法》第6条规定："（一）《基本法》和其他法律所规定的基本权利和自由及其保障的法律制度；（二）澳门居民资格；（三）澳门居留权制度；（四）选民登记和选举制度；（五）订定犯罪、轻微违反、刑罚、保安处分和有关前提；（六）订定行政违法行为的一般制度、有关程序及处罚，但不妨碍第七条第一款（六）项的规定；（七）立法会议员章程；（八）立法会辅助部门的组织、运作和人员的法律制度；（九）民法典和商法典；（十）行政程序法典；（十一）民事诉讼、刑事诉讼和行政诉讼制度和仲裁制度；（十二）登记法典和公证法典；（十三）规范性文件和其他须正式公布的文件格式；（十四）适用于公共行政工作人员的基本制度；（十五）财政预算和税收；（十六）关于土地、地区整治、城市规划和环境的法律制度；（十七）货币、金融和对外贸易活动的法律制度；（十八）所有权制度、公用征用和征收制度；（十九）《基本法》赋予立法会立法权限的其他事项。"

留委任产生立法会议员的办法，延续了回归前澳门总督委任立法会议员的做法。为什么要延续和保留委任的办法呢？实践证明，第一，委任议员制度有利于地方性政治体制的相对稳定，有利于协调立法会与行政长官之间的关系。委任议员在两者之间可以发挥一定的调和作用。第二，委任议员在立法会审议特区政府的法案、议案过程中，可以在一定程度上发挥为特区政府解释政策、保驾护航的作用。第三，委任议员在立法会中对特区政府的施政或工作中的失误，有权进行批评、质询，但其委任身份可以避免为反对而反对，更利于发挥建设性的监督作用。第四，委任议员的做法在一定程度上可以弥补某些界别和阶层利益代表因选举不能进入立法会的缺憾。事实上，某一阶层和界别需要在立法会中有其代表，此种情况下通过委任的方式让其代表进入立法会不失为一种重要的补充。此外，立法会中有法律界或其他领域的专业人士对提高立法会的立法质量也是非常必要的。在选举的条件下，这些专业人士不一定能够进入立法会，此时通过委任的方式吸引一些具有专业知识的人士进入立法会，对提升立法会的代表性和议政能力是有好处的。第五，行政长官委任立法会议员是以特别行政区首长的身份行使的职权，站在特区的整体利益上考虑委任，并不会影响委任议员对行政机关工作的监督。

虽然，部分立法会议员由行政长官委任，但是行政长官一旦作出委任，委任的议员即和选举的议员一样，有相对的独立性，依法履行职责，并有法定的任期。所以，基本法只规定行政长官有委任部分议员的职权，并没有规定行政长官有罢免他们的权力。

（8）任免行政会委员

第一，行政会是协助行政长官决策的机构，类似于行政长官的参谋部，行政会委员需要与行政长官有基本一致的施政理念。要做到这一点，行政会委员必须由行政长官任免。

第二，行政会不同于立法会，立法会是民意代表机构，由选举产生议员，须对选民负责。行政会是协助行政长官的决策机构，对行政长官负责，如果由选举产生，就会变成第二个立法会，显然与设立行政会的目的背道而驰。当然，行政长官在委任行政会委员的时候，既要考虑议政的能力，也要适当考虑必要的代表性，从而确保行政会委员向行政长官提出的建议更加符合社情民意，保证特区政府科学施政。

（9）任免各级法院院长和法官，任免检察官

第一，行政长官任免各级法院院长、法官和检察官，同样是以特别行政区首长的身份行使的职权。否则，行政机关委任司法机关成员会造成行政权与司法权关系的混乱。第二，行政长官任免法官和检察官属于法官和检察官产生的程序，并不涉及审判权和检察权的行使程序，也就是说，这是两个完全不同又相对独立的程序。行政长官依照法定程序进行任免，并不会影响司法审判的独立性，因为《澳门基本法》第89条明确规定，特区法官在审理案件中，不听从任何命令和指示，当然包括行政长官。

（10）依照法定程序提名并报请中央人民政府任免检察长

终审法院院长由行政长官任免，检察长由中央人民政府任免，《澳门基本法》区别对待是否有特殊考虑？其实没有。《澳门基本法》的规定源自《中葡联合声明》的规定，《中葡联合声明》已经规定特区检察长由中央人民政府任免，所以《澳门基本法》就此作出了相同的规定。那么，《中葡联合声明》为什么规定检察长由中央人民政府任免？因为当时澳门的检察机关还不是一个独立的司法机关，就是在《澳门基本法》起草过程中，起草委员会中澳门法律界的委员还主张只有法院才是澳门的司法机关，不认同检察院是司法机关。既然检察院不属于司法机关，检察长的产生程序就应有别于法院院长的产生程序，类似于香港行使刑事检察权的律政司司长由中央人民政府任命。所以，特区检察长由中央人民政府任免是基于当时的历史条件和澳门检察制度的特殊性作出的选择。

（11）任免公职人员

公职人员是依法履行公共职务的公权力机关的人员，包括行政机关内的公职人员和行政机关以外的公职人员。由于《澳门基本法》第50条已经规定行政长官委任立法会议员、行政会委员、法院院长、法官和检察官，所以本项规定行政长官依照法定程序任免公职人员，主要是指行政机关的公职人员。由于行政长官是特别行政区政府的首长，是行政机关公务人员的领导，依法任免行政机关公职人员是必要的职权。

（12）执行中央人民政府就基本法规定的有关事务发出的指令

第一，中央人民政府发出指令的依据。根据"一国两制"原则，中央行使对特区的管治权，同时特区实行高度自治。所以，中央人民政府向特区

行政长官发出指令是依据基本法规定的事务发出指令，有法可依，既不是任意也不是随意地发出指令。

第二，《澳门基本法》规定的有关事务可以分为两类。首先是《澳门基本法》规定的由中央人民政府负责管理的事务和涉及中央与特别行政区关系的事务。对此，中央人民政府在处理此类事务过程中可以向行政长官发出有关指令，要求其采取措施予以落实。其次是基本法规定的属于特别行政区的自治事务，需要接受中央人民政府的监督。对此，中央在对特区行使监督权的过程中对发现的问题可以向行政长官发出有关指令，要求其采取措施妥善处理。这一规定体现了中央人民政府领导特别行政区、行政长官对中央人民政府负责的要求。

（13）代表澳门特别行政区处理中央授权的对外事务和其他事务

行政长官有权处理中央授权的事务，一是对外事务，主要是基本法第七章规定的各项事务。为什么中央要将对外事务授予行政长官处理？首先，行政长官是特别行政区的首长，对内对外代表特别行政区，由行政长官代表特别行政区处理对外事务，与行政长官的地位和身份是相适应的，也是必要的。其次，对外事务通常是政府负责管理的行政事务，而行政长官又是特别行政区政府的首长，由行政长官处理对外事务也符合政府管理的职能。二是其他事务，中央认为有需要授权行政长官处理的事务，均可授权由行政长官负责处理。

（14）批准向立法会提出有关财政收入或支出的动议

根据基本法的规定，向立法会提出财政收入或支出动议属于特别行政区政府的专属提案权，行政长官是特别行政区政府的首长，特区政府向立法会提出财政收入和支出动议，当然需要得到行政长官的批准。

（15）根据国家和澳门特区的安全或重大公共利益的需要，决定特区政府官员或其他负责特区政府公务的人员是否向立法会或其所属的委员会作证和提供证据。

向立法会作证和提供证据是法律义务，如果不履行，将会受到法律的追究。但是，通行的做法有一个例外，如果特区政府官员和公务人员需要作证和提供证据的内容涉及国家和特区的安全和重大公共利益，那就可以豁免作证的义务。那么，谁来决定豁免这个义务，又以什么样的理由豁免这项义务？对此，《澳门基本法》作出了规定。首先，豁免特区政府官员和公务人员向立法会作证的义务，由行政长官决定。其次，豁免的理由必须符合国家和特区的安全或重大公共利益，并由行政长官行使何为国家和特区的安全和重大公共利益的判断权，因为国家和特区安全和重大公共利益属于自由裁量的范畴，交由既对中央负责又对特区负责的行政长官裁量是合适的。

（16）依法颁发澳门特别行政区奖章和荣誉称号

特区的奖章和荣誉称号是特区最高荣誉，授予澳门社会各领域为特区作出贡献的人士。行政长官作为特别行政区的首长，以特区的名义授予作出贡献的人士奖章和荣誉称号是完全合适的。

（17）依法赦免和减轻刑事犯罪的刑罚

赦免是免除或者减轻犯罪人的罪责或者刑罚的一种制度。就国家而言，通常是国家元首以政令的形式行使的一种职权。因为澳门有自身的刑罚制度，赦免属于刑罚制度的范畴，会导致追诉权或行刑权归于消灭，而赦免命令又需要由司法机关执行，所以赦免权属于特别行政区自治权的范围。那么，特区由谁来行使赦免权呢？考虑到行政长官是特别行政区的首长，代表特别行政区，有超越行政、立法、司法机关之上的地位，从而规定由行政长官依法行使赦免权。

（18）处理请愿和申诉事项

请愿是澳门居民向特区政府表达希望改变某项政策或某种行为的请求。申诉是澳门居民对某一问题的处理结果不满意、不认同而向特区政府提出申诉理由并要求重新处理。居民的诉求通常是通过行政申诉、行政诉讼或司法诉讼得以解决，但不能排除居民在上述程序之外寻求解决问题的办法。请愿和申诉是居民的权利，相应的就要建立制度和渠道，保障居民请愿和申诉的权利。由于行政长官是特别行政区的首长，居民经过多种渠道请愿或申诉未果，往往会向行政长官请愿或申诉，并希望行政长官能够解决。因此，基本法规定，行政长官有处理请愿和申诉事项的职权。

基本法对行政长官职权的规定，一方面要适应行政长官的双重地位（特别行政区的首长和特别行政区政府的首长）和双重责任（对中央人民政府负责和对特别行政区负责）；另一方面要确保行政长官发挥行政主导的作用。所以，基本法赋予了行政长官较大的职权，掌握行政权，制约立法权，谦抑司法权。

（七）关于《澳门基本法》第51条

澳门特别行政区行政长官如认为立法会通过的法案不符合澳门特别行政区的整体利益，可在九十日内提出书面理由并将法案发回立法会重议。立法会如以不少于全体议员三分之二多数再次通过原案，行政长官必须在三十日内签署公布或依照本法第五十二条的规定处理。

本条规定与《香港基本法》规定相同。但在起草过程中，有澳门居民对《澳门基本法（草案）征求意见稿》中90日内的规定有保留，建议将90日内改为15日，最多30日，与澳门原有制度保持一致。在《澳门基本法（草案）》征求意见时仍有意见认为要维持15日的规定。起草委员会考虑到行政长官与原总督的权限有所不同，原总督只有建议总统解散立法会的权力，而基本法规定行政长官有权解散立法会，为了让行政长官慎重处理与立法会的关系，认为规定90日的处理时间是必要的。

本条的主要内容是明确了行政长官对立法会的制约。

解读

1. 发回法案的含义

根据基本法规定的立法程序，立法会审议通过的法案需要提请行政长官签署。行政长官签署是对立法会的一个制约，包括签署和不签署。如果不签署，行政长官就要将法案发回立法会重议。但是，不签署只是相对的否决权，因为立法会如果取得2/3多数的同意，可以再次通过原案，反制行政长官。原案就是没有修改的法案，如果修改后再次通过，就是新法案。行政长官对立法会通过的原案，要么签署，要么拒绝签署并解散立法会。

2. 发回法案的原因和时限

第一，发回法案的原因。行政长官制约立法会的立法权，也不能够随意处置，需要合理的理由。基本法规定了一个具有原则性、概括性又有弹性的标准，即是否符合特区整体利益。虽然有意见建议将发回法案的原因具体化，但考虑到实际情况可能多种多样，非常复杂，在基本法中难以一一列举。由于行政长官是特别行政区的首长，对特别行政区负责，在什么情况下损害了特区的整体利益，交由行政长官决定是合适的。

第二，发回法案的时限。澳门原有制度中总督发回立法会法案的期限是 15 日，为什么基本法规定 90 日？主要原因是，总督不能解散立法会，立法会再次通过总督发回的法案，总督可以提请葡萄牙总统解散立法会。总督在与立法会的关系中不会因拒绝签署立法会通过的法案而下台。但是，基本法规定，一方面行政长官可以因拒绝签署立法会再次通过的原案解散立法会；另一方面重新选举产生的立法会再次通过原案，行政长官就要辞职，可能会引发特区政治的不稳定。为了慎重处理行政长官与立法会之间的关系，需要给行政长官一定时间的思考，听取各方面的意见，与立法会议员进行沟通。这个过程既不能过长，影响立法会的运作，也不能过短，仓促解散立法会，给予行政长官在 90 日内处理与立法会的争议比较合理。

（八）关于《澳门基本法》第 52 条

澳门特别行政区行政长官遇有下列情况之一时，可解散立法会：

（一）行政长官拒绝签署立法会再次通过的法案；

（二）立法会拒绝通过政府提出的财政预算案或行政长官认为关系到澳门特别行政区整体利益的法案，经协商仍不能取得一致意见。

行政长官在解散立法会前，须征询行政会的意见，解散时应向公众说明理由。

行政长官在其一任任期内只能解散立法会一次。

本条规定与《香港基本法》规定的内容相同，但增加了"行政长官在解散立法会时需要向公众说明理由"的规定，条文的表述方式也有所区别。在《澳门基本法》起草过程中，对行政长官是否拥有解散立法会的权力有不同意见。

在《澳门基本法（草案）征求意见稿（讨论稿）》阶段，有委员认为解散立法会的权力应由中央人民政府行使，行政长官只有建议权。这样才能与立法会弹劾行政长官并由中央政府决定免除其职务相平衡。[①]

---

① 第六次全体会议第 6 期简报。

在《澳门基本法（草案）》阶段，在 1992 年 3 月 5 日第八次全体会议上，有委员认为行政长官解散立法会前征询行政会的意见，这与兼任行政会委员的立法会议员发生利益冲突，应该怎么解决？但有委员认为，解散立法会的最后决定权由行政长官行使，征询行政会的意见，并不要求行政会委员一致同意才能解散，所以不存在冲突。此外，有委员认为，不宜规定行政长官在其一任任期内只能解散立法会一次，否则会给人既授予权力又限制权力的感觉。有委员认为，行政和立法互相配合又互相制约，如果没有一次性限制的规定，行政长官可以多次解散立法会，导致行政与立法失去平衡，容易引起行政长官权力过大的非议。[①] 同时，有居民认为，行政长官解散立法会，无须中央人民政府批准，没有任何限制，权力过大。有意见认为，如遇行政与立法出现争执，通过协商仍无法取得一致意见，可以用全民投票的方式来解决。

最终，基本法起草委员会认为，解决行政与立法之间的矛盾属于高度自治的范畴，由行政长官决定是否通过解散立法会加以解决是合适的。采用全民投票方式解决行政长官与立法会之间的矛盾不符合特区政治体制行政主导的原则，不宜采纳。

本条的主要内容是明确了行政长官对立法会的另一种制约。

解读

1. 解散立法会的条件

基本法规定，行政长官在两种情况下可以解散立法会。第一种情况是立法会再次通过行政长官发回的原案，行政长官被迫解散立法会。第二种情况是立法会拒绝通过特区政府的财政预算案或其他重大法案，行政长官主动解散立法会。总之，行政长官与立法会的争议，若经协商不能取得共识，则通过解散立法会寻求新的合作。

2. 解散立法会的程序

行政长官解散立法会，属于特别行政区宪制的重大问题，必须慎重对待，不能轻易草率地进行，或者没有节制反复地发生。这将影响行政立法关系，影响特别行政区的政治稳定。所以，基本法对行政长官解散立法会作出了程序性的规范。第一，事先征询行政会的意见。行政会是协助行政

---

① 第八次全体会议第 4 期简报。

长官决策的机关，采取的是集体议事的方式，可以避免个人决策时的冲动，做出比较客观理性的判断，尽可能避免误判，避免出现宪制危机。在行政长官解散立法会之前，加入这个程序是完全必要的。第二，向公众说明理由。行政长官解散立法会属于特别行政区重大事件，有必要让市民了解行政长官解散立法会的原因和理由。一方面市民有知情权；另一方面立法会被解散后需要选举新的立法会，选民究竟是支持行政长官还是支持立法会，只有在了解原因和知道理由的情况下，才能在选举立法会议员的过程中做出准确的判断和选择。所以，行政长官向公众说明理由是完全必要的。

3. 解散立法会的次数限制

基本法规定，行政长官在一个任期内只能解散立法会一次。为什么只规定一次？第一，行政长官与立法会之间的争议，应该尽量通过协商的办法解决，只有在穷尽了其他办法仍不能解决时，才使用最后的解散办法，轻易不得为之。第二，要保持行政长官与立法会之间的制约关系，不宜经常使用解散立法会的办法，否则没有次数限制地解散立法会，立法会就很难发挥对行政长官的制约作用。所以，既规定行政长官可以解散立法会，以便在万不得已的情况下可以解决行政长官与立法会的矛盾冲突，又规定任期内只能解散一次，以保持行政长官与立法会之间的平衡制约关系，是比较适当的。

（九）关于《澳门基本法》第53条

> 澳门特别行政区行政长官在立法会未通过政府提出的财政预算案时，可按上一财政年度的开支标准批准临时短期拨款。

本条规定与《香港基本法》规定既有相同之处，也有不同之处，即没有规定由立法会批准临时拨款。

在《澳门基本法（草案）征求意见稿（讨论稿）》阶段，对临时预算的处理与《香港基本法》一致，先向立法会申请临时拨款，在立法会解散时行政长官批准临时拨款。在1990年12月11日举行的第五次全体会议上，政治体制小组提交的讨论稿规定："澳门特别行政区立法会如拒绝批准政府提出的财政预算案，行政长官可向立法会申请临时拨款。如立法会已被解散而不能批准拨款，行政长官可在选出新的立法会前的一段时期内，按上一财政年度的开支标准，批准临时短期拨款。"① 政治体制小组经过讨论，考虑到立法会拒绝通过特区政府的财政预算案，也有可能拒绝通过特区政府提出的临时拨款，一旦出现这种情况，特区政府就无法正常运作，影响社会的稳定，影响为居民提供公共服务，所以同意修改为"行政长官在立法会未通过政府提出的财政预算案时，可按上一财政年度内的开支批准临时短期拨款"，删除了立法会批准临时拨款的规定，并在 1991 年 4 月 17 日第六次全体会议上政治体制小组提出的讨论稿中得到体现。② 后来在第八次全体会议上提出的草案中又作了文字顺序的调整。③

在《澳门基本法（草案）》阶段，有居民建议，可按上一财政年度开支 1/2 的标准，批准临时短期拨款，以避免临时拨款没有上限，特区政府滥用公帑。另有意见认为，如果立法会就是为了削减上一财政年度预算开支，行政长官可以批准临时短期拨款就达不到削减财政支出的目的。起草委员会经研究后并未接纳上述意见。

本条的主要内容是明确了赋予行政长官以紧急的方式处置政府的财政支出，以维持公共机构的正常运作和公共事务的处理。

解读

1. 临时短期拨款的批准权

为什么是行政长官批准而不是立法会批准？根据基本法的规定，特区政府向立法会提出财政预算案，但立法会没有批准，在立法会不批准的情况下，特区政府再向立法会申请临时短期拨款，被批准的可能性也是微乎其微，一旦不批准临时短期拨款，特区政府就会停摆，公共事务就得不到处理，就会影响社会的稳定。所以，由行政长官批准临时短期拨款可以避免这个风险。另外，行政长官也仅仅是批准一次临时拨款，最终特区政府的财政预算还是要经立法会批准。所以，行政长官批准临时拨款与立法会的批准、监督和制约并不矛盾。

2. 临时短期拨款的含义

临时短期拨款具有暂时性，不能取代立法会最终批准特区政府的拨款。临时短期拨款有时间限制，不能太长，只能应急满足立法会批准正式拨款之前的需要。如果临时短期拨款没有时间限制，就可以规避立法会的批准，变成取代立法会批准特区政府的财政预算。因此，临时短期拨款的特点是暂时性和应急性，特区政府的财政预算最终需要立法会审议批准。

3. 临时短期拨款的标准

基本法明确规定，只能按上一财政年度的开支标准临时短期拨款。事实上，临时短期拨款是之后特区政府再次向立法会提出的新财政预算案的一部分，仍然要由立法会批准，不会出现不受立法会制约的乱花钱情况。所以，限制临时短期拨款按上一财政年度的开支的1/2的标准进行，实际必要性不大。

（十）关于《澳门基本法》第 54 条

澳门特别行政区行政长官如有下列情况之一者必须辞职：

（一）因严重疾病或其他原因无力履行职务；

（二）因两次拒绝签署立法会通过的法案而解散立法会，重选的立法会仍以全体议员三分之二多数通过所争议的原案，而行政长官在三十日内拒绝签署；

（三）因立法会拒绝通过财政预算案或关系到澳门特别行政区整体利益的法案而解散立法会，重选的立法会仍拒绝通过所争议的原案。

本条规定与《香港基本法》大致相同，仅增加了行政长官拒绝签署的时间限制。在《澳门基本法》起草过程中，最初的规定是立法会因拒绝"其他重要法案"，行政长官可以解散立法会。但有委员认为，这个规定不够明确，最后改为"关系到澳门特别行政区整体利益的法案"。

本条的主要内容是明确了行政长官辞职的情况。

解读

1. 因无能力履行职务的辞职

行政长官辞职可能是健康原因，比如重大疾病导致其丧失行为能力，无力履行行政长官的职务。也可能是其他原因，如丧失工作能力导致无能力履行职务。

2. 因法定原因被迫辞职

一是立法会被解散后，重新产生的立法会再次通过原案，行政长官在30日内仍然不签署就要辞职。规定30日内拒绝签署的限制，是为了防止行政长官无限期的拖延影响立法会的运作。二是立法会被解散后，重新产生的立法会再次拒绝通过特区政府的财政预算案或关系到澳门特别行政区整体利益的法案，行政长官就要辞职。这体现了立法会对行政长官的制约。

（十一）关于《澳门基本法》第55条

澳门特别行政区行政长官短期不能履行职务时，由各司司长按各司的排列顺序临时代理其职务。各司的排列顺序由法律规定。

行政长官出缺时，应在一百二十日内依照本法第四十七条的规定产生新的行政长官。行政长官出缺期间的职务代理，依照本条第一款规定办理，并报中央人民政府批准。代理行政长官应遵守本法第四十九条的规定。

本条规定与《香港基本法》规定基本相同，在《澳门基本法》起草过程中对代理顺序进行了讨论。在1990年12月11日第五次全体会议上，有委员认为，按各司的排名顺序决定行政长官的代理不妥当，应由行政长官指明代理。多数委员认为，由行政长官指定临时代理人，任人唯亲的成分太重，不宜采用，还是以固定的排名次序为好。① 起草委员会考虑到特别行政区政府部门的排列顺序是法定的，所以临时代理行政长官的职务应该按照部门排列顺序进行。在1991年7月9日举行的第七次全体会议上，政治体制小组工作报告指出，考虑到行政长官就任期间无外国居留权并宣誓效忠中华人民共和国，所以出缺代理行政长官也要无外国居留权，建议将行政长官出缺期间的职务代理条件规定为："行政长官出缺期间的职务代理，依照本章第五条'澳门特别行政区行政长官必须廉洁奉公、尽忠职守。行政长官在

---

① 第五次全体会议第13期简报。

任职期内不得具有外国居留权，不得从事私人赢利活动。行政长官就任时应向澳门特别行政区终审法院院长申报财产，记录在案'和本条上款'澳门特别行政区行政长官短期不能履行职务时，由各司司长按各司的排列顺序依次临时代理其职务。各司的排名顺序由法律规定。'规定办理。"[①] 即代理的主要官员也不得在外国有居留权。

本条的主要内容是明确了对行政长官职务代理的规定。

解读

1. 临时代理

临时代理是指行政长官短期内不能履行职务时需要由主要官员代理履行职务。

第一，短期不能履行职务有两种情况，一是行政长官因公或因私离开特别行政区而不能履行职务；二是行政长官虽在特别行政区但因身体等原因不能履行职务。

第二，短期不能履行职务是指临时性的情况，有一定的时间条件，并非行政长官丧失履行职务的能力。

第三，临时代理的顺序。由特区政府主要官员按照法定排列顺序代理，主要官员的排列顺序由特别行政区的政府组织法规定。目前特别行政区政府有五位司长，按行政法务司、经济财政司、保安司、社会文化司、工务运输司的顺序排列。《澳门基本法》的这一规定与澳门回归前总督代理的规定有所不同，过去总督随意指定任一位政务司司长代理。原因是过去的政务司司长是总督的助理，总督愿意指定谁代理就由谁代理；而特区的司长是特区政府的组成人员，由法律规定他们的排列顺序，并按照法定的排列顺序依次临时代理行政长官的职务。

2. 出缺代理

出缺代理是指行政长官缺位的情况下由主要官员代理行政长官履行职务。

第一，出缺是指行政长官辞职或被中央人民政府免除职务等导致行政长官职位出现空缺。在出缺的情况下按照法定顺序由司长代理行政长官职务。

---

① 全国人大常委会澳门基本法委员会办公室编《中华人民共和国澳门特别行政区基本法起草委员会文件汇编》，第149页。

第二，出缺代理的条件有二：首先，代理的司长必须在外国无居留权，因为《澳门基本法》并没有规定司长在任职期内放弃外国居留权，但明确要求行政长官在任职期内必须在外国无居留权。出缺代理的司长就是行政长官，所以要按照行政长官履行职务的要求放弃外国居留权。其次，出缺代理行政长官职务需要中央人民政府批准，因为按照《澳门基本法》第15条的规定，行政长官需要由中央人民政府任免。

第三，行政长官出缺时的选举。按照《澳门基本法》第47条和附件一的规定，在120天内选举产生新的行政长官。

（十二）关于《澳门基本法》第56条

> 澳门特别行政区行政会是协助行政长官决策的机构。

本条规定与《香港基本法》规定相同，在起草过程中就行政长官与行政会的关系展开了讨论。

在《澳门基本法（草案）征求意见稿（讨论稿）》阶段，在1990年6月8日举行的第四次全体会议上，政治体制小组工作报告认为："原有的咨询会应继续保留，但应赋予它一定的权力，使之成为协助行政长官决策的机构，以便集思广益。"[1] 关于行政会的性质，在第五次全体会议上委员们发表了不同意见。有委员认为行政会是咨询组织；但多数委员认为，如果是咨询机构，就不必在本章就行政会的组成、行政会的职能写上三个条文。也有委员认为它是协助决策的机构。[2]

在《澳门基本法（草案）》阶段，有居民建议删除行政会的设置，设立由行政长官、各司长组成的政务会议，作为协助行政长官决策的机构。有人反对设立行政会，认为这是合谋政治，行政会对行政长官没有制约作用。在1993年1月13日第九次全体会议上，政治体制小组工作报告认为，设立行政会协助行政长官决策是必要的，保留了草案的条文。

---

[1] 全国人大常委会澳门基本法委员会办公室编《中华人民共和国澳门特别行政区基本法起草委员会文件汇编》，第57页。

[2] 第五次全体会议第13期简报。

本条的主要内容是明确了对行政会性质的规定。

解读

基本法对行政会的性质界定为协助行政长官决策的机构。第一，它本身并不是一个决策机构，自然不是一个权力机构，不能作出有约束力的决定，只是向行政长官提供意见，帮助行政长官决策，不能取代行政长官的决策。第二，它也不同于咨询机构，凡行政长官作出重要决策，向立法会提交法案，制定行政法规，解散立法会前，必须征询行政会的意见。行政长官无权擅自规避就《澳门基本法》规定的事项听取行政会意见，把行政会当作可有可无的机构。行政长官不采纳行政会多数成员的意见，还要将具体理由记录在案，承担责任。行政会最主要的功能是发挥协助决策的作用，所以重在协助，集思广益，当好参谋。由于行政会由政府官员、立法会议员、社会人士组成，比完全由特区政府官员组成的机构帮助行政长官决策，更有广泛性和代表性，所以没有采纳用政务会议取代行政会的意见。

（十三）关于《澳门基本法》第 57 条

> 澳门特别行政区行政会的委员由行政长官从政府主要官员、立法会议员和社会人士中委任，其任免由行政长官决定。行政会委员的任期不超过委任他的行政长官的任期，但在新的行政长官就任前，原行政会委员暂时留任。
>
> 澳门特别行政区行政会委员由澳门特别行政区永久性居民中的中国公民担任。
>
> 行政会委员的人数为七至十一人，行政长官认为必要时可邀请有关人士列席行政会会议。

本条规定与《香港基本法》规定基本相同，但在行政会人员组成的数量上作出了限定。在《澳门基本法》起草过程中，就行政会委员的产生方式、组成人数、资格、运作问题进行了讨论。

第一，关于行政会委员的产生方式。在《澳门基本法（草案）征求意见稿（讨论稿）》阶段，1990 年 9 月 13 日政治体制小组第五次会议纪要记载，有意见认为，行政会委员应有选举产生的人士；有委员对行政长官委任行政会委员有保留，担心行政长官只委任与其意见一致的人。1990 年 11 月 13 日政治体制小组第六次会议纪要记载，小组同意"行政会委员由行政长官任免。行政会委员的任期应不超过委任他的行政长官的任期。在新的行政长官产生前，原行政会委员暂时留任"，并在政治体制小组向第五次全体会议提交的基本法讨论稿中得到体现。[①] 在《澳门基本法（草案）》阶段，有居民认为行政会委员应经过选举或由立法会审议通过。有意见认为，行政会委员由行政长官委任，怎么能够体现对行政长官的制衡作用呢？最终，起草委员会考虑到行政会是协助行政长官决策的机构，由行政长官委任是必须的，决定不做修改。

第二，关于行政会委员的组成。在《澳门基本法（草案）征求意见稿（讨论稿）》阶段，1990 年 11 月 13 日政治体制小组第六次小组会议纪要记载，有委员认为，行政会中不应有立法会议员，以体现三权分立。有些委员认为，澳门不能完全采用美国式的三权分立，行政会与立法会既要互相制衡，又要互相配合，让立法会议员兼任行政会委员有利于行政与立法沟通，可以将不同意见反映给行政会。在 1991 年 4 月 17 举行的第六次全体会议上，有意见主张行政会中应有选举产生的成员。有意见认为立法会议员不宜进入行政会。但多数委员认为，行政会吸纳立法会议员，有利于协调行政与立法的关系，达到行政与立法既互相制衡又互相配合的目的。[②] 关于行政会委员的组成，在 1991 年 7 月 9 日第七次全体会议上，《澳门基本法（草案）征求意见稿（讨论稿）》仅规定行政长官委任行政会委员，但没有明确行政会委员由哪几方面人士组成。有委员认为，行政长官委任的裁量权太大，不利于行政会协助决策。在 1992 年 3 月 5 日第八次全体会议上，政治体制小组工作报告建议明确行政会组成人员的比例，规定行政长官从行政机关的主要官员、立法会议员和社会人士中委任行政会委员。[③]《澳门基本法（草案）》公布后，有居民建议行政会由重要的特区政府官员、地区社会团体选出的委员、行政长官从社会上公认的市民中任命的委员组成。关于行政会委员人数，在第八次全体会议上，增加了

---

① 全国人大常委会澳门基本法委员会办公室编《中华人民共和国澳门特别行政区基本法起草委员会文件汇编》，第 85 页。
② 第六次全体会议第 16 期简报。
③ 全国人大常委会澳门基本法委员会办公室编《中华人民共和国澳门特别行政区基本法起草委员会文件汇编》，第 199 页。

"行政会委员的人数不超过十一人"的规定。①

第三，关于行政会委员的资格。围绕是否需中国公民资格展开争论。在《澳门基本法（草案）征求意见稿（讨论稿）》阶段，1990 年 9 月 13 日政治体制小组第五次会议纪要记载，对于行政会委员的资格，有委员主张要求中国公民资格，也有委员反对。在第五次全体会议讨论中，有委员认为，行政会的一部分委员可由非中国公民担任，但多数委员认为行政会地位重要，外国人不应进入。② 在 1991 年 4 月举行的第六次全体会议上，多数委员认为，由于行政会涉及一些重大的机密事项，特别还涉及处理与中央关系的事务，因此行政会委员应由中国公民担任。③ 在《澳门基本法（草案）》阶段，1992 年 3 月 5 日第八次全体会议上，有委员认为行政会委员不必限于由中国公民担任。有些委员指出，行政会讨论的事项涉及重大决策和国家机密，为避免双重效忠和行政长官委任行政会委员时的困难，这样规定是合理的。④ 有委员向全体会议提出删除中国公民资格的修正案，但被否决。澳门居民对草案稿的意见有分歧，有意见肯定对行政会委员的资格作出中国公民的限制；也有意见认为，不应限于由中国公民担任，不应对行政会委员的资格作出血统限制。最终，起草委员会考虑到行政会的重要性，保留了行政会委员须具有中国公民资格的规定。

本条的主要内容是明确了对行政会的产生方式、组成、任期、资格的规定。

解读

1. 行政会委员的产生

基本法规定由行政长官委任行政会委员。为什么采取委任而不是选举呢？由于行政会是协助行政长官决策的机构，不是民意代表机构，也不是由各界别利益代表组成，所以行政会委员不适合采用选举产生的办法，否则行政会将演变成第二个民意代表机构，不仅不能协助行政长官决策，反而成了制约行政长官的机构。同样，委任行政会委员也不需要经立法会批准，如果

---

① 全国人大常委会澳门基本法委员会办公室编《中华人民共和国澳门特别行政区基本法起草委员会文件汇编》，第 265 页。

② 第五次全体会议第 13 期简报。

③ 第六次全体会议第 3 期简报。

④ 第八次全体会议第 4 期简报。

经立法会批准，造成行政会委员听从立法会的意志，就背离了协助行政长官决策的要求。行政会委员无论是选举产生还是经立法会批准，均违背了设立行政会的初衷和目的：设立行政会不是为了制约行政长官，而是为了协助行政长官决策。所以，行政会委员由行政长官委任与设立行政会协助行政长官的目的和要求是相适应的。由于行政会委员由行政长官委任，所以其任期与行政长官任期相同。

2. 行政会委员的组成

基本法规定行政会委员由行政长官从特区政府主要官员、立法会议员和社会人士中委任。行政会由特区政府官员、立法会议员和社会人士三部分组成。为什么行政会委员中要有立法会议员？主要是为了利于行政和立法之间的沟通与配合。行政长官在制定重大政策和提交法案时，吸收立法会议员的参与，听取和吸纳他们的意见，当立法会审议特区政府提交的法案时，他们可以在法案的立法原因、立法目的及其内容方面，发挥与立法会其他议员的沟通、解释作用。另外，行政会是协助作为特别行政区首长的行政长官决策，不是协助行政机关决策，行政长官的决策要以特别行政区整体利益为考量，既要听取特区政府官员的意见，也要听取立法会议员和社会人士的意见，达成对重大政策和法案的共识，不仅不影响立法会对行政的制约作用，而且能发挥立法和行政良好沟通的作用。

为了保障行政会协助行政长官决策的效力，行政会委员人数既不能过多，以致难以达成共识，又不能过少，以致达不到集思广益的效果，基本法规定行政会由 7 ~ 11 人组成。

3. 行政会委员的资格

基本法规定行政会委员由澳门特别行政区永久性居民中的中国公民担任。为什么要规定中国公民的资格？主要是由行政会协助行政长官决策的职责决定的，行政会讨论的都是特区政府的重大政策，包括中央与特别行政区关系的事务，不可避免地涉及国家的重大秘密和特别行政区的秘密，为此需要行政会委员保守国家和特区的秘密，效忠国家和特别行政区。如果是非中国公民，就难以履行义务，所以规定中国公民的资格是必要的。但是，基本法同时规定，行政长官认为必要时可邀请有关人士列席行政会会议。换句话说，如有需要，非中国籍的澳门居民也可被邀请参与行政会并提供意见，因此不存在对某一部分澳门居民的歧视。

（十四）关于《澳门基本法》第58条

澳门特别行政区行政会由行政长官主持。行政会的会议每月至少举行一次。行政长官在作出重要决策、向立法会提交法案、制定行政法规和解散立法会前，须征询行政会的意见，但人事任免、纪律制裁和紧急情况下采取的措施除外。

行政长官如不采纳行政会多数委员的意见，应将具体理由记录在案。

本条规定与《香港基本法》规定相同，但增加了"行政会会议每月至少举行一次"的内容。在《澳门基本法》起草过程中，有意见建议行政长官在行政会上的决定，须获得2/3多数通过方有效。但多数委员认为，对行政长官限制太多，不利于行政长官行使权力。如果行政长官的决定必须经行政会会议批准，行政长官就无法行使决策权了，行政会就变相地成了决策机构。最后，起草委员会认为，行政会可以就重大事项提出意见，最终由行政长官决策。

本条的主要内容是明确了对行政会运作的规定。

解读

1. 行政会由行政长官主持

主持行政会的含义是，由行政长官领导和负责行政会的工作。依据第2/1999号行政法规《行政会章程》的规定，行政长官主持行政会，包括领导和编排议程，引导讨论，准许或要求委员及特邀人士发言或中断发言。为了确保行政会的正常运作，能够切实帮助行政长官决策，所以《澳门基本法》规定行政会会议每月至少举行一次，以避免不召集会议导致行政会的设置流于形式。

2. 行政会讨论事项

《澳门基本法》规定，行政长官作出重要决策、向立法会提交法案、制定行政法规、解散立法会必须经行政会讨论，但人事任免、纪律制裁和紧急情况下采取的措施除外。作为行政长官决策的必经程序，是为了发挥行政会在行政长官决策过程中的作用，提高行政长官决策的正确性。由于行政会是协助行政长官决策并非自身决策，也不能取代行政长官决策，所以不需采用表决通过的方式。但是，为了能让行政长官慎重地听取和取舍行政会委员的意见，《澳门基本法》规定，行政长官如不采纳行政会多数委员的意见，应将具体理由记录在案。这既保障了行政长官的决策权，又让行政长官对自己的决策承担责任，做到权责统一。由于人事任免和纪律制裁是针对特定的对象，不针对相对人，不属于普遍性的政策，因此不适合在行政会上讨论。紧急情况下采取的措施，因有时间限制，需要及时迅速地做出回应，也不适合提交非经常运作的行政会讨论而贻误时机。

（十五）关于《澳门基本法》第59条

> 澳门特别行政区设立廉政公署，独立工作。廉政专员对行政长官负责。

本条规定与《香港基本法》规定相同，也是澳门改变原有的做法，参照香港制度作出的规定。在起草过程中，主要围绕行政长官与廉政公署的关系展开讨论。

在《澳门基本法（草案）征求意见稿（讨论稿）》阶段，1989年11月8日举行的第二次全体会议上，有委员认为廉政机构应规定在"司法机关"一节中，理由是行政长官也应该接受廉政机构的监督。[①] 在1990年6月7日举行的第四次全体会议上，政治体制小组工作报告指出，廉政公署是设在行政长官之下还是司法机关之下，需要继续讨论。[②] 有委员认为，廉政公署不应设在行政长官和司法机关之下，应独立设置。有委员建议，将廉政公署列入"立法机关"一节加以规定，理由是廉政机构由行政长官领导难以保证廉政。多数委员认为，新加坡和香港的廉政机构由行政长官领导并不妨碍其履行职责，可以做到廉洁公正。1990年9月13日政治体制小组第五次会议纪要记载，廉政公署设在行政长官之下，有委员担心

---

① 第二次全体会议第5期和第6期简报。
② 全国人大常委会澳门基本法委员会办公室编《中华人民共和国澳门特别行政区基本法起草委员会文件汇编》，第57页。

受行政长官控制。在 1990 年 12 月 11 日召开的第五次全体会议上，政治体制小组提供的方案是：廉政公署对行政长官负责。① 会上有委员指出，廉政专员对行政长官负责，如果行政长官贪污怎么办？委员们认为，廉政专员对行政长官负责，并不意味行政长官可以不受约束，立法会可以弹劾行政长官。② 1991 年 4 月 17 日举行的第六次全体会议上，仍有委员认为，廉政公署向行政长官负责，很难对特区政府公务人员实行监督。③

在《澳门基本法（草案）》阶段，1992 年 9 月 23 日政治体制小组第十四次会议纪要记载，有委员建议将廉政公署划入司法机关。但多数委员认为，廉政公署对行政长官负责，独立工作，更能提高其工作效率，故维持规定不变。《澳门基本法（草案）》公布后，还是有居民认为廉政公署应归属司法机关，廉政专员应向终审法院院长负责，确保对行政的监督。还有居民建议将廉政公署作为检察机关的附属机构加以规定。在 1993 年 1 月 13 日举行的第九次全体会议上，政治体制小组工作报告认为，廉政公署对行政长官负责，独立工作，更能提高工作效率。同意维持草案稿的规定，但在澳门特别行政区成立后，应立法规定廉政公署职责，划清其与司法机关的责任和职权范围。④

本条的主要内容明确了对特区廉政公署的性质、工作方式，以及廉政专员与行政长官的关系作出的规定。

解读

1. 独立工作的含义

廉政公署既不是立法和司法机关，也不属于行政机关，是独立于行政权、立法权和司法权之外的行使监察权的机构。廉政公署的职责是：第一，预防和打击贪污腐败；第二，预防和纠正行政违法的行为。独立性是指廉政公署依法行使职权时，不受其他机关的指令或命令，独立工作，不受干涉。廉政公署的独立性，受到第 10/2000 号法律《澳门特别

---

① 全国人大常委会澳门基本法委员会办公室编《中华人民共和国澳门特别行政区基本法起草委员会文件汇编》，第 85 页。

② 第五次全体会议第 16 期简报。

③ 第六次全体会议第 6 期简报。

④ 全国人大常委会澳门基本法委员会办公室编《中华人民共和国澳门特别行政区基本法起草委员会文件汇编》，第 266 页。

行政区廉政公署组织法》规范，廉政公署有独立的调查和侦查权，工作程序独立于法定的行政申诉程序和司法诉讼程序，且不受行政和司法程序影响中止或不中断任何性质的调查。廉政公署开展调查和侦查时，不要求公开，追究贪污等违法责任也没有期限。廉政公署还享有独立的监督权，对涉及财产利益的行为是否合法和行政行为是否公正进行独立的监督，并可建议行政长官和有关部门采取措施加以改进。此外，还可以从比较的角度理解廉政公署的独立性。澳门设立廉政公署是参照了香港的做法，认同香港的廉政公署制度，所以澳门廉政公署拥有与香港廉政公署一样的独立性：机构独立，不隶属于特区政府任何部门；办案独立，有独立的调查权，依法行使职权，不受干预；人事独立，享有完全的人事任命权；财政独立，财政预算单列。

2. 对行政长官负责

《澳门基本法》中"负责"一词出现在三个地方。一是《澳门基本法》第45条行政长官对中央人民政府负责。此处的"负责"，包含领导和监督的含义，即行政长官要接受中央人民政府的领导和监督，行政长官的工作对中央人民政府负责。二是《澳门基本法》第65条特区政府对立法会负责，此处的"负责"仅仅是两个平等机构之间的制约关系，特区政府接受立法会的监督。三是《澳门基本法》第65条规定廉政专员对行政长官负责，此处的"负责"是廉政专员的工作接受行政长官的监督。因为行政长官是特别行政区的首长，对中央和特别行政区负责，作为特区内部一个独立的机构，廉政专员需要向行政长官负责。理解负责的含义，一定要和前面的"独立工作"联系起来分析。独立工作是前提，强调的是廉政公署在工作中不受任何干涉。但独立工作的结果是否合法和公正，需要监督，所以廉政专员需要对行政长官负责，向行政长官提交廉政公署的工作报告，接受行政长官的监督。如果廉政公署的工作违反了法律规定，未能依法履行职责，行政长官就要监督和督促廉政公署依法开展工作。因此，对行政长官负责并不是行政长官可以任意干预廉政公署独立工作，要求查什么或不查什么，而是监督廉政公署是否依法履行职责。如果行政长官涉嫌严重违法和渎职，就须按《澳门基本法》第71条规定，由立法会进行弹劾，而不是由廉政公署处置。

（十六）关于《澳门基本法》第60条

澳门特别行政区设立审计署，独立工作。审计长对行政长官负责。

本条规定与《香港基本法》规定相同，在起草过程中没有争议。委员和居民认同参照香港的做法，改变澳门原有的审计法院的设置，设立审计署。

本条的主要内容是明确了对特区审计署的性质、工作方式，以及审计长与行政长官关系的规定。

解读

1. 独立工作的含义

审计署的独立性与廉政公署的独立性是相同的，不受其他部门或机构的干预。审计署的职责是监督政府和公共部门合法合理使用财政资源，按照"衡工量值"即节省程序、效率和效益三项指标审计，确保特区政府部门账目的准确，保证特区政府部门有效运用财政资源。审计署的独立性，受到第11/1999号法律《澳门特别行政区审计署》的规范。

2. 对行政长官负责

审计长和廉政专员一样，对行政长官负责，没有区别。审计署与原审计法院的区别有两个：第一，审计法院是司法机关，司法独立，无须向谁负责；第二，审计法院仅仅判断政府对公共资源的使用是否合法。但是，审计署不是司法机关，虽然独立开展工作，不受其他部门或机构的干预，但审计工作的结果需要向特别行政区行政长官报告，对行政长官负责，接受其监督。

第二节　行政机关

（十七）关于《澳门基本法》第61条

澳门特别行政区政府是澳门特别行政区的行政机关。

本条的规定与《香港基本法》相同，在《澳门基本法》起草过程中没有争议。

本条的主要内容是明确了对特区政府性质的规定。

解读

1. 特区政府的性质

特区政府是行政机关，独立于立法机关和司法机关，行使行政权。

2. 特区政府的独立性

特区政治体制与澳门原有的政治体制有所不同。按照第 1/76 号法律《澳门组织章程》的规定，澳门的管理机关是总督和立法会，总督行使行政权，政务司是总督的助手，所以不存在独立的、狭义上的政府机构。基本法规范的政治体制中有一个独立的行政机关，这是一个很大的变化。只有掌握这一点，才能理解基本法后面几条的规定，包括特区政府的组成、特区政府的职权、特区政府对立法会负责的含义。

（十八）关于《澳门基本法》第 62 条

澳门特别行政区政府的首长是澳门特别行政区行政长官。澳门特别行政区政府设司、局、厅、处。

本条规定与《香港基本法》规定基本相同，但根据澳门自身的实际情况，对特区政府机构的设置与香港不同。在《澳门基本法》起草过程中，对特区政府架构展开了讨论。

第一，关于特区政府部门——司的性质。在第六次全体会议上，有委员认为，政务司是总督的秘书，1999 年后的司应该是行政实体。[①] 有委员建议在本条后加上"政府机构根据高效与精简的原则设置"的规定，以约束特区政府任意设置机构。

第二，特区政府架构层级。有主张保留原有的架构，设立司、局、厅、处、组、科。但多数委员认为，特区政府架构层级应该按照精简原则设置，不宜过多。

本条的主要内容是明确了对特区政府人员组成和机构设立作出的规定。

---

① 第六次全体会议第 14 期简报。

解读

1. 行政长官是政府的首长

行政长官作为特别行政区首长领导特区政府。行政长官既行使《澳门基本法》第50条规定的特区首长的职权，同时也行使《澳门基本法》第64条规定的领导特区政府的职权。所以，行政长官不仅在特区和政治体制中地位崇高，而且还掌握了实际的行政权力，以保障行政长官在行政主导体制中的地位和作用。

2. 特区政府的组成人员

除行政长官是特区政府的首长外，特区政府的主要官员也是特区政府的组成人员。特区政府的组成人员既不是由立法会产生，也不是由行政长官任命产生，而是由行政长官提名、中央人民政府任命产生，体现了行政长官及其领导的特区政府对中央人民政府负责，受中央人民政府领导的要求。

3. 特区政府机构的设置

特区政府机构的设置要符合精简原则，所以，基本法规定特区政府架构由司、局、厅、处组成。如何理解这个架构？特区政府机构通常指的是依法设立，以特区政府名义对外担负行政管理职能的组织，而不是指特区政府机构内部的部门。基本法规定的司、局、厅、处就属于这类特区政府机构。特区政府机构内部组织并不受基本法的限制，可以由特区政府根据需要设立，如可以保留原有政府内部的组、科。这种理解，一方面可以从《全国人民代表大会常务委员会关于根据〈中华人民共和国澳门基本法〉第一百四十五条处理澳门原有法律的决定》中得到支持，决定并没有将澳门原有法律采用为特区法律时，宣布《领导和主管人员通则》中设置的组长和科长职级因抵触《澳门基本法》被废除；另一方面可以从与《香港基本法》相同规定的比较分析中得到支持，《香港基本法》规定特区政府设立政务司、财政司、律政司和各局、处、署。但是，这并不妨碍香港特区政府局、处、署内部设立多层次的组织，如科。

（十九）关于《澳门基本法》第63条

澳门特别行政区政府的主要官员由在澳门通常居住连续满十五年的澳门特别行政区永久性居民中的中国公民担任。

　　澳门特别行政区主要官员就任时应向澳门特别行政区终审法院院长申报财产，记录在案。

　　本条规定与《香港基本法》规定基本相同，在起草过程中没有争议。在 1992 年 3 月 5 日第八次全体会议上，有委员向全体会议提案，要求特区政府主要官员也要向终审法院院长申报财产。由于特区政府主要官员的权力较大，为加强廉政建设，以防止贪污受贿，有必要规定其必须申报财产，接受监督。该提案被通过，形成了基本法的现有条文。对特区政府主要官员可否拥有外国居留权也进行了讨论，有委员认为，特区政府主要官员应在外国无居留权。[①] 多数意见认为特区政府主要官员不代表澳门特区，也不直接向中央负责，由行政长官提名，经中央任命，可以与行政长官区别对待，不加限制。但必须要求他们宣誓效忠中华人民共和国，违反誓言即属违反基本法。这个意见被起草委员会采纳。

　　本条的主要内容是明确了特区政府主要官员的资格和申报财产的义务。

　　解读

　　1. 特区政府主要官员的资格

　　特区政府主要官员需要具备三个要件：居住年限，必须在澳门通常连续居住满 15 年；身份必须同时是永久性居民和中国公民。作出这种规定是要保障主要官员既要了解和熟悉澳门社会，又要能够效忠与服务于特区和国家。

　　2. 申报财产的义务

　　特区政府主要官员，理应与行政长官一样，不能以权谋私，依法和公正地履行职务，通过申报财产接受社会的监督。

（二十）关于《澳门基本法》第 64 条

　　澳门特别行政区政府行使下列职权：

　　（一）制定并执行政策；

　　（二）管理各项行政事务；

---

　　① 全国人大常委会澳门基本法委员会办公室编《中华人民共和国澳门特别行政区基本法起草委员会文件汇编》，第 86 页。

（三）办理本法规定的中央人民政府授权的对外事务；

（四）编制并提出财政预算、决算；

（五）提出法案、议案，草拟行政法规；

（六）委派官员列席立法会会议听取意见或代表政府发言。

本条规定与《香港基本法》规定基本相同，在基本法起草过程中并无争议。只是《澳门基本法》将《香港基本法》中的"拟定并提出附属法规"改为"草拟行政法规"。因为澳门特区行政长官可以制定行政法规，所以特区政府协助行政长官草拟行政法规。

本条的主要内容是明确了对特区政府职权的规定。

解读

1. 特区政府职权的法定性

特区政府在特别行政区政治体制中是一个独立的法定机关，这决定了特区政府的职权也必须是法定的，对此《澳门基本法》作出了明确的规定。在这一点上，与原有的澳门政治体制是不同的，政务司作为总督的助手，其权限由总督授予，而非法律规定。所以，凡属于特区政府的职权，特区政府主要官员均可依法行使。

2. 制定和执行政策

政策就是政府在一定的时期内应该实现的目标、遵循的原则和完成的任务，以及为实施上述目标和任务采取的一般步骤和具体做法。特区政府在管理社会过程中有权制定社会、经济、文化、科技、教育等领域的政策并负责执行。

3. 管理各项行政事务

凡属于行政事务的范畴，特区政府都拥有管理权，既可管理行政机关内部的事务，包括人事、财务、后勤等，又可管理社会公共事务，包括经济行政、政治行政、文化行政、社会行政等。

4. 对外事务

首先，《澳门基本法》规定的由中央人民政府授权的对外事务，其范围由《澳门基本法》的规定和中央政府授权确定。其次，对外事务的具体内容由《澳门基本法》第七章规定，涉及经济、贸易、金融、航运、通讯、旅游、文化、体育等领域。

5. 编制并提出财政预算决算

财政预算是由政府编制、反映政府一个财政年度内收支状况的计划。通过公共财政预算可以使居民了解政府工作的方向，体现政府政策意图和目标。财政预算由财政收入和财政支出两部分组成，财政预算具有法律效力。财政决算是政府财政预算执行的总结，在财政年度终结后编制。澳门特区政府的财政预算、决算要按照第 15/2017 号法律《预算纲要法》编制。《预算纲要法》规定了预算的编制、审核、通过、执行、修改，决算及预算执行情况报告的编制及审议的原则与规则，订定公共会计、预算监察及责任的制度。特区政府管理公共事务，需要运用公共资源，收入多少，支出多少，由特区政府提出比较合适。最终，财政预算由立法会批准，财政决算由立法会审议，接受立法会的制约和监督。

6. 提出法案、议案，草拟行政法规

"法案"是指立法机关经审议后形成抽象性规范性文件的法律，具有普遍约束力。狭义上的"议案"是指立法机关审议后通常就某一具体事项作出的决定。第 1/1999 号决议《澳门特别行政区立法会议事规则》第 108 条规定了法案的形式要件：以书面提出，以条列方式编写，简略反映主要标的的名称，附有陈述理由。由于特区政府负责公共行政事务的管理，在管理过程中需要借助法律的形式管理，所以特区政府有权向立法机关提出法律草案，经立法机关审议后成为法律，做到依法行政。特区政府除向立法会提出法案、议案外，还要协助行政长官制定行政法规，具体而言，就是草拟行政法规草案并提交行政长官，由行政长官听取行政会意见，最后制定颁布。

7. 委派官员列席立法会会议听取意见或代表政府发言

一方面，特区政府向立法会提出法案、议案，需要向立法会介绍、解释、游说，也需要听取立法会议员的意见，对法案、议案加以调整、修改。所以，特区政府需要委派官员列席立法会会议。另一方面，特区政府向立法会负责，需要接受立法会的监督，当然要委派官员去立法会接受质询，作出解释。特区政府委派官员列席立法会会议是行政和立法沟通合作的重要方式。

（二十一）关于《澳门基本法》第 65 条

澳门特别行政区政府必须遵守法律，对澳门特别行政区立法会负责：执行立法会通过并已生效的法律；定期向立法会作施政报告；答复立法会议员的质询。

本条规定参照了《中葡联合声明》中有关行政机关必须遵守法律、对立法机关负责的表述，与《香港基本法》规定基本相同，在起草过程中，对"负责"的含义如何界定有争论。

在《澳门基本法（草案）征求意见稿》阶段，有居民提问，行政长官是一个机构，特区政府是另一个机构，但是行政长官是特区政府的首长，特区政府对立法会负责，那么究竟是行政长官对立法会负责，还是特区政府作为行政机关对立法会负责？在《澳门基本法（草案）》阶段，有意见认为，特区政府对立法会负责不应仅限于三个方面的内容：执行立法会通过并已生效的法律，向立法会作施政报告，接受立法会议员质询。但多数委员认为，负责的三个内容是符合行政主导原则的，也是原有制度的实际做法。如果扩大负责的范围，容易导致立法主导。最终，基本法起草委员会维持基本法草案稿的规定。

本条的主要内容是明确了对特区政府与立法会关系的规定。

解读

1. 特区政府必须遵守法律的含义

依法施政既是对特区政府的要求，也是特区政府应尽的义务。虽然遵守法律的规定十分概括，但是内涵非常丰富，因为特区的法律涉及社会的方方面面，既规定了特区政府的职权，也规范了特区政府权力行使的程序和范围。特区政府遵守法律既要依法积极作为，又不能违法、滥权。对特区政府义务的规定看起来抽象，事实上很全面、很具体，只要法律规定的，特区政府都必须遵守。

2. 对立法会负责的含义

在澳门特别行政区政治体制中，特区政府和立法会是两个独立的机关。首先，二者之间不是上下级的关系，完全不同于中央和特区之间领导和被领导的关系，从而产生行政长官对中央的负责。如果行政长官不对中央负责，中央可以免除行政长官的职务。其次，二者之间也不是产生和被产生的关系，与议会制下议会产生政府、政府对议会负责不同，在议会制下，政府的重大政策得不到议会的批准，议会可以对政府投不信任票，让政府下台。再次，二者之间仅是两个平行机关因制衡关系而产生的负责。"负责"即担责、尽责，也就是履行对立法会的义务。同时，立法会有相应的权力监督特区政府是否履行了义务。"负责"构成二者之间权利和义务的关系。立法会对特区政府行使监督权，特区政府有义务接受立法会的监督。特区政府对立法会负责，主要是承担政治责任，特区政府提出的法案、制定和执行的政策，如有过失，接受立法会的批评监督，及时加以纠正。但是，政治责任不包括立法会可以因不认同、不接受特区政府的重大政策而让特区政府下台。

如上所述，特区政府对立法会负责的内容主要有三项。第一，立法会的职权是制定法律而不是执行法律。执行法律的职能由特区政府履行。所以，特区政府对立法会负责，就必须执行立法会通过并已生效的法律，不能随意性地、选择性地执行法律。立法会对特区政府执行法律的情况必然要进行监督。第二，特区政府管理社会事务，负责制定和执行政策，但是特区政府制定的政策是否符合社会的实际情况和民意，要听取立法会的意见。所以，特区政府要定期向立法会作施政报告，接受立法会的批评、建议。第三，特区政府在执行政策、管理公共事务过程中是否依法，是否符合特区政府的政策，也需要接受立法会的监督。如存在问题，立法会议员可以向特区政府提出质询，特区政府就要改进工作，纠正错误。因此，特区政府从法律、政策、工作三个层面对立法会负责。

当然，不能任意扩大特区政府对立法会负责的范围。具体而言，既不能任意扩大特区政府对立法会负责的领域和事项，也不能随意增加立法会的权力。《澳门基本法》规定特区政府对立法会负责有一定限度和范围是有原因的，主要是与行政主导原则有关，与行政长官领导特区政府的体制有关。如果将特区政府对立法会的负责变成议会制下的特区政府对议会的负责，那就完全不符合《澳门基本法》规定的以行政长官为权力核心的行政主导原则。如果特区政府的去留完全由立法会决定，就不可能有行政长官主导的存在，也就破坏了行政长官领导特区政府的体制。所以，不可能规定立法会有权对特区政府提出不信任的动议，迫使其辞职。相反，《澳门基本法》规定特区政府在对立法会负责的同时，主要官员必须接受行政长官的领导，服从行政长官制定的政策，对行政长官负责。

特区政府对立法会负责不等于行政长官对立法会负责。一方面，行政长官与特区政府有紧密的联系，行政长官是特区政府的首长，在这个意义上，它们是一体的；另一方面，行政长官又是特别行政区的首长，有法定的职权，在这一点上，与特区政府有区别，两者是可分的。所以，行政长官以特区首长的身份行使职权，需要对中央人民政府和特别行政区负责。行政长官以特区政府首长的身份行使特区政府的职权，需要对立法会负责。因此，要具体情况具体分析，不能简单地理解为行政长官对立法会负责，只能理解为行政长官领导下的特区政府对立法会负责。

（二十二）关于《澳门基本法》第 66 条

澳门特别行政区行政机关可根据需要设立咨询组织。

本条规定与《香港基本法》规定相同，在起草过程中并无争议。

本条的主要内容是明确了对特区政府设立咨询组织的规定。

解读

为什么特区政府要设立咨询组织？第一，是吸引澳门社团、社会组织和居民参政议政，通过咨询组织这一平台，特区政府听取各界的意见，了解民情民意，咨询组织的成员也可为特区政府制定政策献计献策，经过集思广益使特区政府的政策更加符合澳门社会实际和居民的意愿。第二，由于咨询组织的成员参与了特区政府政策的制定，可以通过他们向居民宣传特区政府的政策，解释特区政府的政策，并协助特区政府实施政策。咨询组织架起了特区政府与居民之间沟通、合作的桥梁。所以，咨询组织在特区政府科学施政中具有重要的作用。根据基本法的规定，特区政府的咨询组织，既有隶属于行政长官领导的咨询组织，也有隶属于各司司长领导的咨询组织。

第三节　立法机关

（二十三）关于《澳门基本法》第 67 条

澳门特别行政区立法会是澳门特别行政区的立法机关。

本条规定参照了《中葡联合声明》中有关立法会的表述，与《香港基本法》规定相同，在起草过程中无争议。

本条的主要内容是明确了对特区立法会性质的规定。

解读

1. 立法会是立法机关

澳门特别行政区享有立法权，行使立法权制定法律的机关是立法会。它与行使行政权的政府，行使司法权的法院、检察院是并列的独立机关。

2. 立法会在特区政治体制中的地位

在特别行政区政治体制中，立法会和特区政府是两个平行的机关。立法会不同于全国人民代表大会，不是特区最高的权力机关。在全国人民代表大会制度下，全国人民代表大会和国务院的关系是：全国人民代表大会是最高国家权力机关，产生国务院，国务院对全国人大负责并报告工作，接受全国人大监督；全国人民代表大会可以撤销国务院违反宪法、法律的行政法规和决定，对不称职的国家机关工作人员可以罢免。立法会也绝不等同于西方国家的议会，这在前面已作说明。虽然立法会和特区政府之间存在制约关系，但是立法会既无权产生也无权罢免特区政府主要官员。所以，立法会不能凌驾于特区政府之上。

（二十四）关于《澳门基本法》第68条

> 澳门特别行政区立法会议员由澳门特别行政区永久性居民担任。
> 立法会多数议员由选举产生。
> 立法会的产生办法由附件二《澳门特别行政区立法会的产生办法》规定。
> 立法会议员就任时应依法申报经济状况。

本条规定参照了《中葡联合声明》中有关立法会成员产生的表述，与《香港基本法》的规定有相似的内容，也有重大的不同，没有规定全体议员最终达至普选的目标。在《澳门基本法》起草过程中，围绕立法会议员的资格、外国籍议员的比例限制、议员申报的内容展开了充分讨论。

在《澳门基本法（草案）征求意见稿（讨论稿）》阶段，1991年4月17日第六次全体会议上，政治体制小组提交的讨论稿规定："澳门特别行政区立法会由澳门特别行政区永久性居民中的中国公民组成。但非中国籍的澳门特别行政区永久性居民也可以担任为澳门特别行政区立法会议员，其所占比例不得超过立法会全体议员的百分之二十。"① 在 1991 年 7 月 9 日第七次全体会议上，政治体制小组工作报告提出："中葡联合声明规定澳门特别行政区的行政机关和立法机关由当地人组成，基本法也作了这样的规定，与中葡联合声明是一致的，现在基本法对行政会委员和立法会组成比例的规定是适当的。"② 有委员认为，在澳门，非中国籍的永久性居民事实上很难在立法会全体议员中拥有 20% 的席位，所以非中国籍永久性居民在立法会议员中所占比例的限制可以不作规定。

在《澳门基本法（草案）征求意见稿》阶段，澳门居民发表了截然相反的意见。有的认为，规定 20% 的限制将会起到保障葡裔居民的参政作用。有的认为，不超过 20% 的限制是对葡裔居民的歧视。经分析各种意见后，在 1992 年 3 月 5 日第八次全体会议上，政治体制小组工作报告提出："立法会中可以有不超过 20% 的议员由非中国籍的澳门特别行政区永久性居民担任的规定是对澳门永久性居民中外籍人士参加政治生活的照顾，但澳门有些人士认为这是一种歧视。为避免误解，可以将本条的这个规定删去。修改后的条文为：'澳门特别行政区立法会由澳门特别行政区永久性居民组成。'"③

在《澳门基本法（草案）》阶段，有居民建议在本条中增加澳门特别行政区立法会议员不得兼任其他地区或国家议会成员的规定。对于议员申报的内容，在第九次全体会议上，基本法起草委员会秘书长鲁平在《关于修改〈中华人民共和国澳门特别行政区基本法（草案）〉的说明》中指出，立法会议员申报财产与特区政府官员不同，实际上是申报经济状况而非具体的财产。④

本条的主要内容是明确了对立法会组成、立法会议员产生方式、立法会议员申报经济状况的义务作出的规定。

解读

1. 立法会议员资格

立法会议员必须是澳门特别行政区永久性居民，为什么必须是永久性居民

---

① 全国人大常委会澳门基本法委员会办公室编《中华人民共和国澳门特别行政区基本法起草委员会文件汇编》，第 122 页。

② 全国人大常委会澳门基本法委员会办公室编《中华人民共和国澳门特别行政区基本法起草委员会文件汇编》，第 149 页。

③ 全国人大常委会澳门基本法委员会办公室编《中华人民共和国澳门特别行政区基本法起草委员会文件汇编》，第 199 页。

④ 全国人大常委会澳门基本法委员会办公室编《中华人民共和国澳门特别行政区基本法起草委员会文件汇编》，第 273 页。

呢？因为永久性居民与特区无论在法律上还是在事实上都存在长久的、固定的联系，要么在澳门出生，要么在澳门通常居住七年以上，并以澳门为永久居住地，对澳门有归属感、认同感和社会责任感。作为"澳人治澳"重要组成部分的立法会议员，如果不了解澳门，不认同澳门，又不愿意承担责任，那么就不可能履行职责，行使好立法权。那么，《澳门基本法》为什么没有像《香港基本法》那样对立法会议员的国籍作出限制？这完全是考虑到澳门的实际。从历史的发展看，澳门永久性居民中的外国人进入立法会担任议员的比例一直不高。从现实的人口结构分析，永久性居民中的中国人占到澳门总人口数的95%以上，外国籍居民不到5%。所以，限制立法会议员中的外国人比例不超过20%，实际作用不大，相反会招致外国籍居民的误解，所以不作出限制性的规定。

2. 立法会议员产生的方式

《澳门基本法》第 50 条第 7 项规定，行政长官可以委任部分立法会议员。除了委任议员外，多数议员由选举产生。一方面，立法会议员的组成和产生方式延续了澳门原有的制度，原澳门立法会也是由选举议员和委任议员组成。所以，中国政府在《中葡联合声明》中阐述的政策也明确肯定，立法会多数成员由选举产生。另一方面，延续这个制度的安排，也符合行政主导原则和兼顾社会各阶层的利益、均衡参与的要求。行政长官要发挥行政主导的作用，向立法会提出的法案和政策能够得到立法会的支持与获得通过，需要在立法会中得到相对稳定的多数支持，行政长官委任的议员就扮演了重要角色。由于他们不容易受到一时的社会民意或民粹主张的左右，相对地更能够从社会整体和长远的利益考虑和作出选择，支持特区政府的法案和政策，有利于特区政府施政。所以，在一些国家的议会中，部分议员也采用委任制，如印度联邦院中12 名议员由总统委任，加拿大参议员由总督任命，新加坡国会议员有部分由总统委任，等等。此外，行政长官委任部分议员，可以对选举产生的议员的代表性不足作出必要的补充。有的社会阶层和界别虽然人数不多，但是它们对社会有一定的重要性，选举未必能够将它们的代表送入立法会，行政长官可以通过委任议员的方式做到兼顾。历史和现实都证明，行政长官委任的议员中，有相当一部分是专业界别的人士，包括法律界人士，他们进入立法会后，在立法会审议特区政府法案中，可以发表专业意见，提升法案的质量。

立法会选举产生的议员按照《澳门基本法》附件二《澳门特别行政区立法会的产生办法》和《澳门特别行政区立法会选举法》产生。选举产生的议员占立法会议员的比例可以适当增加，但不能改变行政长官委任议员的数量。根据《澳门基本法》附件二的规定，从第二届立法会开始，直选议员由第一届的 8 人增加为 10 人，间选议员由 8 人增加为 10 人，委任议员人数不变；第三届立法会直选议员由 10 人增加为 12 人，间选议员和委任议员人数不变。2012 年 6 月 30 日，全国人大常委会对《澳门特别行政区立法会的产生办法》作出修改，从第五届立法会开始，直接选举议员 14 人，间接选举议员 12 人，委任议员 7 人。曾有意见提出，希望通过逐步减少委任议员的席位来增加选举产生议员的人数。此种意见既没有被社会大多数人认同，也未被全国人大常委会接纳，根本原因就是不符合基本法制定时的初衷，保留委任议员并不是一个过渡性的规定，而是立法会体制中必须保留的元素，因为它是行政主导体制和利益兼顾、均衡参与制度必不可少的部分。所以，基本法附件二的任何修改均不能涉及废除委任议员的规定。

3. 立法会议员申报经济状况

由于基本法并未规定立法会议员不得兼任其他职务，从事赢利活动，而基本法对行政长官是明确禁止从事赢利活动，所以要求行政长官申报财产就可以达到监督的目的，而对议员作出同样的规定则未必能达到同样的目的。在此情况下，由于立法会议员可以从事赢利活动，为了监督他们行使职权时是否存在利益冲突，要求他们申报经济状况就是合理的，因为经济状况的概念要大于财产状况，包括经营和参与公司的活动。

（二十五）关于《澳门基本法》第 69 条

澳门特别行政区立法会除第一届另有规定外，每届任期四年。

本条规定与《香港基本法》规定相同，在起草过程中无争议。

本条的主要内容是明确了对立法会任期的规定。

解读

本条是对立法会任期的规定，除立法会被解散的特殊情况外，通常每届任期四年。为什么立法会的任期与行政长官的任期不同步？立法的考虑是，尽量避免行政长官与立法会同年选举。在同一年，既选举行政长官，又选举立法会议员，社会和政府会投入很大的精力，不可避免地会影响社会和特区政府的正常运作，错开选举可以避免这种情况。加之行政长官选举和立法会选举是互相独立的选举，有条件可以做到分别选举。所以基本法规定，行政长官任期五年，立法会任期四年。

（二十六）关于《澳门基本法》第70条

澳门特别行政区立法会如经行政长官依照本法规定解散，须于九十日内依照本法第六十八条的规定重新产生。

本条规定与《香港基本法》规定相同，在《澳门基本法》起草过程中并无争议。

本条的主要内容是明确了对立法会被解散后重新选举的规定。

解读

第一，规定了立法会重新产生的期限。从立法会被解散到新一届立法会产生必须在90天内完成。时间上不能太短，也不能太长。时间太短，不利于选举有充分的时间准备和有序进行。时间过长，影响立法会的运作及对特区政府的监督。第二，按《澳门基本法》规定产生新一届立法会。具体而言，立法会议员按照《澳门基本法》第68条和《立法会选举法》选举产生。委任的议员由行政长官按照《澳门基本法》第50条任命。

（二十七）关于《澳门基本法》第71条

澳门特别行政区立法会行使下列职权：

（一）依照本法规定和法定程序制定、修改、暂停实施和废除法律；

（二）审核、通过政府提出的财政预算案；审议政府提出的预算执行情况报告；

（三）根据政府提案决定税收，批准由政府承担的债务；

（四）听取行政长官的施政报告并进行辩论；

（五）就公共利益问题进行辩论；

（六）接受澳门居民申诉并作出处理；

（七）如立法会全体议员三分之一联合动议，指控行政长官有严重违法或渎职行为而不辞职，经立法会通过决议，可委托终审法院院长负责组成独立的调查委员会进行调查。调查委员会如认为有足够证据构成上述指控，立法会以全体议员三分之二多数通过，可提出弹劾案，报请中央人民政府决定；

（八）在行使上述各项职权时，如有需要，可传召和要求有关人士作证和提供证据。

本条规定的主要内容与《香港基本法》规定相同，但也有一些区别，只规定立法会批准特区政府的财政预算案，并没有规定公共开支要经立法会批准。在起草过程中围绕特区政府向私人担保的批准、弹劾行政长官的程序、特区政府官员向立法会作证的条件、质询权的性质进行了讨论。

关于特区政府的担保。特区政府向私人提供担保涉及特区政府的财政支出，所以要事先得到立法会的批准。[1] 另外，基于特区政府的财政预算由立法会批准，所以 1992 年 3 月 5 日第八次全体会议主任委员会议指出，增加立法会批准由特区政府承担的债务的规定，使立法会对特区政府将来可能的借贷担保的债务有审批和监督权。[2]

关于弹劾的条件。弹劾行政长官的动议是规定由 1/3 议员还是由 1/4 议员联合提出？在 1991 年 4 月 17 日第六次全体会议上，政治体制小组提出的方案是全体议员 1/4 联合动议。[3] 第七次全体会议通过的《澳门基本法（草案）征求意见稿》维持不变。[4] 经听取社会意见后，1991 年 12 月 6 日政治体制小组会议纪要建议将弹劾行政长官由 1/4 议员改为由 1/3 议员动议。在 1992 年 3 月 5 日第八次全体会议上，政治体制小组工作报告指出："澳门有些人士认为本条第 7 项只要求 1/4 的议员联合动议，即可指控行政长官，人数太少，建议修改为 1/3。委员们采纳了这个建议，同意将

---

① 1991 年 12 月 8 日小组会议纪要。

② 全国人大常委会澳门基本法委员会办公室编《中华人民共和国澳门特别行政区基本法起草委员会文件汇编》，第 208 页。

③ 全国人大常委会澳门基本法委员会办公室编《中华人民共和国澳门特别行政区基本法起草委员会文件汇编》，第 122 页。

④ 全国人大常委会澳门基本法委员会办公室编《中华人民共和国澳门特别行政区基本法起草委员会文件汇编》，第 169 页。

1/4 议员的动议改为 1/3 议员动议。"① 《澳门基本法（草案）》做了相应的修改。② 澳门居民认同《澳门基本法（草案）》规定弹劾行政长官的动议需要1/3 议员联名，因为澳门立法会议员的总数有限，与香港不同，也可以防止有人滥用权力。在《澳门基本法（草案）》征求意见时，有意见认为将 1/3 改回1/4。起草委员会认为 1/3 的规定是合理的，没有接受修改的意见。

关于向立法会作证。在 1990 年 12 月 11 日第五次全体会议上，有的委员认为，立法会有权决定政府官员向立法会作证。但有的委员指出，涉及重大机密事项，只能由行政长官决定特区政府官员是否应到立法会作证。③1991 年 6 月 3 日政治体制小组会议纪要建议表述为，立法会可以传召有关人士作证。但对特区政府官员作证加了限制，增加"根据安全或重大公共利益的需要"由行政长官决定政府官员是否作证。④

关于质询的问题。在第六次全体会议上，有意见认为，立法会议员可对特区政府工作提出质询。有委员认为，对特区政府质询既包括对特区政府工作的质询，也包括对特区政府公务人员的质询。如果规定对特区政府工作质询，就不一定包括对特区政府工作人员的质询。⑤ 1991 年 7 月 9 日，起草委员会秘书长鲁平在《关于澳门特别行政区基本法（草案）征求意见稿（讨论稿）的说明》中指出："原第五项的'对政府提出质询'是作为立法会的职权，但实际上对政府的工作提出质询是议员的一项权利。所以，规定在这里不太合适，建议删去第七十四条第五项，另增写第七十九条为：'澳门特别行政区立法会议员有权依照法定程序，对政府的工作提出质询。'"⑥ 所以，质询权不宜放在立法会职权中规定。

除上述问题的讨论外，香港在制定基本法时，有意见认为，立法会有权对主要官员投不信任票，须由 2/3 议员通过，报中央决定。澳门居民在基本法起草过程

---

① 全国人大常委会澳门基本法委员会办公室编《中华人民共和国澳门特别行政区基本法起草委员会文件汇编》，第 199 页。

② 全国人大常委会澳门基本法委员会办公室编《中华人民共和国澳门特别行政区基本法起草委员会文件汇编》，第 230 页。

③ 第五次全体会议第 13 期简报。

④ 全国人大常委会澳门基本法委员会办公室编《中华人民共和国澳门特别行政区基本法起草委员会文件汇编》，第 227 页。

⑤ 第六次全体会议第 9 期简报。

⑥ 全国人大常委会澳门基本法委员会办公室编《中华人民共和国澳门特别行政区基本法起草委员会文件汇编》，第 155 页。

中没有认同此种意见，认为不符合行政主导的原则，并没有引起新的讨论和异议。

本条的主要内容是明确了对立法会职权的规定。

解读

1. 立法权的含义

立法权就是立法会有制定法律规范的权力，具体包括制定法律、修改法律、暂停实施法律、废除法律。暂停实施法律是澳门原有立法制度中的一项做法，当形势变迁，情况复杂，一时难以对修改或废除法律条文作出决定时，采取暂停实施办法解决，以观实效，再作决定，比较灵活地处理了法律与现实的关系。特区成立后，立法会对投资居留法中有关不动产投资获取澳门居民资格的条款作出了暂停实施的决定。

立法会立法，必须以基本法为依据，符合基本法的规定。不仅立法权限符合基本法的授权，而且立法内容也要符合基本法的规定，凡抵触基本法则无效。当然，立法会行使立法权也要符合基本法和法律规定的立法程序，从法案的提出到法案的审议通过、签署公布，各环节均要依法进行。

从成立至2018年，立法会共制定与修改了278部法律（见表1）。①

表1　澳门立法会制定和修改法律统计

单位：部

年份	制定法律	修改法律	总数
1999	11	0	11
2000	9	4	13
2001	14	5	19
2002	9	1	10
2003	10	3	13
2004	10	2	12
2005	7	2	9
2006	9	1	10
2007	5	2	7
2008	7	9	16
2009	17	7	24
2010	11	3	14
2011	8	4	12
2012	10	7	17

① 澳门特区立法会网站，http：//www. al. gov. mo/zh/law/2019。

续表

年份	制定法律	修改法律	总数
2013	9	4	13
2014	6	4	10
2015	7	8	15
2016	6	5	11
2017	10	6	16
2018	11	8	19
2019	5	2	7
总计	191	87	278

2. 审核与审议的含义

审核包含审议、核准通过的意思，审议只包含讨论，不需要批准，所以两者有区别。那么，基本法为什么规定政府财政预算案须立法会审核通过？因为特区政府的收入和支出涉及公共财政资源的使用，属于重大公共利益，不能由特区政府单方面自把自为，需要由代表民意的机构把关，所以由立法会审核通过。为什么财政预算执行（决算）情况只能由立法会审议呢？一方面有历史的原因，因为澳门原有做法是对预算和决算分别采取审核和审议的不同方式；另一方面也是考虑实际操作的可能性，由议员批准特区政府财政决算也是象征意义大于实际意义。而审议同样赋予议员对特区政府财政的监督权，如果发现决算中的问题，可在审议过程中质询特区政府，发挥监督作用。

3. 决定税收和批准债务

决定税收，批准债务，在此处的含义没有区别，均是表达需要立法会审议通过，仅仅是用词的差别。税收是特区政府财政的最主要来源，直接涉及居民的收益和财富分配，不能由特区政府单方面想收多少就收多少，所以需要立法会批准。债务是特区政府的另一种收入，通过举债增加收入。由于债务是需要偿还的，通过财政支出负担，是一种特殊的收入和支出，所以也必须由立法会批准。《澳门基本法》规定的债务是广义的，不论是特区政府实际产生和承担的债务，如发行特区政府债券，还是可能产生的债务，如特区政府作出的担保，产生的或有债务，均须立法会批准。

4. 施政方针的辩论

辩论就是讨论，议员与特区政府就施政政策讨论，不包含立法会批准特区政府政策的意思。特区政府向立法会介绍、解释特区政府的政策，立法会议员对特区政府的政策提出意见、批评和建议。通过辩论，一方面监督特区政府的施政，另一方面达到完善特区政府政策的目的。立法会有施政方针辩论的程序。《立法会议事规则》第 152 条规定，先由行政长官发言，后立法会议员要求解释。立法会议员对施政报告中每一项基本政策进行讨论，并可要求特区政府有关官员到立法会答辩，辩论最长时间为 10 天。

5. 公共利益辩论

公共利益不是一部分人的利益，而是涉及社会的整体利益。一方面，公共利益引起社会的高度关注；另一方面，解决公共利益问题需要社会集思广益，所以立法会是一个很好的讨论公共利益解决办法的平台。虽然立法会议员对公共政策的辩论不能代替特区政府制定政策，但是通过对公共利益的辩论，可以对特区政府已经制定的公共政策进行监督，提出批评、建议，促进特区政府对政策加以改善，也可以通过辩论推动特区政府制定新的公共政策来满足公共利益的实现。议员对公共利益的辩论也要遵循《立法会议事规则》第 137、139、140 条和第 141 条的规定进行。先由议员提出公共利益问题辩论的申请，经全体会议决定是否进行辩论。如立法会决定进行辩论，则由立法会主席通知行政长官。在辩论进行前，应由议员提供所需的资料。在辩论时，先由特区政府代表回答议员的提问，然后议员互相辩论。

6. 接受居民的申诉并作出处理

居民有权利向立法会提出申诉，立法会有权接受居民的申诉，并按照相关的规则作出处理。对于立法会职权范围内的事项，立法会可作出处理；不属于立法会的事项，转介有权限的部门处理。

7. 提出对行政长官的弹劾案

按照法定的程序，立法会议员可动议中央人民政府免除行政长官的职务。第一，提出弹劾案的条件。一是有严重违法行为，主要是指刑事犯罪，应该受到刑法惩处的行为。二是有渎职行为，作为公职人员没有履行法定的职责，导致失职应受刑法处罚的行为。这两种行为虽然形式不同，但是有一个共同的本质：属于严重犯罪，要受到刑法的追究。所以，弹劾不同于议会制下议会基于政治原因通过不信任案迫使政府下台。弹劾不能基于政治原因，必须基于刑事犯罪的原因。第二，弹劾的程序。弹劾分三步进行。首先，需要有 1/3 议员提出动议，指出行政长官有严重违法的行为。弹劾是立法会对行政长官的一种制约，但是也不能轻易发起，以免影响行政长官的工作和威信。加之立法会议员人数不多，规定弹劾动议议员人数较少，不够严肃。所以，规定了弹劾动议需要较高的门槛。其次，经全体议员1/2（过半数）通过动议，成立调查行政长官严重违法行为的委员会，展开深入的调查取证工作。再次，调查委员会的报告，经全体议员2/3多数通过，提出弹劾案。根据基本法的规定，立法会只是有权提出弹劾案，弹劾能否成立最终由中央人民政府决定，因为行政长官由中央人民政府任免，免除行政长官的职务属于中央人民政府的权力。

8. 传召作证

立法会因行使职权的需要，可以传唤有关人士来立法会作证，提供证据。按照基本法的规定，立法会行使传召有关人士提供证据有一个前置条件，即在行使以上职权时方可行使传召权。传召权不是独立的权力而是附随的权力。此外，立法会的传召权还受到一个特殊的限制，行政长官可以因公共利益决定特区政府工作人员不出席立法会作证。

（二十八）关于《澳门基本法》第72条

澳门特别行政区立法会设主席、副主席各一人。主席、副主席由立法会议员互选产生。

澳门特别行政区立法会主席、副主席由在澳门通常居住连续满十五年的澳门特别行政区永久性居民中的中国公民担任。

本条规定与《香港基本法》规定相同，在起草过程中无争议。

本条的主要内容是明确了对立法会主席、副主席资格和产生办法的规定。

解读

1. 立法会主席、副主席产生办法

参照澳门原有立法会主席、副主席的产生办法，《澳门基本法》规定立法会主席、副主席由议员互选产生。

2. 立法会主席、副主席的资格

由于立法会是特区政治体制中一个重要的机关，行使特区的立法权，因此立法会主席、副主席必须是中国公民，方能体现国家主权，对国家效忠，对特别行政区负责。同时，也需要保持与行政机关、司法机关负责人相同的资格，包括居住年限、永久性居民资格。虽然在《澳门基本法（草案）征求意见稿（讨论稿）》阶段，有委员提出立法会主席和副主席也应该无外国居留权。但基本法起草委员会考虑到立法会主席、副主席应该与特区政府主要官员的资格保持一致，所以没有作出立法会主席、副主席在外国无居留权的规定。

（二十九）关于《澳门基本法》第73条

澳门特别行政区立法会主席缺席时由副主席代理。

澳门特别行政区立法会主席或副主席出缺时，另行选举。

本条规定与《香港基本法》规定基本相同，但根据澳门的传统规定立法会设副主席职位。

本条的主要内容是明确了对立法会主席、副主席职位的规定。

解读

本条第一款规定立法会主席缺席时由副主席代理。缺席是指立法会主席因公或因私及其他原因不能履行职务时，由副主席代理行使职权。本条第2款规定，立法会主席或副主席出缺时，需要选举产生。出缺是指职务空缺，所以需要选举产生新的立法会主席或副主席。

（三十）关于《澳门基本法》第74条

澳门特别行政区立法会主席行使下列职权：

（一）主持会议；

（二）决定议程，应行政长官的要求将政府提出的议案优先列入议程；

（三）决定开会日期；

（四）在休会期间可召开特别会议；

（五）召开紧急会议或应行政长官的要求召开紧急会议；

（六）立法会议事规则所规定的其他职权。

本条规定与《香港基本法》规定相同，在《澳门基本法（草案）》阶段，有人建议增加"立法会议员也可要求召开紧急会议"。

在 1992 年 3 月 5 日第八次全体会议上，基本法起草委员会秘书长鲁平在《关于〈澳门基本法（草案）讨论稿〉的说明》中提出，应增加立法会主席决定议程的职权。如果主席没有这一权力，议员意见不一致，立法会就无法开会。[①]

本条的主要内容是明确了立法会主席的职权。

解读

立法会主席的职权属于程序权力而非实体权力。立法会主席的职权，主要可以归纳为三项。

第一，主持会议。当立法会举行会议时，需要有人维持会议的秩序，这个权力交由主席行使。

第二，决定会议议程。立法会会议讨论事项及先后顺序，由立法会主席决定。但是，当行政长官提出请求时，立法会主席必须将行政长官提请的事项无条件地优先纳入议程。

第三，决定召开会议。什么时候召集会议，以及召集何种类型的会议，由立法会主席决定，包括特别会议和紧急会议。特别会议是在立法会休会期间召开的会议。在立法会工作期间，如果在两次平常会议之间发生紧急情况需要召开会议作出处理，立法会主席可以召开紧急会议。此外，行政长官根据需要也可以要求立法会主席召开紧急会议。

为什么行政长官向立法会提交的事项优先列入立法会议程优先讨论？为什么应行政长官要求立法会要召开紧急会议？这种安排体现了行政主导的原则，立法机关要配合行政机关的工作。如果特区政府向立法会提出的事项不能优先讨论和审议，势必影响特区政府的施政和行政管理。

（三十一）关于《澳门基本法》第 75 条

　　澳门特别行政区立法会议员依照本法规定和法定程序提出议案。凡

---

① 全国人大常委会澳门基本法委员会办公室编《中华人民共和国澳门特别行政区基本法起草委员会文件汇编》，第 208 页。

不涉及公共收支、政治体制或政府运作的议案，可由立法会议员个别或联名提出。凡涉及政府政策的议案，在提出前必须得到行政长官的书面同意。

本条规定与《香港基本法》相同，在起草过程中主要围绕立法会议员提案权的限制进行讨论。

在《澳门基本法（草案）征求意见稿（讨论稿）》阶段，关于财政议案，1990年11月13日政治体制小组第六次会议纪要记载，有委员建议将议员提案的限制改为"涉及增加公共开支和减少公共收入"。有委员认为，特区政府和议员均可提出财政预算议案，特区政府如不同意议员提出的议案可以不签署。关于特区政府运作的议案，有委员认为，"涉及"两字的面太广，一切提案都会涉及特区政府运作，因此本条规定将使立法会议员无法作为而特区政府为所欲为，也无法使特区政府受到立法会的监督。也有委员认为，如果立法会议员提出的法案任意改变政府的运作，对特区政府的工作是不利的，因此对议员提案范围作出限制是必要的。关于特区政府政策的议案，有委员认为，只有提案改变和违背特区政府政策的法案，才需要得到行政长官的书面同意。① 有委员认为，"政府政策"的提法太宽泛，不好把握。有委员认为，总的精神是立法会不要干预特区政府职权范围内的事务，否则不利于特区政府的正常运作，对此加以限制是必要的。②

在《澳门基本法（草案）征求意见稿》阶段，有澳门居民认为，专属提案权不利于行政制衡，会损害三权分立。有意见认为，要行政长官书面同意是现行制度的倒退。

在《澳门基本法（草案）》阶段，1992年3月5日第八次全体会议上，有委员提出，立法会议员可以提出任何议案，但基本法作出限制就不太好。有委员认为，如果议员可以无休止地提出议案，限制特区政府的权力，特区政府将无法正常工作，为了便于特区政府与立法会协调，本条的规定是必要的。③ 有委员认为，将不涉及公共开支的议案，改为"增加开支，减少收

---

① 第六次全体会议第9期简报。
② 第六次全体会议第16期简报。
③ 第八次全体会议第4期简报。

入"的议案议员不得提出，以缩小限制的范围。有委员主张删去"凡涉及政府政策的议案，在提出前必须得到行政长官的书面同意"这句话。一些委员认为，基本法中政治体制条文的规定，既要考虑到立法会行使立法权，也要考虑到政府的行政效率。也有意见建议将书面同意改为书面意见。[①] 在全体会议上有部分委员提出修正案，建议凡涉及政府政策的议案由全体议员1/5 联名签署即可，无须行政长官书面同意。但该修正案被全体会议否决。

《澳门基本法（草案）》公布后，有居民认为，澳门目前并未限制立法会议员的提案权，建议将本条的限制删去。有意见认为，涉及特区政府政策的议案，在提出前，除必须得到行政长官书面同意外，可加上"或2/3 的立法会议员同意"。有意见认为，这些限制改变了目前的做法，导致行政权独大。在1993 年1 月13 日第九次全体会议上，政治体制小组工作报告指出："委员们认为，法律对立法会议员的提案权作出限制在世界许多国家也有先例。本条的表述尽管存在争议，但在尚未找到合适的表述方法之前宜保留原规定。"[②]

最终，基本法起草委员会认为，对立法会议员的提案权作出限制，是符合行政主导原则的，所以没有接纳修改意见。

在1991 年7 月9 日第七次全体会议上，基本法起草委员会秘书长鲁平在《关于澳门特别行政区基本法（草案）征求意见稿（讨论稿）的说明》中提出，考虑到法案仅仅是议案的一种，所以建议用"议案"代替"法律草案"，条文改为"澳门特别行政区立法会议员依照本法规定和法定程序提出议案"。[③]

本条的主要内容是明确了对特区政府和议员提案权的规范，规定了特区政府专属提案权的范围，也规定了议员提案的范围。

解读

1. 特区政府提案权的范围

根据本条的规定，特区政府的专属提案权，从学理上可以分为绝对的提案权和相对的提案权。绝对的提案权可以排除议员的提案，包括对公共收入和支出、政治体制、政府运作的事项，即议员在任何情况下都不得提出相关

---

① 第八次全体会议第6 期简报。
② 全国人大常委会澳门基本法委员会办公室编《中华人民共和国澳门特别行政区基本法起草委员会文件汇编》，第266 页。
③ 全国人大常委会澳门基本法委员会办公室编《中华人民共和国澳门特别行政区基本法起草委员会文件汇编》，第155 页。

的议案。相对的提案权主要限于特区政府政策，特区政府可以主动就政策提出相关的议案，而立法会议员只有在行政长官书面同意后才可以提出相关的议案。如果行政长官不同意，立法会议员则不能提出政府政策方面的议案。

2. 特区政府专属提案权的含义

"专属"具有排他性，即不可能与其他主体分享。具体而言，不可能就同一个事项特区政府提出一个议案，立法会议员提出一个议案。所以，专属提案权包括两个方面，一是最初提出议案的权力，二是随后对议案提出修正的权力。虽然，立法会议员在审议特区政府的提案时，可以提出各种各样的意见、建议，但必须由特区政府决定是否接纳其意见，建议并修改提案，绝对不能由立法会议员直接修改特区政府的提案，否则就变成了议员的议案，侵犯了特区政府的专属提案权，不符合专属的要求。对此，第1/1999号决议《澳门特别行政区立法会议事规则》第104条规定："澳门特别行政区政府对下列事项享有专属提案权及随后提案权：a）立法会选举法；b）公共收支；c）政治体制；d）政府运作。"专属提案权，包含随后对议案的修正权。

3. 规定特区政府专属提案权的意义

为什么要规定特区政府拥有专属提案权，同时对立法会议员的提案权作出限制？这主要是由特别行政区政治体制中的行政主导原则决定的。第一，在行政主导体制下，特区政府需要掌握制定政策，推行政策，保障政策实施的主导权，为此，特区政府需要通过立法加以保障，从而必然使得特区政府享有专属提案权。如果立法会议员可以就公共收支提出议案，则可能削减财政收入支出，影响政府的政策执行，可能减少收入和扩大支出，使特区政府难以为继。如果立法会议员可以对特区政府运作事项提出议案，可能会干预特区政府的运行和特区政府的工作程序，影响特区政府的行政效率。如果立法会议员可以就政治体制的事项提出议案，则可能扩大立法会的权限，缩小特区政府权限，改变行政与立法的关系。如果立法会议员可以就特区政府政策不经行政长官书面同意主动提出议案并审议通过，就会影响特区政府的施政，改变特区政府的政策，变成立法主导行政。总之，因为特区政府要执行立法会通过的法律，如果立法内容和立法过程完全由立法会议员主导，那么行政主导就不复存在。第二，特区政府行使专属提案权，不会妨碍行政机关和立法机关互相制约，立法会可对特区政府的提案提出修改意见或否决，不会出现特区政府不受限制的情况；同时，也有利于特区政府站在社会整体利益的立场上推动公共政策的实施，维持行政机关正常运作。必须强调的是，澳门的政治体制与西方的议会制有所不同，立法会不能凌驾于特区政府之上，不具有英国式议会主权、议会至上的地位，立法会在政治体制中的主要功能是制约行政机关而非主导行政机关，这决定了立法会议员的提案权会受到限制。第三，为保障特区政府的施政和行政效率，对立法会议员提案权作出某方面的限制，也是一些议会制国家通行的做法。如奥地利、比利时法律规定，议员不得提出减少公共收入和公共支出的法案；在巴西，议员不得提出有关公共服务和军队的法案；在英国，下议院议员不得提出增加开支和增加税收的法案。有的国家还规定，对于应由政府提出的外交条约、行政机关人员的任命等事项，议员无提案权。

（三十二）关于《澳门基本法》第 76 条

澳门特别行政区立法会议员有权依照法定程序对政府的工作提出质询。

本条规定与《香港基本法》相同，在起草过程中并无争议。但是，本条表述得更加准确，行使质询权的主体是立法会议员，而不是立法会。所以，质询并非作为立法会的职权规定的，而是作为立法会议员的权利规定的。

本条的主要内容是明确了对立法会议员质询权的规定。

解读

1. 质询权的含义

立法会议员对特区政府和公职人员提出质问和要求答复的权利，是立法会对特区政府监督的一种形式。质询是立法会议员针对特区政府的政策或工作提出问题，要求特区政府加以改善。质询不同于咨询，不是了解问题，而是针对问题。质询权是立法会议员个人的权利，所以质询不需要立法会同意，由立法会议员发起即可进行。质询可以是书面的，也可以是口头的。特区政府必须以相应的形式回复议员的质询。

2. 质询的程序

立法会议员的质询必须依法进行。《立法会议事规则》第二章"监督程序"第一节对特区政府的质询程序作出规定，立法会议员可就特区政府工作的事项提交全体会议进行质询，负责有关工作的特区政府官员应接受质询。立法会第2/2004号决议《对政府工作的质询程序》第5条、第9条对口头质询的申请和举行作出规定，口头质询由立法会议员或六名立法会议员联署提出质询申请书，由立法会主席发给立法会议员并通知行政长官，决定召开质询的全体会议。提出质询的立法会议员首先发言五分钟，特区政府官员回答十分钟，立法会议员随后发言不超过两分钟，特区政府官员再答复不超过十分钟，其他立法会议员补充提问不超过一分钟，最后特区政府官员有十分钟时间回应。第11、12、13条对书面质询的申请和答复作出规定，每一位立法会议员每周可向立法会主席提出一次书面质询，由立法会主席交行政长官，特区政府应在行政长官收到30日内作出书面答复。由于立法会议员的质询不同于立法会的辩论，所以对立法会议员质询与特区政府官员的答复，有次数的限制。

（三十三）关于《澳门基本法》第77条

澳门特别行政区立法会举行会议的法定人数为不少于全体议员的二分之一。除本法另有规定外，立法会的法案、议案由全体议员过半数通过。

立法会议事规则由立法会自行制定，但不得与本法相抵触。

本条规定与《香港基本法》相同，在起草过程中并无重大争议。

在《澳门基本法（草案）征求意见稿（讨论稿）》阶段，有意见认为，立法会表决通过的法案议案，没有必要规定须由全体议员过半数通过，因为出席的人数未必到齐，会影响立法的效率。但是，起草委员会考虑到立法会议员总人数不多，如果以出席会议的议员过半数通过法案，会造成少数决定多数的局面，不符合民主的原则。

本条的主要内容是明确了对立法会会议和立法会通过议案、法案的法定人数的规定。

解读

1. 立法会会议的法定人数

立法会是集体议事、集体决策的机构，为了保证立法会的民主代议性和合法性，所以规定必须过半数议员出席方为有效。此外，立法会议员总人数不多，目前是 33 人，要求过半数议员出席会议完全必要。

2. 立法会通过议案、法案的法定人数

为了确保立法会议案、法案的通过符合多数决的原则，规定必须由全体议员过半数通过方为有效。如涉及基本法修改等重大的法案，需要由立法会议员 2/3 多数通过。为什么要求全体议员过半数或 2/3 通过，而不是出席会议的 1/2 或 2/3 多数？同样是为了体现民主多数决的原则，如果仅仅是出席会议的 1/2 议员通过法案，实际上可能出现并没有超过全体议员的半数，变成了少数决定多数，不符合民主原则。提高立法的效率也必须符合民主的原则。

3. 立法会议事规则的属性

立法会议事规则比较特殊，与一般的法案不同，立法会议事规则经立法会审议通过后无须行政长官签署公布。所以，立法会议事规则的性质是机关内部规则，只对立法会有约束力。但是，立法会议事规则仍然必须符合基本法规定，不能与基本法相抵触。如果抵触了基本法的规定，也是无效的，这体现了基本法在特别行政区法律体系中的权威地位。

（三十四）关于《澳门基本法》第 78 条

澳门特别行政区立法会通过的法案，须经行政长官签署、公布，方能生效。

本条规定与《香港基本法》规定相同，在起草过程中没有争议。

本条的主要内容是明确了对立法会通过的法案必须经行政长官签署、公布后方为有效的规定。

解读

1. 签署和公布是立法程序的有机组成部分

澳门特别行政区立法程序由法案提出、审议、通过、签署和公布几个环节组成。只有完成了整个立法程序，法案才能够成为法律正式生效。所以，行政长官的签署、公布并不是形式意义上的程序，按照基本法的规定，行政长官如认为立法会的法案不符合基本法和特别行政区的整体利益，可将有关法案发回。如果立法会再次通过原案，行政长官可以解散立法会。

2. 行政长官签署、公布的意义

为什么立法会通过的法案需要由行政长官签署、公布？因为行政长官是特别行政区的首长，对中央人民政府负责，包括负责基本法的实施，而立法会是根据基本法制定法律，所以行政长官有宪制责任确保基本法的实施，维护基本法的权威，判断立法会制定的法律是否符合基本法。加之行政长官还须对特别行政区负责，立法会制定的法律是否符合特别行政区的整体利益，需要受行政长官监督。因此，基本法规定行政长官享有签署和公布法案的权力。这也是特区政治体制中行政主导原则在立法程序中的体现。

（三十五）关于《澳门基本法》第 79 条

> 澳门特别行政区立法会议员在立法会会议上的发言和表决，不受法律追究。

本条规定与《香港基本法》规定相同，在起草过程中围绕议员的言论自由范围展开了讨论。

在《澳门基本法（草案）征求意见稿（讨论稿）》阶段，1990 年 11 月 13 日政治体制小组第六次会议纪要记载，有委员主张，议员在履行职责时的发言和表决不受法律追究，而不是限于"在立法会上的发言"。在 1991 年 4 月 17 日第六次全体会议上，有委员认为，议员在立法会会议上的发言和表决，不受法律追究，范围似乎太窄，因为议员的职责不仅仅是发言和表决。但大多数委员认为，一般情况下议员与市民同样要遵守法律，但为了在特殊情况下保证立法会的正常运作，才赋予议员某些特权，这也是一种世界通例，所以规定是合理的。[①]

在《澳门基本法（草案）征求意见稿》阶段，在 1992 年 3 月 5 日第八次全体会议上，有委员认为，立法会议员的言论自由受保护应该扩展到在执行立法会的公务时的行为也不受追究。但也有委员认为，如果扩大议员言论自由不受法律追究的范围，有违法律面前人人平等的原则，所以本条的规定

---

① 第六次全体会议第 16 期简报。

是合适的。①

本条的主要内容是明确了对议员言论自由保护的规定。

解读

1. 议员言论自由保护的条件

保护议员的言论自由不受法律追究，目的是保障议员更好地履行职责，所以是有条件的保护。基本法规定，立法会议员只有在立法会会议上的发言不受法律追究，且限于特定的地点和时间。只有在立法会举行会议的场所，在立法会会议的时间段的发言不受追究。反之，在立法会会议外的言论如果违反了法律的规定，须承担相应的法律责任。

2. 议员的言论自由与自律

法律赋予议员一定的言论自由空间和免责特权是完全必要的，有利于议员监督特区政府的工作，为公义发声。但议员应该珍惜法律赋予的言论自由，而不是滥用这种自由。所以，议员在立法会上发言，一定要自律，不应该利用免责的机会，违背客观事实，胡言乱语，应该为居民起到遵纪守法的示范作用。

（三十六）关于《澳门基本法》第 80 条

澳门特别行政区立法会议员非经立法会许可不受逮捕，但现行犯不在此限。

本条规定与《香港基本法》的规定基本相同，但在议员人身自由保护的范围上略有区别，在起草过程中无争议。

本条的主要内容是明确了对议员人身自由受法律保护的规定。

解读

1. 议员人身保护的条件

《澳门基本法》根据原有的制度，规定议员出席会议、赴会途中的人身自由受法律保护。澳门根据原有的制度，规定议员任职期间人身自由受法律保护，与《香港基本法》规定相比，受法律保护的范围更广泛。议员人身自

---

① 第八次全体会议第 7 期简报。

由受限制的情况有两种。第一，现行犯。当事人正在实施犯罪行为，为制止现实的社会危害性，法院可以对其实施人身自由限制的强制措施。第二，立法会许可。虽然不是现行犯，但当事人犯罪的行为已经触犯了刑法并应该受到刑法的处罚，经立法会许可后，法院可以采取限制人身自由的强制措施。立法会许可，需要由立法会过半数议员的表决同意方可作出。对议员的人身自由作出特别保护，目的是保障议员更好地履行职责。

2. 议员的刑事诉讼程序

议员被提起刑事诉讼，分别按不同情况进行。第一种情况需要由立法会作出中止议员职务的决议，方可进入刑事诉讼程序。澳门第 12/2009 号法律《立法会立法届及议员章程》第 27 条规定，议员在特区内被提起刑事诉讼，审理该案件的法官应将该事实通知立法会，由立法会决定是否中止有关议员的职务，但倘属现行犯，且该罪的刑罚上限为逾三年徒刑的情况，则不在此限。第二种情况是无须立法会许可，强制中止议员的职务。第 27 - A 条规定，如议员因故意犯罪且该罪的刑罚上限为五年或五年以上徒刑而在特区内被提起刑事程序，并根据第 27 条第 1 款被确定控诉，其议员职务的中止属强制性，并于接到审理有关案件的法官通知后开始生效。

（三十七）关于《澳门基本法》第81条

澳门特别行政区立法会议员如有下列情况之一，经立法会决定，即丧失其立法会议员的资格：

（一）因严重疾病或其他原因无力履行职务；

（二）担任法律规定不得兼任的职务；

（三）未得到立法会主席同意，连续五次或间断十五次缺席会议而无合理解释；

（四）违反立法会议员誓言；

（五）在澳门特别行政区区内或区外犯有刑事罪行，被判处监禁三十日以上。

本条规定与《香港基本法》规定基本相同，但略有区别。起草委员会同意删去因破产和不履行债务，或因丧失和放弃永久性居民资格而丧失议员资格的规定。主要的考虑是，前者属于民事法律责任，与犯罪承担刑事责任不同，应该区别对待；后者已经不符合立法会议员需要具有永久性居民资格的要求，无须立法会决定即丧失议员资格。此外，考虑到立法会主席也是议员，如果立法会主席丧失其议员资格，基本法仍规定由立法会主席宣布，就不太恰当。所以，《澳门基本法》规定由立法会决定议员丧失资格。立法会的决定以事实为依据，只要议员存在属于基本法列举的五种情况之一的行为，立法会就必须宣告议员丧失资格。

本条的主要内容是明确了对议员丧失资格的规定。

解读

1. 无力履行职务

虽然无力履行职务的情况是多种多样的，但本质上是没有能力履行议员的职务，基本特征是客观上失去了议员的行为能力。

2. 兼任职务

兼任法律禁止担任的职务，兼任与其身份不相符的职务，将妨碍议员公正行使权力，比如议员兼任公务员，议员和公务员身份之间会存在利益冲突，势必影响立法会监督特区政府工作。

3. 无故缺席会议

因为议员出席立法会会议是本职工作，出席会议既是权利也是义务，无理由不出席立法会会议就是不履行义务，将会失去议员资格。

4. 违反誓言

立法会议员就职时，需要按照基本法和特区法律的规定宣誓就职。誓言是议员对法律的承诺，有约束力。如议员要宣誓效忠中华人民共和国澳门特别行政区，拥护《澳门特别行政区基本法》。议员违背誓言，言行上表现出不愿意效忠特别行政区，不愿意拥护基本法，不能够尽忠职守、廉洁奉公，是十分严重的问题。

5. 被处刑罚

议员因刑事犯罪被处 30 日以上的刑罚。被处以刑罚，不仅失去了人身行动的自由，不能履行议员的职责，还对社会造成危害，不适合做议员。

第四节 司法机关

在基本法起草过程中，对司法机关的定义有不同的意见。有意见认为，检察院是司法辅助机关。有意见认为，应提高检察院的地位，明确其是司法机关。1990 年 11 月 13 日政治体制小组第六次会议纪要记载，有意见认为检察院是司法辅助机关，有意见认为是司法机关。由于对检察院是否属于司法机关存有分歧，一时达不成共识，委员们最终同意，《澳门基本法》只明确规定法院和检察院的职能，不对司法机关下定义，致使出现了行政长官（《澳门基本法》第 45 条第 1 款 "澳门特别行政区行政长官是澳门特别行政区的首长，代表澳门特别行政区"）、行政机关（《澳门基本法》第 61 条 "澳门特别行政区政府是澳门特别行政区的行政机关"）、立法机关（《澳门基本法》第 67 条 "澳门特别行政区立法会是澳门特别行政区的立法机关"）有定义而司法机关却没有定义的情况。虽然在基本法中对司法机关没有定义，但法院和检察院是在 "司法机关" 一节中规定的。所以，澳门特别行政区成立后，澳门特区立法会通过的第 9/1999 号法律《司法组织纲要法》。第 2 条规定："司法机关指法院及检察院。"另外，《澳门基本法》与《香港基本法》还有一个明显的不同，即没有规定司法机关的司法官予以留用，对原有的法院和检察院体制也作了一些改变。所以，需要根据澳门的实际情况筹组司法机关，《全国人民代表大会关于澳门特别行政区第一届政府、立法会和司法机关产生办法的决定》第 7 条规定："澳门特别行政区法院由澳门特别行政区筹备委员会依照澳门特别行政区基本法负责筹组。"

（三十八）关于《澳门基本法》第 82 条

澳门特别行政区法院行使审判权。

本条的规定参照了《中葡联合声明》中有关审判权的表述，与《香港基本法》规定基本相同，在起草过程中并无争议。

本条的主要内容是明确了对法院行使的权力属性作出的规定。

解读

法院行使的是审判权。审判权是审理权和裁决权的合称，是法院所专有的一种排他性权力，除法院之外，其他机关不享有这种权力。澳门法院行使审判权审理和裁决刑事案件、民事案件或其他案件。但是，澳门法院的审判管辖权受《澳门基本法》第 19 条的限制，对"国家行为"和"国家行为的事实"无管辖权。

（三十九）关于《澳门基本法》第 83 条

澳门特别行政区法院独立进行审判，只服从法律，不受任何干涉。

本条规定参照了《中葡联合声明》中有关法院独立行使审判权的表述，与《香港基本法》的规定相同，在起草《澳门基本法》的过程中没有争议。

本条的主要内容是明确了法院独立行使审判权的原则。

解读

1. 独立审判的含义

独立行使审判权，不受任何机关和个人的干涉，主要包括：第一，法院行使审判权，不受行政机关、立法机关的干涉，也不受任何社会组织和个人的干涉，任何机关和个人既不能对法院发出指示和命令，也不能对审判人员施加压力，或威胁，或利诱；第二，上级法院也不能干预下级法院的审判，两者之间不存在领导与被领导的关系，仅仅是管辖权不同的审级关系。上级法院可以在自己管辖权的范围内，对下级法院的判决作出维持原判、改判或重判的决定，但不能对下级法院发出指令。

2. 独立审判的前提

独立审判不是法官随心所欲地行使审判权，必须严格依照法律规定行使审判权。依法是独立的前提，只有做到依法，独立才能够受法律的保障。违反法律的规定，滥用司法审判权，不受法律的保护。独立不能游离于法律之外，法官不按照法律规定审理和裁决，而是徇私枉法，则要受到法律的追究和制裁。

（四十）关于《澳门基本法》第 84 条

澳门特别行政区设立初级法院、中级法院和终审法院。

澳门特别行政区终审权属于澳门特别行政区终审法院。

澳门特别行政区法院的组织、职权和运作由法律规定。

本条是依据澳门的具体情况对澳门法院的体制作出的规定。在《澳门基本法》起草过程中，有意见认为，澳门地狭人少，不需要层次过多的法院体系，要求将中级法院和终审法院合一设置，在合一设置的法院内分庭运作。但有意见认为，从澳门发展的角度看，如果不设中级法院，而只有初级法院及终审法院，50 年内可能难以适应澳门社会的发展，终审法院的任务将过于繁重。所以，设立三级法院是必要的。

本条的主要内容是明确了对法院的体制、司法终审权归属的规定。

解读

特区设立三级法院，即初级法院、中级法院和终审法院。司法终审权属于终审法院。根据《澳门基本法》的规定，澳门特区立法会通过了第 9/1999 号法律《司法组织纲要法》，对特区法院的组织、职权和运作作出了具体的规定。

（四十一）关于《澳门基本法》第 85 条

澳门特别行政区初级法院可根据需要设立若干专门法庭。

原刑事起诉法庭的制度继续保留。

对本条的规定，在《澳门基本法》起草过程中围绕刑事起诉法庭制度是否保留和刑事起诉法庭的职能是否转移给检察院展开了讨论。

在《澳门基本法（草案）征求意见稿（讨论稿）》阶段，1990 年 11 月 13 日政治体制小组第六次会议纪要记载，有意见认为，应该保留刑事起诉法庭；有意见认为，刑事起诉法庭的职能应该转交给检察院。在 1991 年 4 月 17 日第六次全体会议上，有委员认为，如果继续保留刑事起诉法庭，那么在实际运作中容易与检察院独立行使检察权发生冲突。[1]

在《澳门基本法（草案）》阶段，在 1992 年 3 月 5 日第八次全体会议

---

① 第六次全体会议第 5 期简报。

上，起草委员会秘书长鲁平在关于《澳门基本法（草案）征求意见稿（讨论稿）》的说明中指出，征求意见稿中的"原刑事起诉法庭继续保留"应改为"原刑事起诉法庭的制度继续保留"，因为联合声明规定的是原有制度可以保留，而原澳葡的司法机关不存在 1999 年后保留的问题。①

本条的主要内容是明确了对初级法院的法庭制度作出的规定。

解读

1. 法院与法庭的概念

法院是司法机关，法庭是法院的内设机构或派出机构，前者是独立的法人，后者没有法人资格。在澳门特别行政区，就纵向的法院审级而言，有三级，即初级法院、中级法院和终审法院。从横向的法院管辖分工来讲，初级法院分为两类，即普通管辖法院和行政法院。根据澳门的实际情况和需要，基本法规定初级法院可设立若干专门法庭。特别行政区成立后，初级法院分别设立了民事法庭、刑事法庭、轻微民事案件法庭、劳动法庭、家庭及未成年人法庭、刑事起诉法庭。

2. 原刑事起诉法庭制度的含义和保留原因

在历史上，针对刑事调查和刑事诉讼澳门设立了一项专门的制度，即由法官组成的刑事预审法庭，在刑事侦查或刑事控诉时，法官行使特定职权的刑事诉讼制度。在特区，对继续保留这个制度还是将刑事预审的权限转移给检察院，有不同的见解。从法理的角度看，按照审检分立的原则，特区检察院是司法机关，行使刑事预审的职权也是合理的。但是，从现实的情况考虑，澳门居民对法官参与刑事预审制度已经适应，又面临澳门回归的重大历史时刻，这个时候改变原有的司法体制，可能会引起居民对人身自由保护的忧虑，保留不变可能更为妥当。所以，《澳门基本法》决定继续保留刑事预审法庭制度。根据《澳门基本法》的规定，澳门《司法组织纲要法》第 29 条规定，刑事起诉法庭的职权有二：第一，在刑事诉讼程序中，行使侦查方面的审判职能，进行预审，就是否提起诉讼作出裁判；第二，对徒刑及收容保安处分行使管辖权，如给予及废除假释，终止、重新审查，复查及延长收容等。

---

① 全国人大常委会澳门基本法委员会办公室编《中华人民共和国澳门特别行政区基本法起草委员会文件汇编》，第 208 页。

（四十二）关于《澳门基本法》第 86 条

澳门特别行政区设立行政法院。行政法院是管辖行政诉讼和税务诉讼的法院。不服行政法院裁决者，可向中级法院上诉。

本条规定是根据澳门原有的司法制度作出的保留，与《香港基本法》的规定不同，在起草过程中并无争议。

本条的主要内容是明确了对行政法院管辖权的规定。

解读

1. 行政法院管辖范围

行政法院管辖行政诉讼和税务诉讼。行政法院在审理案件时，以合议庭或者独任庭的方式运作，如果没有法律特别规定，通常由一名法官组成的独任庭审理案件，如需组织合议庭，则由法官委员会预先指定的合议庭主席主持审判。

2. 行政法院管辖的特点

行政法院是第一审法院，不服行政法院裁决者，可向中级法院上诉。所以，行政法院并没有形成从初级到终审自成一系的体制。特区设立行政法院的主要原因是考虑到澳门原来设有初级行政法院，根据原有的司法体制基本不变原则，予以保留。但为什么又不建立独立的行政法院体系，主要是考虑澳门的实际情况，包括行政诉讼和税务诉讼的案件数量不多，法官人数有限，以及合理使用司法资源等因素，没有现实的需要，故只设立行政法院。

（四十三）关于《澳门基本法》第 87 条

澳门特别行政区各级法院的法官，根据当地法官、律师和知名人士组成的独立委员会的推荐，由行政长官任命。法官的选用以其专业资格为标准，符合标准的外籍法官也可聘用。

法官只有在无力履行其职责或行为与其所任职务不相称的情况下，行政长官才可根据终审法院院长任命的不少于三名当地法官组成的审议庭的建议，予以免职。

终审法院法官的免职由行政长官根据澳门特别行政区立法会议员组成的审议委员会的建议决定。

终审法院法官的任命和免职须报全国人民代表大会常务委员会备案。

本条规定与《中葡联合声明》中有关法官的资格、产生的表述完全一致，也与《香港基本法》第 88、89、90、91、92、93 条的规定相似，仅仅是将《香港基本法》六个条文合并为一条。但有两个重大的区别：第一，没有规定原在澳门任职的法官可以留用；第二，没有规定终审法院法官的任命需要征得立法会的同意，只是在免除终审法院法官职务时，需要由立法会议员组成的审议委员会建议。对此，在基本法起草过程中并无重大争议。起草委员会委员建议，将联合声明中的"社会名流"改为"知名人士"，因为名流不好界定，概念不清晰。

为什么《澳门基本法》不规定原在澳门任职的法官可以留用？在 1991年 7 月 9 日第七次全体会议上，起草委员会秘书长鲁平在《关于澳门特别行政区基本法（草案）征求意见稿（讨论稿）的说明》中指出："考虑到澳门的实际情况，中葡联合声明与中英联合声明有所不同，中葡联合声明仅对公务员的留用作出了规定，而对法官和检察官并无类似的规定。加上澳门现有的法官、检察官又都是由葡萄牙派来澳门，属于葡萄牙编制，而最近葡国会通过的《澳门司法组织纲要法》所规定的司法建制与基本法的有关规定并不衔接。"[①] 所以，不宜规定司法官留用。

本条的主要内容是明确了对司法官任用和免职的规定。

解读

1. 法官的资格

法官的资格以法律专业为标准。按照澳门的制度，法官必须拥有法律专业法学士学位，学习和掌握澳门的法律知识；经过专门的司法官培训课程的学习，通过法律理论考试和司法机关实习考核，成绩优良。具备上述条件，方有资格被推荐为法官。这体现了法官的选用以专业资格为标准的要求。

---

① 全国人大常委澳门基本法委员会办公室编《中华人民共和国澳门特别行政区基本法起草委员会文件汇编》，第 157 页。

2. 法官的推荐

法官的推荐由一个独立委员会负责。该委员会由当地法官、律师和社会知名人士组成，他们以被推荐人的法律专业水平为标准向行政长官推荐法官人选。根据澳门第 10/1999 号法律《司法官通则》的规定，推荐法官的独立委员会由行政长官任命的七名澳门当地人士组成，其中澳门编制的法官一名，律师一名，其他方面的知名人士五名。所有委员以个人身份参加委员会，并以个人身份履行职责。推荐法官的独立委员会主席，由委员通过互选产生，主席行使推荐法官的独立委员会内部章程规定的权限。独立委员会的组成，为什么改变了澳门原来的司法官委员会中以法官、律师占多数的格局，而以社会知名人士占多数？主要的考虑是，这种安排有利于保障法官审理案件的独立性，因为参与推荐法官的社会知名人士与法官和律师相比，将来进入司法诉讼程序的概率不高，也不可能同时进入司法诉讼程序，这就将可能产生的对被推荐的司法官独立审判的影响降到了最低。同时，也不必担心出现"外行人评判内行人"的情况，因为社会人士虽不具备法律专业知识，但被推荐的法官人选的专业资格是由司法培训中心的理论考试和法院、检察院的司法实践考核评定的，社会知名人士是以此为依据进行推荐的。

3. 推荐和免职程序与法官独立的关系

为什么需要一个独立的委员会推荐呢？目的就是从推荐的源头开始，确保法官将来能独立审判。所以，《澳门基本法》强调，推荐法官的委员会必须是独立的，委员必须是以个人身份推荐，不能代表法官或律师团体推荐。同时，《澳门基本法》规定，免除法官职务也必须按特别的程序进行。第一，《澳门基本法》明确了免职的条件。法官只有在无力履行职责或行为与其所任职务不相称的情况下，方可被免职。前者属于法官丧失了行为能力，客观上无法履行职务；后者属于法官的行为不符合法律义务的要求，或者徇私枉法，或者存在利益冲突，或者行为不检点等。第二，《澳门基本法》明确了免职的程序。除终审法院法官外，其他法官的免职要根据终审法院院长任命的不少于三名当地法官组成的审议庭的建议，由行政长官作出免职决定。终审法院法官的免职要根据特区立法会议员组成的审议委员会的建议，由行政长官作出免职决定。可见，法官免职的程序是非常严格的。《澳门基本法》对法官从入职到免职全程把关，目的就是要确保法官履职的专业性和安全性，从而保障法官履行职责的独立性不受影响。

4. 备案的含义

"备案"是指向主管机关报告事由存案以备查考。终审法院法官的任命和免职，须报全国人民代表大会常务委员会备案。如果终审法院法官的任免条件和程序出现了不符合《澳门基本法》规定，或与《澳门基本法》规定相抵触的情况，全国人大常委会就有权督促特别行政区依照《澳门基本法》有关的规定加以纠正。

（四十四）关于《澳门基本法》第88条

> 澳门特别行政区各级法院的院长由行政长官从法官中选任。
>
> 终审法院院长由澳门特别行政区永久性居民中的中国公民担任。
>
> 终审法院院长的任命和免职须报全国人民代表大会常务委员会备案。

本条规定参照了《中葡联合声明》中有关行政长官任命法官的表述，与《香港基本法》规定有相同点，即法院院长由行政长官任命。不同点是香港特区行政长官任命终审法院法官和高等法院首席法官时，需要征得立法会同意，而澳门特区不需要。在起草过程中对终审法院院长是否应为永久性居民中的中国公民展开讨论。有意见认为，终审法院院长不需要由澳门永久性居民中的中国公民担任，因为《中葡联合声明》没有规定司法官员而只规定特区政府主要官员由澳门永久性居民中的中国公民担任。另有意见认为，对《中葡联合声明》的这种理解是不确切的，《中葡联合声明》附件一规定"某些主要官职"只能由澳门永久性居民中的中国公民担任，并且规定担任主要职务的官员即相当于原"政务司"级官员、检察长和警察部门总负责人。联合声明在这里明确指出两点：一是指主要职务相当于原政务司，而不等于或者只限于政务司；二是明确规定了检察长的身份，现在澳门的检察长应属于司法人员，而不是特区政府的主要行政官员。所以《澳门基本法》规定终审法院院长由澳门永久性居民中的中国公民担任，符合《中葡联合声明》的规定，也符合澳门实际，不能认为将来澳门特别行政区终审法院院长的地位低于司级官员和检察长。[①] 有委员认为，

[①] 肖蔚云：《论澳门基本法》，北京大学出版社，2003，第14~15页。

终审法院院长由澳门永久性居民中的中国公民担任在实际上很难做到，因为在《澳门基本法》起草时，尚无中国籍法官。有委员认为，《澳门基本法》要实行50年应作为一个原则规定，终审法院院长由中国公民担任是实际需要。也有委员建议，写一个附件，在附件中规定终审法院院长的资格，循序渐进有灵活性。

本条的主要内容是明确了对各级法院院长的任免和终审法院院长的资格作出的规定。

解读

为什么规定终审法院院长必须是澳门永久性居民中的中国公民？第一，特别行政区是中国的一个地方行政区，特区的高度自治权是中央授予的，其中包括司法权。行使行政管理权、立法权和司法权的机关，分别是行政长官及其领导下的政府、立法会、法院和检察院，而终审法院院长代表特别行政区的法院，如果由外国公民担任终审法院院长，既与国家主权原则的要求不相符，也与行政长官、立法会主席、检察长需要具备中国公民的资格不一致。第二，终审法院院长作为特区司法机关的代表，要确保法院行使审判权符合"一国两制"和《澳门基本法》的规定，所以就职时必须宣誓效忠中华人民共和国和澳门特别行政区，拥护《澳门基本法》。如果是一个外国公民，就不可能做到宣誓效忠中华人民共和国。因此，从国家主权原则、从特区对中央负责、从中央任命的官员须效忠国家的角度，特区终审法院院长具备中国公民的资格完全必要。虽然20世纪90年代中期澳门司法官员中缺乏中国籍的司法官，但是不能就此放弃培养中国籍司法官。只要确立了这个目标，一方面，可以推动葡萄牙管治下的澳葡政府采取措施培养中国籍的司法官；另一方面，也可以鼓励澳门永久性居民中的中国公民学习法律，进入司法官队伍，努力成为合格的司法官，为终审法院院长人选作准备。事实证明，《澳门基本法》的规定是可行的，也是完全能实现的。特别行政区筹备委员会筹组第一届司法机关时，顺利产生了澳门历史上首位中国籍的终审法院院长。同样，终审法院院长任免须报全国人大常委会备案，接受其监督。

（四十五）关于《澳门基本法》第89条

澳门特别行政区法官依法进行审判，不听从任何命令或指示，但本法第十九条第三款规定的情况除外。

　　法官履行审判职责的行为不受法律追究。

　　法官在任职期间，不得兼任其他公职或任何私人职务，也不得在政治性团体中担任任何职务。

本条规定比《香港基本法》的规定作出了更具体的规范，包括不得兼任其他公私职务、不得在政治性团体中担任职务的限定。在起草《澳门基本法》的过程中并无争议。

本条的主要内容是明确了对法官独立行使审判权的规定。

解读

1. 不听从任何命令或指示的含义

特区法官在审理案件时，不听从任何命令或指示，即法律外的命令或指示，既包括特区法院之外的行政机关或立法机关的命令或指示，也包括特区法院之内的院长、上级法官或其他法官的命令或指示，目的是确保法官完全依据法律，忠于事实，做出独立的裁判。只有一种情况例外，根据《澳门基本法》第19条第3款的规定，由于特区法院对国家行为的事实无裁决权，当特区法院在审理涉及国家行为的事实的案件时，不能自行裁定，需要取得行政长官的证明文件，而行政长官的证明文件又是根据中央人民政府的证明书作出的，对法院有约束力。法官遵从行政长官证明文件对审理的案件作出裁判，是《澳门基本法》规定的法官必须服从的一项法律义务，属于法律的命令或指示，不构成干预法官的独立审判。

2. 审判行为不受法律追究

法官审判要遵从事实标准和法律标准，即真实与合法。但是，事实标准具有某种相对性，受到认识的限制，可能出现事实与证据之间的差距。法律标准也因人们对法律的理解和解释不同而出现差别。因而，出现了上级审法官改判下级审法官的判决的情况，或者法官为了避免风险，在作出判决前会向上级法官请示，以免被上级法官改判。这将严重破坏法官独立审判的原则。所以，《澳门基本法》规定，法官履行审判职责的行为不受法律追究。但是，在保障法官独立审判的前提下，对法官审判中的违法渎职行为须追究法律责任，追究的目的也是更好保障法官依法独立、公正审判。追究法官的审判行为必须是法律明文禁止的情况，如徇私舞弊、枉法裁判、玩忽职守等。澳门《司法官通则》第6条规定，不得使法院司法官对其以法院司法官身份作出的裁判负责。仅在法律规定的情况下方可就法院司法官因履行职务作出的违法渎职行为追究其民事、刑事责任。

3. 不得兼任法律禁止的职务

为了保障法官依法独立公正审判，避免利益冲突，通常对法官的兼职作出禁止。如法官不得兼任政府公职，不得兼任私人职务，否则在审理行政诉讼案件、民事诉讼案件时就难以保持公正。又如，法官在政治团体中担任职务，也会影响其独立审判时的公正性、客观性。总之，对影响法官依法独立审判的兼职，都应该禁止。只有不影响依法独立审判，且有法律明确规定和经过法定程序批准，方可兼职。如法官兼任行政长官选举委员会或立法会选举委员会主席，兼任澳门大学法学院教员等。《司法官通则》第22条规定，司法官不得担任其他公共或私人职务，但属教授法律、法律培训或法律学术研究的职务，立法、司法见解或学术上的研究及分析的职务，以及自愿仲裁和必要仲裁方面的仲裁员职务不在此限；第24条规定，司法官不得从事任何政治活动，或于政治团体中担任职务。

（四十六）关于《澳门基本法》第90条

澳门特别行政区检察院独立行使法律赋予的检察职能，不受任何干涉。

澳门特别行政区检察长由澳门特别行政区永久性居民中的中国公民担任，由行政长官提名，报中央人民政府任命。

检察官经检察长提名，由行政长官任命。

检察院的组织、职权和运作由法律规定。

本条是根据澳门的实际情况所作的规定，澳门的检察院属于司法机构，而不是行政机构，需要作出专门的规定。在香港有律政司而无检察院，所以在《香港基本法》中并没有类似的规定。在起草工作过程中并无争议。

本条的主要内容是明确了检察院的职能、检察长的资格和检察官的产生程序。

解读

1. 检察院的职能

检察院是行使法律检察职能的机关。具体而言，检察院的权限包括：（1）代表权，在法庭上代表特别行政区、特别行政区公库、市政机构、无行为能力人、不确定人、失踪人，以及代理劳工及家属维护其利益；（2）保护权，在法律规定的情况下，维护集体和大众的利益，参与破产或无偿还能力的程序以及所涉及公共利益的程序；（3）诉讼权，参与刑事诉讼；（4）调查权，依法领导刑事调查；（5）监察权，对刑事警察机关的行为进行监察，对法院是否依法履行职责和法院判决的执行进行监督；（6）提供咨询权，在法律规定的情况下，应行政长官、立法会主席的请求，提供法律意见；（7）在诉讼法律规定的情况下，监督《澳门基本法》的实施。

2. 检察院的独立性

检察院作为司法机关行使职权时，不受任何干涉，包括行政机关和立法机关的干涉。但是，检察院独立行使检察权与法院独立行使审判权还是有区别的。从组织上说检察院是独立的，不从属于其他机构。澳门《司法组织纲要法》第55条规定，检察院是自治的。但从检察院的检察权限看，其独立性又受到一定的约束，检察院的独立性受合法性准则及客观准则约束，检察官须遵守法律规定。如检察院在代表特区政府利益、公共利益的时候，就要接受行政长官依法发出的指示，包括诉讼中的承诺、和解、撤回诉讼、放弃请求。《司法官通则》第9条规定，检察院在民事诉讼中代表特区公库时，行政长官可向检察院发出指示；行政长官许可检察院在澳门特别行政区为被害人，且追诉于举报或自诉的刑事诉讼程序中撤回诉讼。行政长官可要求检察长提供一般性报告书、报告或解释。再如，检察院实行垂直领导体制，检察长领导检察院和检察官的工作。检察官有义务遵守上级发出的指示。《司法组织纲要法》第62条规定，检察长为检察院最高领导和代表，有权领导和核查检察院各部门的运作和助理检察长、检察官的工作；发出助理检察长和检察官应遵守的一般和特定指示；分派工作给助理检察长和检察官。《司法官通则》第8条规定了检察院司法官的等级从属关系，即下级司法官服从上级司法官，有义务遵从接获的指示。

3. 检察长的资格和检察官的产生

检察长必须具有中国国籍。为什么检察长必须由澳门永久性居民中的中国公民担任？一方面，检察院是特区的司法机关，检察长是检察院的代表，与终审法院院长代表特区法院一样，由中国公民担任理所当然；另一方面，检察长与行政长官、主要官员、立法会主席和副主席、终审法院院长的资格一致起来，做到特区的行政机关、立法机关、司法机关的首长均由中国公民担任，符合国家主权的要求。检察长由行政长官提名，中央人民政府任命。检察官由检察长提名，行政长官任命。这是由行政长官与检察长的关系、检察长与检察官的关系决定的，正如上述，在法定的条件下，行政长官可以向检察长发出指示，检察长领导检察院，可以向检察官发出指示。所以，由行政长官提名检察长、由检察长提名检察官是与两者之间的法律关系相适应的。

4. 检察院的组织

特区检察院的设置，是对原有检察院制度的继承和创新。澳门检察院是一院建制、三级派驻。具体而言，检察院采用单一组织架构，不设立对应于三级法院的三级检察分院，这是创新。同时，保留由三个不同级别的检察官分别派驻三级法院内代表检察院履行职责，是对原有制度的继承。为此，检察院内部设立了独立运作的刑事诉讼办事处，专责刑事案件的侦察和起诉工作。同时，在三级法院内设立了多个办事处。由于《澳门基本法》是宪制性法律，不可能对检察院组织、运作和职能作出具体规定，所以交由《司法组织纲要法》规定。

（四十七）关于《澳门基本法》第91条

原在澳门实行的司法辅助人员的任免制度予以保留。

本条规定参照了《中葡联合声明》中有关司法辅助人员制度的表述，与《香港基本法》规定相同，在起草过程中并无争议。

本条的主要内容是明确了对司法辅助人员任免制度的规定。

解读

1. 司法辅助人员的概念

司法辅助人员是在法院和检察院工作的司法文员，具体的职级有特级书记员、首席书记员、助理书记员和初级书记员，主管职级有书记长、助理书记长、主任书记员。司法辅助人员既不同于司法官，也不同于公务员，而是特别的职程人员。司法辅助人员，需要经过特别的任职资格课程培训并通过考试才能够入职。没有这个资格，就不能担任司法辅助人员。司法文员的主要工作是处理诉讼方面的文书、卷宗的编排及有关手续的办理。

2. 司法辅助人员的任免制度

非主管级的司法辅助人员由司法机关从合格完成任职资格课程培训的人员中聘用。主管级的司法辅助人员，从工作年限不少于两年、工作评核不低于"良"的司法辅助人员中委任。

（四十八）关于《澳门基本法》第 92 条

澳门特别行政区政府可参照原在澳门实行的办法，作出有关当地和外来的律师在澳门特别行政区执业的规定。

本条规定参照了《中葡联合声明》中有关律师制度的规定，与《香港基本法》规定基本相同，在起草过程中无争议。

本条的主要内容是明确了对律师制度的规定。

解读

1. 执业资格的含义

执业资格是指具备专业资格者经申请被授予从事某一专门职业的工作，并有承担法律责任的能力。执业资格是以专业资格为前提，专业资格是指经过一定的专门知识的教育和培训，考核合格，经申请确认具备从事某一职业的能力。有专业资格不等于可以执业，专业资格只是取得执业资格的条件。从事律师职业首先要具备律师的专业资格，然后才能取得律师的执业资格，具备了这两个资格方可执业。

2. 执业资格的授予

根据《澳门基本法》，由澳门特区政府参照原有的办法作出规定。第一，澳门原来实行的办法。20 世纪 60 年代，凡在葡萄牙法学院毕业的法学学士，在澳门法院登记后即可成为律师。1991 年，澳门总督制定了第 31/91/M 号法令《律师通则》，规定了律师公会的法律地位和职权、澳门律师资格确认和执业管理办法。随后,律师公会制定了《律师入职规章》,明确由律师公会授予律师的执业资格。由于这个规定是在基本法起草过程中产生的,属于对原有制度的一种改变,因没有经过中葡双方的磋商,是否完全保留,还是需要做出必要的修改,由特区政府决定。全国人民代表大会常务委员会于 1999 年 10 月 30 日通过的《关于根据〈中华人民共和国澳门特别行政区基本法〉第一百四十五条处理澳门原有法律的决定》第 5 条第 6 项规定:"凡体现因葡萄牙对澳门的管治而引致不公平的原有专业执业资格的规定,在澳门特别行政区对其作出修改前,可作为过渡安排,按照基本法第 129 条的规定参照适用。"目前,特区政府尚未根据全国人大常委会的决定,对澳门原有的律师制度作出修改,原有办法继续实行。第二,原有办法面临的问题。2014 年 11 月行政法院和中级法院在诉律师公会一案判决中,①否定了律师公会拥有批准律师入职而审查其认可学历的自由裁量权。法官在判决书中还明确指出:"澳门律师公会在回归后不再具有权限对求取律师职业及其实习课程作出规范,有关权限依照上述《澳门基本法》的规定,属澳门特别行政区政府所有。基于此,第 31/91/M 号法令第 19 条第 2 款和第 3 款赋予律师公会上述规范权限的规定因违反《澳门基本法》的规定不再生效。申言之,在 1999 年 12 月 20 日后,律师公会不能再自行变更求取律师职业及其实习课程之原有法律制度,兹因有关规范权限,如上所述,属澳门特区政府所有。"因此,特区政府应根据《澳门基本法》的规定和澳门实际情况的变化,对律师公会的章程作出必要的修订,明确其权限。

(四十九)关于《澳门基本法》第 93 条

澳门特别行政区可与全国其他地区的司法机关通过协商依法进行司法方面的联系和相互提供协助。

本条规定与《香港基本法》规定相同,在起草过程中并无争议。

① 案件编号为 790/ADM,卷宗编号为 775/2014,http://www.court.gov.mo/zh/subpage/research judgments? court = ta。

本条的主要内容是对澳门特区与国家其他地区司法协助的规定。

解读

1. 司法协助概念

在《澳门基本法》的特定体系下，"司法协助"和"司法互助"略有区别。第一，"司法协助"指的是特区与全国其他地区之间的司法关系。"司法互助"是指特区与外国之间的司法关系。前者是一个主权国家内不同地区之间的司法协助，属于区际司法。后者是特区与外国之间的司法互助关系，属于国际法。第二，由于"司法协助"是一国内的区际司法关系，强调的是协商、依法提供"司法协助"，只要一方愿意，就可以向另外一方提供司法协助。而"司法互助"是国际法的关系，强调的是"对等互助"，特区可以对"司法互助"作出安排。司法协助的内容主要包括三个方面：一是文书送达，可直接送达或代为送达；二是调查取证，包括传唤证人和鉴定人，代为询问证人、嫌疑人，委托调查，移送证物等；三是承认和执行判决与仲裁。

2. 全国其他地区的含义

全国其他地区是指除澳门以外的中华人民共和国的其他地方行政区，其中就包括香港特区和台湾地区。在《澳门基本法》起草过程中，最初使用了"全国其他地区"的提法，《澳门基本法（草案）》公布后，有意见建议将"全国其他地区"改为"内地其他地区"或"中国内地"。起草委员会秘书长鲁平在《关于〈澳门基本法（草案）讨论稿〉的说明》中指出，全国其他地区包括港台地区，不宜用"内地"的提法，最后将"内地"改为"全国其他地区"。[①]

3. 司法协助原则

澳门特区与全国其他地区的司法协助是"一国两制"下的司法关系，所以必须遵循"一国两制"的原则来处理相互之间的司法关系。第一，根据"一国"的原则，既不能照搬国际司法互助模式，也不能直接适用国际公约或条约，还不能适用与国家主权原则相冲突的一些国际惯例。第二，根据"两制"的原则，既要互相尊重不同地区的法律制度，互不干涉，也要

---

① 全国人大常委会澳门基本法委员会办公室编《中华人民共和国澳门特别行政区基本法起草委员会文件汇编》，第210页。

通过协商和合作，提供司法协助。

4. 司法协助方式

根据《澳门基本法》的规定，特区司法机关可与全国其他地区的司法机关建立联系，签订协议。2001 年 8 月 15 日，最高人民法院与澳门特别行政区签署了《关于内地与澳门特别行政区法院对民商事案件相互委托送达司法文书及调取证据的安排》，对内地与澳门特区法院之间就民商事案件如何相互委托进行司法文书的送达、如何调取证据问题作了规定；2006 年 2 月 28 日，最高人民法院与澳门特区达成了《内地与澳门特别行政区关于相互认可和执行民商事判决的安排》；2007 年 10 月 30 日，签署了《关于内地与澳门特别行政区相互认可和执行仲裁裁决的安排》。以上三个协议涵盖了民商事领域的司法协助。2017 年 12 月 5 日，澳门特别行政区政府与香港特别行政区政府签署了《澳门特别行政区与香港特别行政区对民商事案件相互委托送达司法文书的安排》。2013 年 1 月 7 日，在澳门特别行政区签署了《关于澳门特别行政区与香港特别行政区相互认可和执行仲裁裁决的安排》。2005 年 12 月 1 日，签署了《澳门特别行政区政府与香港特别行政区政府关于移交被判刑人的安排》。

（五十）关于《澳门基本法》第 94 条

> 在中央人民政府协助和授权下，澳门特别行政区可与外国就司法互助关系作出适当安排。

本条规定参照了《中葡联合声明》中有关澳门特区与外国安排司法互助的表述，与《香港基本法》规定相同，在起草过程中并无争议。

本条的主要内容是明确了对澳门特区与外国建立司法互助关系的规定。

解读

1. 协助和授权的含义

由于澳门特别行政区是中国的一个地方行政区，与外国建立司法互助关系，涉及的内容属于特别行政区的自治事务，但不能与国家的主权、安全、重大公共秩序和国家的外交政策相抵触。所以，特区与外国商谈和签订司法互助协议必须经中央人民政府授权同意。同样，中央政府有义务协助特区与外国商谈司法互助事宜，向外国阐明中央政府对特区实行高度自治的政策，特区有权自行处理司法互助的事务，帮助建立协商的渠道，支持双方开展司法互助。

2. 适当安排的含义

澳门特区与外国签订司法互助协议的前提是必须符合适当的要求。何为适当？从《澳门基本法》和"一国两制"的方针看，特区与外国建立司法互助的关系，一方面不能损害国家的主权、安全和利益，另一方面要符合特区的自身利益，原则上维护了这两个方面的利益，就符合适当的要求。为了使特区开展与外国的司法互助有法可依，立法会通过了第6/2006号法律《刑事司法互助法》。特区政府正是依据上述要求和法律，展开了与外国的司法互助合作，签订了一系列司法互助协议。2001年与葡萄牙签订了《中华人民共和国澳门特别行政区与葡萄牙共和国法律及司法协助协定》，随后与冰岛、佛得角、欧盟、蒙古国、尼日利亚等签订了司法互助协议。

第五节　市政机构

（五十一）关于《澳门基本法》第95条

澳门特别行政区可设立非政权性的市政机构。市政机构受政府委托为居民提供文化、康乐、环境卫生等方面的服务，并就有关上述事务向澳门特别行政区政府提供咨询意见。

本条规定与《香港基本法》规定有相同之处，也有不同之处。市政机构（地区组织）必须是非政权性的，关于这一点，《香港基本法》与《澳门基本法》的规定相同。在非政权性的机构与特区政府之间的关系以及职能方面，《香港基本法》与《澳门基本法》的表述略有区别，《澳门基本法》明确了市政机构与特区政府的关系是受政府"委托"从事有关方面的事务。在《澳门基本法》起草过程中，最初参照《香港基本法》的规定，在1991年3月14日第六次全体会议上，政治体制小组提交的讨论稿规定："市政机构就澳门特别行政区的有关事务提供咨询。"① 后经过讨论，委员建议修改为"受政府委托为居民提供文化、康乐、环境卫生等方面的服务，并就有关上述事务向澳门特别行政区政府提供咨询意见"。② 在 1991 年 7 月 9 日第七次全体会议上通过的征求意见稿接受了上述意见。③

本条的主要内容是明确了对特区非政权性的市政机构的性质、职能作出的规定。

解读

1. 非政权性的含义

政权通常是指国家的统治权，由政府行使，以维护社会的秩序和管理。非政权是政权的反义词，非政权组织不享有政府的统治权和管理权。从澳门特区的权力体系讲，非政权机构就不是权力体系中的一级政权机构，也不享有公共权力。第一，从权力上讲，政权性权力通常包括立法权、行政权和司法权。第二，从行使权力的机关讲，有立法机关、行政机关、司法机关。所以，非政权性市政机构应该既无行政权、立法权和司法权，也不属于权力体系中的行政、立法和司法机关。

澳门市政机构从政权性到非政权性的演变，经历了一个过程。19 世纪40 年代，澳门设立了作为地方政权机构的市政厅。在《澳门基本法》起草及征求意见的过程中，绝大多数人认为，澳门地方狭小，公共事务有限，设立两级政权组织往往职能重叠，互相扯皮，妨碍行政效率，影响有效管理，建议取消政权性的市政机构。但考虑到市政机构在历史上存在和发挥了一定的作用，所以《澳门基本法》规定特区可设立非政权性的市政机构。特别行政区成立后，按照基本法的规定将市政厅改为非政权性的临时市政机构。2000 年 1 月 1 日，特区政府设立了民政总署，取代临时市政机构，作为特区政府的一个部门运作。2019 年 1 月 1 日，澳门特区政府根据《澳门基本法》第 95 条的规定，制定第 9/2018 号法律《设立市政署》，非政权性的市政署取代了民政总署。市政机构的管理权限经政府委托、授权取得，并非其

---

① 全国人大常委会澳门基本法委员会办公室编《中华人民共和国澳门特别行政区基本法起草委员会文件汇编》，第 126 页。
② 第六次全体会议第 7 期简报。
③ 全国人大常委会澳门基本法委员会办公室编《中华人民共和国澳门特别行政区基本法起草委员会文件汇编》，第 172 页。

固有。

2. 委托的含义

既然非政权性机构本身没有权力，那么其权力来自何方？《澳门基本法》规定来自特区政府的授权，因特区政府委托市政机构提供某些市政服务。所以，授权市政机构相应权力来管理有关事务，特区政府与市政机关是授权与被授权、委托与被委托的关系，市政机构是否按特区政府委托提供服务必须受特区政府监督。也就是说，特区政府授予多少权力，市政机构就有多少权力，市政机构既不能自己扩大权力，也不能改变服务范围。市政机构与市民之间是提供服务与接受服务的关系，不构成权力来源和委托的关系。这就决定了非政权性的市政机构不需要选举产生。第一，非政权性的市政机构不是政府机关，当然也就不可能成为代议机关，也就不能采用代议机关通常采用的选举产生的办法。第二，如果采取选举产生市政机构的方法，市政机构就变成了受市民委托管理市政事务，提供市政服务，也就改变了市政机构与政府的委托关系。市政机构提供什么服务？服务的范围有多少？最终都由市民决定，变相成了一个代议机构，明显与《澳门基本法》的规定相抵触，改变了《澳门基本法》对非政权性的市政机构的两大职能即提供服务和发表咨询意见的规定，超越了非政权性的属性。当然，不采用选举的方式，并不排除市政机构咨询和听取市民的意见。市政机构为市民提供市政服务或为特区政府提供咨询意见，需要听取市民的意见，听取意见的目的是改善服务。总之，不能取代和改变特区政府与市政机构的委托关系。

3. 提供服务和咨询的范围

市政机构作为提供市政服务的机构，一方面，在政府委托的前提下，向市民提供有关市政服务；另一方面，就特区政府委托的事务可以主动或被动地向政府提供有关意见，帮助政府决策，完善相关政策。由于是咨询意见，对特区政府无强制约束力，也就是说，市政机构对政府不存在制约。当然，特区政府为了更好地服务市民，需要多听取市政机构的意见。

（五十二）关于《澳门基本法》第 96 条

市政机构的职权和组成由法律规定。

由于《澳门基本法》是宪制性法律，需要配套的法律对市政机构的组成、职能、架构等作出具体的规定。现在，特区非政权性的市政机构由第9/2018号法律《设立市政署》规范。

第六节　公务人员

（五十三）关于《澳门基本法》第97条

澳门特别行政区的公务人员必须是澳门特别行政区永久性居民。本法第九十八条和九十九条规定的公务人员，以及澳门特别行政区聘用的某些专业技术人员和初级公务人员除外。

本条规定与《香港基本法》规定基本相同，在《澳门基本法》起草过程中，主要围绕公务人员的概念展开了讨论。有意见认为，公务人员就是公务员，即在特区政府任职的编制内的公共行政人员。有意见认为，公务人员指一切担任公职的人，故立法会议员、法官、检察官均属公务人员。还有意见认为，公务人员指所有出任政府全职受薪职位的人。政治体制小组在第八次全体会议上所作的工作报告指出："本条仍然使用'公务人员'的概念，以便与中葡联合声明的规定相一致，但需要说明，公务人员包括现在澳门的实位、合约和散位三类人员。"[①]

本条的主要内容是明确了对特区公务人员资格的规定。

解读

1. 公务人员的概念

在澳门原有的法律规范中，存在"公务员""公共行政人员""公职人员""散位人员""服务人员"的概念，并没有"公务人员"的概念。虽然名称不同，但有一个共同点：均受公法上的行政公职法律制度约束并按公职法律制度规定任职。《澳门基本法》中的公务人员是指为政府行政部门服务的所有人员，无论他们与政府之间建立确定联系还是临时联系，编制内还是

---

① 全国人大常委会澳门基本法委员会办公室编《中华人民共和国澳门特别行政区基本法起草委员会文件汇编》，第200页。

编制外，定期委任还是临时合约。

2. 公务人员的资格

原则上特区公务人员必须具有永久性居民资格，因为《澳门基本法》第 3 条规定，特别行政区的行政机关由特别行政区永久性居民组成。但是有三种情况例外，第一种是《澳门基本法》第 98 条规定的情况，原在澳门任职的公务人员因留用除外。因为这一部分公务人员已经在政府部门工作，不因澳门回归，尚不具有永久性居民资格而丧失公务人员资格，体现了原有权益不变、平稳过渡的原则。第二种情况是《澳门基本法》第 99 条规定的情况，特区政府根据需要聘请的葡萄牙籍和其他外籍人士担任顾问与专业技术职务的除外。因为这一部分人员是特区政府工作需要，需要从澳门以外聘请，只有豁免永久性居民资格的要求，才能做到从澳门以外聘请顾问和专业技术人员。第三种是特区政府聘请的某些专业技术人员和初级公务人员除外，因为专业技术人员有其特殊性，拥有一般公务人员不具备的专业技术技能，如工程师、建筑师、会计师、法律专才等。而初级公务人员主要是提供后勤服务的人员，这两类人员可以是非永久性居民以外的人员。特别行政区公务人员的资格要求与回归前公务人员资格要求的最大不同是，回归前是以拥有葡萄牙和中国国籍为条件，而特别行政区以具有永久性居民资格为条件，更体现了"一国两制"的包容性。

（五十四）关于《澳门基本法》第 98 条

澳门特别行政区成立时，原在澳门任职的公务人员，包括警务人员和司法辅助人员，均可留用，继续工作，其薪金、津贴、福利待遇不低于原来的标准，原来享有的年资予以保留。

依照澳门原有法律享有退休金和赡养费待遇的留用公务人员，在澳门特别行政区成立后退休的，不论其所属国籍或居住地点，澳门特别行政区向他们或其家属支付不低于原来标准的应得的退休金和赡养费。

本条规定参照了《中葡联合声明》中有关公务员留用的表述，与《香港基本法》第 100 条和第 102 条的规定基本相同。在起草过程中就公务人员的退休金问题进行了讨论。《澳门基本法（草案）》公布后，有意见认为，凡为澳门政府服务的公务人员都应该由特区政府支付退休金。多数意见认为，由于《中英联合声明》和《中葡联合声明》规定的不同，《中葡联合声明》仅仅规定特区成立后退休的公务人员由特区政府支付退休金，所以《澳门基本法》应按《中葡联合声明》的表述规定，由特区政府承担在特区成立后退休公务人员的退休金。

本条的主要内容是明确了对特区留用公务人员的各项权益的规定。

解读

1. 留用人员的含义和权益

留用人员指的是在 1999 年 12 月 20 日特区成立前已经在各行政和司法部门工作的人员，包括警务人员和司法辅助人员，均可以继续留用，继续工作，确保公务人员平稳过渡，让公务人员放心工作，服务特区。留用人员的权益是指在 1999 年 12 月 20 日特区成立时，原来享有的薪金、津贴和福利待遇不低于原来的标准，年资予以保留，原有待遇不变，不降低原有标准。《澳门基本法》规定的"原有标准"是指法律上规定的标准，如某一职级的公务员在特区成立前依法获取多少薪酬在特区成立时就应该保持不变。原有标准不能理解为实际的支付能力的标准，如某一职级的公务员依法获得了法定薪酬，由于经济通胀等因素的影响，实际购买力降低，并不能因此认为特区政府降低了原来的标准。

2. 退休金支付责任

《中葡联合声明》规定，在澳门特别行政区成立后退休的，不论其所属国籍或居住地点，澳门特别行政区政府都向他们或其家属支付不低于原来标准的应得的退休金和赡养费。为什么《中葡联合声明》与《中英联合声明》会有不同规定？原因是葡方在谈判时主动表示，特区成立前退休的公务人员的退休金由葡方负责，特区成立后退休的公务人员的退休金由特区政府负责。所以，中国政府对澳门的政策中承诺特区成立后退休的公务人员退休金由特区政府承担。《澳门基本法》将中国政府对特区成立后退休人员的承诺，以法律的形式规定下来，以保障特区成立后退休人员的生活。虽然在《澳门基本法》起草过程中，有意见要求特区政府承担特区成立前后退休人员的退休金，但这超出了中国政府在《中葡联合声明》中的承诺，没有被《澳门基本法》采纳。在《澳门基本法》通过后，葡方也曾要求特区政府承担特区成立前退休人员的退休金，因不符合《中葡联合声明》的规定，不为中方所接纳。

（五十五）关于《澳门基本法》第 99 条

澳门特别行政区可任用原澳门公务人员中的或持有澳门特别行政区永久性居民身份证的葡籍和其他外籍人士担任各级公务人员，但本法另有规定者除外。

澳门特别行政区有关部门还可聘请葡籍和其他外籍人士担任顾问和专业技术职务。

上述人员只能以个人身份受聘，并对澳门特别行政区负责。

本条规定参照了《中葡联合声明》中有关任用和聘请外籍人士的表述，与《香港基本法》规定相同。在起草过程中就外籍公务人员是对特区政府的部门负责还是对整个特区负责进行过讨论。在 1992 年 3 月 5 日第八次全体会议上，起草委员会秘书长鲁平建议将政治体制小组草拟的条文"对特别行政区有关部门负责"改为"对特别行政区负责"，因为这里的"负责"，原意是强调外籍人士担任公务人员必须对特别行政区效忠，而不是对一般工作的负责。[①]

本条的主要内容是明确了对特区受聘的外籍公务人员的规定。

解读

1. 外籍公务人员的任用

首先注意"留用"与"任用"的区别。《澳门基本法》第 98 条使用的是"留用"概念，留用意味着凡是在政府工作的人员，无论担任何职级和职位，都可以无条件继续，保持不变。本条使用的是"任用"概念，在留用之外任用他人担任公务人员，但任用有限制，因为根据《澳门基本法》的规定，行政长官、政府主要官员需要有中国公民资格，因此外籍公务人员不能担任特区政府主要官员。

---

① 全国人大常委会澳门基本法委员会办公室编《中华人民共和国澳门特别行政区基本法起草委员会文件汇编》，第 209 页。

2. 聘请外籍人士担任特区有关部门的顾问和专业技术职务

首先，特别行政区有关部门根据需要，可以聘请外籍人士担任顾问和专业技术职务，利用他们的经验，乃至国际方面的专业知识，帮助特区有关部门的工作。其次，聘请外籍人士的主体是特区的有关部门，并以特区有关部门的名义而不是特区的名义聘请，这与《中葡联合声明》中的表述略有差别，加上了"有关部门"四个字，划定了聘请的层级和范围，排除了可被聘请担任作为特别行政区代表的行政长官顾问的可能性。这个限定就行政长官对中央负责、执行中央政府的指令要求而言有其必要性。

3. 个人身份和对特区负责的含义

特区有关部门聘请外籍人士担任顾问和专业技术职务，如果其本人还是外国的现职的公职人员，既是澳门的公务人员，又是外国的公务人员，既要对特区负责，又要对外国负责，两个身份就会发生冲突。所以，《澳门基本法》规定，外籍人员只能以个人身份受聘，不能以外国的公务人员身份受聘，切断与外国政府的联系，只为特别行政区服务，不接受外国政府的指令。因而，《澳门基本法》规定，受聘的外籍顾问和专业技术人员必须对特别行政区负责，负责的含义就是要对中华人民共和国特别行政区效忠，绝对不允许双重效忠。

（五十六）关于《澳门基本法》第 100 条

> 公务人员应根据其本人的资格、经验和才能予以任用和提升。澳门原有关于公务人员的录用、纪律、提升和正常晋级制度基本不变，但得根据澳门社会的发展加以改进。

本条规定参照了《中葡联合声明》的表述："公务人员应根据本人资格、经验和才能予以任用和提升。澳门原有关于公务人员的录用、纪律、提升和正常晋级的制度基本不变。"与《香港基本法》规定的内容大部分相似。在起草过程中，澳门居民的普遍意见是，澳门原有的公务人员制度存在不少缺陷，除了保留原有制度基本不变外，一定要根据澳门社会的发展加以改进，建立更公平、更公正、更有效的公务人员录用和晋升制度。所以，在

《澳门基本法》的规定中加上了《中葡联合声明》和《香港基本法》中没有的一句话："但得根据澳门社会的发展加以改进。"

本条的主要内容是明确了对特区公务人员制度的规定。

解读

1. 公务人员任用和晋升的标准

特区政府对公务人员的任用标准是任人唯贤，而不是任人唯亲，以德才为标准任用。因为在澳葡时代，华人担任公职或在公职晋升中或多或少受到了不公平的对待，建立公平公正的公务人员任用和晋升制度是公务人员和澳门居民的普遍要求。《澳门基本法》回应了这种诉求，规定以资格、经验、才能为基本考虑因素任用和晋升公务人员，为公务人员任用和晋升制度改革提供了指引。

2. 公务人员制度基本不变

公务人员制度是政治体制中重要的组成部分，为了保障公务人员的职业稳定，需要对原来实行的公务人员制度中的录用、纪律、提升和晋级保持基本不变。如果在制度上作过多的改变，就会影响公务人员人心的稳定。而公务人员的制度都是由澳门原来的法律加以规定的，只要不抵触基本法，可以被采用为特别行政区的法律继续有效。

3. 公务人员制度的改进

公务人员制度基本不变，但不是完全不变，而是有些规定需要改变，以适应澳门社会发展的需要。因为原有公务人员制度中确有一些规定不尽合理，社会上也普遍认为，澳葡政府管理效率不高与公务人员制度中有关录用、任用、晋升的不合理规定有关，有改进的需要和迫切性。为了为特区政府改进公务人员制度提供法律基础和依据，《澳门基本法》规定，可对原有公务人员制度加以改进。

特区成立后，特区政府对公务人员制度进行了一系列改革。

第一，设立了公积金制度。第 8/2006 号法律《公务人员公积金制度》规定，凡为公共部门服务的人员均享有公积金，以保障公务人员退休后的生活。其目的和意义在于扩大有退休保障的公务人员范围，改变了过去编制内的公务人员有退休金，编制外的其他人员没有退休金上的差别，体现平等对待为特区政府工作的人员。为工作人员提供一个更具弹性的退休制度，供款人可根据自己的实际需要，如选择离职，可收取全数的个人供款或按供款年期所定的比例收取政府供款，令公务人员对退休保障享有更高程度的自主权。为给特区政府的人才流通创造更有利的条件，消除原有退休及抚恤制度对特区政府财政负担造成的不确定因素。

第二，完善公务人员考核制度。第 8/2004 号法律《公共行政工作人员工作表现评核原则》第 2 条提出了评核的目标：激励工作人员；改善工作人员的工作表现；促进上下沟通；改善人力资源综合管理；提倡优质服务。在评核原则上，确保公平公正。在评核项目划分和内容上，注重责任感与工作成效。在评核的等级标准上，更加细化。在评核的程序设计上，评核领导与下属的双向互动。在评核的方法上，年度与平时结合作了改善。第 5 条明确了评核的结果是，获"优异"评语者可获给予奖赏。获"优异"或"十分满意"评语者，则合同获续期。对获"不大满意"评语者，如按适用法例其职务未被立即终止，有关部门应采取改善其工作表现的措施，尤其是培训、重新定职、转职、重新分配工作或调往其他附属单位。确定委任的公务人员或工人及助理员获评语为"不满意"时，则启动简易调查程序；如工作人员在调查期间上班时对部门造成不便，则构成防范性停职的依据。

第三，完善公务人员职程制度。第 14/2009 号法律《公务人员职程制度》对公务人员入职的学历和专业资格条件、中央统一公开招聘和考试、垂直职程的晋阶和同阶职程的晋阶条件及培训作了调整、加以规范，使入职和晋升更加公平公正。

第四，完善特区政府领导和主管人员制度。第 15/2009 号法律《领导和主管人员通则的基本规定》引入了新的内容：订定领导及主管人员的"调职"制度，让其不用在结束一个部门的委任后再到另一个部门任职，有关人员的经历更加多元化。订定领导人员"工作表现评审"制度，将工作表现评核制度延伸至主管人员。引入"过冷河"制度，规定领导人员于职务终止后半年内若拟从事私人业务，须先取得行政长官许可。

第五，完善公务人员招聘和培训制度。2011 年 8 月，第 14/2016 号行政法规《公务人员的招聘、甄选及晋级培训》实施，详细规定了公务人员的招聘、甄选以及公务人员在职程内晋级培训等制度的适用范围、类型、要求等，实现了人员招聘、甄选和晋级培训活动的统一管理和规范。

第七节 宣誓效忠

特别行政区是中华人民共和国不可分割的一部分，特别行政区直辖于中央人民政府，特别行政区的行政机关、立法机关、司法机关政治职位的据位人需要对国家和特区承担责任。如何体现上述人员愿意承担法律责任，基本法起草委员会认为需要有一个庄严的仪式，《澳门基本法》将这个仪式具体规定为就职时依法宣誓。1991 年 6 月 3 日政治体制小组会议纪要记载，委员们同意增写"宣誓效忠"一节，并针对中央人民政府任命的官员和非中央人民政府任命的官员分别作出不同要求的规定。在 1991 年 7 月 9 日举行的第七次全体会议上，政治体制小组提交的讨论稿规定："澳门特别行政区行政长官、主要官员、行政会委员、立法会议员、法官和检察官，必须拥护中华人民共和国澳门特别行政区基本法，尽忠职守，廉洁奉公，全心全意为澳门特别行政区服务，并依法宣誓。澳门特别行政区行政长官、主要官员、立法会主席、终审法院院长、检察长在就职时，必须宣誓效忠中华人民共和国。"[1]《澳门基本法》的表述既参考了《香港基本法》的规定，又完善了《香港基本法》的规定。第一，在政治体制中将宣誓效忠单列一节，突出其重要性，规管行政、立法、司法机关所有重要职务的据位人。第二，对中央人民政府任命的官员，既要效忠中华人民共和国，也要效忠澳门特别行政区；对特区政府其他官员，要求效忠澳门特别行政区。

（五十七）关于《澳门基本法》第 101 条

> 澳门特别行政区行政长官、主要官员、行政会委员、立法会议员、法官和检察官，必须拥护中华人民共和国澳门特别行政区基本法，尽忠职守，廉洁奉公，效忠中华人民共和国澳门特别行政区，并依法宣誓。

本条规定与《香港基本法》第 104 条的规定基本相同，在起草过程中

---

[1] 全国人大常委会澳门基本法委员会办公室编《中华人民共和国澳门特别行政区基本法起草委员会文件汇编》，第 172 页。

并无争议。特别行政区行政长官、特区政府主要官员、立法会议员、司法机关的司法官拥护《中华人民共和国澳门特别行政区基本法》，效忠中华人民共和国澳门特别行政区是完全应该和必要的。

本条的主要内容是明确了对依法宣誓的规定。

解读

1. 拥护和效忠的含义

"拥护"一词的含义是赞成和支持，言论上要赞成，行动上要支持，言行要一致。"效忠"一词的含义是献出忠心，尽心尽力，不能三心二意。所以，言论和行动上都反对《澳门基本法》，不愿意效忠澳门特别行政区，当然不符合拥护和效忠的要求。虽然言论上表示拥护《澳门基本法》和效忠中华人民共和国澳门特别行政区，但在行动上违反和破坏《澳门基本法》，如主张、支持特区从国家分离出去的行为就属于不拥护《澳门基本法》的表现。在效忠特区的同时还效忠其他国家，也属于违背效忠特区的义务。在拥护和效忠问题上，关键看实际行为，以事实为依据作出判断。

《澳门基本法》规定的效忠，要求是一心一意的效忠，不允许双重效忠。因此，第9/2016号法律《修改第3/2001号法律〈澳门特别行政区立法会选举制度〉》第4条第6款规定："立法会议员在任职期间，不得出任下列官职或职位，（一）任何外国议会或立法议会的成员，尤其联邦级、国家级、地区级或市级议会或立法议会的成员。（二）任何外国政府成员或公共行政工作人员，尤其联邦级、国家级、地区级或市级政府成员和公共行政工作人员。"第6条规定："（六）任何外国议会或立法议会的成员，尤其联邦级、国家级、地区级或市级议会或立法议会的成员。（七）任何外国政府成员或公共行政工作人员，尤其联邦级、国家级、地区级或市级政府成员和公共行政工作人员"无被选举为澳门特区立法会议员的资格。也就是说，《澳门基本法》既不允许特区的上述公职人员兼任外国的公职，也不允许上述公职人员双重效忠。

2. 依法宣誓的要求

依法宣誓中的"法"，既包括《澳门基本法》，也包括根据《澳门基本法》制定的有关宣誓方面的法律，如澳门特区制定的第4/1999号法律《就职宣誓法》。依法宣誓不仅是就职的必经程序，而且是就职的实质要件，《就职宣誓法》第5条明确规定，拒绝宣誓即丧失就任资格。2016年11月7

日，全国人大常委会表决通过的《全国人民代表大会常务委员会关于〈中华人民共和国香港特别行政区基本法〉第一百零四条的解释》对依法宣誓的具体要求作出了规定。第一，依法宣誓是议员入职的法定条件和必经程序，不依法宣誓不得就任公职；第二，依法宣誓必须符合法定的形式和内容要求，宣誓人必须真诚、庄严地进行宣誓，必须准确、完整庄重地宣读法定誓言；第三，宣誓人故意宣读与法定誓言不一致的誓言或以不真诚、不庄重的方式宣誓，视为拒绝宣誓；第四，宣誓必须在法定监誓人面前进行。[①] 依法宣誓关键是要真诚宣誓和准确完整宣读誓言。前者是宣誓人的态度，如果一个人对法律采取轻蔑的态度，则意味着他不打算遵守法律。后者是宣誓人要遵守的行为规则的内容，如果一个人歪曲法律规则的内容，意味着他不愿意受法律规则的约束。所以，只有做到对法律的尊重，对法律规则的遵守，才能达到"依法宣誓"的目的。

（五十八）关于《澳门基本法》第 102 条

澳门特别行政区行政长官、主要官员、立法会主席、终审法院院长、检察长在就职时，除按本法第一百零一条的规定宣誓外，还必须宣誓效忠中华人民共和国。

本条规定是《香港基本法》中没有的，是《澳门基本法》对《香港基本法》相关表述的完善，在起草过程中并无争议。

本条的主要内容是明确了对中央人民政府任免的人员依法宣誓的规定。

解读

1. 效忠国家是爱国的要求

"澳人治澳"需要以爱国者为主体，爱国者就必须对国家承担责任，对国家不负责任的人是不能够治理中华人民共和国特别行政区的。爱国者的最基本要求就是维护国家的统一，拥护国家恢复行使澳门主权，接受中央人民

[①] 《〈受权发布〉关于〈全国人民代表大会常务委员会关于《中华人民共和国香港特别行政区基本法》第一百零四条的解释（草案）〉的说明》，新华网，2016 年 11 月 7 日，http://www.xinhuanet.com/politics/2016 - 11/07/c_1119862619.htm。

政府的管治权。在法律上对爱国者的最基本要求就是效忠国家。

2. 效忠国家是法律义务

行政长官、特区政府主要官员、立法会主席、终审法院院长、检察长必须具备中国公民资格，他们分别是特区的首长，特区的行政机关、立法机关、司法机关的代表，行使特区的高度自治权，必然在效忠特别行政区的同时效忠中华人民共和国，维护国家利益和安全。效忠并非可有可无，如果上述人员违背了效忠国家的义务，就会丧失履行职务的资格。

本章的中心思想是明确以行政长官为权力核心的政治体制，行政长官既对中央负责，也对特区负责。行政长官处于主导地位，特区政府与立法会既相互制约又相互合作，司法机关独立行使审判权和检察权。

第八章　经济

《澳门基本法》以"一国两制"的方针为原则，以有利于澳门长远发展为目标，从澳门的实际情况出发，规定了"经济"一章的主要内容。其逻辑体系由四个方面构成。第一，维持澳门特别行政区的经济基础，保护私有财产制度和私有财产权。第二，保留原有经济制度中的有利因素和基本支柱产业，如出口加工业、旅游博彩业、金融保险业、建筑地产业，同时根据澳门的实际情况和变化，做出一些必要的完善。第三，在经济领域实行高度自治，澳门特别行政区政府可自行制定经济政策，自行进行管理。第四，为澳门未来发展留有空间，创造条件，提供法律依据。

在《澳门基本法》起草过程中，主要围绕财政政策的量入为出原则、税收政策的低税和专营税、工商业政策的经济多元发展、民用航空政策的制度建立、旅游娱乐政策与本地整体利益的关系、劳工政策中的社会常设协调组织问题展开了讨论。

（一）关于《澳门基本法》第103条

澳门特别行政区依法保护私人和法人财产的取得、使用、处置和继承的权利，以及依法征用私人和法人财产时被征用财产的所有人得到补偿的权利。

征用财产的补偿应相当于该财产当时的实际价值，可自由兑换，不得无故迟延支付。

企业所有权和外来投资均受法律保护。

本条规定参照了《中葡联合声明》中有关私有财产所有权、企业所有权及其转让和继承权、依法征用财产时得到适当和不无故迟延支付的补偿的权利表述，与《香港基本法》规定相同，在《澳门基本法》的起草过程中争议不大，只是对条文安排在哪个章节更为妥当略有不同的见解。一种意见认为，《澳门基本法》总则已经规定了保护私有财产权，在经济制度中再作规定有重复之嫌。另有意见认为，总则规定的私有财产权是原则，经济制度中规定的私有财产权是具体的，明确了私有财产权包含的具体权利，两者并不矛盾，反而是相辅相成的，突出了对私有财产权保护的重视。

本条的主要内容是明确了对特区私有财产权的规定。

解读

1. 财产权的含义和重要性

财产权是指以财产利益为内容，直接体现财产利益的民事权利。保护财产权既包括保护自然人的财产，也包括保护法人的财产；既包括保护澳门居民的财产，也包括保护外来投资者的财产。财产权既包括财产的取得、使用、处置、继承的权利，也包括财产被依法征用时获得补偿的权利。保护财产权对居民行使其他权利十分重要，它是行使其他权利和自由的物质基础，离开物质基础，权利和自由只能停留于纸面，没有实际的意义和作用。保护财产权的具体内容是：第一，保护一切合法取得的财产，可以是通过合同、继承、取得时效、先占、添附及法律规定的其他方式取得；第二，保护财产的合法使用，可以自主地使用财产生产或经营，不受他人的限制；第三，保护财产的处置权利，可以将财产捐赠、遗赠等，不受干涉；第四，保护财产的继承权利，可以是法定继承，也可以是遗嘱继承，继承的权利不能被非法剥夺；第五，保护财产的补偿权利，特区政府根据公共利益的需要，可以对私人和法人的财产进行征用，但不能是无偿的，必须给予补偿。

2. 财产征用补偿的准则

特区政府为了公共利益可依法征用私人和法人财产，但征用财产必须是有偿征用。《澳门基本法》规定了三个条件。一是补偿的标准，应是该财产被征用时的实际价值，既不能是该财产过去的价值，也不能是该财产将来的价值。二是补偿的货币可自由兑换，如果不能自由兑换和汇出，实际上限制了财产所有人财产使用和处置的权利。三是及时支付，不得无故迟延支付，不得拖欠。第 12/92/M 号法律《订定法规关于因公共效益而采取之征用制度》和第 43/97/M 号法令《充实公用征收法律制度》对公益征用财产制度作了规范。第一，明确规定了公益征用财产的原则，即依法保护私有财产权和通过合理赔偿征用私有财产。第二，规定了公益征用财产的程序、形式、范围等。从程序上讲，先经过协商，协商不成才可申请公益的声明及行政占有。如对不当情事有争议，可通过仲裁和法院解决。就形式而言，分为一般公益征用和特殊公益征用，后者指因公共灾难或公共安全需要，特区政府可立即取得有关财产，无需任何手续，只按一般规定赔偿有关财产权所有人。征用的范围可以是局部，也可以是整体。第三，规定了公益征用的补偿标准、补偿计算的因素、付款的方式等。

3. 保护外来投资

澳门是一个国际化城市，是一个自由港，也是自由经济的社会。澳门的发展需要对外开放，需要吸引外来投资。要使外来投资者放心，应该一视同仁地对待本地和外来投资，保护投资者的财产权，保护投资者的合法权益。

（二）关于《澳门基本法》第 104 条

澳门特别行政区保持财政独立。

澳门特别行政区财政收入全部由澳门特别行政区自行支配，不上缴中央人民政府。

中央人民政府不在澳门特别行政区征税。

本条规定参照了《中葡联合声明》中有关财政收支的表述，与《香港基本法》规定基本相同，表述上有所区别。在起草过程中无重大争议，主要围绕财政自主如何表述展开讨论。《澳门基本法（草案）征求意见稿》按照《香港基本法》的写法，规定特区的财政收入全部用于自身需要。但有意见认为，"自身需要"的表述过于狭窄，不能用于其他需要，不留余地，不可以动用财政进行国际和区域上的援助，似有不妥。在 1992 年 3 月 5 日第八次全体会议上，经济小组工作报告同意将"用于自身需要"改为"自行支配"。① "自行支配"同样体现了特区政府享有财政自主权，怎么使用还是由特区政府决定，中央政府并不干预。

本条的主要内容是明确了对特区财政自主原则的规定。

解读

1. 财政独立的含义

从体制上说，澳门的财政制度与中央的财政制度没有联系，更不是从属关系。从权力上说，财政预算由特区独立编制，财政收入和支出由特区自行决定，中央人民政府不向特区政府发出相关指令。从责任上说，特区政府对中央人民政府不承担任何财政义务，财政收入全部自行支配，不用上缴中央人民政府。

2. 中央不在特区征税

税收是政府财政收入的主要来源，通常各国中央政府会在全国范围内征税。但是，在"一国两制"下特区享有独立的财政权，在澳门特区没有中央的税项，只有澳门法律规定的税项。所以，中央不在特区征税，一方面是不影响特区政府的税收收入，从而不影响特区经济的发展和居民的生活水平；另一方面也表明国家实行"一国两制"的主要目的是实现国家的统一，维持特区的稳定发展，而不是从特区获得经济利益。

（三）关于《澳门基本法》第 105 条

> 澳门特别行政区的财政预算以量入为出为原则，力求收支平衡，避免赤字，并与本地生产总值的增长率相适应。

本条规定与《香港基本法》规定基本相同，在起草过程中就要不要量入为出和避免赤字进行了讨论。1991 年 3 月 7 日经济小组第七次会议将特区财政政策统一表述为"财政预算以量入为出为原则，力求收支平衡，避免赤字，并与本地生产总增长率相适应"，并在 1991 年 3 月 17 日第六次全体会议上提

---

① 全国人大常委会澳门基本法委员会办公室编《中华人民共和国澳门特别行政区基本法起草委员会文件汇编》，第 202 页。

交的讨论稿中得到体现。①《澳门基本法（草案）》公布后，有意见认为，应删除"避免财政赤字"。如果某一年出现经济负增长，政府开支就会出现赤字，所以不能否定赤字财政。最终，基本法起草委员会认为，力求收支平衡，就包含了有需要的时候可以存在赤字，但总趋势是收支平衡，可不作修改。

本条的主要内容是明确了对特区财政政策遵循的原则的规定。

解读

1. 量入为出原则

澳葡政府是采取量出为入的原则，先确定当年的支出，再决定当年所需的收入，在一些年份因收入不抵支出，将历年滚存的财政结余拿出来作为收入，实质就是一种变相的赤字，对澳门经济长期稳定发展不利，需要改变。《澳门基本法》确立特区的财政预算应以量入为出为原则，有多少钱办多少事，作为编制财政预算和制定财政政策应该遵循的一项原则，澳门的财政政策既要保持独立性，又要保证稳健性，只有制定与实施稳妥的财政政策，才能保障澳门长久的发展。

2. 力求平衡原则

这是对量入为出原则的补充，允许财政收支有一定的灵活性。量入为出是一项原则，但并非要求在任何条件下支出都不能超出收入。收支平衡不是绝对的，也不意味着必须年年平衡，在特殊情况下，如经济进行调整或进行大型的公共工程时，某一年出现不平衡是允许的，但只能是个别情况，多数情况下和长远要求必须是平衡的。要做到平衡，就要将财政收支建立在与澳门生产总值增长率相适应的基础上，收支增长超过本地生产总值的增长，一定会出现赤字，反之，控制在本地生产总值增长的幅度内，财政略有结余就比较稳健。回归后的澳门财政情况良好，保持了收支平衡，略有结余，支持了澳门经济持续稳定的发展。

（四）关于《澳门基本法》第106条

澳门特别行政区实行独立的税收制度。

---

① 全国人大常委会澳门基本法委员会办公室编《中华人民共和国澳门特别行政区基本法起草委员会文件汇编》，第132页。

澳门特别行政区参照原在澳门实行的低税政策，自行立法规定税种、税率、税收宽免和其他税务事项。专营税制由法律另作规定。

本条规定参照了《中葡联合声明》中"澳门特别行政区自行制定预算和税收政策"的表述，与《香港基本法》规定相同，但根据澳门的情况，增加了"专营税制由法律另作规定"的内容。在起草过程中，有委员指出，澳门并非一律低税，专营行业的税就比较高，建议将低税政策改为税收政策，原来低的就低，原来高的就高，按原有政策办，比笼统规定低税政策要好。有委员认为，在保留低税政策的同时，可以增加"专营税由法律另行规定，或规定必要时专营税税制可单独进行调整"的内容。[①] 在1991年4月17日第六次全体会议上，经济小组提交的讨论稿明确规定："澳门特别行政区实行独立的税收制度。澳门特别行政区参照原在澳门实行的低税政策，自行立法规定税种、税率、税收宽免和其他税务事项。专营税税制由法律另作规定。"[②]

本条的主要内容是明确了对特区税收制度的规定。

解读

1. 独立的税收政策

独立的税制体现在三个方面：第一，澳门特区自成一系的税收制度，与国家税收制度无从属关系；第二，澳门特区有自己的税收法律，澳门特区的税种、税率及税收政策自行制定，不受国家税收政策的约束，与内地的税种和税率也不相同；第三，澳门特区有自己的税收管理机构，特区政府财政局负责税务管理和税务法律的执行。税收独立是由特区政府财政独立派生出来的，独立的税收才能保证独立的财政。税收独立也是澳门继续保持自由港地位的必然要求。

2. 低税政策

澳门对进出口采取低税政策，除了对烟酒、汽车、燃料等征收消费税外，其他进口工业原料和消费品全部免税，产品出口全部免税。对内一般涉及公众的税率最高不超过16%。企业利得税率仅为2% ~ 15%。低税政策是澳门自由港和自由贸易的重要组成部分，也是澳门经济发展、吸引外来投资

① 全国人大常委会澳门基本法委员会办公室编《中华人民共和国澳门特别行政区基本法起草委员会文件汇编》，第88页。

② 全国人大常委会澳门基本法委员会办公室编《中华人民共和国澳门特别行政区基本法起草委员会文件汇编》，第132页。

的一个有利条件。特区将继续实行低税制。

但是，对专营企业实行专门税率。专营税是澳门最具特点的税种之一。专营企业从事特区政府特许的经营项目，有的是独家经营，由于专营企业都有较高的赢利，对它们的收入不采取低税政策。加上各专营企业经营的项目不同，也不可能税率划一，特区政府在授予特许经营的时候，只能分别规定税率。博彩专营税是特区政府财政收入的主要来源，必须有一个合理的税率。根据 2001 年博彩法规定，对经营博彩毛收入征收 35% 的特别税。据澳门特区政府财政局最新发布数字，2018 年澳门博彩税共进账 1067.81 亿澳门元，约合 133 亿美元（见表 1）。

表 1 2018 年和 2017 年每月幸运博彩统计

单位：百万澳门元，%

	月毛收入			累计毛收入		
	2018 年	2017 年	变动率	2018 年	2017 年	变动率
1 月	26260	19255	36.4	26260	19255	36.4
2 月	24300	22991	5.7	50560	42246	19.7
3 月	25950	21232	22.2	76510	63479	20.5
4 月	25728	20162	27.6	102239	83640	22.2
5 月	25489	22742	12.1	127727	106382	20.1
6 月	22490	19994	12.5	150217	126377	18.9
7 月	25327	22964	10.3	175544	149340	17.5
8 月	26559	22676	17.1	202103	172016	17.5
9 月	21952	21362	2.8	224055	193378	15.9
10 月	27328	26633	2.6	251383	220010	14.3
11 月	24995	23033	8.5	276378	243043	13.7
12 月	26468	22699	16.6	302846	265743	14.0

注：1 港元 = 1.03 澳门元
资料来源：http://www.dicj.gov.mo/web/cn/information/dadosestat_ mensal/2018/index.html。

《澳门基本法》中"但书"的规定，一方面为对专营税制根据实际情况、不受低税制影响作出特殊规定提供了法律依据；另一方面也表明专营税制尤其是博彩税可以进行调整，由特区用法律予以规范。专营税制不仅对特区政府财政影响很大，对低税制而言更是其赖以存在的基础，没有博彩业提供的巨额税金，低税制就没有经济基础。所以，实行专营税制有利于澳门税收制度的稳定和更好地实行低税政策。

（五）关于《澳门基本法》第107条

澳门特别行政区的货币金融制度由法律规定。

澳门特别行政区政府自行制定货币金融政策，保障金融市场和各种金融机构的经营自由，并依法进行管理和监督。

本条规定参照了《中葡联合声明》中有关货币金融制度基本不变的表述，与《香港基本法》规定相同。在起草过程中无争议。但是，经济小组曾经把"特区政府制定政策"改为"特区制定政策"，在1992年3月5日第八次全体会议上，鲁平秘书长在《关于〈澳门特区基本法（草案）讨论稿〉的说明》中提到，《澳门基本法》第64条规定的是特区政府制定政策，制定政策属于特区政府的职权范围。所以，应该恢复"政府"两字，即由特区政府制定政策，管理相关事务。[①] 按照这个原则，其他相同的条文也依此表述。

本条的主要内容是明确了对澳门金融制度管理的规定。

解读

1. 政府享有金融业的管理权

金融业的管理权包括制定货币金融政策，保障金融业自由经营，对金融业进行监管。金融业是特区的重要产业，澳门的金融机构由银行、非银行信用机构、金融中介机构、保险机构组成。特区政府既要保障金融市场和金融机构的经营自由，也要依法对金融市场和金融机构进行管理和监督。特区政府监管依法进行，澳门规范金融机构经营活动的相关法律与制度有金融体系法律制度、风险资本公司法、离岸银行法、融资租赁法律制度、保险制度法、保险中介人及经纪人法等。这些法律与制度一方面保障了金融机构的经营自由，另一方面也赋予特区政府对金融机构的管理权和监督权。

2. 澳门金融制度的独立性

澳门特区政府对金融机构的管理和监督具体由金融管理局依据澳门的法律进行，国家的中央银行不领导特区的金融管理机构，两者之间是合作关系。

---

① 全国人大常委会澳门基本法委员会办公室编《中华人民共和国澳门特别行政区基本法起草委员会文件汇编》，第209页。

（六）关于《澳门基本法》第108条

澳门元为澳门特别行政区的法定货币，继续流通。

澳门货币发行权属于澳门特别行政区政府。澳门货币的发行须有百分之百的准备金。澳门货币的发行制度和准备金制度，由法律规定。

澳门特别行政区政府可授权指定银行行使或继续行使发行澳门货币的代理职能。

本条规定参照了《中葡联合声明》中有关澳门货币发行的表述，与《香港基本法》规定相同。在起草过程中无争议。

本条的主要内容是明确了对特区货币制度的规定。

解读

1. 法定货币

法定货币实质上是法律规定的可以流通的货币。澳门特别行政区可以有自己的法定货币。澳门的法定货币是澳门元，可以继续流通。

2. 发行货币权

《澳门基本法》规定，澳门货币发行权属于澳门特别行政区政府，澳门特区政府可以自行发行货币。澳门货币发行也是一个独立的系统，不与内地的人民币挂钩。发行货币必须有100%的准备金。准备金亦称"兑换准备金"，分为现金准备金和保证准备金。现金准备金由金、银、外汇等构成。保证准备金由政府的有价证券和信誉极高的商业票据等构成。发行准备金是一种银行券保证制度，其意义主要体现在两方面：一是确保银行券的发行不超过一定的范围；二是通过兑付银行券保证银行券不会对黄金贬值，必须是可兑换的外币，以保证发行货币的稳定。2018年澳门特区政府金融管理局公布的数据显示，特区外汇储备资产总额继续增加，2018年12月底澳门特别行政区的外汇储备资产总额初步统计为1636亿澳门元（合202.8亿美元）。① 外汇资产总额相当于澳门流通货币的10倍。澳门

① 澳门2018年12月外汇储备数字及澳汇指数，http://mo.mofcom.gov.cn/article/tjsj/zwminzu/201901/。

的外汇储备由特区政府管理和支配，不纳入国家的外汇管理体系，也是独立的。

3. 授权代理发行

由于货币发行权属于特别行政区政府，所以特区政府可以授权指定的银行发行货币，包括可以继续授权原已承担发行澳门货币的银行发行货币，也可根据需要和情况授权新的银行参与发行货币。银行发行货币是经特区政府授权，行使代理职能，而不是银行本身有发行货币的权力，特区政府有权收回货币发行权。原澳门大西洋银行已发行并流通的货币可继续流通，但货币图案抵触中国对澳门恢复行使主权的则应退出流通。特别行政区成立后，特区政府授权中国银行澳门分行发行澳门元。特区政府保留了澳门货币的硬币发行权，纸币发行权授予中国银行澳门分行和大西洋银行。

（七）关于《澳门基本法》第 109 条

> 澳门特别行政区不实行外汇管制政策。澳门元自由兑换。
>
> 澳门特别行政区的外汇储备由澳门特别行政区政府依法管理和支配。
>
> 澳门特别行政区政府保障资金的流动和进出自由。

本条规定参照了《中葡联合声明》中有关外汇制度的表述，与《香港基本法》规定基本相同，但也有不同。由于澳门没有外汇、黄金、证券期货市场，所以《澳门基本法》并未作出相应的规定，在起草过程中并无争议。

本条的主要内容是明确了对特区外汇制度的规定。

解读

1. 不实行外汇管制

外汇管制是指政府为平衡国际收支和维持本国货币汇率而对外汇进出实行的限制性措施。自由兑换是指在纸币流通条件下，一个国家或货币区的居民不受官方的限制，按照市场汇率自由地将本国货币与外国货币兑换。根据《澳门基本法》规定，澳门既不实行外汇管制，也不限制澳门元自由兑换。

2. 依法管理外汇储备

外汇储备是指一个国家持有并可以随时兑换外国货币的资产，包括现钞、黄金、国外有价证券等。外汇储备作为澳门财政和稳定经济的保障，由特区政府依法管理。如何保值和增值、如何使用外汇由特区政府自行决定。

3. 保障资金流通自由

特区政府保障资金的流通和进出自由，一方面，在澳门的金融市场上，澳门元可自由兑换其他外币；另一方面，外汇也可以自由进出澳门而不受限制。但是，为了预防和打击洗黑钱，资助恐怖主义活动，维护澳门特区经济体系的安全稳定，第 6/2017 号法律《监管携带现金和无记名可转让票据出入境》规定，入境人士携带总值为澳门币 12 万元或以上的现金或无记名可转让票据，如旅行支票、支票、汇票、付款委托书、本票等，应向海关人员申报并填写申报书。出境人士如被海关人员查问，应如实申报。申报制度的实施不会限制、阻碍或禁止合法的资金进出澳门。保持资金自由流通不仅有利于企业的对外贸易和金融机构的经营，而且有利于居民自由选择货币使用和保值，方便生活、外出就学、经商、旅行。

（八）关于《澳门基本法》第 110 条

澳门特别行政区保持自由港地位，除法律另有规定外，不征收关税。

本条规定参照了《中葡联合声明》中有关自由港和单独关税地区的表述，与《香港基本法》规定相同，在起草过程中无争议。

本条的主要内容是明确了对特区自由港地位的规定。

解读

1. 自由港含义

自由港是指全部或绝大多数外国商品可以免税进出的港口，划在一国的关税国境（即关境）以外，外国商品进出港口时除免交关税外，还可在港内自由改装、加工、长期储存或销售，又称自由口岸、自由贸易区、对外贸易区。

2. 关税含义

关税是指进出口商品在经过一国关境时，由政府设置的海关向进出口商征收的税。

3. 特区实行自由港政策

澳门作为自由港，允许货物自由卸港、搬运、制造和转口，不受海关的干涉，除法律规定外，不征收关税。澳门经济是外向型经济，继续保持自由港地位对出口加工业极为重要。

（九）关于《澳门基本法》第 111 条

澳门特别行政区实行自由贸易政策，保障货物、无形财产和资本的流动自由。

本条规定参照了《中葡联合声明》有关制定经济贸易政策的表述，与《香港基本法》规定相同，在起草过程中并无争议。

本条的主要内容是明确了对特区自由贸易政策的规定。

解读

1. 自由贸易的含义

自由贸易是指政府不采用关税、配额或其他形式来干预国际贸易，取消对进出口贸易的限制和障碍，取消对进出口商品的各种优惠和特权，对进出口商品不加干涉和限制，使商品自由进出口，在市场上自由竞争的贸易政策。

2. 澳门实行自由贸易政策

特区政府对进口商品不加歧视，对出口商品不加干涉，除了出口受入口国配额限制外，不实行许可证制度。对进出口商品，一般实行基本免税或少数低税政策，保障货物、无形资产和资本自由流动。

（十）关于《澳门基本法》第 112 条

澳门特别行政区为单独的关税地区。

澳门特别行政区可以"中国澳门"的名义参加《关税和贸易总协定》、关于国际纺织品贸易安排等有关国际组织和国际贸易协定，包括优惠贸易安排。

澳门特别行政区取得的和以前取得仍继续有效的出口配额、关税优惠和其他类似安排，全由澳门特别行政区享有。

本条规定参照了《中葡联合声明》有关贸易协定的表述，与《香港基本法》的规定相同，在起草过程中并无争议。

本条的主要内容是明确了对特区关税制度的规定。

解读

1. 澳门继续保持单独关税地区的地位

澳门属于单独关税地区，独立于国家关税体系。没有单独的关税，澳门就不可能保持自由港地位和发展自由贸易。澳门的免税和低税制度与内地的关税制度不同，保有自己单独的税率和贸易规则，符合有关国际公约对单独关税地区的规定。为此，澳门拥有独立的海关，自行管理进出口货物和关税，不受内地海关的领导。

2. 享有优惠贸易安排的权益

优惠贸易安排是指在实行优惠贸易安排的成员之间，通过协议或其他形式，对全部商品或部分商品规定特别的优惠关税。澳门可继续以"中国澳门"的名义参加世界贸易组织及其他相关的国际组织和贸易协定，享有已经取得或将取得的出口配额、关税优惠和其他安排，包括纺织品出口到欧盟成员国免缴关税，享有欧美国家给予的普遍优惠税制带来的免税或低税待遇，内地的企业则不享有。

（十一）关于《澳门基本法》第113条

澳门特别行政区根据当时的产地规则，可对产品签发产地来源证。

本条规定参照了《中葡联合声明》有关产地规则的表述，与《香港基本法》规定相同，在起草过程中并无争议。

本条的主要内容是明确了对特区产地规则的规定。

解读

产地规则是指根据国家法律或国际协定确定的原则，由政府制定并实施的以确定生产或制造货物地（国家或地区）的规则，并根据规则签发产地来源证的制度。澳门的出口产品是否在澳门生产和制造，由澳门特区政府确认并签发出口产品的产地来源证，以保证澳门享有贸易安排所取得的各项优惠，促进澳门对外贸易的发展。

（十二）关于《澳门基本法》第114条

> 澳门特别行政区依法保护工商企业的自由经营，自行制定工商业的发展政策。
>
> 澳门特别行政区改善经济环境和提供法律保障，以促进工商业的发展，鼓励投资和技术进步，并开发新产业和新市场。

本条规定与《香港基本法》规定基本相同，但根据澳门的实际情况，增加了第2款的规定，原因是面对澳门出口加工业进入调整期是否仍然保留澳门工商业发展产生了不同的意见。在澳门历史上，工业的发展经历了几个阶段：从最初的铸造铜炮和制造木船，到生产神香、鞭炮、火柴的手工业，再到20世纪60年代后期初步形成以纺织、玩具、电子电器、皮革、手袋、人造花为主的新型出口加工业。澳门利用欧美国家提供的特惠税等优惠贸易条件以及纺织品出口配额，吸引了香港的大量投资，加上低廉的劳动力和生产成本，工业突飞猛进。到80年代，澳门工业进入全盛时期，工厂由不到1000家增至2000多家，工业产值由约30亿澳门元增至130多亿澳门元，占本地生产总值的37%，成为澳门第一大产业。但是进入90年代后，澳门工业发展速度放缓，工厂外移、工业规模缩小，博彩业比重逐步上升，取代出口加工业的地位，成为澳门第一大产业。面对这种局面，是进行产业结构调整还是放弃工商业的发展？经过讨论，在1990年12月11日第五次全体会议上，委员们基本同意，应该推动澳门经济多元发展，同意增加"发展工商业"的条款。经济小组提交的讨论稿规定："澳门特别行政区依法保护工商企业的自由经营，自行制定工商业的发展政策。澳门特别行政区政府提供经济和法律环境，以鼓励投资和促进工商业，特别是工业增加投资，实现技术进步，并开发新产业和新市场。"① 在1991年4月17日举行的第六次全体会议上，经济小组就有关表述作了文字修改："澳门特别行政区政府提供经济和法律环境，以促进工商业的发展，鼓励工业投资，实现技术进步，并

① 全国人大常委会澳门基本法委员会办公室编《中华人民共和国澳门特别行政区基本法起草委员会文件汇编》，第89页。

开发新产业和新市场。"① 在 1991 年 7 月 9 日举行的第七次全体会议上，再次对文字做了修改，表述为："澳门特别行政区改善经济环境和提供法律保障，以促进工商业的发展，鼓励投资和技术进步，并开发新产业和新市场。"② 将"鼓励工业投资"改为"鼓励投资"，不仅限于工业领域，表述更加全面。

本条的主要内容是明确了对特区工商业政策的规定。

解读

1. 发展工商业，实现经济多元化

虽然澳门经济的发展受到外部环境的影响，需要作出相应的调整。但是，经济结构的调整不能仅依靠单一的博彩业的发展，还需要保留工商业的发展。对此，特区政府应该自行制定工商业政策，保护工商业的自由经营，促进工商业的发展。特区成立后，特区政府制定了形成"以旅游博彩业为龙头、以服务业为主体，其他行业协调发展的产业结构"的经济发展政策。但是，由于经济发展不平衡，博彩业"一业独大"，其他行业发展相对落后。因此，特区政府再次明确提出了以适度多元化作为产业发展战略，即以博彩业为基础，带动旅游业和会展业发展，使博彩、旅游休闲、会展产业联动发展，实现澳门经济的适度多元。

2. 特区采取必要措施促进经济多元发展

特区有责任和义务改善经济环境，提供法律保障，促进工商业的发展。首先，改善经济环境，就是给企业投资和企业经营创造好的条件，改革特区不必要的烦琐手续，建立公平竞争的机制。其次，提供法律保障，就是对原有法律中不利于经济发展或束缚经济发展的规定进行修改，与国际通行做法接轨，发挥澳门作为自由港和自由贸易制度的作用。最后，改善经济环境和提供法律保障，目的就是促进工商业的发展。走经济适度多元化道路，不能仅依赖过去传统的产业，要鼓励投资和技术进步，开拓新的产业领域和市场，如具有澳门优势的中药产业等。现阶段，特别是要抓住澳门经济发展的特色，建成世界级的旅游休闲中心，发挥作为中葡经贸

---

① 全国人大常委会澳门基本法委员会办公室编《中华人民共和国澳门特别行政区基本法起草委员会文件汇编》，第 133 页。

② 全国人大常委会澳门基本法委员会办公室编《中华人民共和国澳门特别行政区基本法起草委员会文件汇编》，第 174 页。

合作服务平台的作用，借融入粤港澳大湾区合作之机，实现澳门经济适度多元发展。

（十三）关于《澳门基本法》第 115 条

> 澳门特别行政区根据经济发展的情况，自行制定劳工政策，完善劳工法律。
>
> 澳门特别行政区设立由政府、雇主团体、雇员团体的代表组成的咨询性的协调组织。

本条规定与《香港基本法》的规定有相同之处，但不同之处是《澳门基本法》将劳工政策放在"经济"一章中规定，而不是像《香港基本法》那样放在"社会文化事务"一章中规定，原因是劳工政策与经济政策关系更加紧密，劳工政策的核心是经济问题，不是社会福利问题。此外，根据澳门的实际情况保留了原有的由政府、雇主团体、雇员团体的代表组成的协商组织。在《澳门基本法》起草过程中，主要围绕是否保留三方组成的协商组织以及协商组织的性质进行了讨论。

在《澳门基本法（草案）征求意见稿（讨论稿）》阶段，1991 年 3 月 17 日第六次全体会议上，经济小组提交的工作报告指出："有委员建议增写一款，澳门特别行政区设立由政府、雇主团体、雇员的代表组成的社会协调机构，参与制定劳工法、社会保障制度和经济计划。"[1] 在 1991 年 7 月 9 日第七次全体会议上，经济小组工作报告指出，考虑到澳门已存在一个由劳、资、政府三方组成的社会协调机构并起着一定的作用，故增写一款："澳门特别行政区设立由政府、雇主团体、雇员的代表组成的社会协调组织，对制定劳工法、社会保障制度和经济计划提供咨询意见。"[2]

在《澳门基本法（草案）征求意见稿》阶段，1992 年 3 月 5 日第八次全体会议上，经济小组的工作报告认为，规定社会协调组织是合适的，

---

[1] 全国人大常委会澳门基本法委员会办公室编《中华人民共和国澳门特别行政区基本法起草委员会文件汇编》，第 133 页。

[2] 全国人大常委会澳门基本法委员会办公室编《中华人民共和国澳门特别行政区基本法起草委员会文件汇编》，第 151、174 页。

但其具体职能可由其章程来规定而不必放在《澳门基本法》中，对此建议修改为"澳门特别行政区设立由政府、雇主团体、雇员团体的代表组成的社会协调组织"。① 在1992年3月5日第八次全体会议上，起草委员会秘书长鲁平在关于《澳门基本法（草案）征求意见稿（讨论稿）》的说明中，建议明确协调组织是咨询性质的，将"社会协调组织"改为"咨询性的协调组织"。②

在《澳门基本法（草案）》阶段，有意见认为，第2款应该删去，因为咨询机构可以随时取消，但列入基本法就不能随时取消了。有意见认为，由政府、雇主团体和雇员团体的代表组成的咨询协调组织在澳门有其特殊性，与其他的咨询协调组织不同，设立这个咨询组织是完全必要的，对澳门社会繁荣发展也是必需的，这也是特区政府的责任。有意见认为加一个"可"字，即可设立咨询组织。最终，起草委员会认同经济小组的意见，为了保持澳门社会的稳定，协调劳资双方的利益，促进经济的发展，设立一个由政府、雇主团体、雇员团体的代表组成的咨询性的协调组织，有一定的积极作用，所以条文不作修改为好。③

本条的主要内容是明确了对特区劳工政策的规定。

解读

1. 制定劳工政策和法律，保障劳工的权益

劳工是社会中的重要阶层，也是经济发展所需的重要的人力资源，劳工的利益得到保护，不仅有利于劳资关系的和谐，促进经济的发展，而且有利于保持社会的稳定。所以，特区应该制定劳工政策，完善劳工法律。当然，保护劳工的利益，制定相应的法律有一个前提条件，就是要符合经济发展的水平，如果超越经济发展水平和工商业主承受能力，过度的劳工福利会阻碍经济的持续发展，也不可持续，最终损害劳资双方利益。同样，经济发展了，应该让劳工分享经济发展的成果，逐步提高劳工福利，调动劳工的生产

---

① 全国人大常委会澳门基本法委员会办公室编《中华人民共和国澳门特别行政区基本法起草委员会文件汇编》，第203页。

② 全国人大常委会澳门基本法委员会办公室编《中华人民共和国澳门特别行政区基本法起草委员会文件汇编》，第209页。

③ 全国人大常委会澳门基本法委员会办公室编《中华人民共和国澳门特别行政区基本法起草委员会文件汇编》，第267页。

积极性，最终实现互利双赢。

2. 设立咨询协商组织，协调劳工政策

澳门在历史上已经设立了由政府、雇主团体和雇员团体的代表三方组成的社会常设协调委员会，在特区主持下就劳工政策和劳工法律进行讨论、协商，既可避免双方之间的冲突，又可以协商达成共识，为双方建立比较融洽的关系，发挥了积极的作用。所以，继续保留这个组织是有必要的。当然，这个组织不是权力机构，而是咨询协商机构，强调的是在双方协商达成基本共识后，由特区制定相应的劳工政策和法律。

（十四）关于《澳门基本法》第116条

澳门特别行政区保持和完善原在澳门实行的航运经营和管理体制，自行制定航运政策。

澳门特别行政区经中央人民政府授权可进行船舶登记，并依照澳门特别行政区的法律以"中国澳门"的名义颁发有关证件。

除外国军用船只进入澳门特别行政区须经中央人民政府特别许可外，其他船舶可依照澳门特别行政区的法律进出其港口。

澳门特别行政区的私营的航运及与航运有关的企业和码头可继续自由经营。

本条规定参照了《香港基本法》中的有关内容，在起草过程中并无争议。

本条的主要内容是明确了对特区航运制度的规定。

解读

1. 管理和制定航运政策

澳门原来实行的航运经营和管理体制继续保留，独立于国家的航运管理体制。对这一体制要不要完善、如何完善，完全由特区自行决定。中央人民政府授权特别行政区可以"中国澳门"的名义进行船舶登记，对符合法定条件的船舶予以注册，并以"中国澳门"的名义签发相应证书，赋予船舶船籍和相关权利。私营的航运企业和码头可以继续自由经营。外国船舶依照澳门的法律可以进出港口。

2. 外国军用船只进入特区的批准

由于外国军用船只与民用船只不同，具有军事功能，进入特区涉及国家的防务，不属于特区的自治事务，所以须经中央人民政府批准方可进入。

（十五）关于《澳门基本法》第 117 条

澳门特别行政区政府经中央人民政府具体授权可自行制定民用航空的各项管理制度。

本条规定与《香港基本法》的规定有所不同，仅作了一个原则性的规定，原因是澳门原本没有机场，没有航空公司，也没有航空管理制度。1991 年 7 月 9 日，经济小组在向第七次全体会议提交的工作报告中指出："澳门尚无航空运输业，机场尚在初建阶段，将来情况如何发展也不明朗，草拟条文依据不足，条件不成熟，须视情况发展再拟。如有可能，建议在基本法（草案）报全国人大常委会前拟出此条文。"[1] 在 1992 年 3 月 5 日第八次全体会议上，有委员提案要求增加民用航空条款，并责成经济小组草拟。但全体会议认为，这个提案只是一个原则建议，不符合法律条文的格式要求，决定不交付全体会议表决。在 1993 年 1 月 13 日第九次全体会议上，经济小组工作报告指出，澳门正在兴建机场，澳门未来需要发展航空业，虽然澳门没有航空管理制度，但从发展角度看是有必要的。"由于澳门目前尚无一套民用航空管理制度，中葡联合声明也无有关规定，还需要通过中葡联合联络小组进行磋商，解决有关民用航空的一些问题。所以，基本法只能对民用航空的问题作原则性规定。委员们建议条文的内容为，'澳门特别行政区政府经中央人民政府具体授权可自行制定有关民用航空管理的制度。'"[2] 最终，《澳门基本法》起草委员会接纳了经济小组的意见。

本条的主要内容是明确了对特区民用航空制度的原则的规定。

---

[1] 全国人大常委会澳门基本法委员会办公室编《中华人民共和国澳门特别行政区基本法起草委员会文件汇编》，第 151 页。

[2] 全国人大常委会澳门基本法委员会办公室编《中华人民共和国澳门特别行政区基本法起草委员会文件汇编》，第 267 页。

解读

特别行政区在中央人民政府授权下，可以自行制定有关民用航空的各项管理制度，但是前提条件是需要得到中央人民政府的具体授权。为什么《澳门基本法》规定的是具体授权？即在授权前加上"具体"两字，意即逐项授权，不是一次性授权，主要原因是澳门是新制定民用航空管理制度，与香港保留原有的民用航空制度不同，因此需要逐项授权后规定。如涉及民用航空的每一项协定均需要经中央人民政府许可才能签署。由于航空协定通常涉及国际航空公约，与其他国家或地区订立双边协定或多边协定，开展国际航空运输服务，不可避免地涉及航空领域的国家主权，所以需要中央人民政府许可。

（十六）关于《澳门基本法》第118条

> 澳门特别行政区根据本地整体利益自行制定旅游娱乐业的政策。

本条是根据澳门的特殊情况制定的，在《香港基本法》中并没有相关规定。在《澳门基本法》起草过程中，围绕旅游娱乐业如何表述、旅游娱乐业政策如何制定展开了讨论。有委员认为，"娱乐业"概念不清楚。有委员建议用"服务行业"概念。有委员建议表述为"特许旅游服务业"。在1990年12月11日第五次全体会议上，经济小组提交的讨论稿指出，制定旅游娱乐业政策，除了整体利益外，还应注意社会道德的影响。[①] 在1991年3月17日第六次全体会议上，经济小组提供的讨论稿列出了四种方案："方案一，澳门特别行政区自行制定特许的旅游服务业的政策，并注意其对本地整体利益的影响。方案二，澳门特别行政区自行制定特许的旅游服务业的政策。方案三，澳门特别行政区自行制定博彩业的政策。方案四，取消这一条的规定。"[②] 在全体会议讨论中，有委员认为，不应该加上社会道德的要求，因为社会道德的尺度不好把握，且博彩业对道德肯定有影响，容易导

[①] 全国人大常委会澳门基本法委员会办公室编《中华人民共和国澳门特别行政区基本法起草委员会文件汇编》，第89页。

[②] 全国人大常委会澳门基本法委员会办公室编《中华人民共和国澳门特别行政区基本法起草委员会文件汇编》，第133页。

致博彩业被取缔。有委员同意由澳门特别行政区自行制定旅游娱乐业政策，并注意其对本地整体利益的影响。[①] 在 1991 年 7 月 9 日举行的第七次全体会议上，经济小组工作报告提出："委员们充分考虑了澳门博彩业的实际情况，将该条文拟定为，'澳门特别行政区根据本地整体利益自行制定旅游娱乐业的政策。'"

本条的主要内容是明确了对旅游娱乐业政策的规定。

解读

1. 旅游娱乐业可以保留发展

澳门旅游娱乐业的核心产业是博彩业，而博彩业又是澳门的一大经济支柱，澳门博彩的种类有三：幸运博彩、赛马、彩票。博彩业不仅带动了相关行业如旅游及酒店、饮食、交通的发展，而且解决了相当一部分人的就业，对澳门经济发展具有举足轻重的作用。所以，澳门需要保留和发展旅游娱乐业并为其提供法律保护。对博彩业的发展和经营，特区政府可制定博彩业的政策，包括对博彩专营制度进行必要的改进和完善。特区政府可与专营公司签订专营合约，规定专营的年期、专营税、内容、专营者的权利和义务。特区可通过立法规范博彩业的经营活动，通过设立专门的政府部门博彩监察局，派专人对博彩业进行监管。

2. 根据整体利益制定旅游娱乐政策

为什么要提出以整体利益为标准？因为博彩不是任何个人或企业都可自由经营的，是特许经营。所以，它是社会的公共资源，先有特区政府的特许，才有私人的经营，如何使用，自然以社会的整体利益为准则。另外，采取何种专营制度及其利弊，也只能以是否符合社会整体利益作评判。从最终目的来说，实行博彩专营制度受益最大的应是澳门经济与社会。2000 年 7 月，行政长官颁布第 120/2000 号行政长官批示，成立五人博彩委员会研究博彩业政策。2001 年，立法会通过第 16/2001 号法律《娱乐场幸运博彩经营法律制度》，将过去一家专营改为多家专营，形成一定的竞争，使博彩业发展进入一个新的时期。实践证明，这一政策取得了成效，使澳门经济进入了一个新的阶段。根据澳门特区政府统计暨普查局的数据，澳门人均 GDP 在 2018 年达到 666893 澳门元，位居世界前列。

---

① 第六次全体会议第 13 期简报。

（十七）关于《澳门基本法》第 119 条

澳门特别行政区政府依法实行环境保护。

本条规定与《香港基本法》中"注意环境保护"的规定相似，但不同之处是《澳门基本法》单列一条，更加重视环境保护。起草委员会委员和澳门居民认为，随着经济的发展，更应该注意环境保护，放入"经济"一章规定，表明发展经济的同时要搞好环境保护。《澳门基本法》作出专门规定体现了对环境保护工作的高度重视，特区政府应根据《澳门基本法》的规定制定具体的法律，依法做好环境保护工作。

本条的主要内容是明确了对特区环境保护的规定。

解读

在经济发展的同时，只有搞好环境保护，才能够促进经济可持续发展。而且，环境保护也要适应经济发展水平，依法进行。为此，澳门制定了第 2/91/M 号法律《环境纲要法》，之后又进行了多次修改。特区政府在 2009 年将环境委员会改组升格为环境保护局，不再是一个咨询和建议机构，而是一个具有行政管理职能的机构，负责协助制定环境政策，提出环境立法提案，制定、实施、统筹有关防止、控制、处理环境污染问题的计划、方案和日常的环境管理等事务。

（十八）关于《澳门基本法》第 120 条

澳门特别行政区依法承认和保护澳门特别行政区成立前已批出或决定的年期超过一九九九年十二月十九日的合法土地契约和与土地契约有关的一切权利。

澳门特别行政区成立后新批或续批土地，按照澳门特别行政区有关的土地法律及政策处理。

本条规定参照了《中葡联合声明》中"澳门特别行政区依法承认和保护澳门特别行政区成立前已批出或决定的年期超越 1999 年 12 月 19 日的合

法土地契约和与土地契约有关的一切权利。澳门特别行政区成立后新批或续批土地，将按照澳门特别行政区有关的土地法律及政策处理"的表述，与《香港基本法》的规定相同，在《澳门基本法》起草过程中并无争议。《澳门基本法（草案）》征求意见时，有意见希望解决历史遗留的"纱纸契"问题。

本条的主要内容是明确了对特区土地契约的规定。

解读

1. 特区成立前的土地契约受承认和保护

凡特区成立前批出或决定的年期超过 1999 年 12 月 19 日的土地契约均得到承认，因土地契约取得的权利受法律保护。首先，土地与房地产、建筑业关系密切。其次，与私人财产也密不可分。所以，承认和保护土地契约也就促进了地产建筑业的发展，保护了私有财产权，起到了安定人心、发展经济和稳定社会的积极作用。

2. 特区成立后依法批地

特区成立后，无论是新批的土地还是续批的土地，都必须按照特别行政区的法律处理。依据《澳门基本法》第 8 条、第 18 条和第 145 条的规定，特别行政区的法律是指特别行政区立法机关制定的法律，也包括被采用为特别行政区法律的澳门原有法律。新批土地依特区法律，续批土地也要依特区法律，而不是依原批出土地的法律，因为原有的法律没有被采用为特区法律，或者被立法会修改已经失去效力，不能再作为续批土地的法律依据。

3. "纱纸契"问题的处理

依据《澳门基本法》第 7 条的规定，只要在 1999 年 12 月 20 日前没有被依法确认为私有土地，那么在特区成立后就不能再要求确认为私有土地，所以对"纱纸契"问题的处理不属于本条的范围。

本章对私有经济制度，财政和税收制度，金融、货币和外汇制度，自由港和自由贸易制度，工商业及多元经济发展政策，劳工政策，航运航空政策，旅游娱乐业政策以及土地政策作出了规定，既保留了澳门原有制度的优势，又对有关制度和政策加以完善，还对经济领域一些行业的未来发展奠定了法律基础，目的就是要维护和促进澳门经济的发展，不断改善民生。

第九章　文化和社会事务

本章对特区文化和社会事务领域的事项作出规定，保障特区政府在这些领域中享有制定政策的权力，负责文化和社会事务的管理工作，发挥行政主导的作用，改善与民生息息相关的事务。

在《澳门基本法》起草过程中，主要围绕专业资格和执业资格的问题、中西文物保护问题、宗教及其财产的处置问题、特区民间社团与全国其他地区的社团关系问题展开了讨论。

（一）关于《澳门基本法》第 121 条

> 澳门特别行政区政府自行制定教育政策，包括教育体制和管理、教学语言、经费分配、考试制度、承认学历和学位等政策，推动教育的发展。
>
> 澳门特别行政区政府依法推行义务教育。
>
> 社会团体和私人可依法举办各种教育事业。

本条规定参照了《中葡联合声明》中有关教育政策的表述，与《香港基本法》的规定内容相似，但文字表述略有不同。《澳门基本法（草案）》规定"逐步推行义务教育"，在征求意见时，有意见认为，逐步推行义务教育弹性太大，应该规定一个期限。在 1993 年 1 月 13 日第九次全体会议上，文化与社会事务小组工作报告指出："澳门教育界的人士认为，逐步推行义务教育不明确，用依法推行义务教育为好，法律怎么规定就怎么实施义务教育，委员们采纳其意见，建议将第二款逐步推行义务教育改为依法推行义务教育。"① 有意见认为，公立学校和私立学校资源分配不均匀，建议规定公平分配教育资源。有意见建议规定宗教教育课程由学生自愿参加，不能硬性规定为必修课。《澳门基本法》起草委员会认为，有关这方面的问题可由特区法律具体规定。

本条的主要内容是明确了对特区教育政策的规定。

解读

1. 自行制定教育政策

特区政府自行制定教育政策，包括教育体制和管理、教学语言、经费分配、考试制度、承认学历和学位等。澳门的教育机构可分为三类，由政府开办的公立学校；由社会团体和私人开办，经费自筹，实行自己教学计划的私立学校，私立学校又分为加入公共教育网络接受免费教育学校和没有加入公共教育网络的学校；由特殊实体开办，接受特区政府财政支持，实行公立学校教学计划的学校。澳门的教育体系与学制多种多样，目前教育体制有中文教育体系、葡文教育体系、英文教育体系，学制有内地学制、香港学制、葡萄牙学制。由于教育体系和学制的多样化，教学语言和考试制度亦多样化，没有统一的教学水平会考。一方面，特区政府有权自行制定教育政策，在教育制度上，澳门可形成独自的体系，对上述列举的事项均可制定相应政策；另一方面，特区政府有责任和义务推动教育的发展，采取可行的措施把教育越办越好。特区政府对原有的教育制度中行之有效的做法可以保留，对不适应教育发展要求的就要进行改革，以提高整体教育水平。特区可以制定教育方面的法律，现行两部重要的法律是第 10/2017 号法律《高等教育制度》、第 9/2006 号法律《非高等教育制度纲要法》，用以规范高等教育和中小学教育。特区政府高等教育局和教育暨青年局根据教育方面的法律和政策对高等教育和中小学教育进行管理。此外，特区还设立由特区政府、教育团体、学校和社会人士代表组成的教育委员会，提供教育政策方面的意见。

2. 办学自由的政策

第一，只要符合法律的规定，社会团体和私人均可开办各种学校。澳门原有的各类学校可以继续开办，享有办学自主权。澳门目前的学校大部分是

---

① 全国人大常委会澳门基本法委员会办公室编《中华人民共和国澳门特别行政区基本法起草委员会文件汇编》，第 268 页。

民间社团开办，私立学校是中小学校的主体，政府开办的中小学校不多。但在高等教育方面，以政府开办的大学为主，规模也较大。第二，法律保证私立学校由权利人自由选择和委任学校管理机构，享有行政和财政自主权，自行管理。政府除了依法监督外，不加干涉。

3. 依法推行义务教育

义务教育是指受教育者享有免费受教育的权利，同时也有接受教育的义务。换句话说，既是免费教育，也是强制教育。依法进行义务教育，必须注意两点。一是要依法，没有法律规定，任何团体和个人不能享有这项权利，而享有这项权利也要依法律的具体规定，如免费的对象、标准、范围等。从2007年开始，澳门实行15年免费义务教育，凡非营利的私立学校加入免费教育网，通过与特区政府签订协议，承诺履行有关义务，特区政府拨款资助。二是逐步推行义务教育，"推行"既意味着义务教育是发展方向，也表明义务教育是一个过程，需要考虑社会各方面的情况，尤其是特区政府的财政能力，逐步进行，从小学到中学，再到高中乃至高等院校。

（二）关于《澳门基本法》第 122 条

澳门原有各类学校均可继续开办。澳门特别行政区各类学校均有办学的自主性，依法享有教学自由和学术自由。

各类学校可以继续从澳门特别行政区以外招聘教职员和选用教材。学生享有选择院校和在澳门特别行政区以外求学的自由。

本条规定参照了《中葡联合声明》中对办学自由和教学自由的表述，与《香港基本法》的规定有相同之处，在起草过程中无争议。

本条的主要内容是明确了对特区办学团体的规定。

解读

1. 团体办学自主

特区成立前已经开办的各类学校可以继续开办，特区成立后依法也可以新开办学校。各类学校享有办学的自主性。澳门《非高等教育制度纲要法》第22条规定，在遵循澳门特别行政区课程框架和基本学历要求的前提下可自主完善其校本课程；第35条规定，教育机构享有教学自主权，私立教育机构还享有行政和财政自主权。

2. 学校教学自由

学校享有教的自由和学的自由。依照教育方面的法律，学校可自行选择教材，决定课程设置，组织教学活动；教师享有学术自由，可将研究成果运用于教学之中；学生有提问、讨论的自由。教学自由作为言论和思想自由在教学上的体现，应当得到尊重。澳门《高等教育制度》第 7 条规定，高等院校在学术自主权方面，可以自行订定、规划和执行研究项目，以及其他学术活动；第 8 条规定，高等院校在教学自主权方面，可以自行订定其开办课程的学习计划及课程大纲，订定教学方法、选择知识评核程序以及试行新教育法。当然，教学自由同样不能传播法律禁止的内容。除了教学自由外，为了体现办学自主，学校可以自主决定招聘教师、选用教材。学生也享有在澳门以外择校的权利。

（三）关于《澳门基本法》第 123 条

澳门特别行政区政府自行制定促进医疗卫生服务和发展中西医药的政策。社会团体和私人可依法提供各种医疗卫生服务。

本条规定与《香港基本法》规定相同，在起草过程中无争议。本条的主要内容是明确了对特区医疗政策的规定。

解读

1. 自行制定卫生医疗政策

卫生医疗事务属于特区高度自治的事项，特区政府可以根据澳门的情况自行制定相应的政策。特区政府卫生局负责澳门的医疗卫生工作。根据澳门第 24/86/M 号法令《订定澳门居民取得卫生护理规则》、第 2/2004 号法律《传染病防治法》、第 5/2016 号法律《医疗事故法》，医疗卫生分为提供卫生、预防疾病和提供基本保健、医院保健两大类。基本保健由卫生局下属的卫生中心，社团举办的诊疗所、医疗所和私人开业诊所承担。医院保健由特区政府的仁伯爵医院和镜湖慈善会的镜湖医院承担。为了保障居民健康，特区政府还实行免费医疗政策，凡妊娠、分娩及产褥期间的孕妇，13 岁以下儿童，在教育局注册的非营利中、小学校就读、任教的学生、教师，65 岁以上的居民，传染病者，恶性肿瘤患者，政府公务员，均可享受免费医疗。澳门的医疗卫生服务还有一个特点：除了西医西药外，还有中医中药。中医中药是中华医学的宝库，需要发展。所以，特区政府自行制定医疗卫生服务政策时，既要包括西医，也要包括中医，使中西医药都得到发展，让居民有多样性的选择，为居民提供不同的服务，造福澳门居民。

2. 社团和私人可以提供医疗服务

在特区成立之前，澳门医疗机构有三类：一类是公立机构，由政府举办；另一类是社团经办，如镜湖医院、工人医疗所、街坊会医疗所、归侨总会医疗所；还有一类是私人诊所。所以，《澳门基本法》规定，社会团体和私人可依法提供各种医疗卫生服务。第 84/90/M 号法令《私人提供卫生护理活动》规范了私人提供卫生护理活动的准照事宜，第 58/90/M 号法令《药剂活动》规范了药剂师执业及药剂活动。

（四）关于《澳门基本法》第 124 条

> 澳门特别行政区政府自行制定科学技术政策，依法保护科学技术的研究成果、专利和发明创造。
>
> 澳门特别行政区政府自行确定适用于澳门的各类科学技术标准和规格。

本条规定与《香港基本法》相同，在起草过程中无争议。

本条的主要内容是明确了对特区科学技术政策的规定。

解读

1. 自行制定科技政策

科学技术政策和管理属于特别行政区高度自治的范畴，由特别行政区政府自行制定相关政策和法律。澳门有关科技方面的主要法律是第 9/2000 号法律《科学技术纲要法》。科技政策的目标是提升澳门科学技术水平及其转移能力，提升生产力，增强竞争力，促进社会和经济持续发展，促进资讯科技的应用和发展等。在粤港澳大湾区合作中，澳门特区政府制定了促进澳门科技界更好地融入国家科技创新体系、建设国际科技创新中心、拓展澳门科技发展空间的政策，推动了澳门科技的发展。2010 年，澳门成立了中药质量研究国家重点实验室、模拟混合信号超大规模集成电路国家重点实验室。2018 年，又设立了智慧城市物联网、月球与行星科学国家重点实验室。这表明澳门科学技术研究取得了新的成果，达到了一定的水平。特区政府为了促进科技发展，设立了科学、技术革新委员会和科技发展基金会，就科技发展政策提出意见和提供支持。在发展科学技术的同时，依法保护科学研究成果、专利和发明创造。1999 年 12 月 13 日，澳门颁布了第 97/99/M 号法令《工业产权法律制度》，对工业产权的登记注册类型及侵犯工业产权行为的刑事与行政法律责任作出了规定。

2. 自行确定技术标准

技术标准是对标准化领域中需要协调统一的技术事项所制定的标准，包括基础性技术标准、产品标准、工艺标准、检测试验方法标准以及安全卫生环保标准，是从事生产建设及商品流通的一种共同遵守的技术依据。属于特区自治范围的事务，由特区自行确定采用哪一种技术标准，可以参考国际技术标准，也可以参考国家技术标准。

（五）关于《澳门基本法》第 125 条

> 澳门特别行政区政府自行制定文化政策，包括文学艺术、广播、电影、电视等政策。
>
> 澳门特别行政区政府依法保护作者的文学艺术及其他的创作成果和合法权益。
>
> 澳门特别行政区政府依法保护名胜、古迹和其他历史文物，并保护文物所有者的合法权益。

本条规定参照了《中葡联合声明》中有关自行制定有关文化政策的表述，与《香港基本法》的规定有相同之处，但也根据澳门的实际情况，增加了"依法保护名胜、古迹和其他历史文物"等内容。在制定《澳门基本法》的过程中，围绕文物所有者的合法权益是否应该受到保护，是否需要在《澳门基本法》中加入"保存和发扬中西文化交流融合的特色"的表述进行了讨论。在 1992 年 3 月 5 日第八次全体会议上，文化与社会事务小组建议加上"并注意尊重文物所有者的合法权益"。[1] 起草委员会秘书长鲁平在关于《澳门基本法（草案）征求意见稿（讨论稿）》的说明中，建议将"注意尊重文物所有者的合法权益"改为"保护文物所有者的合法权益"，使文物持有人更放心。[2] 全体会议采纳了这个修改建议。

本条的主要内容是明确了对特区文化政策的规定。

解读

1. 自行制定文化政策

文化政策包括文学艺术、广播、电影、电视等方面。由于澳门的文化是以中华文化为主体，具有中西文化交融的特点，在继承和发扬中华文化的同时，也应保护和尊重几百年来在澳门形成的外来文化的精华。特区政府在推动文化事业方面，一方面自行举办文化事业，如各种艺术节和大型文化活动，比较有影响的有澳门国际音乐节、澳门艺术节。此外特区政府还建立了各类博物馆，较具规模的有澳门博物馆、海事博物馆、大赛车博物馆、葡萄酒博物馆、住宅博物馆、消防博物馆、邮电博物馆。另一方面，资助民间社团举办文化活动，使文化活动体现群众性，产生了众多的文化团体。特区政府不干预文学艺术的创作，居民的文化活动自由、艺术创作自由得到充分的保障，产生了一批较具影响力的作品。

2. 保护文学艺术等知识产权

为推动文化事业的发展，对文学艺术及其他创作成果依法进行保护，1999 年 8 月 16 日颁布了第 43/99/M 号法令《著作权及有关权利之制度》，对著作权的内容归属、保护期等作出了详细规定，同时明确规定了侵犯著作权行为的法律责任。此外，澳门还适用有关保护文学艺术作品的《伯尔尼公约》《世界版权公约》等。

3. 保护名胜古迹和文物

澳门既有中国文物，也有葡萄牙文物。这些文物是历史文化遗产，也是澳门的旅游资源，无论从历史文化的角度还是从旅游经济的角度看，都有必要加以保护，以利于澳门文化和经济的发展。从另一个角度看，澳门有许多

---

[1] 全国人大常委会澳门基本法委员会办公室编《中华人民共和国澳门特别行政区基本法起草委员会文件汇编》，第 205 页。

[2] 全国人大常委会澳门基本法委员会办公室编《中华人民共和国澳门特别行政区基本法起草委员会文件汇编》，第 210 页。

葡萄牙后裔居民，特区欢迎他们留下来，保护他们的合法权益，尊重他们的习俗和文化传统。保护有代表性的葡式文物，最具体地体现了上述政策。这对建立澳门居民的和睦、互助关系，共建美好的家园是一个必要的条件，《澳门基本法》给予了特别的关注。但是，如果把澳门的文化特色表述为中西文化融合则不够确切，忽视了以中华文化为主体的特点。最终，《澳门基本法》原则规定，凡是名胜、古迹和其他历史文物均要保护。2005 年，经过中央人民政府和特区政府的努力，"澳门历史城区"作为中国当年申报世界文化遗产的唯一项目，在第 29 届世界遗产大会上获准列入《世界文化遗产名录》。"澳门历史城区"以澳门旧城为中心，通过相邻的广场和街道，串连起逾 20 栋历史建筑，成为澳门的旅游景点。特区政府在保护文物的同时，也要保护文物所有者的合法权益，一是防止对文物所有者的侵犯，防止破坏文物的行为出现；二是对文物所有者的合法合理要求，如出售、修缮等，也应满足，在保护文物和保护文物所有者的权益之间达至平衡。

（六）关于《澳门基本法》第 126 条

> 澳门特别行政区政府自行制定新闻、出版政策。

本条规定的内容在《香港基本法》中并没有专列一条，在起草过程中对是否将新闻出版单列一条进行了讨论。在 1993 年 1 月 13 日第九次全体会议上，文化与社会事务小组工作报告指出："新闻界希望在基本法中对新闻传媒应有专条规定，以示重视。委员们考虑其意见后，建议在基本法中单列一条为：澳门特别行政区政府自行制定新闻、出版政策。将来澳门特别行政区可实行不同于内地的新闻管理制度。"[1] 起草委员会接纳了文化与社会事务小组的意见。

本条的主要内容是明确了对特区新闻出版政策的规定。

解读

新闻出版不仅涉及《澳门基本法》第三章规定的居民言论、出版的自由权利，也涉及特区政府对新闻出版机构的管理。本条的重点是从特区政府

---

① 全国人大常委会澳门基本法委员会办公室编《中华人民共和国澳门特别行政区基本法起草委员会文件汇编》，第 268 页。

管理的角度规定由特区政府自行制定新闻出版的政策，规范新闻出版活动，保障新闻出版的自由。澳门特区可以实行不同于内地的新闻管理制度。第7/90/M号法律《出版法》规范了出版自由和资讯权的行使，以及报刊、编印和新闻通讯等企业的活动。第8/89/M号法律《视听广播法》规定，电视广播为一项公共服务，系通过批给合同行使之，既保障新闻出版机构的资讯和节目安排的自由，又要求它们遵守法律的规定，不得侵犯他人的合法权利和自由，侵犯公共秩序和公共利益。回归以来，澳门出版的报纸、期刊有100多种，电台电视一家，卫星电视两家，有线电视一家，题材以澳门旅游、时事以及机构通讯为主。

（七）关于《澳门基本法》第 127 条

> 澳门特别行政区政府自行制定体育政策。民间体育团体可依法继续存在和发展。

本条规定与《香港基本法》相同，在起草过程中无争议。

本条的主要内容是明确了对特区体育政策的规定。

解读

1. 政府可自行制定体育政策

体育政策的内容包括大众体育和竞技体育。特区政府体育局负责执行有关的体育政策，编制并提出年度及跨年度的体育发展计划和项目，培训精英运动员并提供技术及后勤支援，订定普及体育锻炼的计划，推动及协调大众体育计划和活动的实施与开展。编制体育场馆设施建造的计划，举办体育培训活动等，目的是促进全民健身，增强居民体质。除了特区政府推动体育事业发展之外，澳门的大量民间体育团体也参与其中并发挥了重要作用。

2. 民间体育组织可以继续存在和发展

澳门有 26 个体育总会加入了亚洲和国际体育组织，如亚洲奥林匹克委员会，武术、田径、羽毛球、篮球、保龄球、桥牌、独木舟、健美、自行车、足球、曲棍球、柔道、空手道、游泳、排球等联合会。2005 年 11 月，澳门成功举办了第五届东亚运动会，作为东道主，澳门不仅以 11 枚金牌、

16 枚银牌和 17 枚铜牌的出色成绩列奖牌榜第五位，创造了澳门在东亚运动会历史上最辉煌的成绩，也依靠务实、高效的工作，让世界对这个东方小城刮目相看。近年来，澳门运动员在一些重大的国际赛事上也取得了不错的成绩。

（八）关于《澳门基本法》第 128 条

澳门特别行政区政府根据宗教信仰自由的原则，不干预宗教组织的内部事务，不干预宗教组织和教徒同澳门以外地区的宗教组织和教徒保持及发展关系，不限制与澳门特别行政区法律没有抵触的宗教活动。

宗教组织可依法开办宗教院校和其他学校、医院和福利机构以及提供其他社会服务。宗教组织开办的学校可以继续提供宗教教育，包括开设宗教课程。

宗教组织依法享有财产的取得、使用、处置、继承以及接受捐献的权利。宗教组织在财产方面的原有权益依法受到保护。

本条规定参照了《中葡联合声明》有关宗教组织的表述，与《香港基本法》规定的内容基本相同，表述略有不同。在《澳门基本法》起草过程中就有关内容并无争议，但对文字的表述有争论，从特区政府"保障"宗教自由的原则改为"尊重"宗教自由的原则，后又修改为"根据"宗教自由原则处理与宗教团体的关系。就三个词语而言，"根据"一词体现了客观、中性的精神，避免了主观色彩，比较准确。此外，对宗教团体是否享有继承的权利进行了讨论。在 1991 年 7 月 9 日第七次全体会议上，文化与社会事务小组工作报告指出："经过调查，在澳门的宗教组织均登记为法人，而法人不存在继承的问题，所以删去该条中的继承两字。"[1] 另有意见认为，《香港基本法》已经规定宗教团体的继承权，如果《澳门基本法》不规定继承权，可能会让宗教团体不放心，还是保留为好。1992 年 3 月 5 日第八次

---

[1]　全国人大常委会澳门基本法委员会办公室编《中华人民共和国澳门特别行政区基本法起草委员会文件汇编》，第 152 页。

全体会议通过的《澳门基本法（草案）》，恢复了"继承"两个字。[①]

本条的主要内容是明确了对特区宗教事务的规定。

解读

1. 政府与宗教团体的关系

澳门宗教多元化，信教者众，有影响、有规模的宗教有天主教、基督教、佛教。各种宗教组织和团体有 200 多个，信徒近 20 万之众。所以，特区政府根据宗教信仰自由的原则，不干预宗教组织的内部事务，不干预宗教组织和教徒同澳门以外地区的宗教组织和教徒保持与发展关系，不限制不抵触澳门特别行政区法律的宗教活动。"三不"精神的实质是办教自主、办教自由。根据第 5/98/M 号法律《宗教及礼拜的自由》，宗教组织是指目的为传播及支持宗教教派或任何宗教活动的社团及机构。只要不与法律抵触，宗教教派可独立自主创办宗教组织，行使其职能及进行礼拜。宗教教派在向特区政府登记后，获得法律人格，可按其内部规定，组织及在法律限制下自由管理，政府不干预，也不对宗教问题作出宣示。宗教组织举行宗教仪式和其他宗教活动同样自由，可以单独或集体、公开或私自传播宗教信仰；宗教的集会和巡游，除在公众场合须依集会示威法规定外，特区政府不予限制。此外，宗教组织还可创办及使用从事其活动的传播媒介，如报纸、期刊等。

2. 宗教组织依法提供社会服务

澳门宗教团体与教育、社会服务机构联系密切，举办了许多学校和社会服务机构，绝大多数学校是由宗教团体开办的。宗教组织还办有社区服务中心、慈善机构等。所以，《澳门基本法》规定宗教组织可依法开办宗教院校和其他学校、医院和福利机构以及提供其他社会服务。宗教组织开办的学校可以继续提供宗教教育，包括开设宗教课程。特区将依照法律，保持原有的办法，继续承认或允许宗教组织开办学校、医院和福利机构，并依法给予资助。对宗教组织而言，其活动范围没有缩小，不限于宗教活动，依旧可兴办社会服务机构。在实行公共教育与宗教分离的原则下，允许宗教组织开办的非宗教学校提供宗教教育，体现了尊重信仰宗教者自愿

[①] 全国人大常委会澳门基本法委员会办公室编《中华人民共和国澳门特别行政区基本法起草委员会文件汇编》，第 237 页。

接受宗教教育的自由。

3. 宗教组织的合法权益受法律保护

宗教组织依法享有财产的取得、使用、处置、继承以及接受捐献的权利。宗教组织在财产方面的原有权益依法受到保护。在特区，宗教组织与其他社会组织一样，在法律面前一律平等，宗教的财产权也依法受到保护。如果法律作了新的规定，宗教组织依原有法律已取得的权益仍依法受到保护。

（九）关于《澳门基本法》第 129 条

澳门特别行政区政府自行确定专业制度，根据公平合理的原则，制定有关评审和颁授各种专业和执业资格的办法。

在澳门特别行政区成立以前已经取得专业资格和执业资格者，根据澳门特别行政区的有关规定可保留原有的资格。

澳门特别行政区政府根据有关规定承认在澳门特别行政区成立以前已被承认的专业和专业团体，并可根据社会发展需要，经咨询有关方面的意见，承认新的专业和专业团体。

本条规定与《香港基本法》规定有所不同，主要在专业资格的颁授问题上，香港采用原有的制度，由专业团体颁授。同样，澳门保留原有的制度，但由特区政府继续颁授。在起草过程中，围绕专业资格颁授的权力归属、专业资格颁授的原则展开了讨论。

在《澳门基本法（草案）征求意见稿（讨论稿）》阶段，有意见认为，澳门专业团体没有审批专业资格的权力，应删去讨论稿中同《香港基本法》类似的规定。[1] 在 1990 年 12 月 11 日第五次全体会议上，文化与社会事务小组提交的讨论稿指出："有些委员提出删去第三款中'各该专业团体继续保持审核和颁授专业资格的权利'一句。"[2] 这不符合澳门的实际情况。在会上，有意见认为，同意将专业资格颁授的权力保留给特区政府。[3] 在 1995 年 3 月 14 日第

---

① 第五次全体会议第 8 期简报。
② 全国人大常委会澳门基本法委员会办公室编《中华人民共和国澳门特别行政区基本法起草委员会文件汇编》，第 93 页。
③ 第五次全体会议第 9 期简报。

六次全体会议上，同样有委员认为，澳门既没有专业团体，也不存在专业团体颁授专业资格的做法，所以不规定为好。有委员提出过渡时期要培养专业人才，专业团体拥有颁授专业资格，容易形成保护主义，不利于人才的培养，如现在的律师多数不是华人，由他们颁授专业资格，培养的华人律师是很难获得专业资格的。多数委员认为专业资格还是由特区政府颁授、管理、调整为好。①

在《澳门基本法（草案）征求意见稿》阶段，在 1991 年 7 月 9 日第七次全体会议上，文化与社会事务小组工作报告指出："小组委员在参考全体会议上多数委员的意见和根据澳门的实际情况认为，将来澳门特别行政区的专业资格和执业资格的审核、颁授的权力应由特别行政区政府行使，而不能由专业团体自行来决定。所以将条文修改为三款：'澳门特别行政区政府自行确定专业制度，根据公平合理的原则，制定有关评审和颁授各种专业和执业资格的办法。'在澳门特别行政区成立以前已经取得专业资格和执业资格者，根据澳门特别行政区的有关规定可保留原有的资格。澳门特别行政区政府根据有关规定承认在特别行政区成立以前已被承认的专业和专业团体，并可根据社会发展需要，经咨询有关方面的意见承认新的专业和专业团体。"②一方面，对专业资格的评审加上公平合理的原则；另一方面，将专业资格和执业资格颁授的权力保留给特区政府。

本条的主要内容是明确了对特区专业制度的规定。

解读

1. 自行确定专业制度

专业制度包括专业资格确认和执业资格授予两个方面。专业资格是指经过一定的专门知识的教育和培训，考核合格，经申请确认其具备从事某一职业的能力，如做律师、医生、工程师等，首先要有专业资格。执业资格是指具备专业资格者经申请被授予从事某一专门职业的工作，并有承担法律责任的能力。有专业资格不等于可以执业，专业资格只是取得执业资格的条件。关于专业资格的确认，主要有两种模式：一种是由政府审批确认专业资格，如澳门；另一种是由专业团体审批本专业的专业资格，如香港。特区政府可

---

① 第六次全体会议第 11 期简报。
② 全国人大常委会澳门基本法委员会办公室编《中华人民共和国澳门特别行政区基本法起草委员会文件汇编》，第 152 页。

以根据澳门的具体情况，规定专业资格制度，不受内地专业制度的约束。第一，特区政府在制定专业制度的时候，必须按照公平合理的原则规定。为什么特别强调公平合理原则？原因就是澳门原评审专业资格的制度中确有不公平和不合理的规定。凡具有葡萄牙学历和文凭者，当然可获专业资格。而非葡学历和文凭者，有的要认可学历，有的还要求再培训，方可获取专业资格，没有体现一视同仁，也欠缺公平，要求改革的呼声较高。所以，《澳门基本法》规定，特区政府在制定评审和颁授专业、执业资格的办法时，一定要坚持公平合理的原则。第二，对原澳门专业制度中遗留的问题如何处理？1999年10月31日通过的《全国人民代表大会常务委员会关于根据〈中华人民共和国澳门特别行政区基本法〉第一百四十五条处理澳门原有法律的决定》第5条第6项作出了原则性的规定："凡体现因葡萄牙对澳门的管治而引致不公平的原有有关专业、执业资格的规定，在澳门特别行政区对其作出修改前，可作为过渡安排，依照《基本法》第一百二十九条的规定参照适用。"[①] 也就是说，不公平、不合理的专业制度需要改革，在没有进行改革之前，对原有的办法可参照使用。《澳门基本法》将修改专业制度的处理权授予特别行政区。

2. 原有取得的专业和执业资格继续保留

无论特区政府如何制定评审和颁授专业和执业资格的办法，过去已经取得的资格可以保留，已获承认的专业和专业团体也继续获得承认。特区政府还将根据社会发展的需要，承认新的专业和专业团体。一方面，体现了原有制度基本不变、已获得的权利受保护的原则，可以稳定专业人士，让他们继续提供专业服务；另一方面，体现了与时俱进的要求，承认新的专业和专业团体，推动和完善特别行政区专业制度。澳门第5/2019号法律《社会工作者专业资格制度》，承认社工服务是一个新的专业，制定了社工专业水平认证制度，规定取得社工专业资格后须取得社工执业资格。

（十）关于《澳门基本法》第130条

澳门特别行政区政府在原有社会福利制度的基础上，根据经济条件

---

① 《全国人民代表大会常务委员会关于根据〈中华人民共和国澳门特别行政区基本法〉第一百四十五条处理澳门原有法律的决定》，http：//www.npc.gov.cn/wxzl/gongbao/2001 - 02/06/content_ 5004755. htm。

和社会需要自行制定有关社会福利的发展和改进的政策。

本条规定与《香港基本法》规定相同，在起草过程中并无争议。

本条的主要内容是明确了对特区社会福利制度的规定。

解读

1. 自行制定社会福利政策

社会福利是指由特区政府和民间社团提供的各种物质和精神服务。第一，澳门原有的社会福利继续保留。根据澳门的有关法律，社会福利主要有社会保障服务，分为两种形式。一是供款式社会保障，主要对象是劳工，劳资双方向社会保障基金供款，当劳工年老、伤残、生病、失业时，可得到养老金、残疾金、救济金、失业津贴、疾病津贴等；二是非供款式社会保障，服务对象无须供款，在生活遇到经济困难时，由特区政府扶助，可得到老人福利金、贫困援助金、无工作能力援助金、失明人士援助金、补充性援助金、临时津贴、紧急津贴等。此外，还有幼儿及家庭服务、儿童及青少年服务、安老服务、康复服务、社区服务等，以及特区政府提供的免费医疗、公共房屋等社会福利。第二，随着澳门经济的迅速发展，适当增加新的社会福利。从 2008 年开始特区政府实行现金分享计划，澳门居民可以得到一定数额的现金，2019 年永久性居民是每人 1 万澳门元。特区政府提供 15 年免费义务教育以及教学津贴、医疗券以及持续进修教育补贴等，对保障澳门居民的安定生活起到了积极的作用。

2. 根据经济条件和社会需要制定发展和改进政策

社会福利制度的发展和改进必须量力而为，前提是经济条件许可、社会发展有需要。首先，特区政府要发展社会福利，让居民享受到经济发展的成果，体现发展经济、改善民生的政策。其次，特区政府发展社会福利，要以经济条件能够承受为限。超出经济能力，实行高福利政策，不可持续，最终损害的是经济发展和居民福利，最终影响社会的稳定，不符合澳门整体和长远的利益。

（十一）关于《澳门基本法》第 131 条

澳门特别行政区的社会服务团体，在不抵触法律的情况下，可以自行决定其服务方式。

本条规定与《香港基本法》相同，在起草过程中并无争议。

本条的主要内容是明确了对社会服务团体的规定。

解读

社会服务团体依法可以提供服务，并决定服务的方式。澳门的社会服务除了特区政府直接提供外，还有三种方式：第一，特区政府提供设施，交由社会团体负责执行某一项社会福利服务，如兴建托儿所，交妇联会管理；第二，为民间举办的某一项社会福利服务提供财政支持；第三，对社团的福利服务提供纯技术帮助。所以，社会服务有相当一部分工作是由社团承担。同善堂、镜湖慈善会、仁慈堂、工联会、街坊会、妇联会、《澳门日报》读者公益基金，以及教会的明爱中心、宣明会等为市民提供了大量服务，是社会服务中不可或缺的力量。社会服务团体在不抵触法律的情况下，可以自行决定其服务方式。因为不同的社团有不同的服务方式，不同的服务对象也要求不同的服务方式，有的需要登门服务，有的需要入住有关场所接受服务，完全由社团自行决定。只有这样才能有效发挥社团的作用，协助特区政府做好社会服务工作。但法律禁止的事项，社会团体就不能提供服务，如安乐死。所以，社会服务团体要依据法律规定选择服务方式。

（十二）关于《澳门基本法》第 132 条

澳门特别行政区政府根据需要和可能逐步改善原在澳门实行的对教育、科学、技术、文化、体育、康乐、医疗卫生、社会福利、社会工作等方面的民间组织的资助政策。

本条规定与《香港基本法》规定相同，在起草过程中无争议。1991 年 4 月 17 日第六次全体会议上，文化与社会事务小组提交的讨论稿规定："澳门特别行政区政府保持和完善原在澳门实行的对教育、科学、技术、文化、艺术、体育、康乐、医疗卫生、社会福利、社会工作等方面的民间团体的资助政策。"[1] 在 1991 年 7 月 9 日第七次全体会议上，文化与社会事务小组工作

---

[1] 全国人大常委会澳门基本法委员会办公室编《中华人民共和国澳门特别行政区基本法起草委员会文件汇编》，第 137 页。

报告提出："政府对民间团体机构的资助政策，应该根据社会需要和财力可能逐步改善，而不是无条件的，所以将本条改为：澳门特别行政区政府根据需要和可能逐步改善原在澳门实行的对教育、科学、技术、文化、艺术、体育、康乐、医疗卫生、社会福利、社会工作等方面的民间团体的资助政策。"①

本条的主要内容是明确了对特区政府资助政策的规定。

解读

由于澳门民间团体众多，向社会提供诸多服务，所以特区政府长期以来有资助民间团体的做法，主要依据澳门第 54/GM/97 号批示《更新及明确给予私人及私人机构财政资助应遵守之一般规则》（"民间社团财政资助政策"）以及特区政府各部门制定的资助相关范畴内民间社团的行政性规章进行。如特区政府文化局每年为本地的文化社团提供资助，鼓励支持民间团体展开艺术及文化活动。再如，澳门的高等教育基金、科学技术发展基金等对教育和科技发展相关领域的社团都进行了资助。澳门基金会在 2018 年资助的文化、教育、慈善等多个项目超过 20 亿澳门元。特区政府对社团的资助，一方面推动了特区政府与社团在相关领域的合作，为市民提供公共产品，填补了特区政府在部分公共服务领域的空白；另一方面也发挥了社团在文化、教育、科技等事业发展中的作用。特区政府应该继续实行资助民间团体的政策。但是，根据澳门社会的发展，特区政府也需要对民间团体的资助政策加以完善，如在细化审批标准、完善监管措施、挖掘社会需求方面进行优化，使特区政府的资助用得其所，提质增效，避免社团重复互动，造成公共资源的浪费。

（十三）关于《澳门基本法》第 133 条

> 澳门特别行政区的教育、科学、技术、文化、新闻、出版、体育、康乐、专业、医疗卫生、劳工、妇女、青年、归侨、社会福利、社会工作等方面的民间团体和宗教组织同全国其他地区相应的团体和组织的关系，以互不隶属、互不干涉、互相尊重的原则为基础。

---

① 全国人大常委会澳门基本法委员会办公室编《中华人民共和国澳门特别行政区基本法起草委员会文件汇编》，第 152～153 页。

　　本条规定参照了《中葡联合声明》中有关宗教团体对外联系的表述，与《香港基本法》规定相同，在起草过程中就如何表述澳门特区与全国其他地区的关系展开了讨论。首先对使用"中国内地"还是"内地其他地区"抑或"全国其他地区"的提法进行讨论。在1990年3月14日第六次全体会议上，文化与社会事务小组提供的讨论稿规定，澳门的民间团体同内地相应的组织和团体的关系，以互不隶属、互不干涉、互相尊重的原则为基础。① 在1991年7月9日第七次全体会议上，文化与社会事务小组工作报告提出，原条文中"澳门民间团体同内地相应的组织和团体的关系"一句不够准确，因"内地"两字，似乎不能包括香港，所以建议改为"澳门民间团体同国内其他地区相应的组织和团体的关系"。② 随后，有意见建议将"全国其他地区"改为"内地其他地区"，或改为"中国内地"。在1992年3月5日第八次全体会议上，起草委员会秘书长鲁平在关于《澳门基本法（草案）征求意见稿（讨论稿）》的说明中指出："澳门的民间团体和宗教组织要保持其独立，与全国其他地区，包括香港、台湾的民间团体和宗教组织的关系，应以互不隶属、互不干涉、互相尊重为基础。所以，建议恢复征求意见稿的提法，将'内地'改为'全国其他地区'。"③ 其次对澳门社团与内地社团关系的基础进行讨论。有意见建议应以互不隶属、互不干涉和互相尊重的原则为基础建立关系。有意见认为，应是三不允许，互不隶属、互不干涉、互相尊重。

　　本条的主要内容是明确了对特区社团与全国其他地区社团关系的规定。

解读

　　特区社团与全国其他地区社团以互不隶属、互不干涉、互相尊重的原则为基础建立关系。第一，澳门的民间组织与内地的民间组织在组织关系上没有从属关系，互相独立。虽然内地全国性民间组织在各地方都有分会，上级领导下级，但澳门的民间团体不是其分会，独立自主。第二，澳门的民间组织与内地的民间组织在互相联系和交往中，互不干涉、互相尊重，一是互不

---

① 全国人大常委会澳门基本法委员会办公室编《中华人民共和国澳门特别行政区基本法起草委员会文件汇编》，第137页。
② 全国人大常委会澳门基本法委员会办公室编《中华人民共和国澳门特别行政区基本法起草委员会文件汇编》，第153页。
③ 全国人大常委会澳门基本法委员会办公室编《中华人民共和国澳门特别行政区基本法起草委员会文件汇编》，第210页。

干涉对方的管理事务，各自决定自己的发展和会务；二是内地的民间组织不到澳门发展和建立组织，澳门的民间组织也不到内地来发展和建立组织。两地民间组织在联系和交往中要互相尊重，在自愿的基础上进行合作。《澳门基本法》规定这些原则，主要是保证澳门的高度自治，中央人民政府依据《澳门基本法》不干预澳门特区自治范围内的事务，同样，内地的民间团体也不能干预澳门民间团体的事务。坚持这些原则，有利于保证中央人民政府对澳门特区的统一领导，排除各种不必要的干扰，不影响高度自治，也有利于澳门民间组织的自主发展。此外，就澳门而言，"全国其他地区"包括内地（大陆）、香港和台湾，澳门的社会团体与香港和台湾的社会团体也必须在互不隶属、互不干涉、互相尊重的基础上建立关系。

（十四）关于《澳门基本法》第134条

澳门特别行政区的教育、科学、技术、文化、新闻、出版、体育、康乐、专业、医疗卫生、劳工、妇女、青年、归侨、社会福利、社会工作等方面的民间团体和宗教组织可同世界各国、各地区及国际的有关团体和组织保持和发展关系，各该团体和组织可根据需要冠用"中国澳门"的名义，参与有关活动。

本条规定参照了《中葡联合声明》有关民间团体与外国联系的表述，与《香港基本法》规定相同，在起草过程中无争议。

本条的主要内容是明确了对特区社团组织与外国的社团组织关系的规定。

解读

1. 澳门的民间组织可同世界各国、各地区及有关国际组织保持和发展关系

澳门民间组织自行决定与国际组织和团体保持和发展关系。在澳门，一些民间组织是国际民间组织的分会，如狮子会、扶轮社等，这种关系可以继续保留和发展。澳门的宗教组织也可与国际宗教组织保持关系，如澳门天主教可继续与梵蒂冈教廷发生联系，接受教皇的指示。

2. 澳门的民间组织参加国际团体和组织可以"中国澳门"的名义开展活动

《澳门基本法》充分保障澳门民间组织的对外联系，以利于澳门民间的国际交往，促进澳门经济、旅游的发展，提高澳门在国际上的形象。但是，由于澳门是中国的一个特别行政区，要遵守国家统一和主权原则，所以在对外联系中要以"中国澳门"的名义进行活动，建立联系，以符合澳门在国家中的法律地位和身份。

本章明确了特别行政区的高度自治权，在教育、医疗、科技、文化、新闻出版、体育，专业和执业资格制度、社会福利制度、社会服务团体、民间资助等领域，可根据澳门的实际情况和《澳门基本法》的规定自行制定有关政策，推动上述各项事业的发展；对澳门宗教团体、民间社团与全国其他地区以及外国宗教社团、民间社团的联系作出规定，以利于澳门社团与全国其他地区和外国的社会团体建立和发展正常的关系。

第十章　对外事务

（一）关于《澳门基本法》第 135 条

澳门特别行政区政府的代表，可作为中华人民共和国政府代表团的成员，参加由中央人民政府进行的同澳门特别行政区直接有关的外交谈判。

本条规定参照了《中葡联合声明》中的相关表述，与《香港基本法》规定相同，在起草过程中没有争议。

本条的主要内容是明确了对澳门特区参与国家外交谈判的规定。

解读

根据《澳门基本法》的规定，外交属于中央人民政府管理的事务，由中央人民政府负责处理。当中央人民政府所进行的外交谈判的谈判内容直接与澳门特区有关即"直接"关联时，《澳门基本法》规定澳门特别行政区政府的代表，可作为中国政府代表团成员，参加由中央人民政府进行的外交谈判，并可作为代表团成员向中央政府提供意见。中央人民政府负责、特区参与，目的是希望谈判的过程和结果既符合国家的利益，也符合澳门的实际情况，更好地维护澳门的利益。

（二）关于《澳门基本法》第 136 条

澳门特别行政区可在经济、贸易、金融、航运、通讯、旅游、文化、科技、体育等适当领域以"中国澳门"的名义，单独地同世界各国、各地区及有关国际组织保持和发展关系，签订和履行有关协议。

本条规定参照了《中葡联合声明》中的相关表述，与《香港基本法》规定相同，在起草过程中并无争议。

本条的主要内容是明确了对澳门特区开展对外事务的规定。

解读

1. 对外事务的范围

根据《澳门基本法》的规定，对外事务与外交事务是有区别的，所以特区的对外事务不能涉及外交事务，《澳门基本法》规定的是"适当领域"，适当领域就是不能超出外交事务的范围。对这一原则的理解和执行，在每一个具体个案中只能由外交事务的标准加以决定，凡不属于外交事务的，特区就可以作为对外事务处理。

2. 以"中国澳门"的名义与国际组织保持联系和签订协议

澳门特区享有对外事务处理权，但在对外关系中必须坚持和体现一个中国的原则，澳门是中国的一部分，是中国的一个行政区，只能以"中国澳门"的名义参加国际组织，签订国际协议。

（三）关于《澳门基本法》第 137 条

对以国家为单位参加的、同澳门特别行政区有关的、适当领域的国际组织和国际会议，澳门特别行政区政府可派遣代表作为中华人民共和国代表团的成员或以中央人民政府和上述有关国际组织或国际会议允许的身份参加，并以"中国澳门"的名义发表意见。

澳门特别行政区可以"中国澳门"的名义参加不以国家为单位参加的国际组织和国际会议。

对中华人民共和国已参加而澳门也以某种形式参加的国际组织，中央人民政府将根据情况和澳门特别行政区的需要采取措施，使澳门特别行政区以适当形式继续保持在这些组织中的地位。

对中华人民共和国尚未参加而澳门已以某种形式参加的国际组织，中央人民政府将根据情况和需要使澳门特别行政区以适当形式继续参加这些组织。

本条规定参照了《中葡联合声明》中的相关表述，与《香港基本法》规定相同，在起草过程中并无争议。

本条的主要内容是明确了对特区参加国际组织和会议的规定。

解读

1. 作为国家代表团的成员或允许的身份参加国际组织和会议

澳门是中国的一个特别行政区，不是主权国家，所以需要以国家为单位参加的国际组织和会议，澳门不能参加，如联合国。但是，有两个例外：第一，特区可以派遣代表作为中国代表团成员参加国际组织和国际会议；第二，以中国政府允许或者有关国际组织和国际会议允许的身份参加国际组织和国际会议，但要以"中国澳门"的名义发表意见。当然，澳门参加国际组织和国际会议的限定条件是必须与特区有关且属于适当领域。

2. 澳门可以单独参加的国际组织和会议

只要国际组织和会议不是要求以国家为单位，澳门特区就可以以"中国澳门"的名义参加。如世界贸易组织要求独立关税地区资格，澳门是独立的关税地区，所以加入了该组织成为其中一员。截至2019年3月4日，澳门特区以"中国澳门"名义参与的国际组织从1999年的51个增加到2019年的110个。① 澳门还举办了大量区域性专业性国际组织会议和活动，如世界旅游部长级圆桌会议、第八届APEC旅游部长会议、中国－葡语国家经贸合作论坛会议、第54届亚太旅游协会年会、亚洲奥林匹克理事会第31次会员大会等。

3. 中国和澳门已经同时加入、需根据情况适当处理的国际组织和会议

在中国恢复对澳门行使主权前，澳门已经参加了国际组织和会议，中国也已经参加，在此种情况下，中央人民政府将采取措施，使特区以适当形式继续保持在这些组织中的地位。"适当形式"就是要视具体情况和特区需要而定，如果与特区在国家中的法律地位不符合，就要进行变通。

---

① 外交部驻澳门特区特派员公署网站，http：//www.fmcoprc.gov.mo/chn/satfygjzz/gjzzygjhy/t1139415.htm。

4. 在中国未参加而澳门已参加的情况下澳门特区可继续参加的国际组织和会议

对中国没有参加而澳门已经参加的国际组织，中央人民政府根据情况和需要使澳门特区以适当形式继续参加。"适当形式"与上款同一含义。

（四）关于《澳门基本法》第 138 条

> 中华人民共和国缔结的国际协议，中央人民政府可根据情况和澳门特别行政区的需要，在征询澳门特别行政区政府的意见后，决定是否适用于澳门特别行政区。
>
> 中华人民共和国尚未参加但已适用于澳门的国际协议仍可继续适用。中央人民政府根据情况和需要授权或协助澳门特别行政区政府作出适当安排，使其他与其有关的国际协议适用于澳门特别行政区。

本条规定参照了《中葡联合声明》中的相关表述，与《香港基本法》规定相同，在起草过程中并无争议。

本条的主要内容是明确了对特区签订国际协议的规定。

解读

1. 中国签订的国际协议对澳门适用的处理

中国签订的国际协议是否适用于澳门特区要视具体情况和特区需要而定，不是当然地适用，因此需要经过一个程序。首先，要咨询特区政府的意见。其次，要根据情况和需要，经研究后再决定是否延伸适用于澳门特区。这种方式符合"一国两制"的要求，考虑到澳门实行不同于内地的制度，包括法律制度，在内地适用未必在特区适用，所以需要作出选择。

2. 中国未签署但澳门已经适用的国际协议的处理

首先，仍可继续适用，享有权利和承担义务。其次，中央人民政府根据情况和需要授权或协助特区作出适当安排，使国际协议在特区继续适用。截至 2019 年，澳门特区经中央人民政府授权对外签订的双边协议共有 49 个，在澳门继续适用的国际公约共计 156 项。截至 2018 年底，外交部驻澳门特区特派员公署共办理国际公约适用澳门事项 600 余起，其中 450 项国际公约已在澳门特区适用。特派员公署还根据有关国际公约的规定，协助澳门特区提交了若干国际公约执行情况的报告。

（五）关于《澳门基本法》第 139 条

中央人民政府授权澳门特别行政区政府依照法律给持有澳门特别行政区永久性居民身份证的中国公民签发中华人民共和国澳门特别行政区护照，给在澳门特别行政区的其他合法居留者签发中华人民共和国澳门特别行政区的其他旅行证件。上述护照和旅行证件，前往各国和各地区有效，并载明持有人有返回澳门特别行政区的权利。

对世界各国或各地区的人入境、逗留和离境，澳门特别行政区政府可实行出入境管制。

本条规定参照了《中葡联合声明》中的相关表述，与《香港基本法》规定相同，在起草过程中并无争议。

本条的主要内容是明确了对特区出入境证件和出入管理制度的规定。

解读

1. 特区可以签发旅行证件

首先，中央人民政府授权特区签发旅行证件。签发旅行证件原本是中央人民政府的权力，考虑到特区实行"一国两制"及澳门是一个国际化的城市，中央人民政府授权特区签发特区旅行证件。其次，特区依法签发旅行证件。第 8/2009 号法律《澳门特别行政区旅行证件制度》和第 9/1999 号行政法规《制定澳门特别行政区旅行证件签发规章》对旅行证件的种类、签发的职权、申请的资格作出了具体的规定。特区政府向特区永久性居民中的中国公民签发特别行政区护照，向其他在澳门合法居留者签发特别行政区的其他旅行证件。最后，持有上述证件的人士享有前往其他国家和地区并返回澳门的权利。

2. 特区对出入境实行管理

出入境包括两个方面，一是指澳门居民经特区政府批准，持合法证件出入澳门边境；二是指外国人持有合法的证件，经特区政府批准进出澳门边境。出入境事务属于特区的自治事务，特区可以制定相应的管理制度。第

4/2003 号法律《入境、逗留及居留许可制度的一般原则》对出入境、逗留和居留三种情况作出规定，特区政府依此实行出入境管理。

（六）关于《澳门基本法》第 140 条

中央人民政府协助或授权澳门特别行政区政府同有关国家和地区谈判和签订互免签证协议。

本条规定参照了《中葡联合声明》中的相关表述，与《香港基本法》规定相同，在起草过程中并无争议。

本条的主要内容是明确了对特区签订互免签证协议的规定。

解读

由于拥有出入境管理权，并有签发特别行政区旅行证件的权利，所以澳门特别行政区可以与有关国家和地区签订互免签证的协议。由于涉及与外国的关系，需要中央人民政府的具体授权或协助安排谈判和签订协议，以便既能保障遵循国家外交政策的原则，又能确保澳门居民进出境的自由权利和便利性。

（七）关于《澳门基本法》第 141 条

澳门特别行政区可根据需要在外国设立官方或半官方的经济和贸易机构，报中央人民政府备案。

本条规定参照了《中葡联合声明》中的相关表述，与《香港基本法》的规定相同，在起草过程中并无争议。

本条的主要内容是明确了对澳门特区在外国设立官方半官方机构的规定。

解读

澳门特区享有对外事务处理权，需要与国际组织和地区发展关系，设立官方和半官方的经济贸易机构是有必要的。但《澳门基本法》有两个要求：第一，限于经济和贸易领域，负责从事经济和贸易事务；第二，要报中央人民政府备案。特区目前驻外机构有中国澳门驻里斯本经济贸易办事处、中国澳门驻布鲁塞尔欧盟经济贸易办事处、中国澳门驻世界贸易组织经济贸易办事处。

（八）关于《澳门基本法》第 142 条

外国在澳门特别行政区设立领事机构或其他官方、半官方机构，须经中央人民政府批准。

已同中华人民共和国建立正式外交关系的国家在澳门设立的领事机构和其他官方机构，可予保留。

尚未同中华人民共和国建立正式外交关系的国家在澳门设立的领事机构和其他官方机构，可根据情况予以保留或改为半官方机构。

尚未为中华人民共和国承认的国家，只能在澳门特别行政区设立民间机构。

本条规定参照了《中葡联合声明》中的相关表述，与《香港基本法》规定相同，在起草过程中并无争议。

本条的主要内容是明确了对外国在特区设立官方机构的规定。

解读

领事馆是一个国家派驻外国保护本国商业和侨民利益的机构，是国家的代表，负责处理国与国之间的外交事务。第一，外国在澳门特区设立领事机构或其他官方、半官方机构，需要经中央人民政府批准，因为澳门是中华人民共和国的领土，是中国的一个特别行政区，外国在特区设立领事机构或其他官方、半官方机构属于外交事务，不属于特区自治事务，应由中央人民政府负责处理，所以需要中央人民政府批准。第二，中央人民政府根据具体情况，按三种办法处理外国在澳门设立的领事机构和其他官方机构：如果是与中国已经建立正式外交关系的国家，其领事机构和官方机构可以保留；如果是尚未与中国建立正式外交关系的国家，其领事机构和官方机构可根据情况予以保留或改为半官方机构；如果是中国尚未承认的国家，其在澳门只能设立民间机构。

本章主要对特别行政区对外事务处理权和对外事务的范围，特区参加国际组织和国际会议，特区缔结国际协议，特区负责出入境管理，特区在外国设立官方和半官方机构，外国在特区设立领事机构或其他官方、半官方机构作出了明确的规定，既保障国家外交政策的统一性，又体现授予澳门特区处理对外事务的灵活性，方便澳门特区开展对外联系，促进澳门经济贸易发展。

第十一章 《澳门基本法》的解释和修改

本章是对《澳门基本法》解释和修改的规定，《澳门基本法》的解释制度要符合"一国两制"的要求和逻辑，按照"一国"的原则和宪法的规定，全国人大常委会享有《澳门基本法》的解释权。考虑到特区法院审理案件的需要，全国人大常委会可以授权特区法院在审理案件时，对《澳门基本法》进行解释。随着《澳门基本法》的实践，全国人大可以对《澳门基本法》有关条文作出修改，但不得同"一国两制"相抵触。

在本章的起草中，主要围绕《澳门基本法》解释权和修改权的归属，解释和修改的程序，全国人大常委会解释《澳门基本法》与特区法院审判的关系，《澳门基本法》修改和"一国两制"方针政策不变的关系展开了讨论，在取得共识的前提下作出了规范。

（一）关于《澳门基本法》第 143 条

本法的解释权属于全国人民代表大会常务委员会。

全国人民代表大会常务委员会授权澳门特别行政区法院在审理案件时对本法关于澳门特别行政区自治范围内的条款自行解释。

澳门特别行政区法院在审理案件时对本法的其他条款也可解释。但如澳门特别行政区法院在审理案件时需要对本法关于中央人民政府管理的事务或中央和澳门特别行政区关系的条款进行解释，而该条款的解释又影响到案件的判决，在对该案件作出不可上诉的终局判决前，应由澳门特别行政区终审法院提请全国人民代表大会常务委员会对有关条款作出解释。如全国人民代表大会常务委员会作出解释，澳门特别行政区法院在引用该条款时，应以全国人民代表大会常务委员会的解释为准。但在此以前作出的判决不受影响。

全国人民代表大会常务委员会在对本法进行解释前，征询其所属的澳门特别行政区基本法委员会的意见。

本条规定与《香港基本法》规定相同，在起草过程中，围绕特区法院解释《澳门基本法》的安排，包括特区三级法院解释《澳门基本法》的协调问题、特区法院提请解释问题、全国人大常委会解释《澳门基本法》与特区法院审判的关系问题展开了讨论。在 1990 年 6 月 7 日第四次全体会议上，中央与特区关系小组工作报告指出："澳门与香港同是直辖于中央人民政府的特别行政区，在草拟第八章时应与《香港特别行政区基本法》的有关条文相一致。"①

在《澳门基本法（草案）征求意见稿（讨论稿）》阶段，在 1990 年 12 月 11 日第五次全体会议上，有委员认为应授权终审法院而不是所有法院解释《澳门基本法》。有委员认为，行政长官有权提请全国人大常委会解释《澳门基本法》，如果行政长官不签署立法会法律，可提请全国人大常委会解释《澳门基本法》。②

在《澳门基本法（草案）征求意见稿》阶段，有意见认为，只有终审法院才可对《澳门基本法》进行司法解释，以避免三级法院在解释《澳门基本法》时出现混乱。也有意见认为，终审法院对其应该提请解释而未经提请就作出的判决无效。

在《澳门基本法（草案）》阶段，有意见认为，解释权保留在特区法院更好。有意见认为，审判权必须包括解释权，终审权必须包括最终解释权。有意见认为，解释权属于全国人大常委会。是主动解释权还是被动解释？如果是后者，则没有问题。也有意见认为，全国人大常委会保留《澳门基本法》的解释权，同时授权特区法院就自治范围内的条款解释《澳门基本法》是合理的安排。

---

① 全国人大常委会澳门基本法委员会办公室编《中华人民共和国澳门特别行政区基本法起草委员会文件汇编》，第 52 页。
② 第五次全体会议第 9 期简报。

经过咨询意见，反复协商讨论，最后确定基本法解释权属于全国人大常委会；全国人大常委会可授权特区法院解释基本法；考虑到各级法院在审理案件中都有可能涉及对基本法的解释，所以没有采纳只有终审法院才能解释基本法的意见。

本条的主要内容是明确了对《澳门基本法》解释权的规定。

解读

1. 解释权属于全国人大常委会

（1）全国人大常委会解释权的含义

根据基本法的规定，全国人大常委会享有对基本法的解释权。在这里，解释权具有唯一性、排他性、全面性和最终性的特点，并由此派生出授权性和监督性。唯一性是指基本法的解释权属于全国人大常委会，全国人大常委会独占基本法的解释权。排他性是指全国人大常委会不与其他机关共享和分享解释权。全面性是指解释权是全国人大常委会的专有职权，对基本法的所有条文都可以进行解释，如果是部分能解释，部分不能解释，就不是完整的解释权。最终性是指在专有和全面的基础上，全国人大常委会对基本法的解释具有终局性，对其他机关产生约束力，不能受到其他机关的挑战和否定。授权性是指因为全国人大常委会享有解释权，才可以授权特区法院解释，特区法院可以对基本法作出解释源自全国人大常委会的授权。监督性是指全国人大常委会对授权特区法院解释基本法进行监督，以保障特区法院对基本法解释的准确性。

（2）全国人大常委会解释权的宪法依据

根据宪法第 67 条第 1 项和第 4 项的规定，全国人民代表大会常务委员会行使"解释宪法，监督宪法的实施"和"解释法律"的职权。因此，解释宪法和解释全国人民代表大会及其常务委员会制定的法律，是全国人民代表大会常务委员会的专属权力。而《澳门基本法》是全国人民代表大会制定的全国性法律，所以全国人民代表大会常务委员会享有基本法的解释权是有充分的宪法依据的。基本法是根据宪法制定的，所以基本法既不能够剥夺宪法规定的全国人大常委会享有的法律解释权，也不能将解释权转移给特区法院。

（3）全国人大常委会的解释权是中央管治权的有机组成部分

由于基本法的解释权涉及中央与特区的关系，涉及授权与被授权的关系，也涉及特区权力之间的分工。所以，不同基本法解释主体之间的权限关系，首先是国家内部权力纵向的划分，其次才是特区内部权力横向的分配。在纵向的权力结构关系中，基于国家主权的原则，中央对特区享有全面的管治权。中央依据宪法和《澳门基本法》管治澳门特别行政区，《澳门基本法》在实施过程中需要解释时，必然由全国人大常委会最终解释，保证中央管治权的落实。如果《澳门基本法》的解释权不属于全国人大常委会，而是由特区法院享有和行使，将导致中央要根据终审法院对《澳门基本法》的解释行使管治权，变成特区法院决定对《澳门基本法》的解释，中央执行特区终审法院的解释，实质上取消和限制了中央的管治权，颠倒了中央和特区之间领导与被领导、监督与被监督的关系。

（4）全国人大常委会解释权不影响法院的审判独立

宪法和宪制性法律由哪个国家机关进行解释更有利于维护宪法权威、维护法律制度的统一？可以有不同的选择。这种选择与政治抉择有关，当前世界上存在三种代表性的宪法解释制度。第一种是由立法机关解释宪法或宪制性法律，以英国思想家洛克的学说为理论基础。因为国家"只能有一个最高权力，即立法权，其余一切权力都是而且必须处于从属地位"，"立法权必须是最高的权力，社会的任何成员或社会的任何部分所有的其他一切权力，都是从它获得和隶属于它的"。① 英国宪法学家戴雪在《英宪精义》一书中写道："巴力门对于一切法律可以创造，可以批准，可以扩张，可以收缩，可以裁减，可以撤回，可以再立，又可以诠释。"② 所以，英国确立了议会至上原则与由议会制定和解释宪法性法律的制度。《澳门基本法》解释制度基本上可以归于此类制度。第二种是由普通司法机关解释宪法，以美国汉密尔顿分权学说为理论基础。因为立法机关应该接受司法机关合宪性的审查，"所谓限权宪法系指为立法机关规定一定限制的宪法。如规定：立法机关不得剥夺公民权利的法案；不得制定有追溯力的法律等。在实际执行中，此类限制须通过法院执行，因而法院必须有宣布违反宪法明文规定的立法为无效之权"，③ 所以美国通过司法判决确立了普通法院解释宪法的制度。第

---

① 〔英〕洛克：《政府论》（下），叶启芳、瞿菊农译，商务印书馆，1983，第91~92页。

② 〔英〕戴雪：《英宪精义》，雷宾南译，中国法制出版社，2001，第118页。

③ 〔美〕汉密尔顿、杰伊、麦迪逊：《联邦党人文集》，第392页。

三种是既不由立法机关也不由司法机关，而是由专门机构如宪法法院、宪法委员会解释宪法，以凯尔森规范法学为理论基础。因为一国法律体系中，从高到低依次是宪法、法律、行政法规等，下位法要符合上位法，宪法是最高法，为了保障立法机关制定的法律符合宪法，必须对立法机关的立法进行审查。但审查机关既不是制定普通法律的立法机关，也不是适用普通法律的司法机关，而是负责宪法实施的专门机关。以上三种理论产生的三种宪法解释制度，虽然有所不同，有所侧重，但是有一点是共同的，即均是从如何更好维护宪法权威、维护以宪法为基础的法律制度统一的角度建立相应的制度的。因此，不论采用哪一种宪法解释制度均不违背和损害审判独立的原则。换言之，宪法的解释权没有赋予司法机关，并不能得出司法不独立的结论。所以，《澳门基本法》规定解释权属于全国人大常委会并不损害特区法院审判独立。原因有二：第一，两者的权力性质不同，解决的是不同的问题。《澳门基本法》解释权属于法律解释的范畴，明确法律的含义，解决法律须符合《澳门基本法》、法律违反《澳门基本法》则无效的问题，维护法律制度的统一。而司法权属于法律适用的范畴，运用法律解决各种纠纷，审判独立是解决法院行使审判权时不受任何干涉的问题。所以，不能将两者画等号，即最终解释权应包含审判权，或者享有审判权应享有最终解释权。第二，将《澳门基本法》解释权赋予全国人大常委会，将司法审判权赋予特区法院，采取两者权力分离而不是两者合二为一的模式，在法理上和制度上并不矛盾。正如其他国家采用的由立法机关或专门机关解释宪法的制度，宪法解释权与司法审判权分离，属于不同机关，宪法解释机关不行使司法权，司法机关不行使宪法解释权。所以，全国人大常委会和特区法院各自行使不同的法定权力，互不取代，互不干涉。

2. 全国人大常委会授权特区法院自行解释基本法

（1）特区法院对自治范围内条款的解释

全国人大常委会根据需要授权特别行政区法院在审理案件中对基本法中自治事务的条款进行解释。《中华人民共和国立法法》第 45 条规定："法律有以下情况之一的，由全国人民代表大会常务委员会解释：（一）法律的规定需要进一步明确具体含义的；（二）法律制定后出现新的情况，需要明确适用法律依据的。"此外，全国人民代表大会常务委员会 1981 年 6 月 10 日通过的《关于加强法律解释工作的决议》规定："二、凡属于法院审判工作中具体应用法律、法令的问题，由最高人民法院进行解释。凡属于检察院检察工作中具体应用法律、法令的问题，由最高人民检察院进行解释。最高人民法院和最高人民检察院的解释如果有原则性的分歧，报请全国人民代表大会常务委员会解释或决定。"据此，法律解释是以全国人大常委会的立法解释为主导，具有最高性；同时，授权司法机关解释法律，受全国人大常委会立法解释的监督。立法解释是解决明确法律规范的界限，司法解释是解决法律规范的具体适用。正因为中国的法律解释制度中存在立法解释，司法机关也可对法律进行解释，所以《澳门基本法》规定："全国人民代表大会常务委员会授权澳门特别行政区法院在审理案件时对本法关于澳门特别行政区自治范围内的条款自行解释。"

（2）全国人大常委会授权特区法院解释的范围、条件和效力

首先，授权解释时明确授权解释的范围。根据《澳门基本法》规定，特区法院就特区自治范围内的条款进行解释。其次，授权解释的条件是在审理案件中自行解释，不能在审理案件外作抽象的解释。最后，授权解释的效力低于全国人大常委会解释的效力，需要接受全国人大常委会的监督，如全国人大常委会认为特区法院的解释不符合《澳门基本法》的规定，可以作出新的解释加以纠正。虽然，在澳门的司法实践中就这一原则没有发生争议，但是在香港的司法实践中曾经受到质疑。然而，1999年2月26日香港特区终审法院发表的声明承认特区法院必须遵从全国人大常委会的解释："我等在1999年1月29日的判词中，并没有质疑人大常委会根据158条所具有解释《香港基本法》的权力，及如果人大常委会对《香港基本法》作出解释时，特区法院必须要以此为依据。我等接受这个解释权是不能质疑的。我等在判词中，也没有质疑全国人大及人大常委会依据《香港基本法》的条文和《香港基本法》所规定程序行使权力。我等也接受这个权力是不能质疑的。"①

3. 全国人大常委会授权特区法院提请解释基本法

全国人大常委会允许特区法院在审理案件中对特区自治范围外的条款作出解释。但需要特区终审法院提请解释，然后根据全国人大常委会的解释，作出

---

① 引自香港特别行政区政府网司法机构终审法院裁判书，http：//www.justice.gov.hk；1999年2月27日香港报章。

法律适用的解释。

（1）借鉴欧盟条约的解释制度

因为特区法院在审理案件时可能涉及特区自治范围外的条款，如果不能解释，特区法院则不能完成审判。但特区法院的解释又不能损害中央的权力和利益。所以，必须在两者之间作出稳妥的安排。《澳门基本法》的安排借鉴了欧盟条约解释制度。欧盟是一个政治联合体，是由一些国家组成的。为了欧盟的统一，欧盟制定了一些条约，需要成员国遵守和实施。但是，欧盟成员国又是享有独立司法权的。为保障各成员国在审理案件时对欧盟条约的解释是一致的，避免不同解释影响条约的执行，欧盟建立了法律解释的提请制度。各成员国法院在解释欧盟条约时，如果是终审判决的话，必须提请欧盟法院先行解释，然后成员国法院按欧盟法院的立法性解释再作适法性（司法）解释，以保证对欧盟条约的统一理解。"一国两制"在"统一"和"自治"关系方面与统一的欧盟和各成员国的司法权关系有相似的地方，所以欧盟的条约解释制度有可借鉴的地方。为了确保"一国"下的中央管治权，《澳门基本法》中有关中央管理事务的条款和中央与特区关系的条款必须由全国人大常委会最终解释。为了保障司法审判权，允许特区法院解释《澳门基本法》有关自治事务的条款，如涉及中央管理事务的条款和中央与特区关系事务的条款，应由特区终审法院提请全国人大常委会作出立法解释，然后根据全国人大常委会的立法解释再作适用法律的司法解释。所以，《澳门基本法》规定，特区法院需要对《澳门基本法》中有关中央人民政府管理的事务或中央和澳门特别行政区关系的条款进行解释，而对该条款的解释又影响到案件的判决，在对案件作出不可上诉的终局判决前，应由特区终审法院提请全国人民代表大会常务委员会对有关条款作出解释，澳门特别行政区法院在引用该条款时，应以全国人民代表大会常务委员会的解释为准。

（2）提请解释制度的特点

首先，提请是必需的程序，不能自由选择，要符合以下三个要件：一是涉及中央管理的事务、中央和澳门特别行政区关系的条款；二是解释影响案件的判决；三是终局判决前，必须提请全国人大常委会解释。其次，全国人大常委会作出解释后，特区法院在引用该条款时必须以全国人大常委会的解释为准。这是全国人大常委会授权特区法院解释和全国人大常委会解释具有最高效力的必然要求。最后，是否属于特区自治范围外的条款，最终由全国人大常委会决定，而不是由特区法院决定，因为全国人大常委会的解释权包含凡遇有对《澳门基本法》理解争议时，由全国人大常委会最终决定的规定。

4. 全国人大常委会解释基本法的程序

全国人大常委会在解释基本法前，征询澳门特别行政区基本法委员会的意见。

5. 全国人大常委会的解释权与特区法院审判权的关系

（1）法律的解释权与审判权是两个不同性质的概念

解释权是通过对法律的解释，明确法律条款的真实含义、界限。审判权是解决具体的法律如何适用于案件，解决和排除纠纷。前者是法律自身的问题，后者是法律适用的问题。解释权的本质和任务是说清楚法律是什么的问题，通过解释明确法律条款的含义和内容，确定行为规则的标准。所以，任何对法律的解释都是抽象性的，适用于社会中的所有人，不是针对特定的个体。而审判权的本质和任务是法官运用法律规定解决具体的法律争议，用法律的规定去衡量当事人的行为是否符合法律确立的行为规则。如果符合规则就是合法的行为，受法律保护；如果不符合法律规则，就是不合法的行为，受法律的制裁。所以，审判权涉及的对象不是抽象的，而是具体的，判决只适用于法律争议的当事人。

（2）全国人大常委会的解释权与特区法院审判权有明确分工

《澳门基本法》条款的含义和内容由享有《澳门基本法》最终解释权的全国人大常委会决定。虽然全国人大常委会决定《澳门基本法》条款的含义和内容，但它不能因此行使审判权，参与法律对具体个案的适用。特区法院虽然不能最终决定《澳门基本法》条款的含义和内容，但是可不受干预、独立地适用《澳门基本法》解决具体法律争议。比如，香港特区立法会议员"宣誓案"就是最好的说明。全国人大常委会只解释《香港基本法》第104条中"依法宣誓"的含义，并不判定宣誓人的行为是否符合"依法宣誓"的法律要求。宣誓人的行为是否符合《香港基本法》的要求，由法官依法进行裁决。这就说明解释权不能代替审判权，审判权不能否定解释权，各有其功能。所以，《澳门基本法》分别由两个条文规定了审判权和解释权。第83条规定，特区法院独立进行审判，只服从法律，不受任何干涉；第143条规定，本法的解释权属于全国人民代表大会常务委员会。

（3）全国人大常务委员会不对特区法院的审判进行监督

在全国人大常委会作出基本法解释前特区法院已经作出的判决不受全

国人大常委会解释的影响，即全国人大常委会的解释没有追溯力，不能否定特区法院的判决，即在特区法院依法审理案件上，全国人大常委会尊重法院的审判，不能推翻特区法院的判决结果。如 1999 年 1 月 29 日香港终审法院有关吴嘉玲案的判决，该判决对《香港基本法》第 24 条第 3 款的"第（一）、（二）两项所列在香港以外所生的中国籍子女"成为永久性居民的规定作了解释，认为只要是香港永久性居民的子女，不论其是否在父母成为永久性居民后所生，都是永久性居民。① 香港社会对特区法院就《香港基本法》这一条款的解释引起了争议，所以行政长官呈请国务院提请全国人大常委会进行解释。全国人大常委会于 1999 年 6 月 26 日通过的《全国人民代表大会常务委员会关于〈中华人民共和国香港特别行政区基本法〉第二十二条第四款和第二十四条第二款第（三）项的解释》指出，只有父或母成为永久性居民后在内地所生的子女才是永久性居民，纠正了特区法院对《香港基本法》这一条款的不正确理解，从而不能成为特区法院以后判案的先例。但是，特区法院判决的结果仍然有效，当事人依据法院的判决取得的永久性居民资格不被取消。

6. 基本法解释的启动程序

（1）全国人民代表大会常务委员会基本法解释和审查的启动程序

基于基本法解释权属于全国人大常委会，全国人大常委会行使解释权可以主动，也可以被动。

第一，全国人大常委会主动解释基本法，可以是对抽象行为的审查，也可以是对具体行为的审查。如全国人大常委会根据《澳门基本法》第 17 条的规定，对特区立法会备案的法律进行审查，不论该法律有没有引起司法诉讼，全国人大常委会均可以法律违反基本法终止其效力。而全国人大常委会对基本法附件一和附件二的解释，也是在社会有需要或具体要求下主动为之。2004 年 4 月，全国人大常委会对《香港基本法》附件一、附件二的解释，② 就是

---

① 吴嘉玲案终审判决书（中文），http：//wenku. baidu. com/link? url = 6lOcNToWWkW8qto83ie
C5MWRMOBsedHbuuJaAUa - q5EoO - iC_ 977 - IwE0Pa6B57TlTwdNQecVSl1hY0WXOpuNr3W0
e5yMHH7LeHeYEZiXL7。

② 《全国人民代表大会常务委员会关于〈中华人民共和国香港特别行政区基本法〉附件一第
七条和附件二第三条的解释》，中国人大网，http：//www. npc. gov. cn/wxzl/gongbao/2004 -
07/23/content_ 5332218. htm。

在香港社会对《香港基本法》附件一、附件二有关规定存在不同的理解和认识情况下进行的。通过解释，并随后由全国人大常委会作出决定，明确：2007年香港特别行政区第三任行政长官的选举不实行由普选产生的办法；2008年香港特别行政区第四届立法会的选举，不实行全部议员由普选产生的办法；功能团体和分区直选产生的议员各占半数的比例维持不变；立法会对法案、议案的表决程序维持不变。

第二，全国人大常委会可以应特区终审法院或行政长官的提请或请求解释基本法。按《澳门基本法》第143条的规定，澳门特别行政区法院在审理案件时需要对本法关于中央人民政府管理的事务或中央和澳门特别行政区关系的条款进行解释，而对该条款的解释又影响到案件的判决，在对该案件作出不可上诉的终局判决前，应由特区终审法院提请全国人民代表大会常务委员会对有关条款作出解释。此时，全国人大常委会是被动行使解释权。如香港终审法院在审理"刚果（金）案"时，在判决书中指出，香港法院应否采取中央人民政府的国家豁免规则或政策，涉及中央管理的事务或中央和香港特区的关系，依据《香港基本法》第158条第3款的规定，提请全国人大常委会解释《香港基本法》第13条第1款和第19条第3款。这是香港终审法院成立以来第一次按《香港基本法》第158条的规定，提请全国人大常委会解释基本法。如果特区法院没有按照基本法的规定，应该提请全国人大常委会解释而没有提请，行政长官可以依据基本法规定的负责执行基本法的职权，请求国务院提请全国人大常委会解释基本法。如香港居留权案中涉及的法律争议，本应由香港终审法院提请全国人大常委会解释基本法的有关条文，但终审法院没有这样做，导致案件错判。在这种情况下，行政长官请求国务院提请全国人大常委会行使解释权，虽不是基本法明文规定的程序，但基于行政长官对基本法负责执行的责任，行政长官主动向国务院报告这一情况，并由国务院提请全国人大常委会解释基本法。1999年6月26日第九届全国人民代表大会常务委员会第十次会议通过《全国人民代表大会常务委员会关于〈中华人民共和国香港特别行政区基本法〉第二十二条第四款和第二十四条第二款第（三）项的解释》，指出鉴于议案中提出的问题涉及香港特别行政区终审法院1999年1月29日的判决对《香港基本法》有关条款的解释，该有关条款涉及中央管理的事务和中央与香港特别行政区的关系，终审法院在判决前没有依照《香港基本法》第158条第3款的规定提请全国人民代表大会常务委员会作出解释，而终审法院的解释又不符合立法原意，经征询全国人民代表大会常务委员会香港特别行政区基本法委员会的意见，全国人民代表大会常务委员会决定，根据《中华人民共和国宪法》第 67 条第 4 项和《中华人民共和国香港特别行政区基本法》第 158 条第 1款的规定，对《中华人民共和国香港特别行政区基本法》第 22 条第 4 款和第 24 条第 2 款第 3 项的规定作解释。第一，明确港人在内地所生子女要求进入香港，需要经过内地相关机构审批并持有效证件；第二，明确《香港基本法》第 24 条第 2 款第 2 项规定，是指无论本人是在香港特区成立以前还是成立以后出生，在其出生时，其父母双方或一方须是香港永久性居民。[①] 纠正了香港终审法院的错误解释。

（2）特区法院解释和审查程序

特区法院解释基本法的自治范围条款，启动程序应是被动的，只在存在审理具体的法律诉讼案件时作出解释。

综上所述，基本法解释制度的核心有三：第一，全国人大常委会行使最终解释权；第二，特区法院可以对基本法进行解释，但受全国人大常委会的监督；第三，特区终审法院提请全国人大常委会解释后，必须以全国人大常委会解释为准。

（二）关于《澳门基本法》第 144 条

本法的修改权属于全国人民代表大会。

本法的修改提案权属于全国人民代表大会常务委员会、国务院和澳门特别行政区。澳门特别行政区的修改议案，须经澳门特别行政区的全国人民代表大会代表三分之二多数、澳门特别行政区立法会全体议员三分之二多数和澳门特别行政区行政长官同意后，交由澳门特别行政区出席全国人民代表大会的代表团向全国人民代表大会提出。

本法的修改议案在列入全国人民代表大会的议程前，先由澳门特别

---

① 《全国人民代表大会常务委员会关于〈中华人民共和国香港特别行政区基本法〉第二十二条第四款和第二十四条第二款第（三）项的解释》，http：//www.fmcoprc.gov.hk/chn/syzx/tyflsw/t54816.htm。

行政区基本法委员会研究并提出意见。

本法的任何修改，均不得同中华人民共和国对澳门既定的基本方针政策相抵触。

本条规定与《香港基本法》规定相同，在起草过程中并无争议。

本条的主要内容是明确了对《澳门基本法》修改的规定。

解读

1. 基本法的修改权属于全国人民代表大会

修改权是从立法权中派生出的一项权力，有制定法律的权力，才能有修改法律的权力，没有立法权就没有修改权是立法制度的一项基本原则。基本法是全国人民代表大会制定的，所以全国人民代表大会享有修改基本法的权力。第一，宪法明确规定，由全国人大修改国家的基本法律，基本法属于国家的基本法律，只能由全国人大修改。全国人大既不能将基本法修改权授予特别行政区，也不可能与特别行政区分享基本法修改权，两者均不符合宪法规定。第二，谁制定法律由谁修改是立法制度中的一项原则。何况地方立法机关修改中央立法机关制定的法律，或者与中央立法机关一起行使修改权，不符合立法制度的原则。但地方享有建议中央修改法律的权力是合理的。

2. 基本法的修改提案权和程序

基本法修改的提案权属于全国人民代表大会常务委员会、国务院和澳门特别行政区。考虑到基本法的特殊性，对修改动议权可作出特殊规定，对修改提案权的主体范围可作适当限制。在中央层面只限于负责基本法实施和监督的全国人民代表大会常务委员会和国务院。特别行政区的提案权，须经特别行政区全国人民代表大会代表 2/3 多数、特别行政区立法会全体议员 2/3 多数和行政长官同意，交由特别行政区出席全国人民代表大会的代表团向全国人民代表大会提出。同时，在修改提案权的程序上也作出了明确规定。任何修改提案在列入全国人民代表大会议程前，都要由基本法委员会研究并提出意见。列入全国人民代表大会议程后，按照宪法和法律规定的程序，经全国人民代表大会审议通过，完成基本法的修改。

3. 基本法修改内容的限制

基本法的修改与其他法律的修改不同，对基本法修改的范围有所限制，明确规定《澳门基本法》的任何修改均不得同国家对澳门既定的基本方针政策相抵触。对此，我们必须全面理解国家对澳门的基本方针政策。"一国两制"由"一国"和"两制"两个方面构成，不能改变"一国两制"的基本方针政策，包括既不能改变"一国"的原则内容，也不能改变"两制"的基本内容。所以，对基本法修改的限制，要坚持两个不能改变，否则"一国两制"就无从谈起，基本法的存在也就失去了意义。对基本法修改范围作出一定的限制，充分表明了国家实行"一国两制"不是权宜之计，而是长期国策。

第十二章　附则

关于《澳门基本法》第 145 条

　　澳门特别行政区成立时，澳门原有法律除由全国人民代表大会常务委员会宣布为同本法抵触者外，采用为澳门特别行政区法律，如以后发现有的法律与本法抵触，可依照本法规定和法定程序修改或停止生效。

　　根据澳门原有法律取得效力的文件、证件、契约及其所包含的权利和义务，在不抵触本法的前提下继续有效，受澳门特别行政区的承认和保护。

　　原澳门政府所签订的有效期超过一九九九年十二月十九日的契约，除中央人民政府授权的机构已公开宣布为不符合中葡联合声明关于过渡时期安排的规定，须经澳门特别行政区政府重新审查者外，继续有效。

本条规定与《香港基本法》规定基本相同，但根据澳门的实际情况增加了有关内容。在起草过程中，主要围绕如何处理原澳门政府签订的跨越1999 年 12 月 20 日的契约问题展开了讨论，因为在澳门进入过渡时期后，澳葡政府签订的契约，可能存在损害未来特区利益的问题，如何预防和消除澳葡政府签订的契约可能带来的危害，《澳门基本法》需要有一个过渡性的安排。

在 1990 年 12 月 11 日第五次全体会议上，中央与特区关系小组工作报告建议："原澳门政府所签订的跨越一九九九年十二月二十日的合约、协议、协定等，除土地契约本法另有规定外，经澳门特别行政区政府审查确认后，继续有效"，① 设定一个契约确认程序。但有委员认为不予确认，要规定一个时间限制，不能长期不确认。有委员认为，规定期限有困难，因为工作量太大，而且届时特区政府一定会采取必要措施，尽早确认。在 1991 年 4 月 17 日第六次全体会议上，中央与特区关系小组工作报告建议修改为："'原澳门政府所签订的超过 1999 年 12 月 19 日的契约、协议、协定等，除土地契约本法另有规定或澳门特别行政区政府不予确认者外，继续有效。'这样修改主要是考虑到一九九九年澳门特别行政区政府成立后，很难在较短时间内对原澳门政府所签订的各种契约全部审查完毕和确认有效，从而使大量这类契约的效力和所包含的权利和义务长期处于不确定状况。这对社会的稳定没有好处。而且实际上'不予确认'的契约数目不会很多。修改后的做法，对澳门社会安定便不致产生影响。"② 以不确认的方式处理原有的契约，强调确认后继续有效。在会议上，有委员认为，现在的写法可解决不利于澳门经济发展的一些合约、协议的问题，但也会使有利于澳门经济发展的一些合约受到影响，容易造成投资人的恐慌，解决这类问题，应区分不同的情况，对于当前存在的问题，应通过中葡联合联络小组磋商解决。③ 在 1991 年 7 月 9 日第七次全体会议上，中央与特区关系小组工作报告提出，同意将第 3 款改为"原澳门政府所签订的有效期超过一九九九年十二月十九日的契约，除澳门特区政府在其成立后一年内宣布无效外，继续有效"。把审查的时间限定在一年内。起草委员会秘书长鲁平在《关于澳门特别行政区基本法（草案）征求意见稿（讨论稿）的说明》中认为，特别行政区政府有权审查原澳门政府签订的契约，但未提及审查的依据，为了维护未来澳门特别行政区和澳门居民的利益，使投资者放心，建议改为"原澳门政府所签订的有效期超过一九九九年十二月十九日的契约，除因与本法抵触或不符合中葡联合声明关于过渡时期的安排的规定，由澳门特别行政区政府在其成立

---

① 全国人大常委会澳门基本法委员会办公室编《中华人民共和国澳门特别行政区基本法起草委员会文件汇编》，第 75 页。

② 全国人大常委会澳门基本法委员会办公室编《中华人民共和国澳门特别行政区基本法起草委员会文件汇编》，第 103 页。

③ 第六次全体会议第 17 期简报。

后一年内宣布无效者外，继续有效"，[①] 并被《澳门基本法（草案）征求意见稿》采纳，[②] 在 1992 年 3 月 5 日第八次全体会议上，中央与特区关系小组工作报告提出："既要防止未来特区政府和居民的利益受到损害，又要不影响投资者的正当权益，根据这个精神，建议改为，原澳门政府签订的有效期超过一九九九年十二月十九日的契约，除由中葡联合联络小组中方代表或中葡土地小组中方代表公开声明不符合中葡联合声明关于过渡时期安排的规定，须经澳门特别行政区政府重新审查者外，继续有效。这样修改比原来的表述更为妥当。"[③] 以中方主动声明的方式处理契约有效性。起草委员会秘书长鲁平在《关于〈澳门基本法（草案）讨论稿〉的说明》中，建议将"中葡联合联络小组中方代表或中葡土地小组中方代表"改为"中国政府授权的机构"。[④] 在会上，关于跨越 1999 年合约的审查问题，有不同意见，一种认为应该删去审查；另一种认为保留审查是完全必要的。[⑤] 有委员提案要求删去第 3 款，认为重新审查使合约处在不确定状态，但被全体会议否决。

从最初特别行政区政府不予确认（担心不确定，影响投资）到需要特区政府重新审查方为有效（担心时间不允许），再到特区成立一年内宣布无效，最后改为由中方机构公开宣布不符合《中葡联合声明》才需特区政府审查，否则继续有效，条文形成的过程和变化，充分反映了《澳门基本法》起草委员会在处理原澳门政府签订的合约时采取谨慎负责的态度，既要保护特别行政区的利益，也要保护投资者的合法利益。

本条的主要内容是明确了对澳门原有法律、原有契约处理的规定。

释义

1. 原有法律的处理

第一，由于澳门原有的法律基本不变，可以被采用为特区的法律，但原

---

① 全国人大常委会澳门基本法委员会办公室编《中华人民共和国澳门特别行政区基本法起草委员会文件汇编》，第 157 页。

② 全国人大常委会澳门基本法委员会办公室编《中华人民共和国澳门特别行政区基本法起草委员会文件汇编》，第 179 页。

③ 全国人大常委会澳门基本法委员会办公室编《中华人民共和国澳门特别行政区基本法起草委员会文件汇编》，第 195 页。

④ 全国人大常委会澳门基本法委员会办公室编《中华人民共和国澳门特别行政区基本法起草委员会文件汇编》，第 210 页。

⑤ 第八次全体会议第 9 期简报。

有法律中抵触基本法的规定必须废除，所以需要有一个审查确认的程序。根据基本法规定，由全国人大常委会对澳门原有的法律进行审查，凡抵触基本法者予以废除。凡符合基本法者采用为特别行政区的法律。对此，全国人大常委会通过了对澳门原有法律处理的决定。第二，如果以后发现被采用为澳门特区的原有法律抵触基本法，特区立法会和行政长官按照基本法规定和法定程序作出修改或停止生效，以体现基本法的效力，维护基本法的权威。

2. 原有契约的处理

根据原有法律取得效力的文件、证书、契约，以及由此产生的权利和义务，只要不抵触基本法就继续有效，受特别行政区承认和保护，充分体现了对合法权益的保护。

3. 原有政府签订的契约处理

原澳门政府签订的跨越 1999 年 12 月 19 日的契约，如果损害了特区和居民的利益，不能继续有效，体现了维护特区利益的原则。同时，为了保护个人和企业等合法投资者的利益，中央政府有关机构采取主动公开宣布的方式告知各方，如被告知合约不符合联合声明中关于过渡时期安排的规定，投资者就应该慎重处理，否则后果自负，体现了平衡特区利益和合法投资者利益的原则。

第三篇　《澳门基本法》起草委员会委员访谈[*]

陈滋英委员访谈纪要

访谈时间： 2017 年 10 月 15 日

访谈地点： 陈滋英委员家里

出席人员： 骆伟建教授、赵英杰博士

访谈主题：《澳门基本法》探源

我在外交部工作期间，任中国驻葡萄牙共和国特命全权大使和外交部港澳事务办公室主任，之后担任国务院港澳事务办公室副主任。亲历了《中葡联合声明》谈判、《澳门基本法》起草以及澳门特别行政区筹备委员会（简称"筹委会"）的工作，见证了澳门回归的整个过程。对"一国两制"和《澳门基本法》的理论与实践有较深的理解和体会。

一 体现"一国两制"，民主协商制定基本法

1987 年，解决澳门问题的《中葡联合声明》规定，中国政府在联合声明中承诺的对澳门的基本政策及其具体说明，将由全国人民代表大会以《中华人民共和国澳门特别行政区基本法》规定之，并在五十年内保持不变。

次年，也就是 1988 年，全国人大成立《澳门基本法》起草委员会（简称"草委会"），由内地有关部门负责人、各界知名人士、法律界人

士和澳门当地诸多界别的代表及内地驻澳门机构负责人组成。经过四年零四个多月的坚持不懈的努力，终于在 1993 年 3 月完成了这部关于澳门特区的宪制性法律。

《澳门基本法》不但充分体现了"一国两制"的基本方针政策，还完全符合澳门当地的实际情况。首先，草委会中的澳门委员，具有广泛代表性，他们当中还有两位有葡萄牙血统的澳门居民，从而可以反映澳门民众的意见、要求和愿望。同时，在草委会的委托下，澳门委员在澳门筹组了一个有代表性的民间组织——澳门基本法咨询委员会（简称"咨委会"），以配合基本法起草工作。《澳门基本法》起草委员会姬鹏飞主任委员和草委会内地委员曾多次到澳门调研，听取咨委会收集到的澳门同胞和各界人士的意见和建议。而咨委会也派团来内地，同内地委员进行交流。在《澳门基本法》起草期间，咨委会做了大量咨询和宣传工作，有效地协助了基本法的起草工作。据说，咨委会收集到的建议有 649 份，含具体建议 2687 条。凡此一切，都保证了经过大家共同努力所起草的基本法，完全符合澳门当地的实际情况。

草委会成立时，我还在葡萄牙当大使。结束大使工作回国后才参加草委会的工作。记得 1991 年 9 月，本人同李后等多位草委会委员赴澳门就基本法起草工作进行咨询，举行了 19 次座谈会和 1 次公听会，有 800 多人次参加。

通过在草委会的这几年工作，我感到草委会在工作中是发扬民主协商精神的。遇到问题，大家总是互相磋商、相互启发，俗话说心往一处想，劲往一处使。我举个例子，在讨论澳门的区旗和区徽的颜色时，有些人认为应该用红色，也有不少人主张用绿色，理由是海水是绿色的，同时绿色代表生命和欣欣向荣。在主张用绿色的人士的启迪下，最后大会表决通过区旗和区徽都用绿色的。这样，红（国旗）、绿两种颜色象征"一国两制"。

1999 年 12 月 20 日，澳门回归祖国。按照宪法第 31 条的规定和"一个国家，两种制度"的指导思想，在澳门设立特别行政区，贯彻实施"一国两制"，高度自治，"澳人治澳"，继续实行资本主义制度，五十年不变。

《澳门基本法》是"一国两制"的法律体现，是澳门长期繁荣稳定的法律保障。

在"一国两制"中，国家是基础，国家是主体。国家主体实行社会主义，澳门地区实行资本主义。要牢记这个前提。

国家主体和澳门地区，都有一个共同目标，那就是实现国家富强、人民富裕，实现中华民族伟大复兴。不管是国家主体实行社会主义还是澳门地区实行资本主义，大家都有这么一个共同目标，所以澳门同胞是有着爱国爱澳的长期优良传统的。

澳门回归至今已经18年，《澳门基本法》和"一国两制"的创造性构想已经得到成功实现。何厚铧和崔世安两位行政长官先后依法施政，在中央政府和祖国人民的大力支持下，通过特区政府和澳门同胞的共同努力，使澳门特区与回归前相比发生了翻天覆地的变化。特别是近年来，澳门特区一直在推进经济适度多元化，为把特区建设成世界旅游休闲中心（即"一中心"）和中国－葡语国家经贸合作平台（即"一平台"）而努力。

澳门同胞有非常好的爱国爱澳的传统，凡是涉及中央与特区关系的问题都是很容易理解的。像基本法第23条立法的问题，澳门已率先解决，并已经解决了好几年了（澳门特别行政区第2/2009号法律《维护国家安全法》于2009年通过并颁布实施，到现在有八年多的时间了），并未出现香港有些人担心的问题。对澳门同胞来说，凡是维护国家主权和国家安全的事情，都一定会义不容辞地去完成，没有什么可争议的，所以《澳门基本法》第23条立法之后，各方面的反应都很好。

另外，我发现澳门同胞一直大力宣传和推广基本法。早在基本法起草时，咨委会除了主要征求和听取澳门各界人士关于基本法的意见和建议外，已经开始关注基本法的宣传工作。基本法颁布后，澳门基本法协进会为宣传和推广基本法做了大量有益的工作。澳门回归后，基本法开始实施，澳门特区政府和澳门基本法推广协会，通过各种生动活泼的方式，在全澳牢固树立基本法意识和法制观念，这个非常重要，我认为是抓住了澳门特区长期繁荣稳定的根本。开展的各项活动很容易接近百姓，所以我冒昧地建议今后这项重要工作要继续坚持下去。

2016年12月，习近平总书记在会见来京述职的澳门特区行政长官崔世安时说，澳门总体形势是好的，"特别是在贯彻落实'一国两制'方针和基本法、维护国家安全和统一方面树立了榜样"。

二 坚持从实际出发制定《澳门基本法》

(一) 关于《澳门基本法》第118条赌业问题

我想说一说第118条关于赌业问题。澳门在回归之前，它的经济主要是靠赌业，赌业的收入占澳门经济的比重非常高。我们在制定基本法的时候，就面对如何对待赌业的问题。我们作为社会主义国家主体是不允许开赌的，但是澳门要继续实行资本主义，所以赌业还是要继续存在。那么怎么存在呢？这就要为今后澳门的长远发展来考虑。我们社会主义国家主体当然不能够容忍赌业，而澳门作为继续实行资本主义的地区，是允许赌业的，但是允许是允许，不能够对赌业听之任之，这是我个人的理解。所以大家就认为这个赌业应该由澳门特别行政区政府自己来掌握好，因此《澳门基本法》第118条规定："澳门特别行政区根据本地整体利益自行制定旅游娱乐业的政策。"这个"旅游娱乐业"，说白了就是讲赌业的事情。

这里特别强调，澳门特别行政区要根据本地整体利益自行制定旅游娱乐业政策，其中"根据本地整体利益"，就需要澳门特别行政区政府根据特区自身的发展来制定相关的政策。刚才说到澳门特区在回归之前主要是靠赌业，特区成立之后，我们开始实行"一国两制"，澳门特区政府就需要根据自身的长远发展来制定相关政策。澳门回归后的前几年，赌业就有一定的发展，这几年，澳门特区政府和澳门同胞，都在考虑如何来发展特区的经济，试图使经济多元化。所以这方面政策由特区政府根据特区的整体利益来掌握。最近几年澳门特区推动经济适度多元发展，就明确了要使澳门成为世界旅游休闲中心的发展定位，同时考虑到澳门过去被葡萄牙占领了400多年，与葡语国家接触比较多，就利用这一优势与葡语国家进行商贸，成为中国与葡语国家合作平台，所以是这样变化出来的。

(二) 关于《澳门基本法》第125条保护文物问题

澳门这个地方建筑是很有特点的，不单是中式建筑，还有古老的西式建筑，中式的寺庙、西式的教堂、中西式的古老宅第和花园，无不反映出中西文化交流的特色。① 既不同于隔壁的珠海也不同于海岸对面的香港，很有自身的独到之处。所以我记得《澳门基本法》第 125 条讲到澳门特区政府自行制定文化政策时，这一条里面的第三款规定，澳门特别行政区政府依法保护名胜、古迹和其他历史文物，并保护文物所有者的合法权益。

这说明我们当时在制定基本法的时候，是根据澳门的实际，对澳门当地的名胜、古迹和其他历史文物，一定要明确必须予以保护，之所以要保护，是因为其有自身的特点，是历史形成的。而且也保护文物所有者的合法权益，因为有些历史文物是在私人手中，所以还要保护文物所有者的权益。刚才我讲基本法的制定，不但反映"一国两制"，而且还切合澳门的实际情况，这些都是考虑到澳门实际的具体内容。

（三）关于《澳门基本法》第 14 条防务问题

澳门回归之前，社会有一些混乱，连续发生一些恶性案件，当时澳门特区筹委会很关注这个问题，敦促葡方在回归之前要把社会秩序安排好、维护好，不给特区留下一些难题。1998 年 7 月 12 日，全国人民代表大会澳门特别行政区筹备委员会第二次全体会议通过了《全国人民代表大会澳门特别行政区筹备委员会关于澳门社会治安问题的意见》，希望澳葡政府采取更有效的措施，加大力度打击澳门恶势力的犯罪活动，切实改善社会治安状况，使广大澳门居民安居乐业，确保澳门的平稳过渡和政权的顺利交接。

在上述背景下，考虑到一方面驻军是履行国防的需要，另一方面驻军也有利于支持特区维护社会治安，所以 1998 年 9 月 18 日，中央宣布在澳门特区成立后驻军。驻军问题，我认为是我国对澳门恢复行使主权的象征，也是澳门回归后保持社会稳定和经济发展的重要因素。实际上葡萄牙过去在澳门也有过驻军，只不过前几年撤走了，所以澳门驻军不应该成为一个问题。正如《澳门基本法》所规定的，"中央人民政府负责管理澳门特别行政区的防务。澳门特别行政区政府负责维持澳门特别行政区的社会治安"。驻澳部队不干预澳门特区的地方事务，澳门特区政府在必要时，可向中央人民政府请求驻澳部队协助维持社会治安和救助灾害。驻军除须

---

① 陈滋英：《港澳回归纪事》，澳门基本法推广协会，2015，第 216 页。

遵守全国性的法律外，还需遵守澳门特区的法律。驻军费用由中央人民政府担负。[①]

最近"天鸽"台风给澳门造成极大灾害，根据特区政府的请求，中央批准驻澳部队在当地协助特区政府开展抢救工作，救助灾害，做得非常好、非常认真。驻军不管自己承受了多少痛苦，都能够忘记一切，全心全意把澳门建设好。当时我在报纸上看了这消息之后，深受感动。我们的驻军不仅是为了保卫国家安全，而且也是为了保障人民的利益，这件事情使澳门同胞切身感受到国家对澳门的关怀和帮助。所以驻军是非常必要的。

（四）关于《澳门基本法》第15条"任免"问题

《澳门基本法》第15条规定："中央人民政府依照本法有关规定任免澳门特别行政区行政长官、政府主要官员和检察长。"对于其中的"任免"，我是这样理解的，澳门特区行政长官产生之后由中央人民政府依法任命，这里说的是一个法定程序，并不是说在澳门特别行政区行政长官产生之前，由中央政府来任命由某个人来做行政长官，而是根据《澳门基本法》的有关规定澳门特区产生行政长官人选之后，报中央政府来批准，因此就产生了任命问题，否则就无从任命。所以这一条我理解是讲法定程序，并不意味着中央政府要去主动任命某人去担任当地的行政长官。

行政长官是一个很重要的职务，为什么这样说呢？因为行政长官是特区的首长，是代表澳门特别行政区的；作为澳门特别行政区的首长，也要根据《澳门基本法》来对中央人民政府和澳门特区负责。关于澳门特别行政区行政长官需要具备什么条件，在《澳门基本法》"政治体制"章节里面已经说得非常清楚。所以中央在任命澳门特别行政区行政长官时，就是根据《澳门基本法》中已经明确规定的条件做出任命或者不任命其担任行政长官。中央的任命条件，是非常明确的，是在《澳门基本法》中明确规定的，不是人为拟造的。所以说第15条中的"任免"是实质性的、公开的，而且是依法按照法定程序进行的。

---

① 陈滋英：《港澳回归纪事》，第259页。

（五）关于《澳门基本法》中未规定"双普选"问题

《澳门基本法》是根据多数人的意见来制定的。在制定过程中，一直在听取澳门同胞以及各界人士的意见、建议。"普选行政长官"和"普选立法会"问题并非众人的要求，所以《澳门基本法》中就没有这方面的内容。

（六）关于非政权性的市政机构问题

《澳门基本法》第95条规定："澳门特别行政区可设立非政权性的市政机构。市政机构受政府委托为居民提供文化、康乐、环境卫生等方面的服务，并就有关上述事务向澳门特别行政区政府提供咨询意见。"这里讲到的非政权性的市政机构，我的理解是从字面看的，所谓非政权性，即凡是属于政权性的就和它不符合，因此非政权性的规定我认为是很明确的，不应该产生太多的争议。

对于非政权性市政机构与政府之间的关系，从我个人来理解，非政权就是非政权。政府与这种机构之间，联系当然是有的，没有联系怎么能进行协作呢。只不过性质上不属于政权，如果是政权性的那就不是受政府委托了。

三　处理"三大问题"及葡萄牙后裔居民国籍问题，保障澳门平稳过渡

（一）妥善处理"三大问题"

澳门的筹委会比香港的筹委会运作的时间要短一些，因为澳门当时没有香港那么多的问题。对于解决澳门问题，开始的时候中葡双方是有一些争议的，后来葡萄牙发生了一场所谓的"革命"，新任的领导人和过去的不太一样，首先表明澳门是中国的领土，现在暂时由葡萄牙来管理，到时候澳门是会还给中华人民共和国的。所以后来中葡会谈的时候，就没有过度纠缠于澳门主权方面的问题，这跟香港不一样。澳门回归前的过渡期由葡萄牙来负责，葡萄牙希望求得中国政府的合作，中方也表示愿意给予合作，所以总的情况是好的，争议也不是很多。就澳门自身来说，主要是"中文法律地

位问题""公务员本地化问题""法律本地化问题",这"三大问题"是《中葡联合声明》生效后,在中葡联合联络小组工作中遇到的非常棘手的问题。[①]

首先是法律本地化问题。澳门回归前,其法律主要是葡萄牙法律的延伸和衍生,不仅数量大,而且比较混乱,就需要根据澳门的实际情况,对澳门原有法律有计划地进行系统整理,该保留的保留,该修订的修订,该废弃的废弃,最后由澳门本地立法机关完成立、改、废手续,使之本地化,进而在澳门政权移交之后,过渡为特别行政区的法律。[②] 当时不少法律都是由葡文写成的,所以有一个逐步译成中文的问题,特别是根据需要还要培养能掌握双语的法律人才。在中方法律专家的协助下,葡方逐步完成了一部分法律的翻译工作,同时经过12年过渡期所做的努力,澳门培养了掌握双语的法律人才100多人,其中20多人已在澳门回归前加入了司法队伍,从而结束了澳门法院、检察院司法官员中长期没有中国人的历史。[③]

其次是语文问题,就是葡萄牙从来没有承认中文是官方语文。所以就这个问题,我们跟葡方进一步交涉,我记得1991年2月我陪同钱其琛副总理访问葡萄牙的时候,就专门提出了语言的问题,同葡萄牙外长涅伊罗举行会谈,最终达成协议,葡萄牙政府同意中文在1999年之前即成为澳门的官方语文,中方同意葡文在1999年后也是澳门的正式语文。[④] 所以事情进展得相对比较顺利。

最后是公务员本地化问题。长期以来在澳门总督之下设政务司,政务司之下设司、厅、署、处、科、组,司级官员全部是葡萄牙人,署以上公务员绝大多数是来自葡萄牙的官员,处、科级公务员则主要由土生葡人担任,中国人大多当勤杂人员,进入科级的只是少数。[⑤] 但根据规定,到澳门回归时,葡萄牙人不能再继续当这些方面的高官,中央人民政府当然也不能派人去接替,要实行"澳人治澳",所以在12年过渡期内就需要加紧培养锻炼

---

① 陈滋英:《港澳回归纪事》,第217页。
② 陈滋英:《港澳回归纪事》,第219页。
③ 陈滋英:《港澳回归纪事》,第219～220页。
④ 陈滋英:《港澳回归纪事》,第217页。
⑤ 陈滋英:《港澳回归纪事》,第218页。

有为的当地人。[①] 澳门公务员本地化工作起步较晚，但在共同努力之下，自1995 年开始逐步有当地人被委任为处长等中高级公务员职位。[②]

经过中葡双方 12 年的共同努力，澳门棘手的"三大问题"在筹备特区成立期间已经获得较好解决：中文法律地位获得确认，澳门政府中一大批高级公务员已经由澳门居民担任，澳门五大法典基本实现了本地化。这就为特区第一届政府的组建奠定了基础。[③] 等到澳门回归以后，葡方也很快承认中国对澳门管理得很不错，并且至今中葡双方在国际领域、经济贸易方面合作得还是很不错的。

（二）妥善解决葡萄牙后裔居民国籍问题

另外，筹委会的工作还涉及土生葡人、葡萄牙后裔居民问题，这个问题有它的特殊性，这里要多说上几句。[④] 顾名思义，葡萄牙后裔是指 400 多年来，世世代代生活在澳门的葡人，或是葡人与华人乃至与其他种族人繁衍的后代，据 1996 年统计，他们总人数占澳门整个居民的百分之一十二。[⑤] 筹委会成立后即对葡萄牙后裔居民的国籍问题进行了悉心研究，根据中国国籍法在澳门特区的具体实施，提出了灵活宽松的处理方案，提出在澳门回归时，尊重葡萄牙后裔居民的意愿，允许他们自由选择国籍，以增强他们留在澳门生活和工作的信心，同澳门广大居民一道，为澳门的平稳过渡和未来特区的建设，发挥应有的作用。[⑥]

四　助力中葡友好合作，接受葡萄牙总统授勋

中葡澳门问题谈判后期，我在葡萄牙做大使。根据中央的指示，同葡萄牙总理席尔瓦就澳门问题接触过几次，席尔瓦后来做了总统，但当时我在葡萄牙的时候他还是总理，主管澳门事务。那时澳门的事情，有的由我

---

① 陈滋英：《港澳回归纪事》，第 218 页。
② 陈滋英：《港澳回归纪事》，第 218 页。
③ 陈滋英：《港澳回归纪事》，第 246 页。
④ 陈滋英：《港澳回归纪事》，第 250 页。
⑤ 陈滋英：《港澳回归纪事》，第 250 页。
⑥ 陈滋英：《港澳回归纪事》，第 251 页。

在葡萄牙根据中央的指示同他进行会谈。关于澳门回归日期的问题，我们主张在本世纪末对澳门恢复行使主权，本来葡方在外交谈判中是答应了，但是新上任的葡萄牙总统苏亚雷斯，竟说是不是可以推到 21 世纪。我们说 21 世纪不行，一定要在本世纪末，因为这个是邓小平同志讲过的，而且开始的时候已同葡萄牙达成协议，是周南副部长同对方谈判的时候达成的协议，说是本世纪末完成。所以我在葡萄牙的时候，同葡萄牙总理席尔瓦就此问题有过接触，总理就答应向上报告，之后他们又开了一次国务会议，同意在本世纪末之前，把澳门交还给中国，我们提出了本世纪末是1999 年 12 月 20 日，之后他们也接受了。所以我在葡萄牙期间，关于澳门问题同葡萄牙有些接触，多数是通过席尔瓦总理，以后关于澳门问题如何处理，也有一些交往。

说到这里我就顺便提一下，我退休之后，葡萄牙政府和席尔瓦总统决定要表扬我，要给我授勋。为此 2007 年 7 月 18 日，葡萄牙驻华大使夸尔廷在葡萄牙驻华使馆举行仪式，代表葡萄牙政府和席尔瓦总统向我颁发恩里克王子大十字勋章。大使在致辞中说："陈滋英在担任中华人民共和国驻葡萄牙大使期间，为发展葡中友好关系做出了很大贡献。在澳门回归和政权顺利交接方面，做了很多的工作，解决了许多疑难问题，特代表葡萄牙政府和席尔瓦总统向他表示感谢，并授予他葡萄牙恩里克王子大十字勋章。"我在答词中说，十分感谢葡萄牙政府和席尔瓦总统授予我恩里克王子大十字勋章。我们高兴地看到，二十年后的今天，中葡两国战略协作关系有了长足发展，八年前回归中国的澳门，在"一国两制"方针指引下，发展得很好。中葡关系和澳门问题首先是我们外交部和国务院港澳办的工作，在这两个部门领导下，我只是做了点具体事儿，授予我的荣誉，当为大家所共享。

五　撰写《港澳回归纪事》感悟

我这本书是 2015 年写的，当时手头没有什么资料，主要是根据自己的回忆，当然也参考了别人一些的著作。我当时为什么要写这本书呢，因为感到我们国家在统一方面做了很大努力，有了相当的成就。中国人民为收回香港和澳门这两块中国领土不可分割的部分，进行了长期不懈的努力和斗争，

20 世纪 90 年代，港澳终于在"一国两制"构想下，先后回到了祖国怀抱。[①]

　　大家都知道，香港当时是由英国通过战争占领了 100 多年，而澳门则是由葡萄牙通过一些手法被逐步占据了四个世纪。所以我想把港澳是如何被占领的，我们是如何收回的，做一个回顾，使我们年轻的后代可以了解这段历史。当然书本身写得不算太好，回忆一些写一些。先是香港后是澳门。后来澳门的朋友建议出版这本书，所以就在澳门出版了。书中难免有误，敬希读者见谅、批评指正。

六　再叙与澳门委员三十年情谊

　　《澳门基本法》起草委员会中的澳门委员，有几位已经过世了，现在还在世的，应该说大家都是非常好的朋友。一直到现在大家还有一些联络，即使有时联络不是很多，但是毕竟大家心中都还记得彼此的一些情况。

　　跳开草委会，总的来说，我同澳门的联系已有三十年了。从澳门回归前到特区成立后，我曾多次去澳门。特别是当了澳门特别行政区筹备委员会秘书长之后，去澳门的机会更多了。每当同澳门的老朋友见面，不管他们是政府官员、各界人士，还是澳门基本法推广协会的领导成员，大家相会，无不感到十分高兴，十分亲切，浮想联翩。

　　澳门这几年也有很多团到内地访问，特别是澳门基本法推广协会组织的学习团到北京，总是要请我们这些老人去和他们见见面、谈一谈。我也有机会参与多次，就会和大家讲一讲为什么要有基本法、基本法是怎么来的，他们听起来就很感兴趣，大家都觉得《澳门基本法》要认真贯彻实行下去，争取澳门有更美好的明天！

---

① 陈滋英：《港澳回归纪事》，第 1 页。

宗光耀委员访谈纪要

访谈时间： 2017 年 10 月 15 日

访谈地点： 澳门中联办驻京办事处

出席人员： 骆伟建教授、赵英杰博士

访谈主题：《澳门基本法》探源

1989 年底，我被派往澳门工作，先后担任新华社澳门分社副社长、中央人民政府驻澳门特别行政区联络办公室副主任。澳门回归前，我是《澳门基本法》起草委员会委员兼副秘书长、澳门政权交接和庆祝活动筹备委员会副主任；政权交接和特区政府成立时，我是中国政府代表团副秘书长，现场见证了澳门回归祖国的历史性时刻。[①]

一 "一国两制"构想的理论探索

首先我非常感谢，这是一个很好的研究题目，既是大题目也是好题目，对你们研究人员来讲可以说这是一个很光荣的任务。我在外面很长时间，芬

---

① 宗光耀：《澳门过渡时期的几个细节》，《人民政协报》2014 年 12 月 18 日，第 5 版。

兰待了十四年，爱尔兰待了五年多，但是我回忆起来，印象最深、最难忘的还是澳门，而且是一个非常好的印象。所以很荣幸受邀参加这次的研究项目，和大家聊聊澳门的事，和老朋友相见也非常高兴。

说起澳门的话，我就说说我这本《见证澳门回归祖国》的书。我是1989年底去的澳门，去澳门以前实际上中葡谈判整个过程我都是知道的，周南副部长就中葡谈判事宜反复向姬老请示，而我当时在国务院任姬老的秘书。1991年，我从澳门被派往中央党校学习，前后去了两次，当时大家对港澳回归都很关注，尤其是在理论界。我记得当时很多人对"一国两制"还心存疑虑，对什么是"一国两制"、"一国两制"能不能成功等问题，还没有明确的答案。还有一些人提出"一国两制"是否违背马克思主义精神的疑问。由此可以看出，大家心里是存在疑虑的。中央党校包括教研室的人员听说我是从澳门来的，同时又在姬鹏飞主任那里工作过，就请我去支部、班级交流关于"一国两制"的理论依据。

因为有这样一个题目，我就要从马列主义理论角度回答有关"一国两制"问题。从效果上看是不错的，大家都来听。当时中央党校有一个规定，就是每个人学习之后要交一篇论文，最后他们和我商谈，是否可以就"一国两制"理论方面，从马克思主义角度出发写一篇文章，我欣然接受了这个任务，很认真地查找材料并完成了任务。最后中央党校很高兴，说要发单行本，那时我也不敢太张扬，因为当时离香港、澳门正式回归还有相当长的一段时间，而且香港和澳门能不能做到顺利回归，不完全取决于中方，还有英国和葡萄牙的因素。如果它们都不配合，邓小平讲过："如果香港不能顺利回归，中国就可以采取另外的方式。"但是另外的方式究竟是什么方式，他没有明确说肯定必须用武力，如用另外方式收回了，以后要不要"一国两制"就是另外一回事儿了。

所以在那个时候我就没有马上发行单行本，文稿除给澳门新华社同事冼为铿看过没有给别人看。后来《澳门日报》的李成俊社长到我办公室来了，说知道我就"一国两制"理论写了一篇很有高度的文章，就问我可不可以给他看一下，我说："我写的并不是很有高度的文章，但是可以向你请教请教。"几天后李社长说文章写得很好，李鹏翥总编看过后也认为写得很好并打算在《澳门日报》上发表。我当时担心这是一篇关于"一国两制"理论方面的探讨文章，不知道是否值得发表，另外也不知道澳门人民是否感兴趣。李社长说没有问题，我就同意在《澳门日报》上以"马耀"的名义发表了。用"马耀"这个名字是因为过去《澳门日报》上经常有一个"马驰"写文章，是一个集体的笔名，所以我也用了一个"马"字，"耀"就是我的名字，所以取名"马耀"。发表之后影响还是比较显著的，下面我就来详细说一说这个文稿。

我的文章题目是《"一国两制"构想的理论探索》，因为20世纪90年代初还没有涉及"一国两制"实践，所以文章主要是理论方面的探索。内容主要包括："一国两制"构想的基本内涵及其特征；"一国两制"构想的形成和发展；"一国两制"构想的理论基础和根本出发点是马克思主义的实事求是原则；"一国两制"充分体现了矛盾对立统一的辩证法则；"一国两制"是马克思主义国家学说的应用和发展；"一国两制"是马克思主义过渡学说的伟大实践；"一国两制"是社会主义和平发展理论在新的历史条件下的具体体现；"一国两制"是列宁的和平共处原则的实践和发展；"一国两制"是列宁关于"利用资本主义、促进社会主义"思想的运用和发展；"一国两制"是毛泽东关于正确处理人民内部矛盾理论的体现和发展；"一国两制"是邓小平关于具有中国特色的社会主义的重要组成部分；"一国两制"构想是统一战线理论的运用和发展；"一国两制"构想为和平解决国际争端提供了新的经验。接下来我就详细地解释一下。

（一）"一国两制"构想的基本内涵及其特征

根据中国领导人邓小平的有关论述和《中英联合声明》、《中葡联合声明》以及已颁布的《香港基本法》的相关规定，"一国两制"战略构想的基本内涵是：在统一的中华人民共和国内部，内地实行社会主义制度，它是国家的主体，香港、澳门实行资本主义制度，两地区分别成立特别行政区，特别行政区享有高度自治权，拥有其他省、自治区、直辖市所没有的某些权力。它享有行政管理权、立法权、独立的司法权和终审权。现行法律基本不变，现行的社会、经济制度、生活方式不变。它的立法机关、政府由当地人组成。祖国统一后，对台湾的政策更宽一些。"所谓更宽，就是除了解决香港问题的这些政策可以用于台湾以外，还允许台湾保留自己的军队。""台湾的党、政、军等系统，都由台湾自己来管。中央政府还要给台湾留出名额。"①

"一国两制"成为一个新型的国家形式，这是史无前例的，它具有自己明显的特征。

（1）坚定的原则，即坚持一个中国，国家主权、领土必须完整统一，决不容许分裂，也决不容外人插手、干扰。这是"一国两制"构想的根本立场。

（2）现实的态度。在国家统一的前提下，尊重历史，尊重现实，保留差异，求取大同。这是"一国两制"的基本精神。

（3）全新的概念。古今中外，不论是在文化传统上，还是在政治理论上，人们一直受一种传统观念支配，凡一个国家实现统一后，都大体上实行一种单一的政治制度，即"一国一制"。即使在极个别的特殊情况下出现过不同制度并存的现象，但实行不同制度的地区之间的关系也是极不稳定、极不和谐的，最终要通过非和平方式消灭另一制度。如果从中国传统观念去解决中国的统一问题，只有采取非和平方式之一途，就根本不会有"一国两制"的构想。在这个问题上，中国领导人以极大的理论勇气和高度的政治智慧，突破了传统观念的束缚，为中国的和平统一展现了崭新的境界。

（4）法律的保证。《中华人民共和国宪法》第31条规定："国家在必要时得设立特别行政区。在特别行政区实行的制度按照具体情况由全国人民代表大会以法律规定。"第31条的规定，不是原来就有的，而是为了解决香港、澳门问题，之后特别加上的。1997年和1999年中国先后恢复行使香港和澳门主权后，港澳实行的资本主义制度由基本法明文规定，受到宪法和法律的保障。台湾问题解决后，也将制定"台湾特别行政区基本法"，用国家立法的形式保证这些地区的资本主义制度在相当长的时期内不变。一国之内的不同地区的不同制度是相互联系、相互影响的，它们之间应是互不伤害，和平共处，互相补充，共同发展。它们在发展中也必然会发生一些争议和纠纷，遇有这种情况就不能诉诸暴力和战争，必须在宪法和基本法的范围内通过法律的途径和平解决。

（5）深远的意义。"一国两制"首先是解决香港和澳门问题，但它的主

---

① 《邓小平文选》第3卷，第86、30页。

要着眼点是争取尽早消除海峡两岸的对峙状态，以利于两岸同胞的往来和经济交流。早日解决台湾问题，完成中华民族的和平统一大业，这既有利于台湾的安定繁荣，有利于大陆的社会主义建设，又有利于维护亚太地区和世界的和平。所以，"一国两制"的意义和影响，远远超出中国。

（6）民族的特色。"一国两制"具有鲜明的民族特色。我们中华民族自古以来，在民族矛盾与阶级矛盾同时存在时，往往都能以民族利益为重，顾全民族大局，联合起来一致对外。当前，在实现祖国统一和社会主义现代化这个大目标下，只要爱祖国，爱人民，双方之间的任何矛盾和对立都属于人民内部矛盾。解决人民内部矛盾只能用商议、谈判的方法来解决，可以不用武力来解决，这表达了中华民族千百年来对祖国、人民的深厚感情和共同的民族心理。可以说，"一国两制"的纽带是民族感情、民族凝聚力，是共同繁荣、共同发展的民族愿望。勤劳勇敢的中华民族有着悠久的文明史，由于近代的反动统治和帝国主义列强的侵略，它蒙受了屈辱，沉睡了几个世纪。现在，我们这个东方古老的民族已经站起来，立于世界之林。在权衡祖国统一与在部分地区保留资本主义制度这两个问题上，中国政府首先考虑的是祖国统一的大局，提出"一国两制"的构想。这是民族统一、主权独立高于社会制度、高于意识形态的表现。所以中央党校非常重视这方面的研究，因为当时这方面发表的文章比较少，所以大家听起来比较新鲜。

"一国两制"是站在整体民族利益上进行考量的，很多人质疑说提出"一国两制"是不是只为了照顾香港和澳门的利益，我和他们说"一国两制"的提出是站在整个中华民族的利益上，而不是仅仅站在香港和澳门的利益上进行考量的。

（7）高度的信任。特别行政区的立法机关和政府由当地人组成，不是由北京派员去治理。这充分体现了中央对港澳台同胞的高度信任。1984年6月22日，邓小平会见香港工商界人士谈了一席话，他说："要相信香港人能治好香港的，不相信中国人有能力管好香港，这是老殖民主义遗留下来的思想状态。鸦片战争以来的一个多世纪里，外国人看不起中国人，侮辱中国人。中华人民共和国建立后，改造了中国的形象。中国今天的形象，不是清政府，不是北洋军阀，也不是蒋氏父子创造出来的。是中华人民共和国改造了中国的形象。凡是炎黄子孙，不管穿什么服装，不管其立场是什么，起码都对中华民族有自豪感，香港人也是有这种民族自豪感的。香港人是能治好香港的，要有这个自信心。香港过去的繁荣，主要是以中国人为主体的香港人干出来的。中国人的智力不比外国人差，中国人不是低能的，不要总以为只有外国人才干得好，要相信我们中国人是干得好的，要相信香港人能治好香港的。"① 这是邓小平当时在中英谈判期间说的，起到了非常关键的作用。

这里还有一个界限和标准的问题，那就是必须由以爱国者为主体的港澳人士来治理港澳。未来治理港澳特别行政区政府的主要成员是爱国者。什么是爱国者？爱国者的标准是尊重自己民族，诚心诚意拥护祖国恢复行使对港澳的主权，不损害港澳的繁荣和稳定。只要具备这些条件，不管他们信什么主义，都是爱国者。所以，爱祖国、爱香港、爱澳门是对未来特别行政区管治团队成员的最低要求。港澳同胞中绝大多数是爱祖国、爱港澳的，他们有理想、有志气。他们具有举世公认的聪明才智和拼搏精神，熟悉本地环境和资本主义管理方式，在摆脱殖民主义之后，自然会以十倍的热情和信心发扬当家作主的精神，完全有能力将港澳管理得更好。

（二）"一国两制"构想的形成和发展

"一国两制"的构想是经过了一个时期的酝酿，主要是在中国共产党十一届三中全会以后逐步形成和提出的。邓小平在 1984 年 7 月 31 日会见英国外交大臣杰弗里·豪时说："'一个国家，两种制度'的构想不是今天就形成了。这个构想是从中国解决台湾问题和香港问题提出的。""一国两制"最早是为了解决台湾问题。

从某种意义上说，"一国两制"的构想是新中国成立以来，中国政府对港澳政策在新的历史条件下的继续和重大发展。1949 年 10 月，中华人民共和国宣告成立。之后，中国政府曾多次阐明对香港、澳门的立场，即香港、澳门是中国的领土；中国不承认英帝国主义强加给中国的三个不平等条约，不承认葡萄牙对澳门长期占领的既成事实。对于这两个历史遗留问题，中国政府一贯主张，在适当时机通过谈判和平解决，在未解决之前暂时维持现状。这是中国政府当时的立场和态度。

---

① 邓小平：《一个国家，两种制度》，载《邓小平文选》第 3 卷，人民出版社，1993，第 60 页。

1972 年 3 月 8 日，中国常驻联合国代表在致联合国非殖民化特别委员会主席的信中重申了中国政府的立场，指出："香港和澳门是被英国和葡萄牙当局占领的中国领土的一部分，解决香港、澳门的问题完全是属于中国主权范围内的问题，根本不属于通常的所谓'殖民地'范畴。"20 世纪 70 年代末，随着"新界"租期届满日趋接近，英国方面希望了解中国对解决香港问题的态度。葡萄牙方面也很关注澳门问题。港澳的中外投资者均对港澳的前途表示关切。中共十一届三中全会以后，中国进入了一个新的历史时期，全国人民同心协力为实现社会主义现代化、实现祖国统一和维护世界和平三大任务而努力奋斗。妥善解决历史遗留下来的香港及澳门问题，已经提上了议事日程。

但是，提出"一国两制"的构想，首先是从解决台湾问题出发的。1979 年元旦，全国人民代表大会常务委员会发表了《告台湾同胞书》，宣布了和平统一祖国的方针。1981 年国庆前夕，叶剑英委员长发表了九条声明，明确提出：国家实现统一后，台湾作为特别行政区，享有高度的自治权，并可保留军队，台湾现存的社会、经济制度不变，生活方式不变，同外国的经济、文化关系不变。从这里不难看出："一国两制"的完整思想已经形成，只是还未使用"一国两制"的名称而已。这就说明了"一国两制"是从台湾问题提出来的。

1982 年 9 月，中顾委主任邓小平会见来访的英国首相撒切尔夫人时，第一次提出"一国两制"的概念。他说，关于收回香港主权问题，可以采用"一个国家，两种制度"的办法解决。据此，中国政府开始制定对香港、澳门的基本方针政策。同年 12 月，第五届全国人大第五次会议通过的《中华人民共和国宪法》中，"一国两制"的思想得到确认和反映。宪法第 31 条规定："国家在必要时得设立特别行政区。在特别行政区内实行的制度按照具体情况由全国人民代表大会以法律规定。"这一条非常重要，它为祖国和平统一后推行"一个国家，两种制度"，提供了法律依据和保证。

1984 年 10 月 15 日，北京《瞭望》周刊第 42 期发表了题为《一个意义重大的构想——邓小平主任谈"一个国家，两种制度"》的文章。文章谈到邓小平同志最近在会见外国客人和港澳同胞时，对"一国两制"的构想做了精辟的论述。他说："'一个国家，两种制度'的构想是一项重大的战略决策，并非权宜之计。"并就中共提出"一国两制"的背景、条件、依据、前景、意义等做了全面的阐述。

概括起来，"一国两制"构想的形成和发展大体可划分为三个阶段。

（1）以1978年12月中共十一届三中全会为标志，这是和平统一祖国这一战略思想方针的最后确立。

（2）以1981年9月叶剑英委员长向新华社记者发表的九条声明为标志，这是对和平统一各项具体方针政策的全面阐述，和平之路更清楚了。

（3）以1984年10月《瞭望》杂志发表的邓小平同志谈话为标志，把各项具体方针政策上升到"一国两制"的理论高度加以认识。这样，有关和平统一祖国的方针，就成了有理论、有政策措施和实实在在的构想了。

值得提到的是，中英关于香港问题的联合声明和中葡关于澳门问题的联合声明，除了明确规定中华人民共和国将于1997年7月1日和1999年12月20日分别对香港和澳门恢复行使主权外，对"一国两制"的原则精神也有充分体现：

（1）香港、澳门必须收回，祖国必须统一。

（2）至少五十年不改变香港、澳门的资本主义政治经济制度，并充分保证两地区的稳定、繁荣；现在是说五十年不变，五十年之后也不需要变。

（3）不妨害英、葡及其他国家在港澳的经济利益。

香港和澳门问题的圆满解决，有力地证明"一国两制"构想是科学的、实事求是的，是切实可行的。

（三）"一国两制"构想的理论基础和根本出发点是马克思主义的实事求是原则

"一国两制"构想的提出有许多理论依据，诸如对立统一的规律，事物发展中的不平衡规律，没有"纯粹"的国家和社会及正确处理人民内部矛盾等，而一切从实际出发，实事求是，则是其诸多理论的核心依据和出发点。

邓小平曾指出："党的十一届三中全会恢复了毛泽东同志的实事求是的路线，一切从实际出发。尊重事实，尊重实际，就是尊重香港、澳门和台湾的历史实际。""实行'一个国家，两种制度'的构想，是从我们中国自己的情况出发考虑的。"

（1）香港、澳门和台湾都是中国领土不可分割的一部分。但是，它们又都有着各自不同的历史背景。英国通过三个不平等条约，即《南京条约》《北京条约》《展拓香港界址专条》，对香港进行了150多年的殖民统治；澳门被葡萄牙逐步占领并被其统治长达 400 多年。因此，中国要收回香港、澳门，恢复行使主权，就必须与英国政府和葡萄牙政府进行谈判，它带有解决国与国之间历史遗留问题的性质。台湾问题则是我国内政问题，由于人为的原因，台湾与大陆分离了四十余年。过去因美国的插手，台湾回归问题变得复杂。随着中美关系的正常化和逐步发展，解决台湾问题的条件日趋成熟。

（2）由于历史的原因，香港、澳门和台湾三地区长期以来实行资本主义的政治经济制度。尤其是 20 世纪七八十年代以后，它们的经济有大的发展，人民生活水平高于大陆。那里的人民也形成了特殊的生活方式和习惯。一方面，他们渴望祖国的强盛和早日统一，特别是广大港澳同胞盼望尽早回到祖国怀抱，摆脱屈辱，享受作为强大的统一的中华人民共和国的公民和主人翁的无上光荣；而台湾同胞亦希望早日结束两岸分离。但另一方面，他们也对社会主义制度不熟悉、不习惯，有些人还有恐惧心理。因此，在坚持中国领土主权不可分割，祖国统一大业必须完成的前提下，对港澳台的实际情况应给予考虑，对那里多数人的心理应予以理解。

（3）中国正处在社会主义初级阶段，是发展中国家。其根本任务是大力发展社会生产力，在社会主义公有制占主导地位的前提下，积极发展多种经济形式和对外扩大经济技术合作。在社会主义总体框架内，允许香港、澳门和台湾三地区保留资本主义，不仅无损我们的社会主义，而且是有益的补充。动荡和萧条的香港、澳门和台湾是不符合中国人民根本的、长远的利益的。要求那里的人们一下子接受社会主义政治经济制度和生活方式，要他们马上信仰马列主义和共产主义，是不可能的、不现实的。

（4）中国人民酷爱和平。维护地区与世界和平是中国的三大任务之一。中共一贯主张和平解决一切争端和历史遗留问题。当前在解决祖国统一大业问题上，如果采用非和平方式，武力解决，对那里的生产力势必有很大破坏，会伤害两岸三地人民的感情，这对各方都不利。因此，中国领导人提出，通过谈判，采用和平解决的方式和以宽容态度来解决港澳台问题，既可以消除港澳台同胞的心理障碍，防止政局的动荡和经济的被破坏，因而受到包括港澳台同胞在内的全中国人民的赞同和支持，也可以照顾到英葡美等国在该地区的经济利益，从而易于被各方接受。

（5）在海峡两岸的统一问题上，国共两党有许多统一的地方。双方都主张"一个中国"，都赞成"和平统一"，都明白"谁也吃不掉谁"的事实。而且，历史上国共双方有过两次合作的经历。第一次合作取得了北伐战争的胜利，第二次合作取得了抗日战争的伟大胜利。如今，为了中华民族的统一大业，实现"第三次国共合作"，既是需要的，也是可能的。

（四）"一国两制"充分体现了矛盾对立统一的辩证法则

马克思主义认为，对立统一的规律，是自然界、社会和思维的普遍规律。它为"一国两制"的构想提供了基本的理论依据。

香港、澳门和台湾，就其社会制度来说与大陆是截然不同的。大陆实行的是社会主义经济和政治制度，香港、澳门和台湾实行的是资本主义制度。从性质上说，二者是对立的。但是，它们之间又存在许多共同点和一致性，这表现在以下几方面。

第一，民族问题上的一致性。在马克思主义的国家学说里，"国家"一词既指社会的政治组织，同时也指一种特定的"政治的、文化的和社会的环境"。① 国家的产生归根结底是以社会经济发展为前提的，但它也是由一定的地域、民族、文化等历史联系所形成的。中国是一个具有数千年文明的多民族的地域广阔的国家。各民族之间的共同性、一致性是形成统一多民族国家的一个重要因素。无论是生活在社会主义内地（大陆）的人民，还是生活在资本主义制度下的香港、澳门和台湾的同胞，都是中华民族大家庭的成员，都是中华儿女。尽管他们在社会制度、生活方式和意识形态等方面存在差异甚至对立，但共同的民族历史、民族感情、民族习惯和民族心理把他们联系在一起。这种共同性决定了他们在祖国统一大业的根本问题上是一致的。近年来，广大港澳同胞为祖国即将对港澳恢复行使主权所表现出的热忱和喜悦，并非表明他们拥护和赞同社会主义制度，也不能说他们有了共产主义的信仰。广大台湾同胞盼望两岸统一，也不是他们希望改变台湾的现行制度。他们都是为了中华民族的自立自强，为了祖国的兴旺发达而高兴。这种炙热的民族感情、强大的民族凝聚力和共同富强的民族要求，是内地（大陆）人民和港澳台同胞以及大陆的社会主义制度和港澳台的资本主义制度能在一个国家内和平共处的基础。

第二，经济利益上的共同点。在现代国际社会生活中，社会主义经济和资本主义经济已不再是截然对立的，它们共存于世界市场中。就香港、澳门

---

① 《列宁全集》第15卷，人民出版社，1959，第168页。

而言，由于历史的原因以及港澳在世界市场中的特殊地位和作用，内地需要这两个最邻近、最方便、最有利的国际贸易市场来加速自身的发展。通过港澳经济的中介作用，可以从资本主义世界引进资金、技术、人才和管理现代化生产的经验，掌握国际经济信息；内地的原料和产品可以通过香港、澳门打入国际市场，为中国的社会主义现代化建设获取宝贵的外汇资金。另一方面，香港、澳门经济的稳定和持续繁荣，也需要内地广阔的市场作为支撑。香港、澳门本身缺乏资源和市场，加工业和转口贸易在港澳经济中占有很大比重。离开了广阔的内地市场，港澳势必丧失其在世界市场中独特的经济地位，要想保持它们经济发展的势头是根本不可能的。另外，海峡两岸都以发展经济为重点，都在搞社会化大生产、商品化大生产，都在搞对外开放，难道就做不到"肥水不流外人田，互收取长补短之益"嘛！

无数事实证明，对抗性矛盾和非对抗性矛盾，在一定条件下是可以互相转化的。就是说，不仅取决于矛盾的性质，也要看矛盾双方所采取的态度和方式。大陆的社会主义和港澳台的资本主义，本来是对抗性矛盾，但在当今国际国内的历史条件下，大家如果都能从国家民族的根本利益出发并采取正确的态度和方法，是完全可以转化为非对抗性矛盾的。香港、澳门问题的顺利解决，就是对马克思主义对立统一规律的运用和发展。

（五）"一国两制"是马克思主义国家学说的应用和发展

恩格斯在《家庭、私有制和国家的起源》一书中把国家与其以前的氏族组织做过一番比较。他认为二者不同的地方在于三点：国家是"按地区来划分他的国民"；"公共权力的设立"；"在历史上大多数国家中，公民的权力是按照财产状况分级规定的"。这些都是旧氏族组织所不曾有的。社会的治理之所以需要特殊的"公共权力"，在奴隶制国家出现之后主要是为了控制奴隶使之服从。随着文明时代的到来和发展，国家的职能也不断发生变化。恩格斯指出："国家的产生和存在，表示这个社会陷入了不可解决的自我矛盾，分裂为不可调和的对立面而又无力摆脱这些对立面。""那时互相斗争的各阶级达到了这样势均力敌的地步，以致国家权力作为表面上的调停人而暂时得到了对于两个阶级的某种独立性。"恩格斯进一步指出："为了使这些对立面，这些经济利益互相冲突的阶级，不致在无谓的斗争中把自己和社会消灭，就需要有一种表面上凌驾于社会之上的力量，这种力量应当缓和冲突，把冲突保持在'秩序范围'。"在恩格斯看来，国家是在阶级斗争冲突中产生的，又是为控制阶级对立而产生的。国家的出现不是为了扩大矛盾、加剧冲突，而是"应当缓和冲突"，在一定历史条件下还能起到"阶级斗争调停人"的作用。

"一国两制"的科学构想，正是恩格斯上述思想的最新实践。当时中国的现实是国家分裂，还未统一，内地（大陆）实行社会主义，香港、澳门和台湾实行资本主义。就其根本性质来说，社会主义与资本主义是对抗性的矛盾。通过中英协议和中葡协议，用"一国两制"的形式妥善地解决了香港问题和澳门问题。把本属对抗性的矛盾化解为非对抗性的矛盾。国家已起到了"阶级斗争调停人"的作用。至于台湾问题，正如邓小平同志所说："是社会主义吞掉台湾，还是台湾的'三民主义'吞掉大陆？谁也不好吞掉谁，如果不用和平解决，只好武力收回，这样对各方面都不利……我看只有实行'一个国家，两种制度'，新问题就得用新办法来解决。"这样，使两种根本对立的社会的政治经济制度长期并存一国之内，而且还不能使用暴力手段，唯一的就是和平解决，实行"一国两制"。在这种国家形式下，统一的中央政府（即国家）对"两制"来说，实际上就起着"阶级斗争调停人"的作用。

我们的国家起"阶级斗争调停人"的作用，是可能做到的。首先，因为人民国家代表全体人民的利益，也代表整个中华民族的利益，从民族整体利益出发处理问题，是双方都能接受的。其次，人民国家从具体实际情况出发，制定并执行正确的方针政策，尤其是贯彻推行新时期统一战线政策，合人心、顺民意，得到了全国各阶层人民的真诚拥护和赞同。最后，人民国家有反映人民意志的根本大法，它的一切政治活动都有法律作为依据，决不能有法不依，违法行事，失信于民，伤害对方。因此，中国政府有责任也有能力将自己倡导的"一国两制"贯彻始终。

人民国家在"例外的、特殊时期"起"阶级斗争调停人"作用，不是模糊阶级斗争、起抹杀"阶级斗争调停人"的作用，而是起积极斗争方式方法的调节人的作用。也就是说，由国家出面，尽量使阶级斗争双方不发生敌对的流血冲突。当然，人民民主专政国家起这种作用，也是有条件的。这个条件就是两方对立的阶级，都拥护国家的统一和民族的团结，都希望和平解决它们之间的矛盾。如果任何一方没有或缺少这方面的诚意，国家的调停作用，是实现不了的。我们党和国家领导人提出"一国两制"的科学构想，正是从上述条件出发的。

"一国两制"所起的"缓和阶级冲突"的作用，甚至超越了恩格斯当年的思想。恩格斯讲的，是在"一国一制"内国家充当两个阶级的调解人；而"一国两制"则是中央政府充当两种制度——内地（大陆）社会主义制度和港澳台资本主义制度的调解人。"一国两制"使两种制度、两个阶级的矛盾冲突，在一国之内得到缓和并在新的国家模式下各自得到发展，这是完全行得通的。

"一国两制"理论是对马克思主义传统国家观的重大突破。

（六）"一国两制"是马克思主义过渡学说的伟大实践

马克思和恩格斯的唯物史观揭示了历史辩证法的真谛，提出社会形态的发展是一种自然历史过程，无产阶级革命是资本主义发展的必然产物。但这绝不是说社会在由资本主义向共产主义的过渡时期，应该废除一切以私有制为基础的社会制度。与此相反，马克思科学社会主义学说历来都否认那种由资本主义向共产主义"直接过渡"的理论，并明确地阐述了可以保留一定的私有制，利用资本主义，实行两种制度交叉存在进行"过渡"的原则。

恩格斯在《共产主义原理》一文中曾明确提出："首先无产阶级革命将建立民主制度，从而直接或间接地建立无产阶级的政治统治。""正象不能一下子就把现有的生产力扩大到为建立公有经济所必要的程度一样。因此，征象显著即将来临的无产阶级革命，只能逐步改造现社会，并且只有在废除私有制所必需的大量生产资料创造出来之后才能废除私有制。"[①]

列宁在十月革命前夕所写的《国家与革命》一书中提出："从资本主义过渡到共产主义，当然不能不产生非常丰富和繁杂的政治形式。"[②] 显然，列宁的这一科学设想，由于十月革命后主观客观条件的限制未能实现。继之外国帝国主义的武装干涉，列宁和苏俄共产党不得不代之以战时共产主义政策，全面实行向共产主义的"直接过渡"，结果经济遭到更加严重的破坏，

---

① 《马克思恩格斯全集》第4卷，人民出版社，1958，第366~367页。
② 《列宁选集》第3卷，人民出版社，1972，第200页。

列宁对此深刻地回顾说："由于我们企图过渡到共产主义，到1921年春天我们就在经济战线上遭受了严重的失败，这次失败比高尔察克、邓尼金或皮尔苏茨基使我们遭受的任何失败都要严重得多、危险得多。"[①]

列宁清醒地估计了战时共产主义的错误，根据苏俄当时所处的历史条件，于1921年春果断地实行新经济政策，结束了为时三年的"直接过渡"时期。列宁指出："过渡"这个词，在经济上就是"在这制度内既有资本主义的也有社会主义的成分、部分和因素"。[②] 他还严厉批评了当时的那些"左派共产主义者"，"乱叫什么'最坚决的社会化'、'完全打到'、'彻底粉碎'，就是胡说八道"。[③]

从马克思、恩格斯、列宁的经典论述中，我们清楚地看到，在社会主义制度下，在公有制的基础上保留一定形式的私有制经济，利用资本主义，实行两种制度交叉存在向共产主义过渡，是马克思主义过渡学说的一项原则。今天，世界处于由资本主义向社会主义前进的转变时期。在人类历史的社会经济形态转折时期，两种对立的经济、政治、社会制度交叉并存，正是历史唯物主义关于生产关系要适合生产力状况规律的表现。从资本主义向共产主义过渡是一个相当长的历史时期，是人类社会前进的伟大转变。不是一代人或几代人所能实现的。不同制度在一定的历史阶段并存，是符合社会发展规律的。如今，我们顺应当代历史的这一潮流，不是去抵制它，而是积极扶持其结合，促成其发展，是符合马克思主义的基本原理的。

谈到"一个国家，两种制度"的构想时，邓小平曾说："这个具有国际意义的构想应该归功于马克思主义的辩证唯物主义和历史唯物主义，用我们的话来说就是实事求是。"中共中央根据马克思主义关于两种制度交叉存在的原理，结合中国的现实情况，做出实行"一国两制"的决策，是马克思主义过渡学说的伟大实践，必将为世界共产主义运动开拓更加广阔的道路。"一国两制"不是邓小平随机决策的，而是有历史根据的。

---

① 《列宁全集》第33卷，人民出版社，1957，第44页。

② 《列宁选集》第3卷，第540页。

③ 《列宁选集》第3卷，第539页。

（七）"一国两制"是社会主义和平发展理论在新的历史条件下的具体体现

马克思和恩格斯都曾预言以和平发展的道路取代资产阶级统治的问题。

早在 19 世纪 70 年代，马克思就曾经设想像英、美这样的国家，无产阶级有可能通过和平手段达到自己的目的。他指出："我们从来没有断言，为了达到这一目的，到处都应该采取同样的手段……考虑到各国的制度、风俗和传统，我们也不否认，有些国家，像美国、英国——如果我对你们的制度有更好的了解，也许还可以加上荷兰——工人可能用和平手段达到自己的目的。"并强调："在英国，工人阶级面前就敞开着自己的政治力量的道路，凡是利用和平宣传能更快更可能达到这一目的的地方，举行起义就是不明智。"恩格斯也指出："如果旧的东西足够理智，不加抵抗即行死亡，那就和平地代替。"他认为，在人民代议机关把一切权力集中在自己手里，取得大多数人民的支持后，那么，在按照宪法随意办事的国家里，旧社会可能和平地进入新社会。列宁也曾设想俄国革命也有和平发展的可能。他指出："全部政权归苏维埃的口号是革命和平发展的口号。"他又预言，在有共和制或有充分自由的国家里，和平地向社会主义发展是可以设想的。对资产阶级这样一个阶级可以实行赎买……可以和平过渡到社会主义。毛泽东在领导中国革命的历史进程中，根据一定时期的革命任务，坚持统一战线，最大限度地团结一切革命力量，为实现由资本主义向社会主义、共产主义转变，提出了很好的设想。例如，解放区建立"三三制"政权；解放后允许西藏保留农奴制度。

当然，无论是马克思、恩格斯，还是列宁、毛泽东，他们所曾设想的革命和平发展，都由于后来革命形势的急剧变化，没有成为现实。但是，他们的理论原则是正确的，具有普遍的意义。

"一国两制"的构想，正是对这一原则创造性的运用和发展。如果说，历史上和平过渡还只是一种设想，并没有实践的成功经验的话，那么，20 世纪七八十年代以后的情况就不同了，当时的国际形势和我国对外政策已经发生了很大变化，"一国两制"的设想已经有了充分的现实可能性。

第一，社会主义必然代替资本主义，这是不以人的意志为转移的客观规律。"一国两制"不仅没有改变这一原理，而且是实现这一构想最充分的根据。我们的"一国两制"不是"三民主义"条件下的"一国两制"，更不是殖民地条件下的"一国两制"，而是中华人民共和国范围内的"一国两制"。只有社会主义才能救中国，让中国繁荣富强。这种历史的逻辑，不是任何人的强迫命令，而是社会主义必然代替资本主义的客观要求。

第二，人心所向、大势所趋是"一国两制"战略决策的重要条件。香港、澳门从来就是中国领土不可分割的一部分。收回香港、澳门，恢复行使主权，这是主权国应有的权利。收回香港、澳门，表达了包括港澳同胞在内的全体中国人民共同的强烈愿望。台湾各族人民也怀着"国共和谈、祖国统一"的愿望，强烈要求台湾当局对大陆实行开放政策，开展"三通"和文化、体育等方面的交流。共同的民族利益、民族感情和文化传统，像一根割不断的纽带，紧紧地将两岸人民联系在一起，台湾当局也明白，只有维持一个中国的政策，才可避免政治与社会的不稳定。

第三，最主要的是社会主义中国的强大。邓小平指出："解决香港问题，并不是我们参加谈判的人有特殊的本领，主要是我们这个国家这几年发展起来了，是个兴旺发达的国家，有力量的国家，而且是个值得信任的国家……"没有我们的强大，港澳居民很难接受"一国两制"。同样，因为我们强大，我们才敢于让香港、澳门、台湾实行资本主义制度。我们说，五十年不变，甚至一百年不变，并不等于千秋万代不变。我们凭借着社会主义制度的优越性，有强大的无产阶级专政，有马列主义、毛泽东思想的强大武器，我们坚信在两种制度的和平竞赛中，资本主义不但不能动摇我们的社会主义基础，反而社会主义可以胜过资本主义。

（八）"一国两制"是列宁的和平共处原则的实践和发展

"一国两制"以和平共处思想为理论依据又赋予其新的内容。

和平共处的思想是列宁在十月革命之后作为处理第一个社会主义国家和不同社会制度国家之间相互关系的政策最先提出来的。主张社会主义国家在忠实履行无产阶级国际义务的前提下，除了对帝国主义反动派的武装侵犯进行必要的自卫外，愿意同资本主义国家保持和平共处关系。争取用和平方式解决彼此之间的争端，并在平等互利的基础上发展双方的经济贸易关系。

1954 年，我国政府在同印度政府签订的《关于中国西藏地方和印度之间的通商和交通协定》中，首倡和平共处五项原则；同年 4 月，周恩来总理在亚非万隆会议上再次重申了这些原则，并为会议所接受。和平共处五项原则的基本精神，就是要尊重各个国家的主权和领土完整，互不侵犯、互不干涉内政，平等互利，和平共处。实践证明，和平共处五项原则是处理一切国家关系的基本准则。它不仅适用于指导不同社会制度国家之间的关系，也适用于指导社会制度相同的国家（包括社会主义国家）之间的关系。

然而，和平共处能否适用于一国之内不同制度的地区之间的关系呢？"一国两制"构想的提出，实际上已经回答了这个问题。邓小平指出："和平共处原则不仅在处理国际关系问题上，而且在一个国家处理自己内政问题上，也是一个好办法。""根据中国自己的实践，我们提出'一个国家，两种制度'的办法来解决中国统一问题，这也是一种和平共处。"显然，这是对和平共处原则的灵活运用和发展。当然，它跟国与国之间的和平共处不同。这主要表现在以下几个方面。

（1）一国之内两个组成部分都共同遵守宪法并在最高国家权力机关和中央政府领导下活动，联结两个组成部分的纽带是炽热的民族感情、共同的民族利益、共同的民族荣誉和愿望。香港、澳门、台湾同胞都是中华儿女，尽管长期与祖国分离，但是都有一颗中国心。实现民族统一、国家的繁荣富强，是广大海内外中华儿女的共同心愿。因此，内地（大陆）的社会主义同港澳台的资本主义可以在"一国两制"的前提下平等相处。这就是在一个社会主义国家里，两种对立的社会制度能够长期共存、和平共处的政治基础。

（2）在现阶段中国特定条件下，实行社会主义的内地（大陆）与保留资本主义的香港、澳门和将来和平统一后的台湾，在经济上存在互助互利、共同发展的关系。就香港、澳门来说，它们背倚内地，通向世界。其优越的地理位置，自由港、国际金融贸易和航运中心的重要经济地位，与祖国的社会主义现代化建设有不可分割的联系。港澳的繁荣和发展，得到了内地的支持。几十年来，如果没有内地廉价的原料、大量的食品和淡水供应，以及对其产品输入内地所给予的优惠待遇，它们的繁荣是不可能的。台湾亦是如此，尽管它目前经济发展较快，但其整个经济是脆弱的，经不住资本主义经济危机的冲击。它的弱点，只有在实现"一国两制"后才能得到克服，因为祖国内地（大陆）地大物博，物产丰富。随着"四化"建设的蓬勃发展，既可以保证其经济发展需要的一切资源，又可以提供一个13亿多人口的广阔市场，前景是无限的。另外，内地（大陆）的社会主义现代化建设也需要香港、澳门、台湾的支持。我们可以直接从港澳台或者通过这三个门户和桥梁，引进资金、先进的技术和管理方法，并不断扩大我国的原材料和产品的出口贸易。此外，还应看到，香港、澳门、台湾同内地（大陆）的其他经济特区以及沿海开放城市相互配合、彼此协作，实行内联外放，必将大大加快我国"四化"建设的速度。内地（大陆）与港澳台这种取长补短，相互支援和促进的关系，是两种制度可以长期共存、和平共处的经济基础。

以上两点充分表明，"一国两制"下的和平共处，与国家之间的和平共处有很大的不同。

和平共处意味着不同制度的国家之间的和平竞赛，"一国两制"下的和平共处则意味着一国之内不同制度的地区之间的和平竞赛。从历史唯物主义的角度看，我们坚信，在竞赛中，社会主义无疑会代替资本主义。不过，这是若干年至少是五十年以后的事。经过长期的和平竞赛，人们会反复比较，能够在两种制度中做出正确的选择。那时候，谁也不会对转变感到突然。这个问题目前并未提上日程，我们没有必要描绘转变的具体细节，把它留给我们的子孙后代去解决，相信他们比我们更聪明。

（九）"一国两制"是列宁关于"利用资本主义、促进社会主义"思想的运用和发展

利用资本主义，加速社会主义建设，是"一国两制"构想的理论依据。列宁曾多次阐述利用资本主义来促进社会主义的思想。在俄国十月革命胜利后，列宁考虑怎样在一个小农经济占优势的落后国家建设社会主义问题时提出："当我们国家在经济上还极其薄弱的时期，怎样才能加快经济的发展呢？那就是要利用资产阶级的资本。"[①] 他又在《论粮食税》一文中写道："私人资本主义能成为社会主义的帮手吗？""但这丝毫也不是奇谈，而是经济上完全无可争辩的事实。……有可能经过私人资本主义（更不用说国家

---

① 《列宁全集》第31卷，人民出版社，1958，第392页。

资本主义）来促进社会主义。"① 列宁的这一战略思想，给我们的启发是非常明确的，即经济落后的社会主义国家，要赶上和超过在经济和科学技术上占优势的资本主义国家，应该利用资本主义世界已经积聚起来的大量资金和科学技术成果。

诚然，列宁当时提出的对资本主义的利用，还只局限于在社会主义政权下，允许某些资本主义经济成分存在和引进，利用资本主义的资金、技术人才和管理经验，并没有提出在一个地区保留完整的资本主义政治经济制度。因此，我们党从祖国统一和四化建设大业出发提出的"一国两制"构想，是基于列宁关于"利用资本主义促进社会主义"的战略思想，而且又有创造性的发展。其好处有以下几个方面。

（1）实行"一国两制"，可以使我们在本国利用局部的资本主义特区，来促进和加速全局的社会主义建设。我们实行对外开放政策，就是利用国外的资本来促进社会主义现代化建设。但是，利用和引进国外的资金、技术和设备是不容易的，资本主义国家不会真正希望我们富强起来。引进它们的设备，一是要价很高；二是不给尖端设备。以各种借口对我们实行制裁、封锁、禁运。其目的之一就是使我们国家永远贫穷，永远落后于它们，与它们保持差距。美国规定中国留学生不能接触先进技术，日本公开说要与中国保持至少十年的距离。实行"一国两制"，我们可以在本国的条件下利用自己局部的发达资本主义特区来促进和加速全局的社会主义建设。

（2）实行"一国两制"，可以使香港、澳门和台湾的资本主义特区，发挥观察、传递世界新信息的"窗口"作用。邓小平把经济特区的作用概括为"四个窗口：技术的窗口、知识的窗口、管理的窗口、对外政策的窗口"。"窗口"是个形象的比喻，它既可以从内向外看，又可以从外向内看，这对于及时掌握和传递世界各方面发展的新信息无疑起着重要的作用。现代世界经济、科学、技术、文化的发展，越来越使世界各国成为一个整体，谁都不能孤立于世界之外。不及时掌握及吸取资本主义先进的科学技术、文明成果和最新信息，实现社会主义现代化，赶超发达国家是不可能的。香港、澳门、台湾，特别是香港作为"世界经济特区"，与各发达国家联系紧密，信息灵通，是可以随时掌握世界经济、技术发展的晴雨表：及时吸收外国多

① 《列宁全集》第 32 卷，人民出版社，1958，第 346 页。

样性的有用知识，直接了解最新的世界市场信息，迅速输送给祖国内地，从而加速社会主义现代化建设的步伐。

（3）实行"一国两制"，可以使香港、澳门、台湾经济资本主义特区，发挥内联外放的桥梁作用。仅就香港和澳门来说，它们背靠祖国内地，面向东南亚和南太平洋，是东西方经济贸易交流的重要枢纽，是我们与资本主义国家沟通的重要桥梁。一方面，我们可以利用港澳的特殊地位和条件，从资本主义世界引进资金、技术和管理经验，可以通过港澳聘用外国专家，为我国培训人才，促进我国的智力开发。同时，世界各国和有关的国际组织还可以通过港澳这一特殊桥梁，继续向中国投资，同中国做生意。另一方面，实行"一国两制"后，港澳台作为我国享有高度自治权的三个特别行政区，同我国沿海的上海、大连、天津、广州等港口城市互相配合和协作，实行内联外放，打开国际市场。在广度和深度上发展我国对外经济贸易，从而加快我国整体经济发展的进程。

邓小平提出的"一国两制"的伟大构想，允许港澳台实行资本主义制度，保留那里的完整的资本主义经济体系和管理体系，充分发挥港澳台，特别是香港的国际贸易和金融中心的地位和作用，利用资本主义，以促进我国社会主义生产力的迅速发展，为社会主义服务，是符合我国人民根本利益的，也是对列宁关于"利用资本主义促进社会主义"思想在新的条件下的一个新创造，无疑也是对科学社会主义理论的一个新发展。

（十）"一国两制"是毛泽东关于正确处理人民内部矛盾理论的体现和发展

毛泽东同志关于两类矛盾学说的一个根本观点，就是明确指出人民是个历史的范畴，在不同历史时期有着不同的内容。"一国两制"的科学构想，坚持和发展了这一重要思想。

毛泽东同志在《关于正确处理人民内部矛盾的问题》一文中明确指出："人民这个概念在不同的国家和各个国家的不同的历史时期，有着不同的内容。"这说明人民是个历史的范畴，它的内容要随着历史的发展而变化。我们党在领导中国人民进行民主革命和社会主义革命的伟大斗争中总是随着历史实践的发展，根据社会的主要矛盾和革命的中心任务，以及各个阶级政治态度的变化，来科学地确定敌我的界限，提出人民与敌人概念划分的标准。

在民主革命时期，我国社会的主要矛盾是帝国主义、封建主义、官僚资本主义同人民大众的矛盾，因此，在中国共产党领导下，结成了以工农联盟为基础的，包括一切反对帝国主义、官僚资本主义、封建主义及其政治代表国民党反动派的阶级、阶层和社会团体在内的人民民主统一战线，胜利地完成了推翻"三座大山"的革命任务。在社会主义革命时期，无产阶级和资产阶级的矛盾是我国社会过渡时期的主要矛盾，但由于民族资产阶级在民主革命和社会主义革命时期都具有两面性，因此我们党把同民族资产阶级的矛盾作为人民内部矛盾来处理，胜利地实现了对生产资料私有制的社会主义改造。之后，毛泽东同志又指出："在现阶段，在建设社会主义的时期，一切赞成、拥护和参加社会主义建设事业的阶级、阶层和社会集团，都属于人民的范围。"[1] 毛泽东同志的这一科学划分，正确地反映了中国社会历史发展的客观要求，团结了大多数人，调动了一切积极因素，有利于巩固和完善社会主义制度，也使我们看到人民的概念也是不断变化的。

随着历史的推进，中国和世界都发生了巨大的变化，我们国家已经进入建设有中国特色的社会主义的时期。我们要面向世界，迎接新技术革命的挑战。建设"四化"、统一祖国、维护世界和平的伟大任务，把划分人民的范围这个重大课题再一次提到全党的面前。邓小平同志集中党中央集体智慧，提出"一国两制"的科学构想，在丰富两类矛盾学说中首先赋予人民这个概念以新的内容，把人民的范围扩大了。

按照"一国两制"构想，人民的概念有了新的内容：不仅包括全体社会主义劳动者，拥护社会主义的爱国者，还包括拥护祖国统一的爱国者。"一国两制"这一科学构想说明：我们党是把统一祖国、振兴中华作为最高目标的。在这个目标下，凡是爱国者，都属于人民的范围，都应为祖国的统一、繁荣富强做出贡献。

毛泽东同志在关于两类矛盾学说中还提出了一个重要原则，那就是利用不同的方法解决不同性质的矛盾的原则。"一国两制"的科学构想，把这一重要原则运用于解决香港、澳门和台湾问题的实践，从解决矛盾的方法上丰

---

[1] 《毛泽东文集》第7卷，人民出版社，1999，第205页。

富了关于两类矛盾的学说。

在不同的历史时期，科学地划分人民的范围，正确地分析两类矛盾的性质，是解决矛盾的前提：用不同的方法解决不同性质的问题，才能正确地处理社会存在的各种矛盾。因此，毛泽东同志说："用不同的方法解决不同的矛盾，这是马克思列宁主义必须遵循的一个原则。"

在建设具有中国特色的社会主义新时期，人民的范围扩大了，人民的内部矛盾增加了新的内容。在这种情况下，如何妥善地处理这些矛盾，尤其是处理无产阶级和拥护祖国统一的资产阶级的矛盾，是关系到民族繁荣昌盛、祖国统一富强的重大问题。长期以来，我们一直在为完成祖国统一的大业而不懈努力，力求找到一种最好的方法来解决这个问题。按照"一国两制"的科学构想，香港、澳门问题圆满解决，中华民族蒙受的历史耻辱得以洗雪，受到了包括港澳同胞在内的绝大多数人的拥护。同样，按照"一国两制"的科学构想，用民主的和平方法来完成祖国统一大业，也是海峡两岸中华儿女的共同心愿。因此，以"一国两制"的模式，运用民主的和平的方法解决香港、澳门和台湾问题的实践，是在解决矛盾的方法方面丰富了关于两类矛盾的学说。

（十一）"一国两制"是邓小平关于具有中国特色的社会主义的重要组成部分

自从中共中央提出建设具有中国特色的社会主义这一伟大任务以后，全国各行业都在探索研究什么是具有中国特色的社会主义这一重大问题。这是一个很艰巨的课题，是一篇大文章，中国共产党乃至全国从20世纪50年代后期到70年代末，受到极"左"思想的严重束缚，思想僵化。党的十一届三中全会号召人们解放思想，实事求是，在全国进行彻底否定"文化大革命"的教育，为我们扫清了探索具有中国特色的社会主义道路上的障碍，解开了束缚我们前进的绳索。"一国两制"的提出，是中共中央在理论上为我们的探索指出了正确的途径。"一国两制"的设想，彻底冲破了"左"的束缚，冲破了过去的理论禁区，在实事求是的基础上提出了很有创造性的新构想。这在我们社会主义建设的历史上还是第一次。"一国两制"产生的过程给我们一个深刻的启示，那就是"四化"成功之路不只是在导师们的经典著作中，更重要的是在我们未来的探索中。"一国两制"的构想是对我们以往信念当中的社会主义框框的重大突破，是中国特色社会主义的一个重要组成部分。

"有中国特色的社会主义"，包含两层含义：一是"社会主义"，二是"中国特色"。首先，我们是社会主义。就是说，我们的社会主义必须具有社会主义应具备的一些本质的特征，如公有制、按劳分配、无产阶级和劳动人民的政权、高度的社会主义精神文明等。其次，我们的社会主义必须具有中国的特色，即是说，除了坚持社会主义共同本质特征外，还必须与中国的实际相结合。

在解决香港、澳门和台湾问题上，我们既要坚持马克思主义的原则，又要尊重中国的历史和现实，结合香港、澳门和台湾的具体实际。我们知道，香港、澳门和台湾问题，均属历史问题。因此，在采取什么方式解决港澳台问题时，就不能不照顾到这三个地区的具体实际情况。实现祖国统一，方式有二：一是和平统一，一是武力解决。面对这种实际情况，邓小平运用马克思主义关于辩证唯物主义和历史唯物主义的基本原理，结合我国现阶段的实际情况，从"四化"的宏伟目标出发，权衡利弊，认为还是用和平方式解决好。这样，既可以使祖国早日统一，又可以避免武力解决带来的重大损失；既可以稳定亚洲和世界局势，又不影响我国社会主义制度，还可以为建设"四化"提供吸收资本主义先进技术的便利条件和争取较长时间的和平环境。而和平统一的最佳方案，就是"一个国家，两种制度"。可见，"一国两制"的构想是合情合理的，它合乎中国的具体国情，又合乎马克思主义唯物辩证法之理，是能够行得通的。那种既想和平统一，又想使香港、澳门和台湾立即实行社会主义以及所谓"用三民主义统一中国"的想法，显然不合乎中国的实际。

邓小平在《建设有中国特色的社会主义》一文中指出："尊重事实、尊重实际，就是要尊重香港和台湾的历史实际。"他又指出："人们说，你们搞什么社会主义！我们说，中国搞资本主义不行，必须搞社会主义。我们要解决吃饭问题、就业问题，要解决中国的统一问题。所以，我们多次重申，要坚持马克思主义，坚持社会主义道路。但是，马克思主义必须是同中国的实际相结合的马克思主义，社会主义必须是切合中国实际的有中国特色的社会主义。"①

---

① 邓小平：《建设有中国特色的社会主义》，《邓小平文选》第 3 卷，第 63 页。

总之，马克思主义经典著作里并没有为各国社会主义建设实践提供现成的答案和模式。我们的目标是建设具有中国特色的社会主义。"一国两制"的构想，既符合中国具体国情，又利于中国社会主义国家的富强和人民幸福，这就给建设具有中国特色的社会主义增添了新的内容。正如邓小平指出的："建设社会主义就是建设具有中国特色的社会主义，这个特色，很重要的一个内容就是对香港、澳门、台湾问题的处理，就是'一国两制'。这是一个新事物。这个新事物不是美国提出来的，不是日本提出来的，不是欧洲提出来的，也不是苏联提出来的，而是中国提出来的，这就叫做中国特色。"[①]

（十二）"一国两制"构想是统一战线理论的运用和发展

统一战线是无产阶级和共产党在各个不同历史时期，为实现自己的战略任务，而同一切可以团结的阶级、阶层、党派、团体结成的政治联盟，它是无产阶级克敌制胜、夺取革命和建设胜利的重要条件。无产阶级专政总是一定形式的阶级联盟，无产阶级要调动一切积极因素，团结一切可以团结的力量来建设社会主义、实现共产主义。马克思、恩格斯提出的统一战线理论主要是指工人阶级联合农民反对资产阶级。列宁在帝国主义时期将统一战线理论发展为无产阶级与被压迫民族联合起来反对帝国主义。在我国长期革命斗争中，以毛泽东同志为代表的中国共产党人，把马列主义的基本原理同中国革命的具体实际相结合，创造性地提出了一整套具有中国特色的统一战线的理论和策略。统一战线不仅在新民主主义革命时期是我国人民争取革命胜利的一大法宝，而且在社会主义建设的新的历史时期，仍然是我们实现四个现代化的一大法宝。

进入 20 世纪 80 年代后，中国共产党面临三大任务：加快"四化"建设；争取早日实现包括台湾在内的祖国统一；反对霸权主义，维护世界和平。这三项任务是互相联系、相互促进的。要完成这三大任务，就必须适时地建立最广泛的新的爱国统一战线。新的爱国统一战线的标准只能是爱国主义。只要爱国，"不管各种政治观点，包括骂共产党的人都要大团结"。这就使新时期爱国统一战线的范围、对象比以往任何时候都要广泛，我们要在中华人民共和国领土主权范围内建立由内地（大陆）实行社会主义的全体

---

① 《邓小平同志重要谈话》，中央文献出版社，1987，第 15 页。

工人、农民和其他社会主义劳动者、爱国者，同个别实行资本主义的地区，包括港澳台同胞和海外侨胞在内的全体拥护祖国统一的爱国者之间的联盟，就是说要建立一个把一切有爱国心的人士都囊括进来的爱国统一战线。因此，邓小平提出的"一国两制"构想是统一战线理论在社会主义时期的具体运用和发展。

当前，我国统一战线的问题，具体来说，就是对香港、澳门恢复行使主权以及解决台湾问题，香港、澳门问题得到圆满解决后，便是贯彻执行的问题。对于台湾问题，中共中央的方针也是十分明确的，考虑到国家民族的利益，避免战争造成的损失，除不得已非用武力不可的情况外，要力争走和平统一的道路，用和平的方式解决台湾问题。那么，怎样才能够实现和平统一呢？这就要通过广泛团结台湾各界人士的办法来实现。和香港、澳门同胞一样，广大台湾同胞是爱国的，他们渴望祖国统一，但现实的经济水平的差异，使他们中的一部分人担心统一后大陆对台湾会不会"一平二调"，也有一部分人不愿意改变资本主义的生活方式和资本主义制度。而台湾执政的国民党，是决定台湾命运的主要政治力量，要实现祖国的和平统一，核心问题是要实现在新的历史条件下国共两党的合作。几十年来，国共两党进行了激烈的斗争。斗争的结果是，大陆建立了社会主义制度，国民党在台湾保持着资本主义制度。国民党还有自己的地盘，还有自己的政治地位和利益。今天我们要实现祖国的统一，如果我们不承认台湾（以及港澳）的现状，保证其利益不受损害，是不现实的。同时，我们还应看到在香港、澳门特别是在台湾还有破坏祖国统一的势力，他们主张台湾"独立"，他们希望我们同台湾国民党以及台湾爱国力量发生意见分歧，并以社会主义要吃掉资本主义威胁那些主张祖国统一的人们，从而达到破坏爱国统一战线的目的。"一国两制"构想的提出，就使台湾、香港、澳门赞成祖国统一而又希望保存资本主义制度的人们放了心，同时也粉碎了顽固派妄图使祖国永远分裂下去的阴谋。复杂的香港问题、澳门问题就是在新时期爱国统一战线中得到了圆满解决。港澳问题的顺利解决，为我们解决台湾问题树立了样板，增强了信心。连台湾人士也不得不承认，这是我们解决台湾问题的一个锐利武器，比大军压境还厉害。"一国两制"能在香港、澳门推行，对台湾有很大吸引力。

"一国两制"的构想，为新时期爱国统一战线展示了辉煌的前景。一方面，它的提出并实施必然是中华民族的大团结、大统一，使中华儿女不管穿什么服装，拥护什么制度，信仰什么主义，都聚集在祖国的旗帜下，生活在祖国温暖的怀抱里，再不受民族分裂、骨肉分离之苦。另一方面，它的提出并实施，必然是加速中华的腾飞，促进民族的繁荣，实现祖国的昌盛富强，既能够继续保持香港、澳门和台湾的稳定、发展与繁荣，又可以使内地（大陆）和港澳台同胞互相取长补短，共图"四化"大业。中华民族的振兴，祖国的锦绣前景，必将展现在我们面前。

（十三）"一国两制"构想为和平解决国际争端提供了新的经验

邓小平指出："'一个国家，两种制度'在国际上是一种新的构想，我们提出这一方针不仅因为我们面临香港问题，而且因为我们对外政策的总方针是维护世界和平。"又说："解决国际争端，要根据新情况、新问题，提出新办法。'一国两制'这是从我们自己的实际提出来的，但是这个可以延伸到国际问题。"

当今世界，除了我国没有实现完全统一外，还有一些国家因某些历史和政治原因，也没有实现完全统一。由于这类国家长期处于分裂状态，给本国人民带来了种种的不幸和痛苦，也成为本地区不安定的因素，随时威胁世界和平。这些国家的人民渴望着早日结束分裂的局面，实现祖国的统一。但是，在如何实现国家的统一问题上，存在两种方式：一是和平解决，一是武力解决。不仅如此，对于世界上出现的一系列国际争端，也面临用什么方式来解决的问题。类似我国香港、澳门、台湾的问题在世界上并不是绝无仅有的。在紧张动荡的国际局势下，好多的历史遗留问题确实是导致冲突的爆发点。不采取适当的方式，不仅无助于问题的解决，而且会给当事双方造成严重后果，进而影响到国际局势的稳定。

我们党提出的"一国两制"的科学构想，不仅为和平统一祖国、振兴中华开辟了现实的道路，也为和平解决国际争端和各种复杂的政治和历史问题，提供了有益的启示，对于缓和当前世界上存在的许多类似的问题，消除可能引起严重冲突的爆发点，对维护亚洲和世界和平事业做出了典范性的贡献。

"一国两制"的科学构想从提出到实践，已在国际社会产生了具有深远意义的影响，获得许多国家政界人士和舆论界的高度赞扬。联合国秘书长德奎利亚尔评论说："'一国两制'构想的提出是有远见的，这种和平解决国际争端的方法，为全世界树立了合作的榜样。"英国首相撒切尔夫人说：

"中国领导人提出的'一个国家，两种制度'的概念是富有想象力的，是很明智的。"英国外交大臣杰弗里·豪称赞说："''一国两制'的构想，是一个从未有过、史无前例和革命性的提议。它的意义远远超过香港本身。"英国议会议员艾德里评价说："''一国两制'是不寻常的政策，它有力地标志着中国政府是成熟的，有远见的和稳定的。中英两国达成的协议是两个明智的、成熟的国家在文明外交方面向世界提供的了不起的榜样。"香港《明报》社论说："''一国两制'思想，可以为未来的政治哲学开启新纪元，还足以开创未来世界的新局面。"《澳门日报》评论说："''一国两制'的实施对国家有利、对港澳台三地区有利、对世界也有利。这是中央的重大决策，是解决港澳台问题的最佳选择。"日本《每日新闻》社论写道："中国若能成功地维持如声明中所说的一国两制，则除了会巩固亚洲的和平外，扩大来说，也是开了南北朝鲜甚至东西阵营共存共荣的先例。"①

我们已经清楚地看到，"一国两制"的科学构想，已为我国恢复对香港、澳门行使主权打开了大门，也为解决台湾问题、实现海峡两岸和平统一创造了有利的条件，还为和平解决世界其他地区和国家之间的争端提供了范例，有助于摧毁战火的策源地，有可能在更广泛的基础上为世界争取一个更长时间的和平环境。这一光辉思想充分显示出中华儿女无比的聪明才智，显示出中国共产党在处理国内阶级矛盾和错综复杂的政治关系上高瞻远瞩和高超的领导艺术；同时，也为世界和平事业做出重大贡献。

二 起草《澳门基本法》印象深刻的条文及场景

接下来我就从基本法起草过程中有意思的事和你们说说。

(一)《澳门基本法》名字的由来

我有幸参加了《澳门基本法》的起草，后来我经常在国内包括北大、清华作报告，他们提问题的时候，就会问到为什么叫《澳门基本法》，那我接下来就讲讲为什么叫《澳门基本法》。

这个要讲到《香港基本法》的起草，我当时在姬老那里做秘书，所以

---

① 宗光耀：《见证澳门回归祖国》，华文出版社，2010，第43页。

很多事情都知道。英国人和香港人是最关心《香港基本法》条文起草的，因为他们知道联合声明签署以后，中国政府在联合声明中承诺的政策最终要由中国政府通过制定基本法来落实，所以我认为英国人和香港人是极关心和重视《香港基本法》的，当然我们也是非常重视的。因为宪法第31条写的是以法律规定并没有写明要起草《香港基本法》，所以关于基本法的名称，当时就有几位法律专家在姬老那里进行小范围的座谈，我在旁边记录。其中就议论，宪法之下不能叫宪法，有的人就提出叫"小宪法"，因为这部法律起草之后，在香港和澳门地位最高，起到类似宪法的作用，所以有些人就提出叫"小宪法"。但有些人认为这个提法不行，因为人们万一习惯之后不叫"小宪法"，将"小"字去掉，叫"宪法"，这就与国家的宪法冲突了。后来也有人提出叫"根本法"，但是有人说"根本法"也不能叫，因为宪法才是国家的根本大法。所以大家一致认为"根本法"和"大法"的提法都不行，因为"大法"还是变相的"宪法"，因此大家达成一致，叫"宪法"或用"宪"字或用"小宪法"都不行，也不能用"根本"两个字，也不能用"大法"，要避开以上三种提法。后来有人建议说，起草这部法律就是要起到基本的作用，因此可以叫"基本法"。我记不太清具体是哪一位提出这一建议。当然也有人提出不同的意见，我当时就认为叫"基本法"听起来很别扭，后来姬老说：你们就不要说听着别扭不别扭的问题了，你们就说适合不适合。"一国两制"本来就是新的东西，听起来会很别扭。大家提出叫"基本法"听起来确实不太顺口，但确实这部法律起的是这样基本的作用，同时与宪法也不抵触，既没有"宪"字也没有"根本"，又没有"大法"。

后来因为很快就要向上面的领导进行报告，以便落实成立起草委员会等事项，所以就暂定叫"基本法"，当然大家回去以后还可以继续思考是否有更合适的名称。我当时负责上报这些文件，文件的内容主要包括起草"基本法"，同时成立"基本法"起草委员会，委员由香港和内地人士组成等。上报以后，这件事很快就得到了中央的批准，胡耀邦、赵紫阳、邓小平、李先念、万里等国家领导人都批准了，没有任何人提出异议。文件批下来之后，由法律专家组成的小组再一次开会，有一位专家提出，他为这部法律想到了一个很好的名称，结果姬老就立刻打断他，说现在上边的领导都已经批准了，你如果再提一个名称是要报告还是不报呢？所以现在就不要提了，再好的词也不能用了，因此这样就定下来叫"基本法"。姬老又解释说叫"基本法"是对的，因为这部法律确实起到了基本的作用。因为是新鲜的事物，所以听着会有些别扭，后来大家都接受了。

不像现在大家提起《澳门基本法》，听起来都很熟悉了。以上情况是在《香港基本法》起草的过程中发生的，到《澳门基本法》起草的时候就不存在这个问题了，因为香港通过了，澳门就不存在这个事情了。"基本法"这个名词就是这样由来的，我在很多的场合在回答提问时就和他们解释"基本法"的来历。为什么不能叫"宪法"呢？因为它是低于宪法的，是不能与宪法相冲突的。

（二）1999 年 12 月 20 日是商定的结果

我经常遇到的还有一个问题：香港回归的具体时间之所以定在 1997 年 7 月 1 日，这与不平等条约到期有关。邓小平先生曾说过，香港回归的日期一天也不能延长，延长一天等于延长一年，一定不能延长，由于不平等条约在 1997 年 7 月 1 日到期，所以就定下香港回归日为 1997 年 7 月 1 日。澳门就不存在这个问题，澳门回归的时间是中葡双方谈判商定的结果。根据邓小平先生的指示，本世纪末我们要完成祖国统一大业，当然这一提法是否包括台湾在内是不确定的，但是肯定是包括香港和澳门的，所以中葡双方就这个问题来进行谈判。其中记得有一轮谈判，葡萄牙提出澳门是否可以在 2000 年之后再回归，因为是跨入一个新的世纪，他们就有很大的面子了。中方说不行，因为本世纪末是在 2000 年以前。所以最后葡萄牙就提出了一个方案，我记得很有趣，提出能不能定于 1999 年 12 月 31 日举行政权交接仪式，葡方第二天回去的时候就是新的世纪了，中国就可以宣称是在本世纪末对澳门恢复行使主权，而葡方也可如愿在新的世纪开始之后再回去。后来中方谈判说恐怕这也不是太合适，就答复葡方，中国很重视过新年，这个日期不合适，大家都忙于打理过年事情，就没有人注意到澳门回归的事情了，所以中方不同意将回归日期定于 1999 年 12 月 31 日。

当时周南副部长每次谈判后，很多事情就通过我找姬老，我向姬老汇报说葡方希望将回归日期放在月底，姬老让我转告周南说：一定要按照邓小平同志的指示，在 12 月前完成澳门回归。记得当时姬老还说了一句话，但是我没有告诉周南，就是对葡萄牙一定要硬起来，不要外国人说什么耳根子就发软。姬老态度很坚决，不能等到月底，一定要在月底之前完成。所以中方最后不同意葡萄牙提出的在 12 月 31 日的方案，总之就要在 12 月完成，所以周南副部长就建议在 12 月 20 日把这件事情完成，葡方可以回去过圣诞节，因为圣诞节对外国人很重要，我们也可以在年底筹办一些庆祝活动，最后双方就达成了一致意见。所以 1999 年 12 月 20 日，是商量的结果，不是基于历史上的原因，你可以定在 18 日，也可以定在 25 日，都可以。因为这是一个双方协商的结果，同时这也正符合邓小平先生说本世纪末完成祖国统一大业的指示。

（三）向澳督通报《澳门基本法（草案）》

另外，我要讲的是当时我向澳督通报《澳门基本法（草案）》时的故事。1993 年 3 月 1 日，《澳门基本法》起草委员会第九次全体会议一致通过《澳门基本法（草案）》，在送请全国人民代表大会审议前，我受中央委托，向当时的澳葡政府通报《澳门基本法（草案）》的有关情况，交换意见。当时，澳督韦奇立先生很重视，在他的会客室亲自与我交谈。在会议室内，我们寒暄了几句后，就转入正题。我先介绍《澳门基本法（草案）》的有关情况。澳督听了之后，说《澳门基本法》的制定很重要，是澳门的大事，他一直很关注，每次公布的征求意见稿和此次通过的（草案）文本，他都仔细阅读过，对《澳门基本法》的框架结构表示赞同，并对起草委员们吃苦耐劳和认真负责的精神表示敬佩。随后，澳督问我，《澳门基本法（草案）》是不是最后的文本？还有没有修改的余地？我回答说，起草委员会已经正式通过《澳门基本法（草案）》文本了，不会再做修改，至于全国人民代表大会能否审议通过，那是全国人大的权力，我个人估计是会通过的。我已听出来澳督话中有话，便说了一句："不管怎样，总督阁下有什么意见和想法，请直言。"

我们的对话停顿下来了，我觉察到澳督的脸色变得有点儿严肃，他沉思了片刻，开口说：那我就直言了。葡方一直很关心《澳门基本法》的起草，也提出过一些意见或建议，有的还被采纳了。今天副社长先生能向我介绍情况，是对葡方、对我本人的重视和尊重，我很感谢。如果《澳门基本法》的文稿还可以修改的话，我想讲以下两点意见。

"第一个意见，序言写得不好。第一句话说澳门是中国的领土，这没问题。而紧接的第二句话就说葡萄牙占领了澳门。'占领'两个字，既不符合历史事实，也违背了今天中葡两国的友好关系。中方领导人一再声称，解决澳门问题，不算历史旧账，着眼未来，向前看。而《澳门基本法》序言一开头就表现出要算历史旧账的架势。1999 年，我和我的同事都会离开澳门返回里斯本，而大批土生葡人怎么办呢？他们将成为'侵略者'的后代，随时会受到惩罚，遭打击报复。他们的日子会很不好过，这是不公平的。"他接着说："如果把'16 世纪中叶以后被葡萄牙逐步占领'这句删除，序言就很完美了。"这时澳督停顿下来，示意要听我的反应。

我说："我刚才认真听了总督阁下的评论和想法。《澳门基本法》是依据我国的宪法，贯穿了中葡关于澳门问题的联合声明的有关条文和政策，并结合澳门实际情况而制定的体现'一国两制'方针的开创性的法律。《澳门基本法》的序言虽然很短，只有 345 个字，但内容却很丰富，它包括了三个主要内容：（1）澳门问题的由来和解决的历史背景。（2）我国对澳门的方针政策及其法律依据。（3）制定《澳门基本法》的法律依据和目的。就澳门问题的由来可以写一本很厚的书。序言的第一句话不仅明确了澳门的地理位置，指出它自古是中国的领土。为什么要强调指出'自古以来是中国的领土'，为什么长期以来我国未能对它行使主权，为什么在 1999 年 12 月 20 日才实现对澳门恢复行使主权，这究竟是什么原因？需要对这一历史背景作一个交代、简短说明。否则外国朋友和我们的后代就无法明白，为什么澳门'自古以来是中国的领土，1999 年才恢复行使主权'。序言的第一段用短短几句话回答了这一问题。至于 16 世纪中叶以后被葡萄牙逐步占领，这是历史事实，无需争辩。长达四百多年的历史，用'逐步占领'四个字一笔带过，既叙述了历史的真实面目，又充分体现了不纠缠历史旧账，维护中葡友好的格局。序言中用的'占领'两个字，是相当中性的词汇，而没有用'侵占''侵略''霸占''掠夺'一类强烈的字眼。我不清楚葡文翻译使用的什么词，英语的译文规定使用'occupy'，就如洗手间的'occupy'，座位'occupy'一样，只表明暂时占住而已，不表明占住的行为是与非，也不表明占住的人是好人还是坏人。能想出用'占领'这样中性的、温和的字眼概括澳门四百多年恩恩怨怨的历史，是起草委员们的高度智慧和良苦用心。做到这一点并非轻而易举，更谈不上有日后打击土生葡人的伏笔。"[1]

---

[1]　宗光耀：《见证澳门回归祖国》，第 51 页。

看到澳督连连点头，我止住了话题。

澳督接着说："我的第二个意见是，《澳门基本法》没有明确未来澳门不设死刑，这是倒退，将会引起社会的议论，人心的不安。对此我们曾提出过意见和建议。遗憾的是，终究未被采纳。"

对此，我做了如下回应："关于设死刑或不设死刑的问题，在草委会上多次讨论过，大家认为死刑是一种刑罚概念，有没有死刑作为一项刑事政策，属于刑事立法的范畴，故应由特别行政区自行决定，并将决定反映在刑法典中。如果刑法典没有规定死刑这种刑罚，那就意味着废除了死刑。总之，1999年后，澳门有没有死刑，这是澳门特别行政区自治范围内的事务，要由特别行政区的刑法典来作出决定，中央不会干预。将来即使中国内地继续设死刑，并不等于澳门也一定要有死刑。一些西方国家，同是资本主义社会制度，有的设死刑，有的废除了死刑，甚至翻来覆去。我个人认为，如果将来社会平稳安定，也不会有人呼吁要设死刑。至于社会上有些议论，认为《澳门基本法》不写明不设死刑是为了要在1999年后恢复死刑，这种看法是没有根据的、无知的。看来《澳门基本法》颁布后，还有一个宣传、推广《澳门基本法》的任务。"① 这就解决了不写不设死刑，不一定代表今后就设死刑的问题。

澳督的脸上露出了笑容说："你这样的理解、认识，我们就放心了。我也很赞成在社会上开展《澳门基本法》的宣传活动。"②

其实后来澳督又问了一个问题，就是《澳门基本法》第9条关于葡文的问题。葡文的问题当时在《中葡联合声明》中就有提到，他说第9条写得很别扭，就是澳门特别行政区的行政机关、立法机关和司法机关，除使用中文外，还可使用葡文，葡文也是正式语文。澳督说这个听起来很别扭，认为可以把中文写在前面，可以写成中文和葡文都是官方正式语文，就是这么简单。说不要这样翻来覆去，"还可使用葡文，葡文也是正式语文"。后来我就开玩笑地和澳督说，在澳门回归以前这四百年从来也没有说葡文是官方语文，政府使用的都是葡文，但大家都没有明确葡文是正式语文。如果按照您的说法，这一条不写我都是赞成的，因为回归后没有人用葡文了，也没有

---

① 宗光耀：《见证澳门回归祖国》，第52页。
② 宗光耀：《见证澳门回归祖国》，第52页。

任何规定说葡文是正式语文。那么现在这一条的规定就是好意，强调葡文在回归后还可使用并明确葡文也是正式语文。这也是考虑中葡友好关系以及土生葡人的利益。如果没有这一条规定，中文肯定是官方正式语文，而葡文就不是官方语文了。这样解释后，澳督也认可了。

我最后和澳督说，我带的任务还未完，我接着说："《澳门基本法》一旦获得即将召开的第八次全国人民代表大会的审议通过，新闻媒体会立即热闹起来，总督阁下也会成为采访的重点人物。届时，我希望总督阁下对《澳门基本法》多美言几句。《澳门基本法》对澳门过渡时期有何作用，肯定是记者们要问的问题之一。"澳督立即问我："像这样的问题，你将如何应对？"

我说："如果有记者问我，我的回答是：《澳门基本法》的颁布标志着澳门已经进入后过渡时期。《澳门基本法》虽然在1999年12月20日起正式生效、实施，但在后过渡时期，澳门社会的演变，澳葡政府制定的法律、法规、重大政策，都要与《澳门基本法》相衔接、相接轨。"

澳督点了点头，说："明白了。"

1993年3月31日，第八届全国人民代表大会第一次会议顺利通过了《中华人民共和国澳门特别行政区基本法》，包括三个附件、三个决定、一个建议以及澳门特别行政区区旗、区徽图案，并于当日由国家主席江泽民签署公布。

澳督在接受记者采访时高度评价了《澳门基本法》，他说，《澳门基本法》为澳门的未来勾画出清晰的框架，是未来澳门的法律依据；《澳门基本法》的内容符合《中葡联合声明》的精神原则；葡文也是正式语文，体现了中葡友好和维护土生葡人利益的精神。在回答《澳门基本法》在过渡时期有何作用时，他说，《澳门基本法》是在1999年政权移交后生效，但在过渡时期它会起到某种"指引"作用。

我们是大陆国家，喜欢用铁路的术语，如"接轨""衔接"，葡萄牙是以航海著称的国家，习惯用"灯塔""指引"之类的字眼，其意思很接近。人民日报等内地媒体对澳督给予《澳门基本法》的评价，特别是"在过渡时期起某种指引作用"的提法做了突出报道和引用。记得在一次活动场合，澳督半开玩笑地对我说："我对《澳门基本法》的评价，相信你会满意了。"我说："谢谢总督阁下的配合。我很欣赏你的'指引'作用的提法。"

时隔多年，每当我回忆起这些往事，就觉得，澳门能够平稳过渡，顺利回归，主要是国家的强盛，中央方针政策的正确，以及广大澳门同胞的齐心努力，当然也是与中葡友好特别是当时的澳葡政府以及澳督本人的合作和配合分不开的。

（四）关于《澳门基本法》自行制定及赌业问题

因为《澳门基本法》里很多写到自行制定，澳门人当时很多不理解，认为自行制定等于什么都没有制定。我就和他们说，自行制定就是中央或全国人大授权由澳门制定，这就体现了"一国两制"，授权澳门特区根据自己的具体情况制定。

包括这个赌业，《澳门基本法》中并没有直接规定允许赌业，而是授权澳门特区根据本地整体利益自行制定旅游娱乐业的政策。过去何鸿燊作为《澳门基本法》起草委员会副主任委员最关心这一问题，我和他说《澳门基本法》第 118 条已对此做了规定。他就和我说，赌博两个字并没有出现在基本法里面，我后来跟他讲，经过大家研究，认为《澳门基本法》里出现赌博两个字是不好的，而其中旅游娱乐业就包括博彩业在内了。所以《澳门基本法》中很多都规定自行制定的，自行制定就是基本法对这个事情已经考虑了，但是授权特区政府根据实际情况来制定相关政策。

（五）关于《澳门基本法》区旗、区徽问题

与《香港基本法》一致，《澳门基本法》也明确规定："澳门特别行政区除悬挂和使用中华人民共和国国旗和国徽外，还可悬挂和使用澳门特别行政区区旗和区徽。"为此，1990 年 12 月，在《澳门基本法》起草委员会第五次全体会议上通过了《关于中华人民共和国澳门特别行政区区旗、区徽图案的征集和评选办法》，成立了区徽图案征集和评选委员会。这项工作请起草委员会钱伟长副主任委员负责主抓。

1991 年 7 月，澳门特别行政区区旗、区徽评选委员会第二次会议对应征的 782 幅作品进行了预选和初选，预选是委员以无记名投票方式每人选出 15 套区旗、区徽。1991 年 12 月，评选委员会第三次会议对初选的图案进行了评审，选出了区旗、区徽各三幅。1992 年 3 月，《澳门基本法》起草委员会第八次全体会议以无记名投票的方式对初选出的区旗、区徽进行了评选，

结果选出获一等奖的区旗图案一幅，区徽图案无一获得 1/2 多数的通过。1992 年 9 月，区旗、区徽评选委员会第四次会议决定，将得奖的区旗修改图案和未获得 1/2 票通过而得票最多的区徽图案的修改图案，提交《澳门基本法》起草委员会第九次全体会议审议。

在澳门区旗、区徽图案的征集、评选中，创作人和评委更多关注的是图案的内容，而不是颜色。因为中华人民共和国国旗为五星红旗，旗面的红色象征革命。香港特别行政区的区旗也是红色旗面，标志着国家的统一。于此推理澳门特别行政区的区旗也应是红色旗面。

记得有一天钱伟长副主任找我谈话。钱老说："澳门是一个小地方，自古以来没发生大的战乱。虽然被葡萄牙人占据、管治，但还算平静，日本侵华战争，攻占了香港，也没攻打澳门。澳门成了世界上少有的和平地区。澳门周边环水，绿色生态好。而当今世界沙漠化严重，我们国家已很重视绿化。为了象征澳门的顺利回归祖国、世代和平和优美的生态，我主张澳门特别行政区区旗的旗面用绿色，而不是红色。"①

钱老是我尊敬的长辈，他的思考和一番话令我深受感动。我问钱老要我做什么，钱老说："你是起草委员又是副秘书长，如果你赞同我的想法，还请你向姬鹏飞主任汇报，听听姬老的意见。"我说："请钱老放心，我一定按钱老的交待去做。"

姬老听了我的汇报，沉思了一会儿，说："如果澳门特别行政区区旗的旗面是红色，与国旗和香港行政区区旗保持一致，当然没问题。但是谁也没有规定特别行政区区旗一定是红色，或什么别的颜色。"姬老要我转告钱老："他的想法和意见我都明白了。这件事还有时间多听听其他委员，特别是澳门委员的意见。"姬老自言自语说了一句："国旗是红色，区旗是绿色，红花有绿叶相配。"

我似乎摸到了姬老的底牌，但我向钱老汇报时没敢说"红花有绿叶相配"。我知道钱老为了绿色的区旗先后找了许多评委和草委交换意见，做工作。澳门的黄汉强草委紧跟钱老，积极活动，与评委和草委们谈心。1993 年 1 月 15 日，在《澳门基本法》起草委员会第九次全体会议上，起草委员们为澳门特别行政区的区旗、区徽投了自己神圣的一票。

---

① 宗光耀：《见证澳门回归祖国》，第 46 页。

1993 年 3 月 31 日，第八届全国人民代表大会第一次全体会议审议通过并正式颁布了《中华人民共和国澳门特别行政区基本法》。《澳门基本法》第 10 条第 2 款规定："澳门特别行政区的区旗是绘有五星、莲花、大桥、海水图案的绿色旗帜。"其中五星是代表统一的中国，三朵含苞待放的白莲花象征澳门特别行政区由三个岛组成，代表澳门特别行政区，其中绿色代表祖国大地，平和而富有生气。《澳门基本法》第 10 条第 3 款规定："澳门特别行政区的区徽，中间是五星、莲花、大桥、海水，周围写有'中华人民共和国澳门特别行政区和葡文澳门'。"区徽呈圆形，绿色，其中图案和绿色的含义与区旗相同。

澳门特别行政区区旗、区徽的征集和评选历时两年多，其得来是不容易的。内地及港澳的大批美术家、艺术家为此无私奉献了自己的智慧和汗水；评委和草委们求真务实、不辞辛苦的工作精神，尤其是我们尊敬的钱伟长老人家的远见卓识及认真负责的高尚品德至今令我深受感动、敬佩。

我走进钱伟长副主任房间恭喜祝贺。我说："澳门特区区旗区徽的绿色底面获得通过，第一功要归于钱老。"钱老说："绿色底面是我再三思考后得出的一个想法。我知道区旗用绿色旗面是一个大问题，很敏感。在提出之前必须摸一摸姬鹏飞主任的态度、看法。当你告诉我，姬老认真听了我的想法，没提出否定意见，这就给了我很大信心。"钱老接着说："姬主任办事审慎稳妥。既把握原则又虚心听取意见和建议，这种优良品德难能可贵。澳门特别特区区旗区徽的绿色底面，获得通过姬主任功不可没。"

三　回顾澳门过渡时期工作

（一）借地安装金莲花[①]

1999 年初，我奉命去北京出席中央关于澳门政权交接和庆祝活动筹备委员会主任会议，会议由国务委员兼国务院办公厅秘书长王忠禹主任主持，其中一个议题是，澳门回归，特区政府成立，中央要向澳门赠送什么纪念礼物。参照 1997 年中央给香港赠送的是三米高的金紫荆花，效果很好。大家

[①]　宗光耀：《见证澳门回归祖国》，第 72～75 页。

不约而同赞成给澳门赠送三米高的金莲花。中央的礼品定下来了，要及时向全国各省市通报，以便各省市制作礼品时参考。

9月金莲花已铸造好，运到澳门后要摆放在何处成了问题。有关领导多方面听取意见，决定安装在综艺馆附近的露天地方。因为政权交接、特区政府成立都将在同一地区举行，该地区又是市中心地带。也正巧在综艺馆右侧有一面积很大的工地，堆积了许多建筑材料和工具，但尚未动工，也没有圈围，很适合摆放金莲花，因为我是筹委会副主任，下一步的工作自然要我来完成了。

经过了解、摸底，这块地盘是澳门娱乐公司的，已规划建造商品住房，由于当时房地产形势不好，娱乐公司迟迟未开工建楼。

有人建议我直接找娱乐公司总经理何鸿燊先生商谈、借地。

何鸿燊总经理在葡京他的办公室接待了我。我们相互问好，何老板（我已习惯背后称他"何老板"）半开玩笑对我说："你是无事不登三宝殿，今天来一定有事对我说，就请直言。"当我说到想把中央的礼品金莲花安装在综艺馆右侧的空地上时，何老板打断我的话说："很好，是一个好选择，我愿意以低价转让这块地皮。"我说："我不是买你的地，而是向你借用，是无偿借用。"

何老板问："借多长时间？"我说："至少一年，因为特区政府成立后，要办的事情很多，恐怕顾不上马上着手处理金莲花的搬迁事。到时候特区政府有关官员和部门会与你商谈的。"

何老板说："就这样，听宗副社长的，我无偿借地一年。"

前后不到半个小时问题解决了，我愉快地回到新华社大楼向各位社领导报告喜讯，大家都为之高兴。

娱乐公司按我们的要求，准时清理了堆放在工地上的建筑材料和废物。

虽说是为金莲花借地一年，暂时安放，但制定设计方案，大家都主张要高标准、高质量，还要有配套设施，如喷水池、灯光、旗杆、台阶、广场等等。要让金莲花成为澳门回归和回归后澳门的一景。因此要选用好的建筑材料，要符合永久性建筑物的要求。

这样，估算下来费用约一千万元。钱从何处来？中央赠送了珍贵礼品，不好意思要中央财政再拿一笔摆放礼品的费用。礼品是为特区政府送的，不便向澳督求助。新华社领导研究后同意我约见娱乐公司总经理何鸿燊先生，商谈可否由娱乐公司和新华社共同出资修建。

我又一次去葡京约会了何鸿燊总经理。我说明了来意，何老板半开玩笑地说："你没搞错吧，我无偿拿出土地，还要我出钱，要出多少钱？"我说："估算总数不超一千万元。咱们两家三七分摊。"何老板抢先说："好，那就是新华社七，娱乐公司三了。"我说："不是，娱乐公司是七，新华社是三，因为新华社用的钱是国家的钱，只能象征性地出一点。"何老板未加思索地说："好，我总是听宗副社长的，就这样定了，我很乐意。这也是为迎接澳门回归祖国做的一件大事嘛。"

我们的会谈快接近半个小时时，我起身告辞，拉着何老板的手说："十分感谢何总经理的配合和支持。"本想还说下面一句"新华社和我本人会记住何总经理的功劳的"，何老板打断我的话说："千万不能这样讲，是我应该感谢，你遇到了事首先想到我。这件事又关系到澳门回归祖国，庆贺特区政府成立的大事。能为国家、为社会尽一点微薄的绵力是我和娱乐公司同仁的光荣。"

回归以后，大约是2000年上半年，在一次社交活动中我见到了老朋友何鸿燊先生。我说："现在特区政府已经成立了，关于向娱乐公司借地建造金莲花广场事，如何善后处理，请娱乐公司与特区政府直接商谈，我就无需当中间人了。"何老板说："公司与政府有关部门商谈是完全可以的，我请宗副主任方便时向何特首把前后情况介绍一下。"我答应了。

不久我回复何老板："特首和有关司长认真听了我的陈述。对你和娱乐公司所做的这件事表示敬佩，愿意与娱乐公司协商，妥善处理。"

至此，我的任务完成了，画上了一个句号。

（二）政权交接葡方曾提出取消降旗仪式[①]

1997年8月初的一天，澳葡政府政务司高树维先生约我到他办公室，由于我们两人都应邀出席了那年6月30日午夜香港政权交接仪式，见证了历史性的一刻。之后，政务司陪同出席仪式的澳督韦奇立飞往里斯本。当天一见面，我们的话题很自然地首先谈到的是香港的政权交接仪式，我们都赞赏仪式隆重，会场布置庄严，程序得体，是一个成功的范例，值得1999年

---

① 宗光耀：《见证澳门回归祖国》，第62~67页。

澳门回归时借鉴。

我们的谈话停顿了一下，政务司开始一本正经地说："香港政权交接仪式是很成功的，但是 99 年我们澳门的政权交接仪式，不必要仿照他们的，我们用我们自己的做法。因为他们是中英、是香港，而我们是中葡、是澳门。这就是今天我约请宗副社长来，想与你交谈的话题。"

我意识到政务司将有重要的信息向我传递。我说："我出席了香港举行的政权交接仪式和特区政府成立大会，觉得非常成功、完美。我甚至觉得 99 年我们澳门的做法照抄香港的就是了。看来政务司先生有更好的想法，我愿洗耳恭听。"

政务司胸有成竹地说："99 年澳门政权交接仪式规格要更高，增添喜庆气氛，不请其他外国嘉宾，突出中葡两国。所谓规格更高，就是到时邀请中葡两国的三巨头，即葡萄牙的总统、总理、议会议长，中国的国家主席、总理、人大常委会委员长都到场，这就比香港的规格高了。不必搞降旗、升旗的仪式，深更半夜搞降旗升旗，全世界都没有。再说，我们在澳督府大门前的葡萄牙国旗 12 月 19 日傍晚就降下来了，到时我们会举行庄重的降旗仪式。20 日清晨，在同一根旗杆上升起的自然是中国，这就体现了政权的交接，而且是顺利、平稳、自然的。还有，如果政权交接有降旗升旗仪式，升中国国旗时现场的嘉宾和观众都会鼓掌、欢呼，我也会鼓掌的。而降葡萄牙国旗时人们如何办？我们葡萄牙人听到掌声会高兴吗？我自己就不愿看到这个场面，如果不搞降旗升旗，增加音乐、歌曲节目，气氛会更为喜庆。"[1]

我说："首先我赞成政务司先生主张 99 年澳门回归时政权交接仪式的规格要更高。澳门回归祖国，政权交接既是中葡两国的大事，也是本世纪末世界的一件大事，全世界都在关注。如果能邀请到联合国的有关官员和外国嘉宾出席这一盛会，捧场、祝贺，见证中葡联合声明的实现和澳门问题的圆满解决，这是一件好事。至于邀请多少外国嘉宾，要根据会场的条件而定，邀请名单也要中葡双方共同商定。关于降旗、升旗，这是一个仪式，也是一个重要的标志，它标志着葡萄牙管治澳门的时代的结束，将澳门交还给中国政府。像这样一个具有重大标志性的，国与国之间的重大事件，仅有两国领

---

[1]　宗光耀：《见证澳门回归祖国》，第 63、64 ~ 65 页。

导人的讲话是不够的。唱歌跳舞气氛喜庆欢快，也不能代替国旗的角色。同是一面国旗，在特定场合的升降，它的含义也有所不同。正如1949年10月1日上午10时整在北京天安门广场升起的五星红旗与我们每天早晨升起的五星红旗的意义是不完全一样的。我能理解政务司先生对降旗时场上可能会有掌声的忧虑。如果葡方不乐意有掌声，我看这并不难解决，我可以做这个工作。"

"你能怎样做？"政务司似乎有点惊喜。

我说："把降旗、升旗紧凑连在一起，待中国的国旗和澳门特别行政区的区旗升起，全场鼓掌、欢呼。人们可以理解，这个掌声是为降旗升旗的重要程序胜利完成而鼓的，不单是为中国国旗和澳门区旗的升起而鼓的。"

政务司开心地说："这样好，就是为中国国旗的升起而鼓掌又有何不可，我到时就是为你们的五星红旗而鼓掌。"

很显然，葡萄牙人只是不愿意降旗时有掌声，也不高兴有差异。其实平等是相对的，差异是绝对的。升和降本身就是对立的。

对此我一直将这件事记在心里，临近回归的日子，我在一次相关的会议上，强调要保证20日零时五星红旗升起、飘扬，就得将降旗和升旗衔接得很紧凑，以秒计算，而不是以分计算，中间不得拖拉，因此，在降葡萄牙国旗时先不鼓掌，而在五星红旗升起后再鼓掌。时至今日，葡萄牙朋友未必知道我的这份良苦用心，如果以后有一天能有机会见到这位葡萄牙老朋友，我一定向他"表功"，我会对他讲："我是遵照你的想法和意见开展工作的。"[1]

---

① 宗光耀：《见证澳门回归祖国》，第65页。

武连元委员访谈纪要

访谈时间：2017 年 10 月 16 日

访谈地点：武连元委员家里

出席人员：骆伟建教授、赵英杰博士

访谈主题：《澳门基本法》探源

一　回顾起草《澳门基本法》所关心的几件事

　　很高兴你们这次邀请我进行访谈，这是一件很有意义的事情。当时参加《澳门基本法》起草工作的时候，感到特别荣幸、特别光荣。为什么呢？因为澳门 400 多年来被殖民统治，现在要讨论回归的问题，就很容易令人产生一种感觉，就像母亲盼着儿女回到自己怀抱一样，当然澳门同胞也是盼望回到母亲怀抱的。所以当时我和其他委员都是抱着这样的心情，希望能够起草一部好的、完善的《澳门基本法》，能够体现祖国母亲对澳门的关怀，也希望澳门回归后能够继续稳定发展。

　　《澳门基本法》的开头部分非常重要，它必须体现出澳门是中国的领土，中国对澳门恢复行使主权。如果没有这一规定，"一国"原则也就无从谈起了。所以大家一致认为应当在第一条或是最前面明确这个问题，最终在序言中明确规定：1999 年 12 月 20 日中国对澳门恢复行使主权。这一规定

写出来后大家都很高兴，也很欣慰。

《澳门基本法》起草委员会容纳了各方面的人才，我当时参加的是居民基本权利和义务专题小组，下面我就基本法起草过程中的几件事和你们分享一下。

（一）澳门居民身份转变，当家做主人

澳门回归祖国以后，澳门同胞结束了二等公民、三等公民的身份，成为澳门真正的主人。因此，基本法的条文就要对澳门同胞当家作主，成为国家和澳门的主人有所体现。

1. 实行"一国两制"总方针

国家根据澳门历史和现实情况，决定实行"一个国家，两种制度"的方针。这一原则确定下来后就成为起草《澳门基本法》的总原则、总方针。根据"一国两制"的方针，澳门回到祖国怀抱以后，过去行之有效的制度会被保留下来，国家会尊重澳门的历史和原有的制度，澳门同胞对此也就更放心了。由于澳门特殊的历史，它在很多方面确实与内地存在很大的不同，如果在澳门回归以后，完全按照内地的制度对澳门实行管治，可能会遇到不少的障碍。所以我认为中央关于实行"一国两制"的决策非常英明，并没有将内地的制度强加于人，对此，我们所有参与起草基本法的委员都表示非常认同，特别是来自澳门的委员更是感到非常高兴。

2. 实行"澳人治澳"

体现出澳门居民当家作主的还有《澳门基本法》第3条的规定：澳门特区行政机关和立法机关全部由澳门特区永久性居民依照法律有关规定来组成。这一条文明确了澳门回到祖国怀抱后，是由澳门居民、澳门同胞自己管理自己的事务，体现了澳门同胞当家做主的精神。

3. 依法参与国家事务的管理

《澳门基本法》第21条规定：澳门特区居民中的中国公民依法参与国家事务的管理。澳门回到祖国怀抱后，澳门居民可以参与国家事务的管理，可以当选中华人民共和国最高国家权力机关——全国人民代表大会的代表。所以澳门同胞过去在澳门是二等公民、三等公民，现在却是中华人民共和国的主人，而且是全国人民代表大会的成员，有权参与管理国家的大事。过去澳门同胞被奴役，对澳门的事务什么都不能管，而在回归以后澳门同胞不但

管理着澳门，而且还管理着中华人民共和国。这一点同样体现了澳门同胞当家作主的精神。

4. 依法保障澳门居民权利和自由

《澳门基本法》第 4 条规定：澳门特别行政区依法保障澳门特区居民和其他人的权利和自由。这一点也是非常重要的。澳门居民回到祖国怀抱以后，既是中华人民共和国的主人，也是澳门特别行政区的主人，澳门居民的权利和自由都受到法律的保障。特别是《澳门基本法》第 25 条规定：澳门居民在法律面前一律平等，不因国籍、血统、种族、性别、语言、宗教、政治或思想信仰、文化程度、经济状况或社会条件而受到歧视。过去澳门居民是二等公民、三等公民，受到歧视和压迫，现在不是，我看澳门居民现在的生活过得很好，这就和《澳门基本法》的有力保障和贯彻落实有关。

（二）澳门是中国不可分割的一部分

另外，《澳门基本法》还要体现出澳门是祖国不可分割的一部分，怎么体现这一点呢？

1. 澳门特区直辖于中央人民政府

《澳门基本法》第 12 条规定澳门特区是中华人民共和国的一个地方行政区域，直辖于中央人民政府，第 13 条和第 14 条规定澳门特区的防务和与澳门特区有关的外交事务，由中央人民政府来负责。我认为这三条的规定明确了澳门的地位，说明了澳门是中国的一部分，全世界各个国家都要尊重澳门，尊重澳门就是尊重中华人民共和国，中华人民共和国有权利也有责任保护澳门，所以祖国就成为澳门的强大后盾，保证了澳门居民的安全、自由和幸福的生活。

2. 中央授权澳门特区享有高度自治权

虽然澳门特区是不可分割的一部分，是由中央人民政府直接管辖的，但是依据《澳门基本法》第 2 条规定：中华人民共和国全国人民代表大会授权澳门特区依照本法规定享有高度自治权，享有行政管理权、立法权和独立的司法权与终审权。我认为这一点也是非常好的。

（三）国家关怀澳门特区并保障澳门特区稳定发展

澳门回归祖国之后，经济还要繁荣、还要发展。如果澳门回到祖国之后，经济不行了、发展不上去，那怎么能行呢？所以保障澳门经济不断发展、人民生活逐步提高，这一点我认为中央对澳门的考虑还是比较周全的。

1. 中央不向澳门特区征税

《澳门基本法》第104条规定：澳门特区保持财政独立；财政收入全部由澳门特区自行支配，不上缴中央人民政府；中央不向澳门特区征税。国家不向澳门征税，这就有很大一笔钱留给澳门特区政府支配，澳门特区政府可以用这些钱开展一些福利项目、公益项目，澳门居民生活幸福指数就会提高。听说澳门特区政府每年还给澳门居民发钱，国家对澳门不征收税了，这些钱用在哪里了呢？是全部花费在澳门居民的身上了，使得澳门居民生活提高，这些都是基本法作保障的。

2. 保留澳门特区自由港地位

《澳门基本法》第110条规定：澳门特区保持自由港地位，除法律另有规定外，不征收关税。中央仍然保留澳门的自由港地位，这使得澳门的货物流通更发达、速度更快。

3. 《澳门基本法》中的"自行制定"

另外，我认为《澳门基本法》里还有几条规定非常重要，我数了一下，总共有14个"自行制定"。第107条规定：澳门特区自行制定货币金融政策，保障金融市场和各种金融机构的经营自由。这是很重要的，一个地区的金融如果不自由，那就很难发展，所以就需要授权澳门特区根据当地的情况自行制定相关的货币金融政策。类似的自行制定都是中央对澳门的授权，给了澳门很大的自由度和主动性，让澳门可以自由发展。

所以我认为回归近20来年的实践证明，《澳门基本法》对澳门的发展起了很大的作用。正是因为有了《澳门基本法》的保障，澳门才有今天的繁荣和昌盛。我相信随着《澳门基本法》的持续贯彻落实，澳门的发展会有更大的空间，澳门同胞的生活也会更加幸福。

二 寄语澳门年轻人坚持贯彻《澳门基本法》

（一）要有担当、有责任

我认为年轻人首先要有担当，要肩负起自己对澳门的责任，因为澳门今后的发展主要靠年轻人。任何事业、制度要想坚持下去，就必须依靠一代又一代人的薪火相传。所以年轻人必须有担当、有责任，要发自内心地努力工作，把澳门的事业、制度传承下去、发展下去，也让自己在历史上留下一笔。

一代人有一代人的责任，过去老一代人有老一代人的责任，现在年轻人也有年轻人的责任，这个不能忘记，也不能推脱，我对澳门的年轻人充满期望。

（二） 坚持贯彻《澳门基本法》

年轻人必须认真学习贯彻《澳门基本法》，坚持"一国两制"的方针，坚持一个中国原则。如果搞分裂、搞独立，就会成为历史的罪人，会使澳门陷入水深火热之中，澳门也会失去难得的发展机会。

（三） 继续发扬爱国爱澳优良传统

澳门同胞给我留下的印象很好，这倒不是因为我参加了《澳门基本法》的起草工作，而是因为我从澳门回归这么多年来的实践来看，澳门一直平稳安定地搞经济、谋发展，提高人民的生活水平，澳门居民对国家的感情更为深厚，具有优良的爱国爱澳传统，所以我对澳门同胞和澳门未来的发展充满信心。

三　追忆与澳门委员的情谊——土地不可分，感情也不可分

《澳门基本法》起草委员会中，内地委员和澳门委员的感情非常好。当时澳门委员来了以后，我们内地委员都没有生疏感，都非常尊重他们。尤其在小组开会的时候，在讲话方面特别慎重，没有说我是内地委员，你是澳门委员，大家之间就一定会存在分歧。不存在互相抵触或对抗的情绪，而是互相尊重，一定要把澳门委员提出的合理意见通过协商、讨论吸纳到基本法的规定中来。

有的时候小组讨论结束以后，不少委员还会约出来喝东西。我看澳门的委员都喜欢喝咖啡，所以我们就拿着茶过去，也想和他们一块聊聊天，没有酒，就是茶和咖啡干杯，很亲切、很高兴。就感受到这真是我们的同胞，是一家人。

　　所以《澳门基本法》起草工作完成之后，大家都成了好朋友，经常打电话互相问候。澳门委员来内地了，我们都会问候他们；我们内地的委员到澳门的时候，澳门委员也会问候我们，所以我们就像亲切的朋友，互相问候。内地委员和澳门委员之间是一种朋友、同事的感情，因为我们一起共过事、研究过重大问题，基于这一点就显得特别亲切。

　　我们全体委员都是怀着能够使澳门回到祖国怀抱后社会稳定、繁荣昌盛的共同目标。澳门委员肯定是这样的思想，内地委员也是这样的心情。所以大家是为着一个目标，怀着同一种心情，肩负共同的责任走到一起的。澳门是我国不可分离的一部分，澳门同胞与内地同胞之间的感情同样也是不可分的。

田曾佩委员访谈纪要

访谈时间: 2017 年 10 月 16 日
访谈地点: 田曾佩委员家里
出席人员: 骆伟健教授、赵英杰博士
访谈主题: 《澳门基本法》探源

一 回顾《澳门基本法》起草工作

"一国两制"是邓小平同志提出的一个非常大胆、非常有创造性的方针,是一项长期的基本国策。这一方针是在考虑如何解决台湾问题时提出的,同时适用于解决香港和澳门问题并获得成功。[①]

基本法起草委员会一个是香港,一个是澳门,香港在前,澳门在后。根据宪法,全国人民代表大会于 1988 年 9 月决定成立《澳门基本法》起草委员会,着手《澳门基本法》的起草制定工作,起草委员会由 48 名委员组成,姬鹏飞为主任委员。[②] 当时外交部参加这两部基本法起草工作的是周南副部长,现在还在世,但身体更差了。他原来在外交部主管与西欧地区国家

---

① 田曾佩:《改革开放以来的中国外交》,世界知识出版社,1993,第 10 页。
② 田曾佩:《改革开放以来的中国外交》,第 538 页。

的外交关系，港澳过去由英国和葡萄牙分别占领，都是与西欧有关的，所以港澳的事情从外交部的角度来讲，自然也就由周南副部长负责。我当时分管的是苏欧地区，当时苏联还在，还有与东欧等国家的外交关系，所以《澳门基本法》起草委员会成立的时候我没有参加。

到 1990 年下半年，周南副部长调任到香港担任新华社香港分社社长，他调到香港之后，原来的工作就空缺了。所以就由我临时去接任他的工作，苏欧的工作还继续负责，又把西欧的工作接过来。我接任的时候《香港基本法》已基本完成，所以我就只参加了《澳门基本法》起草的工作，时间大概是 1990 年底或 1991 年初。

我到《澳门基本法》起草委员会的时候，《澳门基本法（草案）》已经形成并经过几次讨论。我接任《澳门基本法》起草委员会委员，是当时国务院副总理兼外交部长钱其琛找我谈话的。他说："周南调走了，他的工作由你来接任，基本法的起草工作也要参加。澳门基本法委员会是由各个方面的人士组成的，从外交部的角度来讲主要是关注对外事务方面，澳门基本法中涉及对外事务方面的问题要负责任，其他的当然也可以参加了，但是各方面的都有主管人员参加。"所以当时参加澳门基本法起草工作，我比较注意的就是澳门对外事务方面的问题。

当时《澳门基本法（草案）》已经形成，主要是看看大家对澳门外事方面有什么意见。我去之后，记得总共参加了三次会议。在对外关系方面，草案规定："中央政府负责管理与澳门有关的外交事务，由外交部在澳门设立机构处理外交事务即外交特派员公署，中央政府授权澳门自行处理有关对外事务。"对于这方面问题，在讨论时没有意见分歧，在外事问题上，同样也没有出现不同意见。因为那时候《香港基本法》已经完成了，《澳门基本法》在外交事务方面基本上仿照《香港基本法》起草并结合澳门特点，都是规定由中央负责管理并成立特派员公署，包括其任务，在港澳基本法中的写法都是一样的。

根据"一个国家，两种制度"构想制定的《澳门基本法》，规定了澳门特区实行的制度，以保障国家对澳门的基本方针政策的实施，充分考虑了澳门的历史和现状，从总体上反映了澳门现行的政治、经济、文化和社会事务方面的特点，是实事求是、合情合理的，是符合包括澳门同胞在内的全国人民的根本利益的，为澳门长期的稳定和发展、政权的顺利交接和平稳过渡奠定了基础。①

---

① 田曾佩：《改革开放以来的中国外交》，第 535、538 页。

二 回归后从外交角度看，国家为澳门提供坚强后盾

（一）中央协助澳门开展对外事务

1. 国际公约适用方面

澳门回归前，中葡双方曾在中葡联合联络小组就有关国际公约在回归后适用于澳门特区问题进行了磋商并达成了协议，自 1999 年 12 月 20 日起，在澳门继续适用的国际公约共计 156 项。回归后，中央人民政府严格按照《澳门基本法》第 138 条等规定处理有关国际公约适用于澳门特区问题，截至 2017 年 1 月 25 日，外交部驻澳门特区特派员公署共办理国际公约适用澳门事项 657 起，其中 434 项国际公约已在澳门特区适用。[①]

2. 对外签订双边协议方面

截至 2017 年 1 月，除中央政府一次性将谈判互免签证协定的权力授予特区外，共授权特区与 92 个国家进行协定谈判；授权与 52 个国家进行协定签署；授权与 7 个国家进行协定修订。[②]

3. 对外司法协助方面

《澳门基本法》第 93 条和第 94 条规定，澳门特区可与全国其他地区的司法机关通过协商依法进行司法方面的联系和相互提供协助；在中央人民政府的协助和授权下，澳门特区可与外国就司法互助关系做出适当安排。截至 2017 年 1 月 25 日，澳门特区已通过外交部驻澳门特区特派员公署向中央人民政府通报了 566 项司法协助请求。[③]

4. 参加国际组织方面

澳门参加的以国家为单位参加的政府间国际组织和机制 18 个，不以国家为单位参加的政府间国际组织和机制 22 个，特区政府部门参加的非政府间国际组织和机制 70 个。[④]

---

① 国际公约在澳门特区适用的情况简介，http：//www.fmcoprc.gov.mo/chn/satfygjzz/tyyflsw/gjgy/。
② 澳门特区对外签订双边协议情况简介，http：//www.fmcoprc.gov.mo/chn/satfygjzz/tyyflsw/amtg/t241604.htm。
③ 澳门特区对外司法协助简介，http：//www.fmcoprc.gov.mo/chn/satfygjzz/tyyflsw/agtg/。
④ 澳门特区参加国际组织和机制清单，http：//www.fmcoprc.gov.mo/chn/satfygjzz/gjzzygjhy/P020170126564635904737.pdf。

（二）外交保护增强国家归属感

现在很多香港居民、澳门居民在海外遇到困难、战乱、自然灾害等，中国政府驻当地大使馆会第一时间处理，帮助他们解决问题，这方面的工作当然跟外交部地区主管有关系，但更多的是领事主管。我们现在全世界各国恐怕都有中国人，所以出了事之后，领事部门都要保护，有的是侨胞，有的是临时去的公民，花了很多力气去帮助保护他们的人身安全，保护他们的权利、财产等。从外交事务层面来讲，这方面的工作比过去增加了不知道多少倍，现在到国外旅游的人数很多，有的说是超过一亿人，这里面既包括澳门居民也包括香港居民。从港澳居民的角度看，在他们身处异国他乡遇到困难、危险时，可以及时获得国家的帮助、救援，大大增强了他们的国家归属感。所以这个工作当时基本法里也写了大的原则，但当时写的时候还没有考虑到现在的情况。

三　修建澳门国际机场体现国家关怀

当时澳门没有机场，所以提出要修建一个大的国际机场。但是澳门国际机场开建的时候，碰到的一个大问题就是飞机起飞和降落的时候都要经过珠海上空，噪声很大，很吵。那么遇到这样的问题怎么办？当时无论是珠海还是澳门，都没有想出什么好办法，后来是中国民用航空公司给想出一个办法：学香港的办法，从海上转一圈再回来，从另一个方向进。从海里绕一圈再拐回来就不用经过珠海上空，从技术上解决了噪声问题。

经过五年多时间，澳门国际机场建成并于 1995 年 11 月 9 日开航，首班航机由澳门飞往北京。12 月 8 日，澳门国际机场启用庆典在澳门隆重举行。[①] 中央派荣毅仁副主席参加，外交部也需要派人去，所以我就跟着一起去了，葡萄牙总统苏亚雷斯以及澳门相关的主管部门人员也出席了。在飞机场前边的一块空地上，举行了剪彩仪式。

荣副主席在庆典上讲话说："澳门国际机场是在中葡双方共同努力和有关各方的支持下建成的，是中葡双方在澳门问题上友好合作的一项丰硕成

---

① 陈滋英：《港澳回归纪事》，第 225 页。

果。澳门国际机场的建成，为我们的发展带来了新的机遇和挑战。创造了澳门繁荣的勤劳智慧的澳门居民，一定能以国际机场为契机，更好地发挥自身优势，依托中国内地，加强与外界的交往和合作，使澳门经济、社会发展登上一个新的台阶，创造更加美好的明天。"①

另外，实际上中央对澳门修建机场还是比较支持的，因为当时珠海也有一个机场，而且机场也不小，但是中央一直说珠海机场的定位是国内机场。这是中央对澳门的照顾，如果搞两个国际机场，离这么近，相互竞争今后就很难营运了，这个就体现了"一国两制"，体现了国家对澳门具体情况的关心与照顾。现在回头看，澳门国际机场对澳门今天的发展起到了很大作用，若没有机场，就没有今天的澳门。

四 发挥与葡语国家联系的重要支点作用

当时《澳门基本法》讨论时也意识到这一点，就是澳门的回归实际上是增加了与葡语国家的联系。由于澳门的历史，一部分葡萄牙人也落户澳门，与澳门之间有着特殊的关系。在此情况下，澳门与葡萄牙及其友国自然也就会多一些联系，澳门逐渐成为与葡语国家联系的一个重要支点。当时基本法里面没有写这方面的内容，但也提到这个问题，后来事实证明，确实起到了这样的作用。现在与葡语国家也好，拉美国家也好，葡萄牙也好，关系发展都很正常。

中央对澳门"一中心"、"一平台"，以及新增的"一基地"的定位，扩展中国与葡语国家交流的内容，加深交流的深度，利用澳门历史地位和背景，充分发挥"两制"优势。这是澳门特区的特点，是其他地方没有的。

五 今昔对比澳门经济飞速发展

完成《澳门基本法》起草之后，我到过澳门三次。第一次就是刚才说到的澳门国际机场启用庆典，和荣毅仁副主席一起去的。第二次是我在全国政协工作时到澳门参加一个活动。我1998年结束外交部工作后就转到全国政协外委会也就是第九届全国人大常委会外事委员会工作，我在外委会工作

---

① 陈滋英：《港澳回归纪事》，第225页。

了五年的时间（一届）。这次活动马万祺委员也参加了，马万祺委员当时担任全国政协副主席，既是澳门的主人，又是全国政协副主席，所以也出席了。第三次是澳门回归15周年时去了一趟，当时陈滋英委员和王汉斌委员也去了。

第三次印象很深刻，感受到澳门各方面发展得都很快。回归之前，澳门还是一个小城市，现在澳门居民的收入增加了很多，生活水平也提高了很多。回归以前，澳门社会治安问题还不好，黑社会组织经常闹事，后来这个问题也基本解决了，生活都很好，不存在社会治安问题。博彩业也逐渐管理得比较合理，各方面都按照秩序发展，同时通过博彩业带动其他产业不断发展，包括旅游业、会展业等，逐渐形成经济多元化发展格局。澳门回归以后发展可以说是比较顺利的，澳门利用其得天独厚的优势，经济发展很快，对此我印象非常好。

六　建言澳门未来发展

澳门现在发展得很快，未来还是很有前途的，因为澳门很有自身的特点。无论是作为中葡经贸平台的重要支点，还是作为世界旅游休闲娱乐中心，抑或是发展多元新兴产业，如中药、会展等，这些都是澳门未来可能的新的经济发展点。所以，澳门的发展前景应该说是很广阔的，希望澳门未来发展得越来越好。

罗立文委员访谈纪要

访谈时间：2017 年 10 月 26 日

访谈地点：中国银行大厦 26 楼办公室

出席人员：骆伟建教授、江华博士、赵英杰博士

访谈主题：《澳门基本法》探源

一 作为土生葡人参与《澳门基本法》起草很幸运

　　我非常开心能够参加历史上这么重要的《澳门基本法》起草工作。当时我还比较年轻，对我来讲这是一项全新的事情，起草委员会每次小组会议集中几天去内地不同省市召开，一般开完会会出去逛逛，所以会有很多机会对内地参观、了解，感觉整个起草过程很特别。但是另一方面，压力也是很大的。因为当时大家也知道，《澳门基本法》起草委员会一共有 48 位委员，其中内地有 29 位，澳门有 19 位，而澳门的 19 位草委会委员中，只有两位是土生葡人——宋玉生和黎祖智。后来因为黎祖智担任了澳葡政府政务司司长，就由我接替了他的位置，所以我不是从草委会成立一开始就进入澳门基本法草委会工作的。我后来参与基本法起草的时候，刚好宋玉生又生病了，如果我没有记错的话，我和宋玉生

没有共同参加过一次会议，所以，差不多每一次开会的时候，都是只有我一个土生葡人。所以当时我参加的时候，与现在有一个很大的区别，就是我现在是为中华人民共和国澳门特区工作，但是当时是作为土生葡人，和今天是两回事。所以从这一方面讲，责任和压力比较大，各方面都需要考虑得比较全面。而内地和澳门其他界别的草委人数相对较多，一位委员如果没有讲到，会有其他的草委进行补充。

不过现在回想过往，我认为自己非常幸运，小的时候经历了澳门的"12·3"运动；在葡萄牙读大学期间又看到了葡萄牙的革命；回澳门后虽没参加联合声明的制定，但是联合声明制定后，成立了联络小组和土地小组，我又参加了土地小组的工作；慢慢又参加了澳门基本法的起草工作，参加了澳门特区筹备委员会的工作，还参加了立法会的工作（我之前也担任过委任议员）；现在又担任特区政府的司长。所以我见证了澳门很多重要的历史事件，我觉得自己很幸运。

二　起草《澳门基本法》过程中印象深刻的条文或情景

在起草《澳门基本法》过程中有几个问题是讨论得比较热闹的，比如序言讨论了很久。当时不同委员对序言有不同的看法，我参加的是这个小组（中央和澳门特别行政区关系小组），另外一个是经济小组。在参与基本法起草工作中，讨论了序言、第一章，关于行政会、特首的职能，还有人权、自由权等问题，都有热闹的讨论。尤其对第四章政治体制以及中央与特区关系，这方面讨论得更多一些。其他的条文争拗不是太多，大家基本都同意。因为《香港基本法》制定在先，很多内容在讨论的时候会参照《香港基本法》的有关规定，但第四章政治体制这方面与香港有些不同，有澳门自身的实际情况和特点，所以不能完全参照香港的规定。

（一）关于普选问题

我认为这个问题是这样的，当时澳门与香港的政治环境不同，香港人更加重视政治。这是有着不能忽视的原因的，那就是 20 世纪 90 年代初，澳门经济比香港差很多，所以当时澳门居民不是很关心政治方面的问题，而是关心民生、经济方面的问题，并认为这些问题才是最重要的。而当时澳门经济和民生方面还有很多问题没有解决，所以澳门居民就希望能够解决上述这些实际生活问题，尚未有余力去考虑那么远的问题。另外，我认为当时的澳门社会对政治这一方面，没有什么特别的要求，就澳门当时的政制安排、立法会等各方面都没有什么特别的要求。所以对于普选问题也是如此，也就不是当时考虑的重点了。

（二）关于行政主导问题

澳门回归前是有一个咨询会，回归后成立了行政会，澳门机构的设置发生了变化，我觉得是慢慢受到了香港的影响。所以这个方面，我认为是回归前与回归后变化比较大的，但是大部分差别不大。

另外，因为中央政府在澳门特区的代表是行政长官，所以行政权、立法权和司法权这三个权力地位是不一样的，是有一个地位比较高一点的，就是行政主导。所以这一点大家一定要明白，我认为有些人到现在都还没理解清楚这一点，大家可以有不同的看法，但是在当时这是一个选择。基本法对三权的理解和规定，有人同意，有人不同意，我认为到现在也不是每个人都可以理解到这方面的。所以当有关问题发生的时候，有些人不是理解得那么清楚，是因为没有理解到这个基本的原则。《澳门基本法》第45条明确规定澳门特别行政区行政长官是澳门特别行政区的首长，代表澳门特别行政区。澳门特别行政区行政长官依照本法规定对中央人民政府和澳门特别行政区负责。我当时参与这项工作的时候，基本法的条文，都差不多会背了。

当然，对于基本法的条文我未必能够完全掌握，因为我当时完全不懂普通话，所以我参加基本法起草委员会会议时，需要一名翻译的。完成基本法的起草之后，我才开始学习普通话。我记得《澳门基本法》是1993年的3月31日通过的，而我是1995年才去北京学的普通话。所以，当时我参加基本法的起草工作，一句普通话都说不出。可以给你们讲讲当时的笑话，有些时候大家讨论很热烈的时候，我的翻译就不翻译了，最精彩的部分没翻译，我就不知道发生了什么事。当然，开完会之后，大家喝咖啡时会再聊起刚刚讨论的部分，但是在会上，我是听不懂他们讲什么的，老是问刚刚讲了什么。

（三）关于《澳门基本法》第23条立法问题

我觉得澳门人与香港人，大家都是中国人。但是由于历史的原因，在我看来内地的中国人、澳门的中国人和香港的中国人是不尽相同的。就基本法第 23 条在澳门的立法而言，我承认澳门的立法条件相对于香港是容易些的，或者说澳门居民对这个问题是没有什么特别的看法。我个人认为，这也和澳门居民最重视民生、经济问题有关，只要政治安排能够有利于解决经济民生问题就是可以接受的。

（四）关于《澳门基本法》第 42 条保护澳门土生葡人问题

《澳门基本法》第 42 条规定在澳门的葡萄牙后裔居民的利益依法受澳门特别行政区的保护，他们的习俗和文化传统应受尊重。对于这个方面，其实现在的特区政府也面临同样的问题，就是说五十年不变、保护传统文化等，但是很困难，因为澳门的第二个十年比第一个十年社会发展变化的速度更快。我认为，最近十年的改变会大过前面的十年，而前面十年的发展变化又大过再前面的十年。也就是说，现在的东西改变得很快，所以这里就有些弹性。五十年不变指的是基本不变，但不是完全不变。所以，变多些，变少些，这就有争拗了。但是有一定变化是必须的，完全不变是没有可能的，因为整个世界都在变，所以问题的关键就在于有哪些我们认为是原则性的规定，是不应该变的。这里其实是有矛盾的，不能说基本法规定了五十年不变，你就完全不能改。问题的关键在于，哪些可以改，哪些不能改。比如土生葡人是什么，怎样才能称之为一个土生葡人，这方面我觉得也有一些变化。今天的土生葡人，跟十年前、二十年前我小时候读书的时候的土生葡人也存在一些变化。

（五）关于《澳门基本法》第 95 条非政权性市政机构

现在社会讨论比较多的是《澳门基本法》第 95 条中的非政权性市政机构，即澳门特别行政区可设立非政权性的市政机构。市政机构受政府委托为居民提供文化、娱乐、环境卫生等方面的服务，并就有关上述事务向澳门特别行政区政府提供咨询意见。

对于这一条文的理解，我说说自己的看法。我明白这一条文的立法缘由，我也完全接受。因为回归前澳门与葡萄牙政府一样都存在两级的政权架构。葡萄牙当时的殖民地都是有一个中央政府、一个地方政府的，就像国内有中央政府也有省政府，这个没有问题。但是澳门有一个特色，因为澳门比较小，其他地方大，有一个中央政府、一个地方政府，没问题；但澳门地方小，却仍然设置了两级政权架构，除了总督之外还有两个市政厅，这是否有必要，确实值得探讨。因此，基本法规定在回归以后取消两级的政权架构，仅设置一级政权架构，我认为是没有问题的。回归前澳门市政厅有一个委员会是由市民选举产生，但现在基本法规定我们澳门的特首不是由市民直接选举产生，如果规定非政权性市政机构反而由选举产生，这就有点奇怪了。所以我的理解是，非政权性的市政机构就不是通过选举产生的。

（六）关于立法会议员产生方式问题

目前澳门立法会议员有直选、间选和委任三种产生方式，对于这一制度安排，《澳门基本法》起草时并没有过多地讨论，因为回归以前澳门立法会议员也是由这三种方式产生的。但如果说要进一步完善的话，有一些比较小的方面，我认为是可以再考虑一下的。澳门的报章上也曾报道过，比如立法会议员的产生方式上，三种方式产生的议员的比例如何变化，间选的方法是否值得调整一下，这是未来我们可以考虑的。

因为历史的原因，立法会议员中是有委任议员的，但是委任有一个很细节的事情大家需要注意，就是行政长官何时公布委任议员的名单，其实应是在公布了选举结果之后，而不是之前。这些都是值得大家讨论、深入分析的。当然因为时代也在变化，基本法关于立法会议员产生的规定运作了十几年，是不是也应该调整一下来适应这个时代，这也值得思考。在不与基本法冲突的前提下，都还是有调整空间的。

三　对《澳门基本法》实施的建言

（一）理解《澳门基本法》需要站在当时立场

理解《澳门基本法》是需要站在当时起草的立场的。起草澳门基本法时澳门较香港而言比较穷，所以澳门居民当时的顾虑主要是民生、经济之类的事情，如果澳门居民日常生活的事情都没有搞定，还谈什么政治。其实澳门居民是很实际的，都没有搞定日常生活所需，就根本谈不上政治。搞定日常民生所需才是最实际的。

当然现在的澳门较回归前就有很大不同了，发展很快，变化很大，同时也面临其他的问题。但是这些问题是不是都与基本法有关呢？我个人认为很多问题跟基本法是没有关系的。不是基本法规定得好不好的问题，而是我们日常管理的问题。在起草基本法的时候，澳门的实际情况跟现在有很大的不同，不像现在有很多赌场，GDP 有百亿千亿。所以，我们现在去看基本法的规定的时候就一定要理解当时的社会情况，一定要站在当时的历史背景下去看问题。我们工作上也是一样，有时候我们回想去年做的决定，去年的决定是建立在你去年获取的信息的基础上，而不是你今年获取的信息的基础上的。所以很多人老是说你当初应该怎样，都是没有站在当初的历史背景下看问题。就像风球过后很多问题出现了，如果没打风，就没问题，这是一样的道理。所以理解基本法最重要的就是要结合当时的社会背景去分析、去理解。

（二）需要加强对葡文的重视

目前在对葡萄牙后裔居民权利的保护上，可能最大的问题是语言。大家都知道，因为我们是在澳门长大，所以一般是会说广东话，但是不会看也不会写。但是现在葡文的东西很少而且是越来越少，我现在在政府工作也面临这个困难，因为政府里面的文件也越来越少是用葡文书写的了，这对于不认识中文的人来说就是一个问题了。所以对于这方面，虽然《澳门基本法》第 9 条规定葡文也是正式语文，现在也有中葡论坛在推动葡语的推广，但是我还是认为回归之后，葡文是越来越少人使用了，讲也好、写也好、文件也好，各方面都少了。同时，由于土生葡人很多都不认识中文，所以对中文报纸所报道的澳门社会情况就越来越不了解了。中文报纸是澳门信息量最大、最重要的报纸，但是我们都看不懂，情况就是这样。而且现在有一个很特别的现象，就是中文报纸有自己的报道，葡文报纸也有自己的报道，虽然我自己是看不懂的，但是因为工作的关系我接触了很多人，有些事葡文报纸有报道，中文报纸没报道；有些事情则是中文报纸有报道，而葡文报纸没报道的。换言之，如果你只看一种语言的报纸，那么只可以获取一些信息，而对于另一些信息则是不知情的。当然，要获取最多的信息还是要通过中文报纸，这方面我希望以后可以找到一个方法，使各方面、各种语言背景的人士都可以获得更多的信息和知识。

我认为在语言的强制学习上，澳门确实是一直都没有做好。这方面香港做得比我们澳门好，两种语言都要学习。但是由于澳门回归前学葡文不是强制性的，回归之后也不是，所以现在我们对葡文的学习推广工作做得不够好也是有历史原因的。而香港这方面则没有问题，每个人都懂英文，这是澳门和香港的一个很大的区别。所以，现在中国人和葡萄牙人完全混在一起是很难的，因为语言问题，语言不通。就我个人而言，有时候，别人讲的词汇深一点，我就不明白他讲什么，因为我的中文水平不足够去明白，所以到最后也是有一些问题在里面的。

（三）提高行政效率需要完善程序

按照目前的法律规定，任何行政事务的处理都是要依照法定程序进行的，否则就可能涉及违法。而依照法律程序进行就会有时间上的代价，就需要通过完善程序来提高行政效率。对于市民所诟病的政府行政效率不高的问题，我每次都会在立法会强调，我们要走很多程序，而这些程序需要花费几个月，有时要十几个月，如果直接去做就会涉及违规。比如，现在有一个工程，按照法律规定我至少要给投标人 20 天的时间进行报价，就算加快速度也需要 20 天，因为根据目前的法律规定，不管多大的工程，都需要先进行报价，最少是 20 天，如果是复杂的工程则要给一两个月。这就意味着即使是最小、最简单的工程也要给 20 天报价，当然如果遇有特殊的情况，我也可以特批，但是我一般不会这样做，因为我们都是公开招标的。再比如，对于超过 3000 万澳门元的工程，就要求先由特首批准，他批了之后我们才可进行公开招标。另外，我们也会邀请公司来投标，对于超过 900 万澳门元的工程，在得到特首批准后，一般会邀请 10 多家公司进行投标。而要想解决或改善这方面的问题，我认为我们需要通过不断修改完善法律来提高行政效率。

胡厚诚委员访谈纪要

访谈时间：2017 年 11 月 10 日

访谈地点：胡厚诚委员家里

出席人员：骆伟建教授、江华博士、赵英杰博士

访谈主题：《澳门基本法》探源

我于 1985 年 8 月到新华社澳门分社的前身澳门南光公司工作。在新华社澳门分社阶段，我主抓过渡时期的三大问题，即人才、法律、语言问题，为成立特区政府做一些前期之事。1988 年下半年至 1991 年 8 月，上级领导派我参与基本法的起草工作。

我过去在江苏扬州工作，对于岭南而言，我是北方人。对于港、澳而言，我属于一些人所称的"表叔"范畴。对于澳门工作，我甚为生疏。对于与法律相关的工作，我也是外行。一方面通过向长期做港澳工作的老同志及法律专家学习，另一方面循调查研究的路子走。

1991 年 7 月，《澳门基本法（草案）征求意见稿》问世。9 月初，我结束澳门工作，至今已逾 26 年，时间不算短呢。

欢迎澳门大学的学者来访。骆教授全程参与了《澳门基本法》的起草工作，了解《澳门基本法》的来龙去脉。你们既然给我出了"基本法探源"这样的题目，我回顾思考了一下。我未准备按朋友们的提纲一一作答，仅谈谈参与基本法起草工作的一些粗浅感受。

我想从对基本法的认识谈起。我个人感到要对基本法进行探源，首先要探思想之源，其次要探组织安排，最后要探法律文本。

一　立意高远，实事求是

（一）贯彻实事求是的思想路线

先说一下基本法的思想之源。我个人感觉《澳门基本法》可以用八个字来说明，叫"立意高远，实事求是"。所谓"立意高远，实事求是"，谈直接的源头，我们需要贯彻的灵魂和指导方针无疑是"一国两制"。起草《澳门基本法》，是以"一国两制"的伟大构想为指针的，就是要把"一国两制"具体化为法律。"一国两制"的方针，是实事求是思想路线的产物，是科学的、经得起检验的。伴随着改革开放的大潮，实事求是的思想路线逐步被人们奉行，逐步呈现勃勃生机。

就港澳工作而言，如何既保证香港、澳门的顺利回归，用和平方式实现祖国的统一、领土完整，又维护香港、澳门地区的稳定、发展和繁荣，国家适时组织有关人员赴港调查研究，广泛听取各方意见，为了上述崇高目标，提出符合实际的报告。香港这个地方很特别，我离开澳门以后，到香港工作了六年多。香港面积比澳门大一些，大概1100平方公里，不但资本不断流动、人员不断流动、信息不断流动，而且各种政治势力不断涌动。香港一定要回归的，国家一定要统一，但当时香港同胞也有一定的顾虑，若干人士担心回归以后在香港贯彻一些"左"的东西；担心回归后生活方式会不会改变，回归后"马能不能跑，舞能不能跳"。有鉴于此，中央所确定的方针政策既要保证香港的回归、领土的统一，又要保证香港不会有大的动乱、社会要稳定、经济要保持发展的态势。不能香港回归以后不少人走了、资本外逃了。毕竟在20个世纪80年代中期至90年代，我们国家养香港还是比较困难的。调查研究提出报告，最后，国家做出决策，实行"一国两制"。"一国两制"思想站位高，我个人理解，是实事求是思想路线的产物，国家利益与香港特区利益，两方面利益都照顾到。

中央高瞻远瞩，确定大政方针。一切科学，均要符合实际，取得实证，自然科学如此，社会科学也不例外。"一国两制"的方针，符合香港实际，受到广大香港人拥戴，受到国际赞誉。我最近看到澳大利亚有一篇文章评价说，"一国两制"是一种天才的创造、天才的方针。

"一国两制"方针适用于香港，自然也适用于澳门。有《香港基本法》起草工作的实践和范本在前，《澳门基本法》的起草工作，大可参照，将相关的方针具体化，以法律条文呈现出来。目前，朋友们要探求《澳门基本法》之源，我以为首先要探"一国两制"这一指导方针之源，那就是"实事求是"这一哲学命题，这一思想路线。

（二）契合改革开放的时代洪流

国家实施改革开放，可以说是起草基本法的时代背景。

起草基本法，是改革开放大潮中一朵耀眼的浪花。1978 年底的十一届三中全会具有划时代的意义，它总结了"文化大革命"的历史教训，揭开了改革开放的大幕。一时间，中国沿海 14 个城市率先开放，广东、福建四个城市搞经济特区，广大农村兴起家庭联产承包责任制，计划经济不断用市场经济调节，市场经济逐步启动，上层建筑领域和人们的思想逐步活跃。此时的港澳工作，呈现新的思路，是契合波澜壮阔的时代洪流所必需的。这是"一国两制"方针产生和起草基本法工作的时代背景。我们起草基本法也必须适应时代对我们的要求，也就是要与时俱进。

（三）进一步体现国家对澳门的关爱

起草《澳门基本法》，确保澳门的长治久安和社会经济进步，是国家对澳门长期关爱的继续和发展。国家对澳门的关爱由来已久。早在毛主席、周总理时代，港澳工作由廖承志同志分管，做澳门上层人士的工作卓有成效，如何厚铧先生的父亲何贤先生（20 世纪 80 年代过世），那时是华人代表。他们与广东、与国家的关系密切。在金融、贸易领域有一批具有相当影响力的单位及驻澳机构为澳门服务。中国银行澳门分行前身是澳门南通银行，对澳门金融起到了重大作用。在新闻、报刊与教育领域具有资望的人士参与，对社会有影响力；在工会、街坊、妇女等基层方面的工作也颇有传统和根基。中央驻澳机构谋划过渡时期的工作，为特区政府的建立、为澳门社会、经济的发展，做了必要的前瞻性的安排。譬如，促进澳门筹建机场。早在南光公司期间我们就跟当时的澳督文礼治洽谈。初步计划要筹资 32 亿澳门元，其中由澳葡政府出 8 亿，由澳门当地财团（以澳门旅游娱乐公司为主）出 8 亿，让外资（以美商资本为主）出 8 亿，由在澳门的中资（以澳门中建牵头）集 8 亿。那一时期，邻近的珠海也在酝酿筹建机场，他们请我们到一个叫三灶的地方看过。那儿有日本侵华期间小型军用机场旧址，说有条件扩大建机场。珠海的党政负责人对南光公司，特别是对柯老（柯正平先生）很尊重，对我们也很友好，但在太靠近的两地之间，谁建机场就存在竞争。他们明确说，澳门建机场，飞机一起飞，就要影响珠海的环境。在珠海建，比较有条件。我在澳门做过调查，澳门每年有多少人经香港出境、经珠海到内地，特别是世界各地有多少人要经香港到澳门来，香港、台湾、内地有多少人来，没有航空线路，就限制了澳门发展，不利于"一国两制"的事业。后来，国务院港澳办召集澳门、珠海的相关负责人去北京讨论，做协调工作。我代表南光公司去了，陈述了澳门的意见。港澳办权衡利弊，提出报告，国家两位负责人批示同意在澳门建机场。我离开澳门后，听说澳门国际机场投了 70 多亿，因为物价上涨了，建造过程中也存在一些意想不到的因素。总之，国家批准同意澳门建机场，充分体现了对澳门的关爱。澳门对于国家，就像一个比较小的孩子，而且也是最先离开母亲的一个孩子，现在要回来了，母亲对最小的子女有些偏爱，这是人之常情。

在《澳门基本法》的起草过程中，草委以各种方式多次听取澳门公众的意见。在具体条文中最大限度地、合理地体现澳门公众的要求，照顾澳门的利益，无不表现出国家对澳门的新关爱，这种关爱既是国家对澳门长期关爱的持续，更是对长期关爱集中的、多姿多彩的、动人心魄的新发展。当然，起草《澳门基本法》不是说照搬《香港基本法》，在《澳门基本法》起草过程中，国家还是因应澳门的社会实际，针对澳门的社会稳定和经济发展做出了新的安排。在澳门国际机场建设期间，《澳门基本法》规定："澳门特别行政区政府经中央人民政府具体授权可自行制定民用航空的各项管理制度。"这为澳门民用航空事业的开拓及营运提供了法律保障。

（四）振兴中华鸿篇巨制中的一个章节

澳门的历史已为众人所知。新中国成立后，中国人民站起来了。收回澳门可说探囊取物。我们国家领导人盱衡国际大势，平衡香港问题，要选择适当时机解决澳门问题，不疾不徐。在中英两国政府关于香港问题的联合声明签署后，解决澳门问题的时机已经成熟。1987 年 4 月，中葡两国政府签署了关于澳门问题的联合声明。联合声明表示，"一国两制"的方针要以法律具体体现出来。法律较之一般的政策更具稳定性和持久性。我国领导人更表明，"一国两制"要 50 年不变，甚至要实行 100 年。我个人认为这既有当时安抚人心、稳定局势的作用，也有对解决台湾问题的考虑，更有对社会主义大国和资本主义国家相处关系的考虑。"一国两制"是战略决策，它在港澳要长期实行，这不是一般诗人的即兴之言，它是伟大政治家的睿智之语；它是悬于高空指引方向的星斗；它具有旺盛的、持久的生命力。

总之，基本法所体现的"一国两制"的方针，不是凭空出现的，不是孤立出现的，不是突然出现的，也不是昙花一现！

二 组织措施，坚强有力

当然有这样一个宏大的志向，所谓立意高远，但真正做的时候也不能眼高手低，不能纸上谈兵。这就是我们接下来要说的，二探组织措施。起草基本法的组织工作坚强有力。

（一）国家层面，隆重其事

中央对《澳门基本法》的起草，其重视程度不同于一般的国家立法。尽管澳门面积不足 30 平方公里，仅相当于内地的一个普通乡镇，人口不足 50 万人，仅相当于内地的一个县、区。对于起草《澳门基本法》，完全与起草《香港基本法》一样，成立了由数位重量级人物负责的起草委员会，层次之高，史上少见。全国人大常委会委员长万里亲自发聘书给每个草委，在第一次全体会议期间设宴招待，国家主要领导人集体接见，给予起草委员会委员很高的荣誉。如此隆重，显示澳门虽小，却地位特殊。如此隆重，显示《澳门基本法》起草工作，关系到澳门的平稳过渡和顺利回归，关系到祖国统一与中华民族的复兴大业，充分体现国家对澳门的优待，对草委的鼓励、期盼和嘱托。

（二）草委会成员，一时之选

《澳门基本法》起草委员会总共由 48 人组成，如上所述，领衔的主任、副主任是国内富有德望的人物。内地委员均是各相关部门的负责官员或代表，如外交部是一位副部长和邵老（邵天任），金融界是周小川，以及法学界资望甚高的学者、教授，如王叔文、吴建璠、许崇德、肖蔚云等委员。

按名额分配计划，澳门本地有 22 位（其中包括 3 名驻澳机构人员），均是权衡再三，遴选出的各界代表人物。长期工作生活在澳门的土生葡人如宋玉生、黎祖智，作为土生葡人有一定的代表性，也被吸纳进来。这体现了国家的宽容、思想的解放。这些委员都可谓一时之选。澳门也有代表担任草委会的领导成员。澳门除了过去人们常说的何、马、崔三大望族，还有何鸿燊先生，他的分量也很重，他不仅在澳门博彩业是领军人物，而且在香港也很有分量。这些委员工作起来还是比较积极的，对《澳门基本法》的起草都是认真参与的，包括吴荣恪委员、曹其真委员等。曹小姐当时的企业规模在澳门很大，也很有代表性。还有黄汉强，他是北大毕业的，是一位自由知识分子，既是东亚大学某一研究机构的成员，也是澳门《华侨报》的主笔，所以他说自己是"一仆二主"，东亚大学校长薛寿生和澳门《华侨报》社长赵汝能都是他的领导。当时考虑吸纳他作为草委，主要是考虑他在澳门还是比较活跃的、比较有想法的，至于他的想法是不是全对，我们不去计较，主要就是希望讨论时要有不同的声音。草委中既有专业人士的代表，也有群众组织的代表，如工联会的刘焯华等人。国家总的方针就是要将澳门社会比较活跃的、有自己想法的人吸纳进来，面要广，要具有广泛代表性，能够为澳门社会建言献策。当然《澳门基本法》起草委员会成员最终还是港澳办报中央有关领导审定。

内地草委中有些人曾参加过《香港基本法》的起草工作，富有经验。有些人是饱学之士，将"一国两制"的构想具体化为法律条文，可谓轻车熟路，所要下功夫之处在于了解澳门实际，摸准澳门律动的脉搏。就澳门当地委员而言，他们比较熟悉社会情况，但也需要分清有关问题的主次、轻重，特别是要认识"一国两制"的深刻内涵，方能担负起委员之职。两地委员都做得很好。在基本法的起草过程中，彼此坦诚交流，相互切磋，友好合作。其间，在某些问题上有不同看法，均属正常现象，或者对某些问题有所争论，但都比较心平气和。我未闻有什么激烈冲撞，大家都是为了起草好基本法这个共同目标一起努力工作。

（三）各界参与，各方支持

国家通过驻澳机构，或以其他方式，对澳门工作已有相当的基础。起草基本法，发动澳门各界关注和参与也甚为自然。由澳门有名望的人物领衔，我们还成立了众多社会人士参与的基本法咨询委员会。过去一个时期，在澳门最早由何贤先生领头，何贤先生过世之后，多半由马万祺先生领头，马先生已是草委副主任了，在成立基本法咨询委员会时考虑选崔德祺先生当头。为什么选崔先生？因为他能作画、能写诗、会葡语，也是建筑业的行家，在澳门有影响力。廖泽云先生、崔世昌先生等都很积极。其间，动员和吸收了若干青年才俊参与基本法的咨询工作，如贺定一、陈丽敏，她们像是姐妹一样，初期比较腼腆。在咨委中，也有跨港澳的，我们就请陈永棋、区宗杰等人参与其中。澳门基本法咨询委员会在设置方面比香港还多了一种毛遂自荐的方式。总之咨委会就要广纳人才，在社会上有影响力的没有被吸纳到草委会的人才大都被吸纳进咨委会了。此外，各界还成立了若干基本法关注小组，他们也开展了不少有益的活动。一时间，地方不大的澳门，人们谈基本法起草，宣传"一国两制"，接待内地草委来澳调查研究，踊跃参加座谈，积极反映意见、建议，表达内心诉求或组织团队到内地（北京）反映经过梳理的意见、建议。各种活动，灵活多样，好不热闹。草委会和咨委会的积极活动，既有利于基本法的起草工作，有利于"一国两制"方针深入人心，又有利于澳门顺利过渡，有利于发现人才和促进治澳人才的成长，同时也为《澳门基本法》的贯彻实施打下良好基础。

在《澳门基本法》的起草过程中，除几次全体会议或一些专题小组会议在北京或广州召开外，还组织一些专题小组到福建、浙江、江苏、山东、四川、广西等地开会，也邀请咨委会成员组团访问北京后参访内地一些省、市。这些活动都是富有成效的，不仅宣传了基本法，而且增进了委员之间的感情，还增进了澳门草委、咨委对国家改革开放以来出现的巨大变化的直观了解。

草委、咨委所到之处，引起了有关省、市对"一国两制"方针的重视，得到了他们对《澳门基本法》起草工作的支持。有关省、市都很热情，或介绍当地情况，或设宴招待，或陪同参观（崂山道士热情讲解，岷山饭店职工夹道欢迎，苏州竹辉饭店邀请入住……）这些安排，对起草工作很有帮助。

《澳门基本法》通过之后，澳门成立了基本法协进会，他们当中不少人是咨委会的骨干力量。不能说基本法协进会是完全按照基本法咨询委员会的模式运作的，它也有新的发展，但廖泽云委员、崔世昌委员等，他们对基本法的贯彻落实起到了不可忽视的促进作用。

澳门特区区旗、区徽的图案设计，更在全国范围内广泛征稿，引起了若干人士的关心、支持，既优化了图案，又宣传了澳门，宣传了起草工作。

（四）专职机构，精心筹划

时下不少社会大型活动，有主办单位，有承办单位。不妨可以说，起草基本法的主办单位是全国人大，承办者是起草委员会，实际具体筹划的是国务院港澳办公室（简称"港澳办"），它是专职机关。它并不因为有起草《香港基本法》的经验可以参照，而不精心筹划。港澳办制订了周密的计划，有条不紊地推进基本法的起草过程，如及早召开基本法结构小组会议，从法律框架抓起。它并不因为比较了解澳门情况而代替内地委员了解澳门实际情况，几次组织内地委员到澳门调查研究，并采取不同方式与广大咨委成员沟通，了解民意诉求。起草《澳门基本法》并不是闭门造车，而是充分体现民意、反复讨论研究，整个起草过程的安排，很有章法。在《澳门基本法》的起草工作中，港澳办发挥了枢纽作用，具体负责者殚精竭虑，受到人们的称赞。

在《澳门基本法》的起草过程中，中央政府驻澳机构，除负责人参与起草工作，还全力配合草委会在澳门做了若干工作。

起草《澳门基本法》，国家隆重其事，主管机构慎重其事，有关方面支持其事，草委投身其事，起草工作甚为顺利。

三 法律文本，堪称精品

《澳门基本法》很好地体现了"一国两制"的方针。对此已有不少人写文章做了介绍、阐发，文章之多，虽不能说是汗牛充栋，但对于澳门来说，也可谓洋洋大观。我所谓的探法律文本，仅是做一些补充而已。

为此，近期我又学习了一次《澳门基本法》，也浏览了一次《香港基本法》。对《澳门基本法》总的感觉是：关系设定精当，内容规范周详；切合澳门实际，深具长远眼光；条款富有创意，蕴含宽宏度量；结构逻辑严谨，文辞简练超常。

其一，起草委员在国家精神的熏陶下，表达出泱泱大国的宽广胸怀。葡萄牙在欧盟诸国中并不算先进，葡语在世界并非主流语言，澳门土生葡人人数也不是很多，但《澳门基本法》的文字，对葡萄牙比较客气，有关条文对葡语比较宽容。

其二，"一国两制"是《澳门基本法》的灵魂，它贯穿整个文本。就中央和澳门的关系而言，总则表述清楚，有关条文表达精当。这与《香港基本法》文本基本一致，但《澳门基本法》文本具体表达时，在第四章设了一节"宣誓效忠"，很有必要。《澳门基本法》更重视特区政府主要官员对国家的忠诚。

第14条特区的防务，表达比较简约。某次在北京召开的有关小组召集人会议上，有人提出葡萄牙已有很长时间不在澳门驻军了。在内地，中国人民解放军也没有在所有地方驻军，照样负责全国防务。建议不必在《澳门基本法》中表明是否驻军。经讨论，中央人民政府负责澳门的防务既是责任，也是权力，故文字表达甚为简约。这也不妨碍中央在澳门实际驻军。前一段时间，澳门发生风灾，街上很多垃圾清理不掉，天气又热又潮湿，易发生瘟疫，我驻澳部队全力以赴、表现突出，帮助澳门解决困难。我从报纸和电视上都看到了相关的报道，不仅及时高效地清理了灾后垃圾，更安抚了民心，受到称赞。

其三，在居民的基本权利和义务方面，有关条文更加充实。1990年11月，在成都召开的专题小组会议上，有澳门草委充分表达了意见，主要是宋玉生先生，内地成员予以倾听，后来王叔文先生等也查阅了葡萄牙相关法律。此后，《澳门基本法》为澳门居民规定了广泛的权利和自由。如（在第33条中）增加了"有依照法律取得各种旅行证件的权利"，增加了第36条写明的权利；（第42条）更表明了对葡萄牙后裔居民利益的保护和尊重，等等。

其四，在政治体制方面，澳门特区既不能套用内地社会主义的法律，不能搬用西方三权分立制度，也不能沿用葡萄牙的政治体制。《澳门基本法》对此进行了甚为精当的规定，如突出了行政长官的地位，虽然也有限制，相比香港而言规限更为宽松，仅规定行政长官"在任职期内不得"具有外国居留权。《澳门基本法》对行政机关、立法机关、司法机关的条文表述均甚为精细，体现了三权之间合理的关系。我在前几年为澳门基本法推广协会写的《通情达理，继往开来》拙文中已做介绍，此次不赘。在澳门过渡时期，我驻澳机构曾组织力量对澳门当时的法律进行梳理，即组织懂澳门当地情况的、懂法律的、懂葡语的三方面的人才，对在澳门实施的法律进行调查摸底，逐步开展一些翻译工作，特别是对澳门法律人才的培养，做了相应的工作。对照香港这几年在立法、司法方面遇到了一些困局，澳门在有关方面的工作总体上颇为顺利，这是令人欣慰的。

其五，在经济方面，有关条文完全符合澳门实际，意在促进和保障澳门的经济发展。主要参与的委员有勇龙桂、万国权等。万国权是懂经济的，他提出澳门经济不能全靠赌业，要开辟新的新兴产业，现在的用语是"经济要适度多元"。如在"序言"部分，就开宗明义地表明，制定《澳门基本法》是为了"有利于"澳门的社会稳定和经济发展。在有关条文中（第五章第 114 条）写明"改善经济环境""开发新产业和新市场"。对于在澳门社会经济中举足轻重的旅游娱乐业，（第 118 条）规定澳门根据"整体利益"制定政策等，都甚有针对性，切合澳门实际。

其六，在文化和社会事务方面，有关条款坚持以事实为依据。如康乐、专业、妇女、归侨、社会工作等，均是澳门当时存在的文化与社会事务。《澳门基本法》规定要依法保护传统文化，对澳门需要改进的事业（如义务教育），规定要"依法推行"，更明确"根据经济条件和社会需要自行制定有关社会福利的发展和改进的政策"（第 130 条）。在文化和社会事务方面，涉及的内容繁多，而有关第六章的标题则比较概括、精练，这是在 1990 年 12 月广州会议上，副主任委员钱伟长先生提出来的，原拟第六章标题为"教育、科学、文化、体育、宗教、劳工和社会服务"，钱伟长先生认为标题太长，法律要严谨，文字也要简练，建议将其改为"文化与社会事务"，被与会领导一致接纳。我当时参与会议，很受启发。钱老虽是自然科学家，文字功底却很深厚扎实。

《澳门基本法》的其他章节及几个附件，其内容与《香港基本法》相应的条文基本相同，这是完全合理的，不必再做区处。

《澳门基本法》的文字表达，草委们下了功夫。除上述第六章的标题甚为精炼，若干条款的文字亦显严谨。如（第 22 条）规定"各省、自治区、直辖市的人"进入澳门特别行政区须办理批准手续，较之《香港基本法》

相似条文规定的"中国其他地区的人"进入香港特别行政区须办理手续，就显得精准了。再如（第80条）立法会议员非经立法会许可不受逮捕，"但现行犯不在此限"，这样表述更显妥当、合理。若干条款的文字更显周详，如（第10条）关于国旗、国徽、区旗、区徽的"悬挂"和"使用"之表述，（第64条第6款）特区政府委托官员列席立法会会议"听取意见"之表述等；有的条款内容表达更符合逻辑（如第28条所述内容的秩序排列）；有的条款修辞更加讲究（如第18条整个句式是"在……时"，这个"时"字，不宜省却）；等等。

总之，《澳门基本法》起草工作，历经几个春秋。文本几经琢磨，字字珠玑，是个精品。草委们深入实际，广纳群言，民主协商，通力合作，不辱使命，完成的《澳门基本法》是草委集体智慧的结晶。它含金量高，擎起时金光四射，放下时触地有声，经得起历史的检验。

四　有所担当，与时俱进

国家对澳门予以特别关爱，对制定《澳门基本法》做了特殊安排。特区成立后，又赋予澳门省一级地方行政区域的法律地位，可谓"恩宠有加"。虽然我已经离开澳门颇久，但是作为一个在澳门工作过六年多的人，对澳门未曾忘怀，想说几句话。

（一）新时代澳门应发挥自身优势

新时期澳门似应考虑如何对国家做出贡献，做出回报。历史上，澳门曾是先贤观察世界的窗口，曾是伟大的革命先驱孙中山先生从行医救人转向革命救国的驿站，曾是国家通向外部世界的桥梁。现在，举国开放，实行"一带一路"的伟大倡议，在这样的新时代，澳门如何有所作为，如何发挥自己的作用，这是朋友们需要回答的问题。我认为澳门似应有所担当，做出应有贡献。

（二）全面准确贯彻《澳门基本法》并完善相关立法工作

对于《澳门基本法》，我们应当珍惜它、实施好它。《澳门基本法》既是国家法律体系的一个组成部分，又是澳门的最高法律。《澳门基本法》的一些条款明确提出，贯彻基本法，尚要完善一些法律（如第115条），要根据澳门的实际，制定一些管理制度（如第117条）。至于第23条的附属立法问题，这在基本法中就有专门要求，是对基本法的合理细化，是贯彻基本法应有的配套之举。在澳门，应当进一步发扬社会公众对国家热爱之情，不能允许有任何对国家造成破坏的政治活动，如出现，要按"自行立法"之规定，予以追究。习近平总书记在十九大报告中也有号召："坚决维护国家主权和领土完整，绝不容忍国家分裂的历史悲剧重演。一切分裂祖国的活动都必将遭到全体中国人坚决反对。"所以，澳门要贯彻习近平总书记的要求，《澳门基本法》要在这方面做出安排，防患于未然。

（三）澳门应将人才培养放在突出位置

澳门似应把培养有国家观点、有国际视野、立志献身澳门社会的人才放在突出位置，造就一批在科技事业上有创新能力，在经济营运上有开拓能力，在文化艺术上能崭露头角的才俊。过去我听说冼星海、容国团都曾受过澳门文化的影响。未来，澳门人才在南国、在中华脱颖而出该有多好呀。如果能够出现新的对澳门社会经济做出卓越贡献的人，或是在国家舞台表演的艺术家，在全运会领奖台上领奖的运动健儿，那时，作为曾经在澳门工作、生活过的吾辈，也跟着沾些光呢。

（四）在内部发展多元化经济的同时，积极向外拓展

澳门应在内部发展多元经济的同时，积极向外拓展。如有余资，似可组织有经验企业家到内地、到外部世界去开辟市场，包括粤港澳大湾区等。可以借鉴新加坡、冰岛（33万人）等先进国家或地区的经验，为国家的繁荣昌盛和澳门的稳定发展闯出新局，为子孙后代开辟出发展空间。

对"一国两制"精髓的认识并非易事，事实上不应以人的地位的高低做出判断。对于"一国两制"，既不是每个身处高位的人都已了解透彻，也不是普通人就不能理解。澳门的学者搞基本法探源研究很有必要，这服务于"一国两制"的伟大事业，有助于《澳门基本法》的贯彻执行。

我在未来岁月要继续学习。

曹其真委员访谈纪要

访谈时间： 2017 年 11 月 14 日

访谈地点： 澳门世贸中心 6 层

出席人员： 骆伟健教授、江华博士、赵英杰博士

访谈主题：《澳门基本法》探源

全国人大常委会澳门特别行政区基本法委员会副主任、原澳门特别行政区立法会主席、《澳门基本法》起草委员曹其真表示：能参与《澳门基本法》的起草工作，是一生中最有意义的事。① 接受草委工作不是为名为利，而是接受这份挑战。参加《澳门基本法》起草后更加爱上法律。

作为国家的重要法律，《澳门基本法》既是邓小平先生"一国两制"构想的具体体现，又是和平共处理论的重大发展。严格贯彻执行这一充分尊重历史与现实的大法，不仅是澳门特别行政区在我国主权下实行高度自治的可靠保证，也是实现平稳过渡以及长期繁荣的先决条件。因此，了解、熟悉、推介和贯彻基本法，不仅是广大澳门居民必须做好的一件大事，而且也是全国各地区、各部门要努力做好的一项重要工作。"一个国家，两种制度"的

---

① 曹其真：《个人自由主义不能凌驾民主，应按照澳门基本法精神办事》，《澳门日报》1993 年 3 月 22 日，第 3 版。

构想是制定《澳门基本法》的指导方针，只有对"一国两制"构想有一个基本的理解，才能正确了解《澳门基本法》的精神。①

一　不能只从字面解释，更要探究立法原意

对于《澳门基本法》的理解不能仅仅从字面解释，更要探求立法原意。例如，是否立法会只要不通过特区政府送来的法案，行政长官就可以马上解散立法会？如果只按字面解释，那么香港特区立法会不知要解散多少次了。又如，《澳门基本法》第95条规定："澳门特别行政区可设立非政权性的市政机构。市政机构受政府委托为居民提供文化、康乐、环境卫生等方面的服务，并就有关上述事务向澳门特别行政区政府提供咨询意见。"这个条文如果只按字面解释，把"可"字理解为澳门特区可以设立非政权性市政机构或者也可以不设立非政权性市政机构，就与当时制定《澳门基本法》时"可"字是相对于政权性市政机构而言的立法原意相违背。另外，也是目前讨论最为多的议题，就是非政权性市政机构是否可以选举产生呢？很多人认为，因为是"非政权性的"，所以可以选举产生，将讨论的焦点都放在了市政机构的非政权性质上，却忽略了该条第二句规定"市政机构受政府委托"。这才是为什么不能由选举产生的关键点。条文明确规定，非政权性市政机构是受政府委托的，那么如果是由选举产生，势必会代表其背后一定选民的意见，就会与条文立法原意相冲突。这与张荣顺主任在后来做咨询报告时所提出的观点相一致。

二　准确理解《澳门基本法》要结合时代背景

为什么《澳门基本法》没有像《香港基本法》一样规定"行政长官和立法会最终达至双普选产生的目标"，这是因为每一部法律都有其时代背景。当时香港经济非常发达，而澳门可以说是很穷，所以在起草《澳门基本法》时关注更多的是民生和经济问题。这并不能说澳门就比香港的民主落后，也不

---

① 曹其真：《在大会发言认为须加强宣传推介澳门基本法》，《澳门日报》1996年3月9日，第1版。

能说《澳门基本法》起草委员会的委员们对民主问题不关心，这恰恰说明了当时起草《澳门基本法》的时代背景。当时澳门居民的吃、穿等民生问题都尚未解决好，澳门居民对怎样选举问题就没有那么多关注和意见。

此外，《澳门基本法》第 23 条在特区可以顺利立法，也是有其时代背景。当时澳门很穷，家眷大多数是在珠江三角洲一带，所以经常会回到内地，就与祖国关系非常近，澳门居民很认同自己是中国人。而香港回归前，当时学习的是英国的历史和地理，所以香港居民对祖国并没有很强的归属感，加上香港后来取消了中国历史教育，那么香港年轻人就对祖国五千多年的历史不了解，缺乏国家认同感。与香港相比，澳门居民的国家认同感强。当时起草第 23 条时，我对冯志强议员说，如果做法案你要尽量让吴国昌、高天赐、区锦新等议员发言，充分尊重其意见。因为如果不让他们在开会时说，他们肯定会在会后说，就会引起很大波动，带来很大阻力。所以对于《澳门基本法》的落实，要基于时代背景、社会现实以及老百姓的感情。香港若要落实《香港基本法》第 23 条，我认为一定要加强香港居民对国家的归属感。

三　从澳门实际出发，稳定社会发展

当时澳门的情况是几乎一半以上拥有澳门身份证的人都同时拥有香港身份证。在此情况下，中央有关负责人一开始认为相关居民只能在香港身份证和澳门身份证中选择其一，其理由是一个中国人不能同时在两个地方有选举权。我和鲁平主任说："因为澳门和香港经济发展悬殊，如果让大家只能在香港和澳门身份中选择一个，相信绝大多数人会选择香港身份，那么澳门就会少一半以上的人。"后来这个问题就"眼开眼闭"地解决了。

此外，土生葡人国籍问题也是如此。我记得是在福州开会的时候，本来是让澳门的土生葡人在回归前一定要选择一个国籍。但是我和李后主任说："'一国两制'在澳门不知怎样实行，如果一定要让土生葡人在回归前的那一刻就要做出选择，相当于逼他们做出选择而且一定会很伤土生葡人的心。如果土生都走了，澳门就只剩中国人，那么澳门就和内地没有区别了，甚至可能连珠海都不如了。其实，土生葡人也都有中国的血统，如果'一国两制'实施得好，那么土生葡人的下一代一定会选择中国籍。"所以，一周后李后主任宣布：土生葡人不一定要在回归前选择国籍。相信这对于澳门的平稳过渡和顺利交接起到了稳定作用。现在欧安利和姗桃丝都选择了中国国籍。我记得有一次会议上，有一位土生委员认为，有的委员发言侮辱了土生葡人。他就来找我说要回葡萄牙去，我劝他说："你若回去没问题，可是你的亲戚家人都在澳门，你一个人在葡萄牙会开心吗？"后来他就选择继续留在澳门。

四 起草《澳门基本法》时印象深刻的条文和场景

对于《澳门基本法》第 24 条为什么香港回归后就出现问题并提请全国人大释法，而澳门没有这样的问题呢？当时我们在起草《澳门基本法》时以《香港基本法》作为蓝本，发现《香港基本法》第 24 条有一个很大的漏洞。我当时和宋玉生委员提出要在第 24 条（2）后面加上"成为永久居民后在澳门以外所生的中国籍子女"。记得我当时举的例子就是一个 50 岁的妇女可能当时除了儿女外都应该有孙子了，当她成为澳门居民时，是否其儿女甚至其孙子都能够成为澳门居民呢？这就严重加重了澳门的负担。所以最后我们在《澳门基本法》第 24 条（2）后加上"及在其成为永久性居民后在澳门以外所生的中国籍子女"才可以成为澳门居民的规定，就堵住了《香港基本法》关于这一条的漏洞。此外，记得当时筹委会讨论时，还提出如果父亲是澳门居民、母亲不是澳门居民，小孩儿出生后需要做 DNA 检测以证明这个小孩儿确实是其父亲亲生，这个考虑也避免了不法分子利用法律的漏洞牟取非法利益。

另外，记得我们小组当时谈到公务员问题时，有参考《葡萄牙宪法》的规定。不记得当时宋玉生委员说了什么，有委员说《葡萄牙宪法》规定中国人是不可以做公务员的，只有葡萄牙人可以做公务员。后来宋玉生委员说，在澳门，中国人可以做公务员，回归前葡方派的人只是当官的，澳葡时期公务员绝大多数都是中国人。1988 年《公共行政人员通则》规定"葡萄牙人和澳门籍中国人"回归前可做公务员，回归后《澳门基本法》第 97 条则规定"澳门特别行政区的公务人员必须是澳门永久性居民"，不讲国籍了。但当时讨论时，有委员忽略了《澳门组织章程》，因为《澳门组织章程》是 1975 年由葡萄牙最高国务委员会通过的，主要考虑到了澳门的一些实际情况。所以我们当时在制定《澳门基本法》时，按照澳门的实际情况，也参考了《澳门组织章程》里面的某些规定。可以看到《澳门基本法》的起草不是意见一提出来就获得全体委员一致通过的，而是经过草委们反复讨论决定的，有时遇到敏感问题讨论甚是激烈。但我的宗旨是，你请我做工作，我接受了，就要尽自己的责任。并不是说自己所说的都对，只是讨论问题应该是讲道理、摆理由，否则全国人大常委会任命草委，不但浪费国家的金钱，而且澳人亦会感到失望。同时作为中国人，每个人都有一份民族感情。①

当然，现在回想当时起草的《澳门基本法》也不是绝对完美。比如《澳门基本法》附件一规定："市政机构成员的代表有权参与行政长官的选举。"这一点我认为是我们当时起草《澳门基本法》时疏忽了。因为市政机构在澳门回归前是非常重要的，所以就把市政机构也列入选举行政长官人员行列。但这一规定在最近讨论设立非政权性市政机构问题上，造成了很大争议。我们起草时没有考虑到去掉市政机构政权性质之后的配套规定，我个人认为在这一点上是起草时的疏忽。

五　为未来落实《澳门基本法》建言

虽然《澳门基本法》没有一个字提到行政主导，但很多条文体现了行政主导的精神。立法会主要职能除立法外就是监督特区政府，过多提到行政主导会剥夺立法会的监督权。另外，根据《澳门基本法》的相关规定，立法会由直选、间选、委任产生的议员组成。为什么要有委任议员，记得这是诸桦大姐提议保留的，理由为：一是尊重历史，二是兼顾平衡社会各阶层利益。但老实说特区政府没有落实好《澳门基本法》，行政长官为什么没有委任土生葡人？委任的行业专家是否具有代表性和较强的专业性？委任是否在直选或间选结果出来后兼顾平衡了各阶层利益？特区实行行政主导体制有其必要性和合理性，这是一种有效落实"一国两制"的制度安排，但行政主导绝不意味着行政独大、行政专断甚至是行政霸道，也绝不意味着行政机关可以不受立法机关的监督制约。恰恰相反，越是实行行政主导，越是要强化立法监管的监督制约力度。否则，必将导致权力运行上

---

① 曹其真：《谈起草工作感受》，《华侨报》1992 年 3 月 20 日。

的失衡和无序。①

因为实现平稳过渡只是基础，而要切实做到"澳人治澳"、高度自治、长期繁荣才是真正目的。为达到这一目的，关键就要学习和熟练掌握基本法，这是一项细致而又艰巨的工作。② 现在特区政府中除罗立文为基本法起草委员、立法会除崔世昌为基本法咨询委员外，其他人都没有经历过基本法起草。我担心今后特区政府能否按照《澳门基本法》每一条条文的正确意思办事。虽然澳门民众基础比香港好，但今后一定要更加深入结合政治环境以及澳门居民承受度来施政。全体公职人员须深入学习《澳门基本法》、加强《澳门基本法》宣传和推介工作，并将日常生活中的一切言行都以《澳门基本法》为依据和指针，严格按照《澳门基本法》办事。

关于严格按照《澳门基本法》办事，我举一个例子。在我担任立法会主席期间，很多香港记者追问我说，您作为立法会主席应该像香港特区立法会主席一样，在立法会会议期间尽量不要发言。我回答道，我应该发言，因为我是由选举产生的，必须代表选民发声。我在做好立法会主席工作的同时，时刻不忘自己也是一名普通的立法会议员，也应履行一个议员应有的责任与义务。作为立法会主席，对任何可能影响立法会的职能与权限、关乎立法会声誉与尊严的事宜，都理应且有权采取必要的措施与行为；作为一名立法会议员，对于任何属于议员职责范围内的事项，都理应积极参与，为立法会的工作尽一个议员应有的职责与作用。③ 至于香港特区立法会主席在主持会议时是否与应否发言我本人当时不便做出评论，因为每一地区的政治制度和具体实践都有其特有的历史背景和制度环境。④另外，不可忘记的是，香港特区立法会主席只主持会议、不发言，是源自回归前港英的传统。回归以前香港的立法局和行政局实际上都是港督的助手，港督作为香港最高统治者、英王的全权代表，兼任立法局主席，其主持立法局会议只不过是征询意见而已，所以他没有必要发言。但是《香港基本法》已改变了回归前的制度，到现在香港仍沿用港英时期的制度，就没有道理了。所以我认

---

① 曹其真：《立法会主席十年工作情况的总结和报告》，澳门特别行政区立法会，2009，第 23~24 页。

② 曹其真：《在大会发言认为须加强宣传推介澳门基本法》，《澳门日报》1996 年 3 月 9 日，第 1 版。

③ 曹其真：《立法会主席十年工作情况的总结和报告》，第 43 页。

④ 曹其真：《立法会主席十年工作情况的总结和报告》，第 44 页。

为，立法会议员都应该积极发言献策，这样才能真正贯彻落实《澳门基本法》。

最后，我认为"专才输入问题"目前进度很慢。为了澳门的发展，澳门特区政府应当结合自身需要积极向中央争取增加名额，同时行政长官也是有权批准专才留澳的。为了澳门发展，现有制度和法律也不是一成不变的，而是要与时俱进并可以做出修正的。

廖泽云委员访谈纪要

访谈时间： 2017 年 11 月 15 日

访谈地点： 澳门世贸中心 12 层

出席人员： 骆伟建教授、赵英杰博士

访谈主题： 《澳门基本法》探源

廖泽云委员作为《澳门基本法》起草委员会政治体制小组召集人、澳门基本法咨询委员会秘书长、澳门特别行政区筹备委员会政制组召集人、澳门基本法推广协会会长，自 1999 年至今，连续担任第一、二、三、四届澳门特别行政区行政会委员，又是工商界的代表，全程见证、参与了澳门回归和澳门特别行政区的成立，对基本法的起草、宣传及特区发展做出了很大的贡献。

一 《澳门基本法》起草有章可循、发扬民主、结合实际，不断推广宣传

（一）《澳门基本法》起草按照规章进行

《澳门基本法》起草委员会在起草过程中，首先按照民主协商原则制定了工作规章。整个起草过程都要遵守规章。例如，每年要开两次全体大

会，全体大会要 2/3 的委员出席才有效；有些重要的条文必须经 2/3 的委员通过，如果这个条文经 2/3 的委员通过，但是你不赞成，是可以保留意见的，还有权向全国人大常委会申诉，全国人大常委会会立案的。同时，对委员也是有要求的，要求对会议情况和内容保密，除非获得基本法委员会授权，否则不能对外胡乱说话，这是违反章程规定的。当然发表个人意见没问题，但是不能随便代表他人讲话，不能随便代表大会讲话。所以我的第一个感觉就是《澳门基本法》起草委员会是非常有制度，很有规矩的。

目前《澳门基本法》实施已经差不多 18 年了，可以讲一些花絮了。其中一个花絮就是《澳门基本法》起草期间只有一个人有保留意见而已，但他没有申诉，就是关于佛诞节。当时有委员强烈要求一定要将佛诞节当成公众假期，但是我们劝他不要急，特区政府成立之后再慢慢研究。最后，特区政府成立之后，有将佛诞节列为公众假期。虽然当时有委员是强烈不满的，但是我们也有协商，大家都是从善如流的。虽然《澳门基本法》的条文没写，但是我们特区政府成立之后，也最终通过了。不然，有圣诞节而没有佛诞节，就不能很好地体现宗教平等和信仰自由了。

（二）充分发扬民主，结合实际不断推广宣传

参与《澳门基本法》的起草是我一生之中非常难忘、非常光荣的一件事情。这份光荣不但属于《澳门基本法》起草委员会的委员，也属于《澳门基本法》起草咨询委员会的委员。所以讲到《澳门基本法》起草，我们不能不谈《澳门基本法》起草咨询委员会。在《澳门基本法》起草委员会第二次全体会议的时候，姬鹏飞主任就吩咐我们 22 位澳门草委，回到澳门之后要组织一个民间性的咨询委员会——在澳门收集对条文的意见和建议。最初是咨询《澳门基本法》的架构，草委们向澳门民间各大社团、各专业团体咨询《澳门基本法》结构。因为首先要起草一个好的结构，才可以做好基本法具体条文的起草。我记得当时有五位内地草委来到澳门，加上五位澳门的草委，大家来做第一次的咨询。内地的草委一共来了澳门五次，我们也去了北京五次。可以说这个咨询委员会做了很多的工作，其实说到做工作，当时的秘书处，就是您（骆伟建教授）工作的地方，真的做了很多工作。讲句心里话，秘书处每个小组的讨论，骆教授都参加了，最了解的就是您了。我们秘书处那边的杨允中先生也是做了很多工作，也都做得很

好。我记得他吃饭很少，我和他一起开会，他就叫了一份凤爪。我说这能饱吗？他就说够了。做事就做得多，吃饭就吃得少。我整天都讲，难怪你这么瘦。

就这样，咨询委员会将所有澳门居民反映的意见，全部如实反映。其中有赞成的，也有反对的，有些是没意见的。所有的意见我们都如实反映，为将来如何优化基本法条文，给起草委员们做参考。当时很多人对"一国两制"并不是那么了解，所以委员们认为写得越清楚越好，什么是"一国两制"，什么是"管治权"，什么是"高度自治"，高度自治不是完全自治，而是中央授权澳门特区自治，这些大家都要解释清楚。例如，最近热议的关于非政权性市政机构的议题，什么叫非政权性，什么叫政权性，如果选举产生的就是政权性，那么这个非政权性市政机构就一定不能是选举产生。而且第95条第二句明确规定"市政机构受政府委托"。如果当时参加起草基本法或者曾经参加基本法起草过程的，包括提供咨询意见的，应该很了解，这个非政权性就是不能通过选举产生里面的委员，这是很简单的，根本是不需要讨论的。现在很多人可能参与的程度不高，所以对当时讨论的情况不是很了解。

此外，澳门人很热情，除了成立咨询委员会之外，还有29个社团成立了《澳门基本法》起草关注小组，这是民间力量自发成立的。在《澳门基本法》起草的四年多时间里，这些社团和关注小组，还有许多澳门居民都参与其中。我记得内地草委们来澳门的时候，除了举行公听会、咨询会之外，也去了电台和电视台，还去找了居民跟他们聊天，了解居民的意见，真的是深入民间，充分发扬民主；同时，还到企业去参观，让委员们真正了解澳门，便于起草工作的开展。总的思想就是希望委员们一定要结合澳门的实际情况来起草《澳门基本法》，不可以脱离实际。

另外，1993年全国人大通过了《澳门基本法》之后，咨询委员会委员以及社会各界人士又马上成立了《澳门基本法》协进会，继续向市民介绍《澳门基本法》、推广《澳门基本法》。所以从澳门基本法咨询委员会到澳门基本法协进会，再到现在澳门基本法推广协会，没有停过，一直都在做《澳门基本法》推广宣传工作，到现在都是一个很活泼、很有动力的社团。为宣传推广《澳门基本法》，澳门基本法推广协会每年都会举行园游会、《澳门基本法》学术研讨会等活动，其中最重要的是定期开办《澳门基本法》学习班，学习班分为高、中、低不同等级。受培训人士包括社会各界人士、特区政府公务员，其中有些为导师培训班，让这些导师将推广《澳门基本法》的工作深入社会各阶层。通过学习推广《澳门基本法》，使澳门居民能够深刻认识到："一国两制"，"一国"是"两制"的前提和基础；"澳人治澳"必须坚持以爱国者为主体；"依法施政"不仅是要按《澳门基本法》的条文施政，更要按基本法的精神施政；在"一国两制"下发展新型民主必须循序渐进。只有坚持"一国"与"两制"的统一、"爱国"与"爱澳"的统一，坚持澳门高度自治与维护国家主权的统一，保持澳门的资本主义与国家主体坚持社会主义的统一，才能确保"一国两制"方针和澳门基本法得到全面贯彻落实。① 当然这个工作不是我们的专利，我们只不过起一个带头的作用，希望所有的社团、所有的学校都配合做这个工作。所以到目前为止，不仅《澳门基本法》是一部好的法律，我们《澳门基本法》的推广也是很成功的。这是属于我们全澳门的光荣。

二　经历从认识到信任再到理解的过程

（一）政治体制组的好搭档

讲到政治体制小组的召集人，我不能不提起我的好搭档——肖蔚云教授。我们两个人，我是代表澳门的，他是代表内地的，刚开始交流的时候，基本上是"鸡同鸭讲"的。我当时的普通话不是很好，他讲什么我都不是很明白，我讲什么他就更加不明白了，都需要翻译。慢慢沟通了差不多一年的时间，他讲什么我基本都明白了，但是我讲什么他还是听不懂。在这个过程中我们慢慢认识到信任很重要，在互相信任的基础上我们会交流思想，他会指出其实基本法是要将《中葡联合声明》具体化，《中葡联合声明》里面的内容，我们要通过基本法反映出来，所以也要了解这个《中葡联合声明》签署的整个过程，以及声明背后的意思，等等。经过基本法的起草工作，我们最后成了好朋友。后来我们成立澳门科技大学的时候，他就来澳门协助澳门科技大学成立法学院并担任院长。大家从互相不认识到互相揣摩，你猜想我说了什么，我猜想

---

① 廖泽云：《弘扬基本法精神，建设与"一国两制"相适应的政治文化》，人民网，2004年3月9日。

你说了什么，再到共同起草好基本法，最后成了好朋友，就是这样，这么简单。这是我跟肖老师两个召集人从互相合作到互相信任，最后互相支持的过程。其实这个道理放在"一国两制"实践中也是一样的，其实"一国两制"本身，内地也好，澳门也好，也是这样一个互相认识、互相了解，最后互相理解、互相支持的过程。

（二）"一国两制"本身也是经历从认识到信任再到理解的过程

《澳门基本法》起草过程共召开了 9 次全体大会、70 多次小组会议，全体大会好像只在北京和广州召开，而小组会就会去到内地的不同省市召开。有些人就说我们游山玩水，其实他们是错的，真的是错的。我们在开小组会期间，去了内地不同的地方、不同的省份、不同的城市，是借这个机会来了解内地的生活情况。就像内地的委员们要来澳门了解我们的生活情况、实际情况一样，我们也趁这个机会去了解内地的发展，了解内地的情况。那时是1988 年，对我们澳门委员来讲是一个很好的学习机会，除了认识内地一批精英草委之外，还借此机会来加深我们对祖国内地的了解，到当地深入民间，去看看内地的生活与改革开放以来的发展变化。就像内地的草委来了澳门五次，他们来游山玩水吗？当时，除了一个大三巴好看之外，根本没有什么山水好游玩的，难不成他们也是来澳门游山玩水的。当然不是，他们是来调研的，是来了解民情、了解澳门的。我们也是一样的。因为只有内地了解港澳、港澳了解内地，才能产生信任，更好地结合实际，制定好的基本法，并在落实基本法的实践中互相尊重、互相理解。

所以，不仅是澳门同胞与内地居民是一个从互相认识、互相信任、互相理解再到互相支持的过程，"一国两制"本身亦如此。这对于今后如何去理解"一国两制"，如何去理解《澳门基本法》是非常重要的，实际上都要有这样一种精神。

三　起草《澳门基本法》印象深刻的条文或场景

（一）结合澳门特色，不能完全照搬《香港基本法》

当时我们在起草《澳门基本法》的时候已经有《香港基本法》的蓝本

在手里，但是我们不能够完全照抄，因为香港有香港的特色，澳门有澳门实际的社会环境。我们一定要结合好澳门的实际环境，比如说，第118条规定："澳门特别行政区根据本地整体利益自行制定旅游娱乐业的政策。"这一点就是全中国都没有的，只有澳门才有的。所以澳门今时今日博彩业收益这么高，而且特区政府也从中收取了这么高的税项，全靠这一条来保障。另外，当时起草基本法的时候澳门都还没有飞机场，但在"经济"一章第117条已经规定澳门特别行政区政府经中央人民政府具体授权可自行制定民用航空管理制度，就是澳门未来航空的管理方法，中央具体授权，澳门自行制定，这对于澳门的经济发展具有前瞻性保障。

（二）关于立法会委任议员问题

在政治体制小组讨论时，我们坚持要有委任议员，而且行政会中也要有立法会议员。坚持立法会中要有委任议员主要是为了协助行政长官将他的施政理念和法案向其他委员更好地解释，从而支持特区政府。虽然委任议员不能超过1/3，但是一定要有。因为在澳门没有政党政治，如果在立法会没有人支持行政长官的话，那么将来行政长官的施政在立法会就很难获得支持。而香港就是因为没有委任议员，没有这样的制度设计，香港行政长官在施政过程中就很难做。我们看到，香港为什么出现很多问题呢？尤其是香港在五十年不变的过程中，最终是要达到普选的，即行政长官和立法会最终要由普选产生，而《澳门基本法》中是没有这两条规定的。澳门保留了自己的特色，当时有人说我们是思想落伍，其实我们并不是思想落伍，而是为了坚持行政主导原则并为其奠定了重要根基，从而确保行政长官可以顺畅施政，否则这个拉布、那个拉布，使特区政府被孤立，就不能体现行政主导原则了。因为澳门地方小，立法会直选议员一定是要拿选票，而拿选票的一个利器就是骂特区政府、骂行政长官，但是如果全部反对而令行政长官孤立的话，这是行不通的。所以基于此，从实际出发，《澳门基本法》才做出了这样的安排。

（三）关于《澳门基本法》第24条澳门居民问题

在起草《澳门基本法》第24条时，一位委员提出《香港基本法》有一个漏洞，而且这个漏洞很严重，就是香港的居民在内地所生的子女都可以拿香港身份证。因为澳门当时是一个移民城市，20世纪80年代的时候有很多内地居民来澳门，如果其在内地有很多子女，那么是否他们所生的子女都是澳门居民呢？如果是这样的话，那么澳门人口忽然之间就会增加很多。同时，也会有很多内地居民过来澳门生孩子，那么是否在澳门出生的都可以拿澳门身份证？这个问题我们讨论了两年，不断协商解决。草委会基本上采纳了澳门委员的意见，这一条最后改成了"在其成为永久性居民后在澳门以外所生的中国籍子女"才是永久性居民。后来香港在这方面就出现了问题，最后需要全国人大释法，而澳门则避免了这个问题。我还想说的是，这个问题虽讨论了两年，但是我们都是协商的，不是拍桌子、拉布，而是大家讨论出来的。我觉得这一条澳门还是做得比较好的。黄汉强委员现在已经过世了，他对这个问题是很坚持的，澳门的委员也都认为在这个问题上应该支持这个观点。

（四）关于驻军问题与死刑问题

驻军问题和死刑问题讨论了很长时间。因为当时澳门是没有死刑的，澳门居民担心将来有死刑怎么办。最终《澳门基本法》并没有写澳门有没有死刑，这也是一个协商的结果。就死刑问题争论了很久，国内的草委也专门来澳门调研这个问题，听了很多意见，包括律师公会、土生葡人、澳门居民，最终《澳门基本法》没写到底有没有死刑，而是交给特区政府去决定要不要设立死刑。如果觉得治安不行了，一定要死刑，那特区政府就去决定。如果觉得不用死刑就不用决定。第23条立法也是中央将这个权力交给澳门特区政府去行使，2009年澳门特区终于完成了第23条立法。

驻军问题也是，当时有意见说不要有驻军，但后来回归前社会治安不好，建议驻军。这次"天鸽"风灾要不是有驻军帮我们去灾区清理垃圾，都不知道何时才能清除干净，恢复正常的生活。所以驻军不一定是要打仗的，而是要保护澳门以及当澳门有需要的时候来协助澳门特区政府。

（五）关于《澳门基本法》第42条对土生葡人的保护问题

《澳门基本法》第42条明确规定了在澳门的葡萄牙后裔居民的利益依法受澳门特别行政区的保护，他们的习俗和文化传统应受尊重。其实现在的土生葡人，根本与我们普通的澳门居民没什么分别，所以我们更加希望也更加支持他们能保持他们的传统。例如，现在澳门特区政府通过澳门基金会支持各学校以及仁慈堂等机构不断推广葡文，只要你肯学，在澳门本地学也可以，送去葡萄牙学也可以，这个也是对他们的尊重。当时他们是很担心的，我们也是可以理解的，所以在基本法里明确要保护并尊重他们的传统及生活习惯。澳门回归18年来，可以看到，土生葡人与我们没有分别的，没有说因为历史的原因对其有歧视，这个完全没有，大家一视同仁。

（六）关于《澳门基本法》第112条配额问题

配额的问题，是当时民间所有的，但是现在全世界都取消了配额。对于这个问题当时真的是有讨论的，但并不知道以后国际上会取消配额，所以真的是从善如流。内地草委来到澳门就这一问题进行调研，当时澳门的制衣业是很兴旺的，我原来也是做制衣的。通过研究工厂情况，他们了解了澳门配额制度，其实就是因为外国限制出口，所以每年都会有固定配额给澳门，最后变成了澳门的财富。因为这等于是给了澳门一定的出口数额，所以就变成对澳门厂商的一种利益保护，所以《澳门基本法》第112条规定澳门特别行政区取得的和以前取得仍继续有效的出口配额、关税优惠和其他类似安排，继续享有。

（七）关于《澳门基本法》第105条"量入为出"原则

《澳门基本法》第105条规定："澳门特别行政区的财政预算以量入为出为原则，力求收支平衡，避免赤字，并与本地生产总值的增长率相适应。"为什么要求量入为出呢？当时不是你收入有10元，你就可以用10元；也不是你的财政收入有50亿，那你的支出就不能超过50亿，其实不是这样的。这个"量入为出"我自己认为是给你一个警惕，你有50元的收入，就不要用两千元了，但并不意味着你有50元的收入就不能花超过50元。"睇餸食饭"，不要没钱充"大头鬼"，但是反过来说如果你有钱呢，也不要当"小气鬼"。"量入为出"应该是这么理解的，当你有很多钱的时候，你不要因为一年的经济下滑，收入没超过一百亿，我的支出就不能超过一百亿，不是这样理解的，而是还要看你的财政储备以及你几年的收入，你是可以用你的储备，而不令居民的生活素质或者特区政府的行政效率受到影响，应该是从这个角度去看的。但是很多人对量入为出都有误解，比如我今年的财政收入只有一百亿，那么预算最多我就用一百亿，不能超过一百亿，就要收缩支出了，这个就和量入为出的精神不相符了。

量入为出是一个大原则，是对趋势的一种控制，也是一个调节机制。如果今年经济效益不好就需要多增加一些支出，刺激一下经济；反之，如果今年收入很高用不完，也可以储存一些。不是说你可以乱派钱，而是应发则发，该用则用。因为你有这么大的财政储备，现在有五千亿，一年才用一千亿，特区政府不需要这么小气来做事情。另外，目前财政的投资理念可能跟原来的法律规定有关，以前的法律规定一定要保本、要稳定，是因为当时根本都没钱。当时我听前辈讲，葡萄牙政府有一年找了一艘军舰过来运钱，就是因为当时政府已经没钱给公务员发工资了。电灯公司也是没钱的，要大家集资才能发电的，而且还经常停电。电话也没有，当时穷到这样怎么还会想投资的事情，当然是追求保本。澳门回归时只有 28 亿，好在我们有一个土地基金一百亿，一共一百二十多个亿起家，与现在有五千多亿的财政储备，加上一千多亿的外汇储备，完全是不同的概念。所以澳门的有些法律一定要结合实际修改完善，不然一定要求保本的话就没得做了，而且也影响澳门未来的发展。对此，为有效落实基本法，一定要与时俱进。

（八）关于《澳门基本法》第 120 条土地问题

很遗憾，现在澳门本地法律中土地方面的条文其实跟我们当时起草的基本法条文，我个人认为是有抵触的，不过这是我个人看法。但是我反复细看都觉得与《澳门基本法》第 120 条等条文有抵触，希望以后可以完善，因为真的造成了很多不公平的现象，也造成了对原有制度的一个重大改变。这个重大改变与《澳门基本法》规定的基本不变形成很大的反差，我认为起草和执行新的土地法完全否定了"基本不变"的理念和精神，是个极大的改变。希望今后在这个问题上应该好好研究一下，好好地深入探讨，否则不但不能保护投资者的利益，还会造成投资者很大的损失。这个是我暂时看到的情况，对基本法的理解存在一些误差。

我记得当时起草《澳门基本法》的时候，就已经有委员不是那么相信特区政府，所以特别在《澳门基本法》第 120 条提到土地制度与法律，如果是旧的要按照旧法，新的就用新法，《澳门基本法》第 120 条已明确规定："澳门特别行政区依法承认和保护澳门特别行政区成立前已批出或决定的年期超过一九九九年十二月十九日的合法土地契约和与土地契约有关的一切权利。澳门特别行政区成立后新批或续批土地，按照澳门特别行政区有关的土地法律及政策处理。"当时的人就是这样认为的。但是现在的人不是，而是立了一个新的法，要将过往的全部否定，要溯及既往，这个我认为是完全违反了原来的立法原意的。但是我不知道为什么其他人不这么认为，只有我认为，因为我就这一条讲了很多次了，不过好像大家都没什么反应。现在我自己都怀疑，到底是我错，还是其他人错，个个都沉默，是表示同意吗？但是我认为他们是错的。因为尽管情况可能会比较复杂，但我们都不能否认基本法的立法精神以及"一国两制"的方针，何谓两制？两制很重要的一个方面就是要保护私有财产权。《澳门基本法》总则第6条也明确规定"澳门特别行政区以法律保护私有财产权"，这是资本主义的一个特色。如果你连资本主义的特色都保护不了，那你是否有踏踏实实地在实行"两制"呢？我不是说中国特色社会主义不好，但既然是实行"两制"，就要同时尊重另一制。

此外，还有一个地方我也认为不对。例如，土地的批租期是25年，未过25年没问题，特区政府让你建设，但是只给你四年建设的时间，如果四年仍建设不好，特区政府就要来收地，而四年的建筑期是特区政府自己定的，并非法律规定。发展商花费几十亿去建楼，特区政府在过程中可能会拖慢进度，而过了四年建筑期未建好特区政府就要收地，这个是保护私有财产吗？而且实践中特区政府自己建的楼有的10年也没建好，比如监狱建了15年，而且有的特区政府司长还有两年任期就任满了还未能搬进官邸。这说明澳门的行政效率太低了，但收别人的东西又很快。你看望厦的公屋建了多久，也不见特区政府自己收自己的土地，但是又要求别人4年建好。因此，我认为实践中并没有严格落实基本法关于保护私有财产权的规定，同时也没有提供一个好的营商环境。

（九）关于区旗区徽及水域问题

讲到水域问题，真的是很长的故事。当时我们起草基本法的时候，就已经说了，澳门不单只有陆地，同时也有水域，有海关。因为澳葡时期澳门就是有水警的，水域如何划分我们不知道，但澳门一定是有水域的。如果没有水域的话，那么澳门总督是怎么来澳门的呢？澳门总督当时是在八号码头上岸的，就在现在的内港司打口粤通码头。所以澳门应该是有水域的。从20

世纪 80 年代开始，在中葡谈判和《澳门基本法》起草时期，中方就已经注意到澳门习惯水域的划定问题。但当时是澳葡政府管治时期，不宜与殖民当局讨论水域管辖界线的问题。我们当时就没有先讨论这个问题。到了特区筹委会的时候，我们再讨论这个问题。

　　所以在讨论澳门特区的区旗区徽的时候，有一些内地的委员就提出，既然澳门目前暂时没有水域，那个区旗区徽就不应该有三条河、一座桥。如果有水有桥就应该有水域，当时我们在讨论的时候，就说等快回归的时候再讨论。但由于当时时间非常紧迫，水域问题不影响澳门的回归与平稳过渡，因此对澳门习惯水域的界线划定就搁置了下来。回归后，新成立的特区政府紧锣密鼓地处理各项事务，海域问题一直没有提上日程。随着 2009 年第三届澳门特区政府开始施政，澳门经济、社会进入平稳期。行政长官崔世安先生在这一时期提出了希望明确澳门水域范围的想法，认为向中央提出这一意愿可以提上日程了。① 2011 年，"十二五"规划纲要明确提出"支持澳门建设世界旅游休闲中心，加快建设中国与葡语国家商贸合作服务平台""支持澳门推动经济适度多元化，加快发展休闲旅游、会展商务、中医药、教育服务、文化创意等产业"。在同年举行的"两会"上，我首次提交了提案——《澳门海域保护、管理开发》，以书面形式建议中央为澳门划定水域管辖范围。提案中我提出澳门实现适度多元发展，最大的瓶颈就是土地问题。如果澳门有了自己管辖的水域，可以考虑通过一定程度的填海实现功能区的分工，在很大程度上解决澳门建设"一个中心、一个平台"的地理空间问题，同时发展海洋科技、海洋旅游、海洋文化等产业，实现中央提出的"适度多元"目标。提案受到了国家高度重视，其他委员也不断对水域问题继续提案。2013 年，国家海洋局在回复中特别提出："划定澳门水域管辖范围，有助于澳门特区政府有效行使职权，对促进澳门经济社会发展意义重大。作为一个历史遗留问题，澳门水域管辖范围不明确，在一定程度上制约着特区政府的发展，在'一国两制'框架下，清晰地划定澳门水域界线很有必要。"② 就这样，我们一路锲而不舍要争取回水域，因为如果我们这代人死

---

① 《澳门特区全国政协常委廖泽云：为国家管好、用好这片海》，中新网，2015 年 12 月 18 日，http：//www.chinanews.com/ga/2015/12 - 18/7676701.shtml。

② 《澳门特区全国政协常委廖泽云：为国家管好、用好这片海》，中新网，2015 年 12 月 18 日，http：//www.chinanews.com/ga/2015/12 - 18/7676701.shtml。

了之后，就没有人去追了。国家海洋局对提案的高度认可和重视，意味着中央明确澳门水域管理范围的工作，进入了具体落实层面。2014 年初，澳门特区政府正式向中央提出请求，希望划定澳门的习惯水域管理范围。经有关部门的前期调研和论证，2014 年 12 月，国家主席习近平出席澳门回归祖国 15 周年庆典活动时宣布启动明确澳门习惯水域管理范围工作。2015 年 12 月，《中华人民共和国澳门特别行政区行政区域图（草案）》正式获国务院常务会议通过。根据该草案，澳门特别行政区管理海域从澳门陆地向东、南方向划定，面积 85 平方公里；在粤澳陆地界线方面，将关闸澳门边检大楼地段划入澳门特别行政区；鸭涌河段除部分河段以鸭涌河南岸为界外，其余以鸭涌河中心线为界。① 其实，习惯性水域是 1999 年 12 月 20 日澳门回归朱镕基总理签署国务院令公布澳门特别行政区域图时规定澳门特别行政区维持澳门原有的习惯水域管理范围不变的时候讲的。回归之后，就没有了习惯这几个字了，因为已经是中国的地方，哪有习惯呢。什么水域都是中国的，都是水域，但当时只是遵从我们的习惯，仍叫习惯水域。所以我个人认为当时的叫法是有一些语病的。因为来不及改，草委会的时候也没想到会有那么多事情做的，以为澳门这么小，应该很简单，没想到还有这么多的事情要做。又来不及弄清水域的问题，所以当时的国务院令在讲澳门版图的时候，划陆地包括澳门本岛、氹仔、路环，水域就从以前的习惯性水域来管理。但当时的习惯性水域究竟指哪些地方，没人知道。以前是中间分界的，怎么会知道，后来珠海填海，一直填过来，本来就分开这么远的，后来珠海填一下，填一下，中间分界，以前的中间在这里，现在的中间就来到了那里。其实习惯性水域是不妥的，因为珠海一路这样填海造地，澳门的习惯性水域就慢慢地越变越小了，这个习惯性就一路这样慢慢改。

横琴的商务区就是这样填出来的。以前横琴没有那么大，基本都是填出来的，如果要说当时的习惯性水域根本就是现在的横琴。所以习惯性水域根本就是错的，不过主席既然都说了习惯性水域，那我们就不要多说了。但是这个水域对我们澳门没有太大帮助，最深的才四米，远洋的船又来不到，所以之前说发展海洋经济适度多元，才四米深发展什么，只能进小渔船。

---

① 《澳门特区全国政协常委廖泽云：为国家管好、用好这片海》，中新网，2015 年 12 月 18 日，http://www.chinanews.com/ga/2015/12-18/7676701.shtml。

香港的水域可以由香港特区政府自由处理，澳门现在的习惯性水域填一分都要问中央。听意见就要五年，澳门还剩下 30 年，当然之前起草《澳门基本法》的时候说 50 年不变，不代表说就是 50 年后一定变，当时的指导思想是这样的，所以我们要看远一点。澳门习惯性水域的勘界工作，并不是要明确哪一块海域是给你还是给我的问题，而是同一片中国海域，划在哪个区域内更能实现其发展价值的问题。① 回想多年来为澳门水域勘界奔走的过程，我最大的感触是：对基本法的深入理解，是解决澳门发展问题的唯一路径。明确澳门水域范围工作开展之初，有人质疑这件事是不是违反了基本法。但在中央的支持下，这件事已经实现了，而且成为一个落实《澳门基本法》、依法治澳的成功案例。在这个过程中，大家对《澳门基本法》的理解和实践在不断地向前推进。②

四　追忆往事——工作专心，生活开心

当时《澳门基本法》起草委员会的澳门委员中，我是最年轻的三个人之一，当时最年轻的就是何厚铧、我以及赵汝能。黎祖智先生也是很年轻的，后来因为担任政务司司长，就由罗立文接替他并加入基本法起草委员会。罗立文就比我们年轻了，不过他加入时就很后期了，当时何厚铧是最年轻的。与《香港基本法》草委们相比我们澳门的年轻力量要多一些。

1986 年，我们是作为最早的工商界代表，作为第一个访问团去访问北京的，就是当时的澳门青年工商界访京团。当时整团的人都不懂得讲普通话。团长是刘衍泉，副团长是铧哥（何厚铧），当时大家的普通话都说不清楚。还好当时有诸桦大姐做翻译，她当时是港澳办的处长。因为她在澳门工作过，她丈夫又在南通银行，所以当时是全靠她翻译，不然真的是"鸡同鸭讲"。整团人都是年轻人，但没有一个人的普通话讲得好。后来诸大姐因为工作原因不能一直进行翻译工作，所以就由徐泽帮忙兼职翻译过一段时间。那时候搞《澳门基本法》气氛很好，都是互相包容。内地同胞不认为

---

① 《澳门特区全国政协常委廖泽云：为国家管好、用好这片海》，中新网，2015 年 12 月 18 日，http://www.chinanews.com/ga/2015/12-18/7676701.shtml。

② 《澳门特区全国政协常委廖泽云：为国家管好、用好这片海》，中新网，2015 年 12 月 18 日，http://www.chinanews.com/ga/2015/12-18/7676701.shtml。

我们不讲普通话就不理我们，而是大家都尽量找个方式来进行沟通，因为大家都是朋友，当然他们也是大官，但都没有摆架子，包括鲁平、李后，他们跟我们都是嘻嘻哈哈的，没有架子的，大家都是有商有量的。

记得有一次我们去敦煌，先到兰州，在兰州我们晚上出来在路边的大排档吃羊肉泡馍和拉面，吃这个拉面几毛钱，拉面店旁边有一个路边的卡拉OK，两毛钱唱一首歌，就是你拿个麦就在那里唱。当天晚上，还有一些记者跟我们一起，我记得当时我花了两毛钱唱了一首歌。当时的歌碟不是很多，不像现在有几万首歌。当时买个卡拉OK碟、激光盘，这么大一张才十几首歌，所以唱来唱去就唱那几首。

说到记者朋友，当时的记者都跟我们很熟，现在他们基本上都不当记者了，包括尤肖吾、郑月明、吴小毅等。现在新的记者看到我们都不认识了，因为认识我们的都退休了。现在回想起来还是很开心的，工作的时候我们很专心，但工作结束之后，我们与记者和秘书处的朋友们，都打成一片，开开心心一起去吃碗面，花两毛钱唱首歌。因为20世纪90年代初那段时间经济有些萧条，现在北京长安街堵得不得了，当时铧哥（何厚铧）、彭彼得、陶开裕，我们四个人到北京，长安街一辆车都没有，看到都心慌。所以现在说堵车，堵车其实都不知道有多好，繁荣才有可能堵车。而且当时整个北京饭店都没有人，就只有我们四个人。所以，国家不能乱，乱了还是自己受苦，只有国家稳定繁荣，大家才能好。

康冀民委员访谈纪要

访谈时间： 2017 年 11 月 17 日

访谈地点： 康冀民委员家里

出席人员： 骆伟健教授、江华
博士、赵英杰博士

访谈主题：《澳门基本法》探源

一 回顾《澳门基本法》起草工作

（一）《澳门基本法》起草委员会成立

《澳门基本法》起草委员会中内地委员有 29 人，澳门委员有 19 人，加起来一共是 48 人，这 48 人组成了《澳门基本法》起草委员会。1988 年 10 月 25 日，包括邓小平同志在内的党和国家领导人在北京人民大会堂接见了《澳门基本法》起草委员会的全体委员，时任全国人大常委会委员长万里向每位委员颁发了任命书，我是其中的一位。《澳门基本法》起草委员会共分为五个专题小组，包括政治体制小组、中央与特区关系小组、经济小组、文化与社会事务小组、居民权利和义务小组，每一位委员可以参加一到两个小组，我参加的是政治体制小组。

（二）全面准确理解"一国两制"

《澳门基本法》起草委员会先后共举行了九次全体会议，各次会议的时间地点我都有详细记载，共70次专题小组会议、3次主任委员扩大会议。在整个基本法起草过程中，起草委员会坚持贯彻"一国两制"方针，一切为澳门未来着想，结合实际调研，充分发扬民主协商精神，讨论气氛非常热烈。当时"一国两制"是一个新事物，最早是毛主席为解决台湾问题提出来的，台湾问题没有解决，后来邓小平同志就将"一国两制"运用到解决香港澳门问题上来。什么是"一国两制"？"一个国家"是主体，"两种制度"就是澳门继续实行原有的资本主义制度，内地实行社会主义制度，谁也不能吃掉谁，这样澳门同胞也很容易接受。

（三）印象深刻的几个问题

1. "三大问题"的由来及解决

为了解澳门的情况，我在到澳门工作之前，先做了个秘密访问，没有暴露我的身份。听到大家谈论最多的，同时也是被认为最难解决的就是"三大难题"，即中文法律地位问题、公务员本地化问题和法律本地化问题。当时大家谈到这三个问题都摇头，认为很难办，所以称为"三大难题"。[①] 我从澳门考察回来后向国务院港澳办做了汇报，当时中央委托姬鹏飞主任负责港澳问题，我就向他汇报说："要想澳门顺利回归，在过渡期内首先要解决好三大'难题'，它关系到1999年12月20日澳门政权顺利交接和'一国两制'在澳门的实施。最后我提出称'三大难题'不太好，好像难住我们了，无法解决，无可奈何。我建议把'三大难题'改成'三大问题'。"[②] 姬鹏飞主任采纳了这个建议，后来他在港澳工作会议上正式提出：澳门的"三大难题"应该改称"三大问题"。从此，便统称"三大问题"了。[③]

（1）中文法律地位问题

这个问题从1988年4月中葡联合联络小组第一次全体会议上提出，

---

① 康冀民：《澳门回归之路》，《澳门文史资料工作计划出版》，2007，第8页。
② 康冀民：《澳门回归之路》，《澳门文史资料工作计划出版》，第8页。
③ 康冀民：《澳门回归之路》，《澳门文史资料工作计划出版》，第8页。

到 1991 年 4 月中葡联合联络小组第十次全体会议上中葡双方达成一致意见，用了三年多的时间。主要是遇到葡萄牙的阻力，葡方担心如果中文被确定为澳门的官方语文，那么用了几百年的葡萄牙文就没有用武之地了，葡萄牙在澳门几百年的影响也会随之消失。为这个问题中葡双方争论得很激烈。记得 1988 年 9 月 13 ～ 16 日中葡联合联络小组第二次全体会议在北京举行，科埃略大使说："你们老提三大问题，像中文的法律地位问题，这是政治性问题还是技术性问题？"我即答道："这既是政治性问题，也是技术性问题。中文是联合国确认的六大语种之一，然而在中国的领土，在小小的澳门就不被承认，这是政治歧视，你们还谈何民族平等？这就是政治性问题。澳门居民办一些事务性的事情，都必须用葡文书写，给他们造成极大的困难和麻烦，这也可以说是技术性问题。"① 当时鲁平是国务院港澳办主任，我和他商议，是不是可以发挥我身兼两职的作用，我当时既是《澳门基本法》起草委员会委员，又是澳门谈判小组组长。1990 年 8 月 28 日双方大使会晤时，我向葡方透露："如果葡方能够尽早将中文确定其法律地位，我可以建议把葡文列入《澳门基本法（草案）》中。在澳门可以继续使用葡文。但待《澳门基本法（草案）》公布后，你们再确认中文法律地位，为时已晚。"这引起葡方的重视，他们对我的提议表现出极大的兴趣。② 后来我就说："这样好不好，既然回到中国了，中文当然是主要的，葡萄牙文也是正式语言好不好，两个正式语言，但是中文是主要的，葡萄牙文也是正式语言"，后来葡萄牙人听后认为这样好，就接受了。葡萄牙国会于 1991 年 12 月 31 日通过了关于中文法律地位问题的 455 号法令，刊登在葡萄牙《国家宪法报》上。在此我要特别提出来，为什么中方特别重视解决这个问题呢？因为这关系到澳门特区政府、司法、立法等工作人员的培养和法律本地化问题的解决，还关系到承认中国各大学学历，使具有中国大学学历的人有机会进入公务员队伍，在此之前葡方概不承认中国各大学的学历证书。③ 当时谈判不像和其他国家谈判那样简单，因为没有模式，一切都在研究之中。

---

① 康冀民：《澳门回归之路》，《澳门文史资料工作计划出版》，第 111 页。

② 康冀民：《澳门回归之路》，《澳门文史资料工作计划出版》，第 9 页。

③ 康冀民：《澳门回归之路》，《澳门文史资料工作计划出版》，第 10 页。

（2）公务员本地化问题

在葡萄牙的管治下，澳门一直实行总督负责制，总督是葡萄牙总统在澳门的代表，是由葡萄牙总统任命的。总督下设政务司，政务司下设司、厅、署、处、科、组。在《中葡联合声明》签署前，澳门署以上高级公务员绝大多数为葡萄牙派过来的官员；处、科级公务员多为土生葡人；中国人大多为勤杂人员，有少数晋升为科级。① 当时澳门人才非常缺乏，《中葡联合声明》第二条第三款规定："澳门特区行政机关和澳门特区立法机关均由当地人组成。"即葡人不能再继续担任澳门主要官员，中国政府也不能派官员来接管澳门，而要实行"澳人治澳"。但培养人才不是一朝一夕的事，这就是要有长达12年过渡期的原因之一。②

1988年4月11日，中葡联合联络小组第一次全体会议上，中方就提出要解决公务员本地化问题，葡方组长科埃略大使不同意我们的提法。他说："在公务员中增加华人，是种族主义的提法。"我立即指出："目前澳门公务员主要都是葡萄牙人，这正是种族主义的表现，我们要求改变这不合理的状况，逐步增加本地华人在中高级公务员中的比例，是合理的，是为政权交接创造条件。"会后葡方又讲："公务员问题是个很敏感的问题，涉及国籍问题，进而会引起葡萄牙各政党在澳门问题上意见的分歧。"③ 经过反复说明，最终中葡双方于1989年就"公务员本地化"的提法达成协议，并于1991年成立"三大问题"工作小组，也叫专家小组。④ 其中，对于联络小组工作细则问题，科埃略大使说："联络小组只是交流情况，交换资料。没有必要制订联络小组工作细则，也没有必要签会谈纪要。"我反驳他说："我们联络小组的主要职责是落实《中葡联合声明》，保证《中葡联合声明》的实施，保证澳门的平稳过渡，为政权交接创造条件。我们是代表两国政府进行磋商，要解决实际问题，而不是一个清谈俱乐部。我们代表团乘飞机，花这么多钱，跑这么远来，不是空谈的。"⑤

最终在12年的过渡期内，经多方努力，澳门本地人才经过多年的培养

---

① 康冀民：《澳门回归之路》，《澳门文史资料工作计划出版》，第11页。
② 康冀民：《澳门回归之路》，《澳门文史资料工作计划出版》，第12页。
③ 康冀民：《澳门回归之路》，《澳门文史资料工作计划出版》，第13页。
④ 康冀民：《澳门回归之路》，《澳门文史资料工作计划出版》，第14页。
⑤ 康冀民：《澳门回归之路》，《澳门文史资料工作计划出版》，第111页。

和培训，逐步更换葡萄牙官员，使公务员本地化逐步落实。①

（3）法律本地化问题

澳门的人口构成中虽然 97% 以上是华人，但澳门的社会制度基本上是以葡萄牙的社会制度为模式，其法律主要是葡萄牙法律的延伸和衍生，司法完全沿用葡萄牙的。② 在澳门，有一部分法律是葡萄牙专门为澳门制定的，还有一部分法律、法令、法规是根据葡萄牙宪法和《澳门组织章程》赋予澳门总督和立法会的权力而制定的。当时驻澳门葡萄牙大律师宋玉生，最初提出来澳门回归后仍然使用葡萄牙的法律，因为已经用了几百年了。我们认为澳门回归后不能再用葡萄牙的法律，因为回归意味着澳门回到祖国怀抱，既然回到祖国的怀抱，那为什么还要用葡萄牙的法律？

《中葡联合声明》规定：澳门"法律基本不变"。在此需要特别指出：《中葡联合声明》中法律"基本不变"，"基本"二字是留有余地的用词，一是说明澳门由于历史原因和特殊性保留原有法律；二是对过时的、带殖民主义色彩的，以及与《澳门基本法》有抵触的条文，必须进行修订，而不是原封不动地搬过来成为澳门特区的法律。③

但澳门当时法律类型繁杂、数量又多，经过几次研究最终归纳为三条标准，即符合《中葡联合声明》、与《澳门基本法》相衔接、符合澳门实际；五个步骤，即清理、分类、修订、翻译、过户。④ 其中"过户"一词指原在澳门使用的葡萄牙法律"基本不变"，但判案时不能再称"依据葡萄牙什么法，第几章，第几条判案"，只能说按澳门特区某某法第几条规定判案，要由葡萄牙法转变为澳门特区法。⑤

经过双方的共同努力，在法律翻译方面，完成了一大部分法律翻译工作。葡方于 1998 年初，先后向中方提交了 1976 年以后由澳门立法会制定的有效法律清单的中文译本及澳门总督颁布的有效法令清单中文译

① 康冀民：《澳门回归之路》，《澳门文史资料工作计划出版》，第 15 页。
② 康冀民：《澳门回归之路》，《澳门文史资料工作计划出版》，第 15 页。
③ 康冀民：《澳门回归之路》，《澳门文史资料工作计划出版》，第 16 页。
④ 康冀民：《澳门回归之路》，《澳门文史资料工作计划出版》，第 17 页。
⑤ 康冀民：《澳门回归之路》，《澳门文史资料工作计划出版》，第 17 页。

本，共计 877 页。① 法律人才本地化方面，经过十多年努力，澳门已培养了双语法律人才 100 多人，其中在 1999 年回归前已有 20 多人进入司法官队伍，从而结束了几百年来澳门法院、检察院官员中没有本地人的不正常历史。②

2. 澳门修建国际机场问题

澳葡政府知道他们不久将撤离澳门，结束他们占据澳门 400 多年的历史，他们占据澳门期间并未开展多少对居民有益的大项目，就想在他们离开澳门之前为澳门建一个国际机场，给澳门留下一个好印象。③ 葡方就在澳门建设国际机场事宜，曾三次向中方提出建议，中方领导人都积极回应表示支持，并举行双边会晤。④ 对在澳门建设国际机场问题，葡方表现积极，中国政府也三次明确表态支持，按理说应该进展顺利，然而还是遇到不少波折。

首先是有无必要建国际机场的问题。有委员认为香港有个国际机场，离澳门那么近，何必要重复修建澳门国际机场？而且澳门与珠海相连，面积又小，澳门国际机场离珠海市区较近，飞机起飞、降落噪声都大，会影响珠海居民的生活，甚至会影响到深圳机场的客源。⑤ 这个问题我们讨论得很激烈。由于当时澳门没有机场，所以要坐飞机都得乘船到香港去坐，费时费力。对此我有亲身体会。我到葡萄牙里斯本谈判，就是先坐船到香港，再坐飞机，这个飞机还是先到伦敦，在伦敦倒机一次才能到里斯本，非常麻烦。所以我就提议澳门必须修建一个机场。

其次是修建机场的方案问题。就澳门当时的土地情况来看，并没有适合修建机场跑道的地方，因此机场跑道必须建在大海中。葡方最初提出建跑道的方案是"打桩"，即预估需要 1500 根巨大的水泥柱，打入海底并穿过 15 米多深的淤泥，深至岩层，撑住巨大水泥板，做成 45 米宽、3400 米长的飞机起降跑道；最后经多方调查研究达成一致，确定采用砂石填海建跑道的方案。⑥ 此外，还有资金问题，在工程进行中由于物价上涨等因素的影响，原

① 康冀民：《澳门回归之路》，《澳门文史资料工作计划出版》，第 18 页。
② 康冀民：《澳门回归之路》，《澳门文史资料工作计划出版》，第 18 页。
③ 康冀民：《澳门回归之路》，《澳门文史资料工作计划出版》，第 24 页。
④ 康冀民：《澳门回归之路》，《澳门文史资料工作计划出版》，第 24 页。
⑤ 康冀民：《澳门回归之路》，《澳门文史资料工作计划出版》，第 25 页。
⑥ 康冀民：《澳门回归之路》，《澳门文史资料工作计划出版》，第 25 页。

来的预算不够，需要追加投资。中方有人认为"澳门机场是个无底洞"，提出"三不政策"，即不增加投资、不为机场贷款担保、不买优先股等，最终由外交部请示国务院总理李鹏，李鹏总理的批示使中资机构的股权保留了下来。① 在此期间，澳门大福铧公司吴福先生也多次和我交换看法，并积极促成澳门国际机场建设成功，后来澳门娱乐有限公司、大福铧有限公司及中银集团都增加了投资比例，避免了澳门国际机场中途夭折的厄运。②

最后是澳门国际机场是否应写入《澳门基本法》的问题，对这个问题争论得也很激烈。在北京港澳中心召开的第六次全体会议上，只有澳门的黄汉强先生和我赞成将关于国际机场的规定原则性地写入《澳门基本法》。③这在黄汉强先生的日记中也记录了下来："在讨论澳门机场提案时，就康大使和我两个人举手赞成。"这是黄汉强委员去世之后，他夫人翻他的笔记本翻出来的。之后在另一次讨论时，我又提到澳门国际机场问题并坚持将澳门国际机场原则性地写入《澳门基本法》，否则将来澳门国际机场的管理将没有立法依据。内地一位委员与我发生了争论，他说："澳门现在还无机场，怎能将没有的事情列入《澳门基本法》呢？"我问他："为什么《香港基本法》有关于香港国际机场的法律条文呢？"他回答说："因为香港现在有国际机场。"我说："如果已经有了的东西可以列入《澳门基本法》，现在没有的东西不能列入，那么现在澳门很多东西都还没有，照你的说法就都不能写进《澳门基本法》，那我们还搞什么《澳门基本法》呢？现在澳门国际机场已经开始动工建设，几年之后才能竣工，《澳门基本法》不能等到机场建成后才公布。"我俩就此进行了激烈的争论，最后经过多次商议，才将澳门国际机场原则性列入《澳门基本法》第117条。

3. 澳门区旗和区徽问题

对于澳门区旗问题，一种意见是保留葡萄牙的国旗，另一种意见是换成中国的五星红旗，我说既不能用葡萄牙的也不能用五星红旗，我主张用澳门特有的区旗、区徽。澳门的区旗和区徽是从公开征集的大量图案中层层筛选出来的，最后确定与我们国家的五星红旗一致的五星和澳门特色的莲花、大

① 康冀民：《澳门回归之路》，《澳门文史资料工作计划出版》，第27页。

② 康冀民：《澳门回归之路》，《澳门文史资料工作计划出版》，第27页。

③ 康冀民：《澳门回归之路》，《澳门文史资料工作计划出版》，第28页。

桥、海水做图案。① 当时在讨论背景颜色时，一部分委员认为应该用红色，这样和国旗以及香港的区旗颜色一致。另一部分委员认为可以用绿色，因为绿色代表生命、和平、欣欣向荣，且特区和祖国的社会制度不一样，有自己的特色。② 最后大会表决通过用绿色作为澳门特区区旗和区徽背景色，同时在区徽上用中文写有"中华人民共和国澳门特别行政区"，用葡文写有"MACAU"，这也体现出中文和葡文都是澳门的正式语文。③

4. 土生葡人国籍问题

在签署《中葡联合声明》前的谈判过程中，双方对澳门居民的国籍问题未能达成共识，因此就将此问题挂起来，以备忘录形式各自阐述立场。葡萄牙承认双重国籍，而我国不承认双重国籍。澳门有 13 万多人持有葡萄牙护照，其中土生葡人有两万多人。④ 而回归将会使土生葡人在国籍归属问题上陷入法律冲突，此问题必须在回归前解决好，不能再继续挂起来。中葡联合联络小组通过磋商找到了解决该问题的办法，即根据澳门的历史和现实，尊重这部分人的意愿，允许他们自由选籍。⑤ 而且对选择葡萄牙国籍、愿意在澳门继续生活的澳门居民，中国政府承诺："在澳门的葡萄牙后裔居民的利益，将依法得到保护。澳门特区依法保护在澳门的葡萄牙后裔居民的利益，并尊重他们的习惯和文化传统。"⑥ 愿意在澳门继续留任的公务员（除特区政府一些主要官员必须由本地居民中的中国居民担任外，欢迎他们继续留下来），其薪金、津贴、福利待遇不低于原有标准，原来所享有的年资予以保留，这样大部分人选择了中国国籍，有一部分人选择了葡萄牙国籍，但仍留在澳门工作。⑦

罗庇士是澳门邮政局局长，是葡萄牙人，他曾经问我，他说康大使，我们是很好的朋友，你看我是留在澳门好，还是回葡萄牙好？我回答他说，既然你把我看成好朋友，我也愿意和你讲真诚的话，我认为你还是留在澳门好。因为在回归以后，在政治上你不会受歧视，而且你们还有优惠，比如说

---

① 康冀民：《澳门回归之路》，《澳门文史资料工作计划出版》，第 43 页。
② 康冀民：《澳门回归之路》，《澳门文史资料工作计划出版》，第 43 页。
③ 康冀民：《澳门回归之路》，《澳门文史资料工作计划出版》，第 43 页。
④ 康冀民：《澳门回归之路》，《澳门文史资料工作计划出版》，第 55 页。
⑤ 康冀民：《澳门回归之路》，《澳门文史资料工作计划出版》，第 55 页。
⑥ 康冀民：《澳门回归之路》，《澳门文史资料工作计划出版》，第 56 页。
⑦ 康冀民：《澳门回归之路》，《澳门文史资料工作计划出版》，第 56 页。

内地人买汽车还需要纳税，你们买汽车可以不纳税。我和他讲的都是非常实际的内容，他听完之后最终决定留在澳门。回归以后，他做了十年左右的邮政局局长，后来有一次我再来澳门的时候，他不知道从哪儿得来的消息就找到我。在交谈过程中，我就问他，你退休之后是回到葡萄牙还是留在澳门呢？他说，我回葡萄牙看看亲人，他们身体不太好，看完之后我就回来，我还要在澳门定居。还有澳门市政厅的主席马思华、欧安利大律师，在过渡时期他们都在犹豫不决地观望，后来我就游说他们，希望他们留下来。我对他们说："你们留下来之后不受歧视，待遇不变，你们想变成中国人随时都可以变。"同时，也告诉他们，中国不承认双重国籍，这事必须和他们说清楚。后来他们说，我们考虑清楚了，放弃葡萄牙国籍，加入中国国籍。所以后来他们都加入了中国国籍，在加入中国国籍之后，还当选了全国政协委员。然后有一次特别逗，马思华主动对我说："康大使，你看我的澳门身份证，欢迎你回澳门，澳门现在是我的家了。"我成了他们的客人，他们成了澳门的主人了。

5. 居民身份证问题

原来澳门居民持有的居民身份证都是用葡文书写的，有葡萄牙共和国字样，有葡萄牙国徽。回归以后澳门居民怎么能继续持有这样的居民身份证呢？但是在过渡期内澳门是由澳葡政府进行管理的，在此期间不可能将原来的澳门居民身份证直接换成中华人民共和国澳门特别行政区的居民身份证，到1999年12月20日澳门回归祖国时也不可能一下子换成澳门特区居民身份证，必须在过渡期内逐步换发。① 后来通过谈判，中葡双方达成协议，以灵活方式解决这一问题：一是不在澳门大张旗鼓地进行关于换领居民身份证的宣传活动；二是静悄悄地将原来的身份证换成"四无"身份证，即在居民身份证上无葡萄牙共和国字样，无葡萄牙国徽，无须标明国籍，无须标明身份证的期限。这样就解决了这一问题。②

6. 驻军问题

关于驻军问题，有人认为，"澳门多年没有驻军，只有保安部队，因此不需要驻军"；"澳门的实际情况与香港不同，地域狭小，邻近地区防卫力

---

① 康冀民：《澳门回归之路》，《澳门文史资料工作计划出版》，第56页。
② 康冀民：《澳门回归之路》，《澳门文史资料工作计划出版》，第56页。

量足以满足需要";"也有澳门同胞担心在澳门驻军要增加澳门人的负担"。①《澳门基本法》没有像《香港基本法》那样把驻军问题明确写入基本法。但实际上国家有关部门和军队一直在做着相关的研究和准备工作。邓小平同志曾坚定地表示:"驻军象征着中国领土,象征着我们的主权,除此以外,还有什么象征?这条一定要坚持。"这一英明论断指导澳门驻军问题得到妥善解决。②

随着澳门回归日益临近,澳门治安情况非常不好,枪击、爆炸、谋杀、抢劫等恶性案件时有发生,澳门黑恶势力一度非常猖狂。澳门居民有很大的忧虑,大家就深切盼望澳门早点回归祖国,早点有驻澳部队来澳门。③ 澳门特区筹委会副主任吴福先生在1998年7月10~12日全国人大澳门特区筹委会第二次全体会议上提出:"《中葡联合声明》和《澳门基本法》都写明中央负责澳门的防务,但没有提到驻军问题。现在治安太乱,希望派解放军进驻澳门。驻军一方面体现国家主权,保卫澳门的安全;另一方面可以对澳门的黑恶势力发挥威慑作用。"讲完后,时任国务院副总理兼澳门特别行政区筹委会主任钱其琛朝他点头微笑。④

1998年9月18日,国务院副总理兼澳门特区筹委会主任钱其琛在澳门特区筹委会第三次全体会议上,代表中国政府向世界宣布:"在澳门回归以后,中央人民政府在澳门特区派驻适量、精干的军队,负责管理澳门的防务。"这是中国政府第一次明确表示要在澳门驻军。钱其琛又说:"这是我国对澳门恢复行使主权的象征,也有利于澳门回归以后保持社会稳定和经济发展。"⑤

在中葡双方磋商澳门驻军具体安排问题的同时,中国政府有关澳门驻军的准备工作也在有条不紊地进行。1999年4月,驻澳门部队正式组建;1999年6月,《中华人民共和国澳门特别行政区驻军法》通过并公布;1999年11月10日,国务院、中央军委庄严公告:中央人民政府派驻澳门特区的部队,现已组建完成,将于1999年12月20日起正式担负澳门特区防务;

---

① 康冀民:《澳门回归之路》,《澳门文史资料工作计划出版》,第145~146页。
② 康冀民:《澳门回归之路》,《澳门文史资料工作计划出版》,第146页。
③ 康冀民:《澳门回归之路》,《澳门文史资料工作计划出版》,第147页。
④ 康冀民:《澳门回归之路》,《澳门文史资料工作计划出版》,第147页。
⑤ 康冀民:《澳门回归之路》,《澳门文史资料工作计划出版》,第148页。

1999 年 12 月 19 日，中央军委主席江泽民发布了中国人民解放军驻澳门部队进驻澳门特别行政区的命令；1999 年 12 月 20 日晚上 12 时整，中国人民解放军进驻澳门。①

驻澳部队由珠海拱北关进驻澳门，一刹那，锣鼓声地动山摇，手摇彩旗漫天飞舞，"欢迎，欢迎，热烈欢迎!" 的欢呼声此起彼伏。澳门居民欢迎解放军进驻是发自内心的，比如，街坊总会组织的 3000 多人迎军队伍全都来了。全国政协副主席马万祺和吴福先生揭开红绸，代表全澳同胞将一面"威武文明之师"牌匾送到驻澳门部队司令员刘粤军和政委贺贤书手中。②

回归至今，驻澳部队在广大澳门市民心目中，树立了良好而优秀的形象，透过植树、捐血、风灾救援等一系列活动，让澳门市民深深感受到"威武文明之师"关怀澳门的真实一面。③

二 对《澳门基本法》的评价

（一）《澳门基本法》的意义

《澳门基本法》的重要意义是将《中葡联合声明》中的重要原则以法律的形式确定下来，体现了"一国两制"方针。

澳门特别行政区享有中央授予的行政管理权、立法权、独立司法权，基本法赋予了澳门这么大的权力，保持原有的生活方式 50 年不变，现在已过去 18 年，还有 32 年。50 年以后什么样？邓小平同志说过：以后的人比我们更聪明，他们会想出办法。《澳门基本法》是澳门实行"一国两制"的法律保障，是澳门制定法律、法规的依据，但是不能叫"大法"。有人说《澳门基本法》是大法，我说不对，大法指的就是国家宪法，只有国家的宪法才能叫大法。所以澳门为什么叫基本法，基本原则定了，但是可以主动灵活调整，这是在讨论当中明确的问题。

实践证明《澳门基本法》符合澳门的实际情况，其中有一个复杂的问

---

① 康冀民：《澳门回归之路》，《澳门文史资料工作计划出版》，第 149 页。
② 康冀民：《澳门回归之路》，《澳门文史资料工作计划出版》，第 151 页。
③ 康冀民：《澳门回归之路》，《澳门文史资料工作计划出版》，第 151 页。

题，就是博彩业。博彩业对澳门经济的繁荣还是有很大作用的，有人说既然回归了，我们干脆把澳门的博彩业取消算了，后来经过讨论，大家认为只要对人民生活有利，能够提高人民生活就应该予以保留。

（二）《澳门基本法》和《香港基本法》的异同

澳门和香港都是采用和平谈判的方式解决了历史遗留的重大问题，都是实行"一国两制"的方针，实行高度自治，"澳人治澳"，"港人治港"，原有的资本主义制度和生活方式50年不变。《香港基本法》制定在前，《澳门基本法》制定在后。两个基本法的主要原则是一致的，都是以我国宪法为依据，将中英、中葡联合声明主要的政策写入基本法。[1]

但《澳门基本法》与《香港基本法》也有不同的地方。葡萄牙对澳门是逐步占领，先占领澳门半岛，后来是氹仔岛，然后是路环，所以《澳门基本法》写的是"逐步占领"。而香港是在1840年英国对中国进行鸦片战争后，清政府被迫签订了不平等的《南京条约》而被侵占的，总督是英国人，其他都是中国人，所以《香港基本法》直接写的是"占领"。当时香港的中国人不认为自己是中国人，没有祖国的概念，因为那里有英国总督管辖他们，他们只得老老实实地为总督服务。

关于居民的权利和自由，《香港基本法》有19条内容，而《澳门基本法》有22条内容。主要是《澳门基本法》参考了两个国际人权公约和《葡萄牙宪法》的有关规定。其中，特别规定了保护葡萄牙后裔居民利益等方面的内容。[2]

驻军问题在《香港基本法》中有明确的规定，而《澳门基本法》没有把驻军问题纳入，区别是由于香港一直有英国的驻军，在香港回归时不仅要政权交接，还要有驻军军营和部队的交接。而在澳门，葡萄牙在1974年就撤走正规军改为保安部队来维持澳门的安全，故澳门回归时只有政权的移交没有部队的移交。[3]

另一个就是行政长官问题，《香港基本法》规定行政长官不得拥有外国

---

① 康冀民：《澳门回归之路》，《澳门文史资料工作计划出版》，第44页。

② 康冀民：《澳门回归之路》，《澳门文史资料工作计划出版》，第45页。

③ 康冀民：《澳门回归之路》，《澳门文史资料工作计划出版》，第146页。

居留权，而《澳门基本法》只是规定行政长官在任职期内不得拥有外国居留权，所以澳门比香港要宽松很多。

三　澳门同胞爱国爱澳

我在澳门工作期间有很深的感觉，那就是澳门同胞的爱国心很强。

（一）协助保护澳门财产

人们说澳门是"半个解放区"，澳门同胞爱国心比较强。我也借这个机会，向澳门同胞表示深深的谢意。我在澳门工作的时候，他们给了我很多帮助。比如说，澳葡政府要把部分政府房产出卖给葡萄牙一家私营公司。这些房产是七百多套政府公务员居住的宿舍楼房，总价值为四亿多澳门元。[①] 本来是公产房子，他们要变成私产。澳门同胞得知这一消息之后就向我们做了通报，幸亏有澳门同胞的及时通报，我们才能及时制止澳葡政府的这一行为。1990 年 5 月 18 日，中葡联合联络小组在北京举行第七次会议时，我严正指出："1999 年澳门回归祖国、政权交接是葡萄牙共和国政府把澳门交还给中华人民共和国政府，而不是澳葡政府交给当地澳门人的交接。政权交接包括：财产、财务档案等完整的交接，而且葡萄牙离开澳门时，不能给特区政府留下债务。也就是说澳葡政府所有的土地、公共建筑、各政府部门的所有办公设备，以及以政府名义经营或参股的企业，都必须完整无缺地移交给中国政府，然后由中国政府交给澳门特区政府管理。绝不允许在 1999 年回归前，澳葡政府把有些财产出售给葡萄牙私人机构或其他私人机构，把公产变成私产。"[②] 这一下子就把他们给打住了。如果不是澳门同胞告诉我，葡萄牙人悄悄把房子卖掉变成私产就不好办了，所以我说澳门同胞的爱国心很强。

（二）协助中葡联合联络小组中方代表找房子

根据《中葡联合声明》第三、四、五条的规定，在联合声明生效当

---

① 康冀民：《澳门回归之路》，《澳门文史资料工作计划出版》，第 124～125 页。
② 康冀民：《澳门回归之路》，《澳门文史资料工作计划出版》，第 125 页。

天即 1988 年 1 月 15 日起，成立中葡联合联络小组。中葡联合联络小组成立后三个月开始工作，第一年轮流在北京、里斯本和澳门开会，此后以澳门为常驻地，工作到 2000 年 1 月 1 日。葡方第一任组长为科埃略大使，中方第一任组长由我担任，任满后，由过家鼎和韩肇康两位大使先后接任。① 我驻澳门共 4 年，工作期间澳门同胞确实在各个方面都给了我很大的支持。

其中，给我留下深刻印象的一件事就是为中葡联合联络小组中方代表处寻找办公地点的事情。中葡联合联络小组中方代表处要常驻澳门，就要找办公地点，那个年代澳门的房舍也很紧张，租房子不像现在这么容易。当时国务院财政部外事财务司一位副司长和外交部财务司一位副司长同我一起在澳门找房子。② 我先找到了经贸部在澳门开办的南光公司，南光公司总经理曹万通向我表示："非常欢迎你们到澳门工作，但我们的房子也很紧张。我只能给大使先生您和您的秘书各提供一间房，而且你们联络小组进驻办公楼，肯定要挂国徽和国旗，而国徽和国旗只能挂在我公司办公楼的旁门，如果挂在正门，有的商人来了看见会害怕，因为我这里是商业机构，来这里谈贸易的各国的都有，包括台湾的公司，他们来了看见我办公楼挂的中国国徽和国旗，会误认为我是官方机构，没法谈生意了。"③后来我一想，我走旁门，中国的国旗挂在旁门，觉得不太合适，我就决定再想办法。

1988 年 1 月，澳门中华总商会会长马万祺先生到北京开会期间我们见了面，在交流过程中就谈到中葡联合联络小组的住房问题。这位澳门知名人士很热情地欢迎我们进驻澳门工作，又热心地向我们提供办公用房，他提出要将位于澳门小坑尾附近的中建大厦的其中一层租给我们。④ 我很高兴，也很感谢他，马上派先遣工作组到澳门准备装修。当我们告诉他装修即将开始时，他高兴地对我们说："葡萄牙联络小组也在找房子，澳门地方小，不好找，我把你们楼上一层租给了他们，这样你们工作、谈判就很方便了。"⑤

① 陈滋英：《港澳回归纪事》，第 205～206 页。
② 康冀民：《澳门回归之路》，《澳门文史资料工作计划出版》，第 107 页。
③ 康冀民：《澳门回归之路》，《澳门文史资料工作计划出版》，第 107 页。
④ 康冀民：《澳门回归之路》，《澳门文史资料工作计划出版》，第 107 页。
⑤ 康冀民：《澳门回归之路》，《澳门文史资料工作计划出版》，第 107 页。

我当时内心一惊，但表面上未表露，只是说："好好好！"我马上将此事报告给周南副外长，我深知两国外交代表机构在同一栋楼的上下层办公，不方便，不利于保密。试想，在楼上某个角落竖根管子下来，就可以听到我们的谈话情况，这也太危险了。[①] 后来我对马万祺先生说："马老，很感谢你的好意，中葡两个代表处在同一楼上下层办公是很方便，但是中国人的生活习惯和外国人有很大的不一样，外国人在办公室穿西服扎领带，而澳门比较热，我们中国好多同志在没有外事活动时，还习惯穿汗衫，有的时候天热穿拖鞋就出去了，不太注意着装问题，让葡萄牙人看到后很不礼貌，因此我们另外找办公处。"我就以这个理由回绝了他。

我们又找了多处，都没有成功。后来澳门新华社的顾问柯正平（柯老）知道我们找房子太困难，就领我到他家去了。客厅里面挂的是中国领导人的相片，还有他到北京开会领导人接见他的照片。他说："康大使，我们多年盼望澳门早日回到祖国，你们联络小组为澳门回归工作，却找不到房，使我很难过。你看，把我这二层小楼拆掉，盖一座高一点的楼，够不够用？"[②] 我很感动，握住他的手说："柯老，我想办法去找房子，你这房子是有历史意义的，你在这里住了这么长时间，这个房子不能动，我再想办法，我相信这个房子一定能找到。"

在此情况下，我再次找到南光公司总经理曹万通，他没有想到此时我们还没有找到合适的房子。他对我们说，南光公司在新马路有个工艺品公司，他们还有房屋待租，就是不知道是否已经租出去了。我就请他赶快打电话确认。后来他确认说房子还没有租出去，于是就把这个房子留给中葡联合联络小组驻澳门中方代表处。后来在 12 年过渡期内，我们联合联络小组中方代表处就一直在这栋房子里工作，直到澳门回归我们联合联络小组工作结束。[③]

确定了办公地点之后，1989 年 2 月 15 日，中葡联合联络小组在澳门文华东方酒店联合举行正式进驻澳门招待会，从此中葡联合联络小组中方代表处就长期驻在澳门，直到澳门回归后的 2000 年 1 月。[④]

---

① 康冀民：《澳门回归之路》，《澳门文史资料工作计划出版》，第 107 页。
② 康冀民：《澳门回归之路》，《澳门文史资料工作计划出版》，第 108 页。
③ 康冀民：《澳门回归之路》，《澳门文史资料工作计划出版》，第 109 页。
④ 康冀民：《澳门回归之路》，《澳门文史资料工作计划出版》，第 105 页。

四　澳门回归十年巨变的主要因素

（一）"一国两制"的方针正确①

中央为澳门制定了"一国两制"、"澳人治澳"、高度自治的方针，制定了《澳门基本法》。澳门特区严格按照这些方针办事，也充分发挥了"一国"和"两制"的优势。

《中葡联合声明》和《澳门基本法》明确规定："澳门特区保持原有的资本主义制度和生活方式，五十年不变。享有行政管理权、立法权、独立的司法权和终审权。"另外，还有独立关税、资金自由进出、低税制等。澳门特区充分利用和享受"两制"的优越政策，才使澳门腾飞起来。澳门第一任、第二任特首何厚铧先生高度论述了"一国两制"的非凡意义。他说："'一国两制'是澳门特区存在的宪制根据和基础，只有'一国'才有'两制'，只有'一国两制'才有'澳人治澳'、高度自治，'一国'是'两制'的前提，'两制'是'澳人治澳'和高度自治的最终保障。"

澳门特区政府和居民也深深感受到祖国对澳门的关怀和支持。每当特区遇到困难之时，中央政府总是及时伸出援助之手，成为特区战胜困难的坚强后盾。澳门回归时正值亚洲金融危机余波未平，此后"非典"疫情接踵而至，中央政府实施了一系列支持澳门发展经济的政策措施，包括2003年10月17日签署《内地与澳门关于建立更紧密经贸关系的安排》。2004年开放内地部分城市居民赴澳门"自由行"，一方面内地居民通过旅游了解澳门，同时也为澳门带来不菲的收益。2008年9月，国际金融危机在全球蔓延，中央政府及时提出六大方面共九项措施，全力支持特区政府抗击金融海啸，增强大家的信心，使经济很快复苏。2009年6月，为支持澳门发展教育和培养人才，批准澳门特区在珠海横琴岛建设澳门大学新校区。2009年底，中央政府为解决澳门地狭人稠、经济社会发展受限制问题，又批复了澳门填海造地360余公顷，使澳门面积从回归前的20.96平方公里扩展到32.28平方公里。澳门媒体评论说，不论逆流还是顺流，无论

---

① 康冀民：《澳门回归之路》，《澳门文史资料工作计划出版》，第215页。

在困难还是在发展时期，中央的关爱、国家的支持都温暖着广大澳门同胞的心，点点滴滴记心头。

（二）"澳人治澳"，澳门人当家作主①

回归前几百年澳门的官员都是从葡萄牙派来的。回归后，澳门人当家做了主人，有了自主权。澳门居民在广泛的民意基础上选举产生了行政长官和立法会，形成了以行政长官为核心的行政主导体制。在特首统领下，行政、司法、立法机关分工负责，行政、立法机关既互相制衡又互相配合，司法机关独立行使审判权。这保障了澳门特区政治体制良好运作。

回归初，澳门特首何厚铧和他的管治团队还没从回归的喜悦中走出，就要面对澳门经济持续下滑、失业率高、金融风暴后遗症等一系列问题，特区政府根据形势制定与采取了一系列正确的方针和措施。首先，采取了"固本培元，稳健发展"的方针。2001年特区政府决定开放赌权，吸引外资，使澳门经济走出困境，博彩旅游业也带动了其他行业的发展，使特区政府的"荷包"充实起来。特区政府还依据自身特点，从实际出发，确立了以博彩旅游业为龙头、以服务业为主体、各行业协调发展及"经济适度多元化"的策略，同时加强区域经济合作，利用澳门自身优势与粤港台、葡语国家和欧盟开展合作。例如，澳门国际机场董事局主席邓军就曾对我说："澳门国际机场建成运营以来，虽然遇到很多困难，但一直有盈利，年吞吐量排在全国机场第六位，仅次于北京、上海、广州、香港和深圳，平均每天有130多架次。高峰时期，一日航班达160多架次。国际金融危机时，一日也能达到110多架次。以前大陆和台湾不能直接往来，澳门是中间的桥梁，现在大陆和台湾能直航，经澳门的架次少了一些，但我们开展由澳门到东南亚和欧盟的工作，使澳门机场能保持盈利。"

十多年的道路也不是非常平坦的，发现问题则采取措施及时解决。例如，博彩业开放带来了经济效益，但也带来产业结构单一、经济发展过分依赖博彩业等问题，成为澳门发展最大的隐患。面对这一问题，澳门特区政府及时提出"经济适度多元化"的发展策略，并加大与加强对教育和文化的投资和管理。澳门科学馆吴荣恪董事长请我们参观科学馆和天文馆时说：

---

① 康冀民：《澳门回归之路》，《澳门文史资料工作计划出版》，第217页。

"我们花了七个亿建这两个馆，目的就是吸引青少年注意科学，开阔视野，不要只看到博彩业……"

正是由于以何厚铧先生和崔世安先生为行政长官的集体领导班子团结一致，发挥集体智慧，一心一意促发展，澳门居民爱国爱澳，支持中央政府和特区政府各项政策，参政议政，澳门特区才能取得今天的发展成就。这是澳门居民当家作主、充分发挥主人翁精神的结果。

（三）依法治澳①

在澳门的发展过程中，立法会和司法系统发挥了重要的保驾护航的作用。

澳门特别行政区立法会成立以来，已经制定通过了上百部法律。其中2009年2月25日，在100多名市民到场旁听下，经过议员的讨论，最后以绝对多数票通过《维护国家安全法》，次日生效。《维护国家安全法》严格依照《澳门基本法》第23条的规定，对叛国、分裂国家等七种危害国家安全的行为予以禁止，并规定了对相关罪行的处罚。本项立法填补了法律空白，基本法第23条赋予特区自行立法维护国家安全的责任得到落实。

回归以来，澳门特区一直不断完善法律，依法治澳，走法治社会的道路。

（四）目标明确，措施得当②

回归初期，结合历史情况和自身特点，澳门将自己未来发展定位为世界旅游休闲中心。定位准确，目标明确，使大家能朝着一个目标努力。

有了目标，措施得当就能达到目的。特区政府首先决定开放赌权，引进外资，使博彩业蓬勃发展，带来巨大收入。它直接带动了房地产业、酒店业、旅游业、餐饮业、航运业、银行和金融业……同时提供了税源，实现了低税率，低税率又促进了一些工业企业的发展，经济发展使投入文化教育、卫生、福利等方面的资金增多，使居民的生活水平和文化素质提高，各族人和谐相处，社会稳定，进入良性循环。

---

① 康冀民：《澳门回归之路》，《澳门文史资料工作计划出版》，第218页。
② 康冀民：《澳门回归之路》，《澳门文史资料工作计划出版》，第219页。

特区政府因势利导，克服困难，不断创造条件来打造国际旅游城市。例如，修建机场并想方设法开拓新航线；建深水码头；与世界上的国家和地区互免签证和落地签证，使人员往来自由方便；大部分银行自由兑换货币，结算方便；扶持有特色的餐饮业；等等。这使游客充分享受到旅游的愉快，让澳门从边陲小城发展成为国际旅游城市。

五　追忆与澳门同胞间情谊

通过起草《澳门基本法》，我与澳门的何厚铧、曹其真、黄汉强等人都成为了很好的朋友。此外，我在澳门工作期间，吴福帮助了我很多，除了前述的澳门修建机场事宜，还包括协助外交部驻澳门特区特派员公署找房子。当时外交部驻澳门特区特派员公署要找办公地点，我就找到总统酒店的董事长吴福。吴福向我建议说："您看消防局怎么样？消防局离拱北口岸和港澳客运码头都比较近，交通方便。"我说合适。但是怎么具体落实呢？他在中间做了很多工作。最终我们提出以白马行作为葡萄牙的领事馆作为交换，我们将方案报外交部，取得了外交部的同意，并顺利与葡方达成了交换协议。原消防局所在地就成为现在外交部驻澳门特区特派员公署所在地。

我曾为澳门回归工作过，对澳门有深厚的感情。我对我自己的形容是"人在曹营心在汉"，人在北京，却事事关注着澳门。祝澳门明天更美好！

郭东坡委员访谈纪要

访谈时间：2017 年 12 月 9 日

访谈地点：澳门特区驻京办事处澳门中心

出席人员：骆伟建教授、赵英杰博士

访谈主题：《澳门基本法》探源

一　接受新任务，承担新工作

（一）临时受命，走马上任

首先说说去澳门的事，调动去澳门工作，对我来说，那是完全很突然的一件事情，也是我意想不到的事情。那是 1990 年，我在贸促会当副主任，有一天在马路上碰到我一个邻居，他当时在外贸部，是领导成员之一。他对我说，"老郭，听说你的工作最近可能会有点儿变化"。我说："我还不知道，还没听说。"他说："你过几天可能就有点消息了。"那时候也不好意思问人家，具体是什么变化，因为也不知道将会调到哪里。

后来，我记得过了没有几天，组织上就和我说，你的工作要有一个变动。那时候我是贸促会的副主任、党组副书记，相当于二把手。此时，贸促

会的一把手还没在国内，正在外国访问。然后，组织部的同志通知我，国务院港澳办的姬鹏飞主任要和我谈话，我心里想这个工作一定很重要，因为当时姬鹏飞是国务院副总理。

很快我就在国务院港澳办李后副主任陪同下，去见姬鹏飞主任。我现在还清晰地记得，姬主任见到我脱口就说"还没走呢"，我当时听了不知如何回答。李后就说："刚告诉他去澳门工作的事。"姬主任说："那就早点儿走吧。"李后说："我们已经开始安排了，打算周六就让他走。"因为说这话的时候不是周二就是周三。后来姬主任对我去澳门的工作，做出了原则指示并交代："详细的情况就让李后跟你说说。"姬主任虽然没有和我说太多，但对我的工作寄予厚望，给我一个礼遇。然后，李后副主任就陪着我出来了，并将有关港澳问题的文件和资料汇编给了我，让我先看看，了解一下港澳的情况。

说实话，我当时也是坐不住，因为我贸促会的工作还没有交接，而且我还要去外交部，当时陈滋英委员担任外交部港澳办主任。我回来之后就先跟贸促会同事打了一声招呼，说我的工作有变动，而且很快要走，明天我们要开一个党组会把工作具体交代一下，因为时间紧张，要马上离开。之后赶到外交部找到陈滋英委员，因为陈滋英委员在葡萄牙做过大使，所以他就给我介绍了一些葡萄牙和澳门的情况，了解一下之后，我就回来赶快做准备。

我们那个年代还有个置装问题，就是如果要出国、出境，需要准备几套西服、礼服等。现在人都不用想这个问题，家里就有很多衣服，可以说走就走。但是当时置装问题对到境外出差来说是一个比较大的问题，还好当时我是从事外事工作，不存在置装问题。

记得收拾办公室的时候，因为是很多年的办公室了，东西特别多，怎么弄呢？我记得，让自己的老伴找几个大纸箱子，将凡是桌子、柜子、抽屉里面的东西都扣在纸箱里拉回家晚上整理，属于个人的东西留在家里，属于公家的东西放在单独纸箱搬回单位，所以收拾办公室就是这样收拾的。你就可以想象这个时间有多么紧，两三天之内我是如期走了，走的时候我是光杆司令一个人走的。那个时候也没有秘书，也不存在这样的问题，就一个人去澳门。

到了广州，我记得是澳门新华社秘书长袁启麟来接我，那时候从广州到澳门的路不像现在这么好走，颠来颠去，开车要走五个多小时，现在只需要一两个小时。所以当我到澳门的时候已经是晚上了，而且谁也不认识，就把我接到了妈阁庙附近的中山新村澳门新华社的一个招待所。

我的行李刚放下，就有一位年轻人通知我，说您快下去，第一，记者都在下面等着采访您。第二，晚上有一个迎送会，欢迎我新社长到任，欢送原社长周鼎，就是新华社班子小范围的聚会。所以我就很懵，东南西北还没弄清楚呢，楼下记者等着采访我，由于事情紧急，也无法多做准备，幸亏我多年从事外事工作，事先也阅读了有关澳门问题的文件和对澳门情况做了一定了解，要不然真的是傻眼了。之后，我接受了记者采访，重申了国家对澳门的基本方针政策，表达自己愿意与澳门居民一起，搞好澳门过渡时期的工作，做好政权平稳过渡顺利交接的准备，记者也非常友好和合作，顺利完成了采访。

（二）进入工作角色，融入澳门社会

到澳门第二天就开始工作，由于上任匆忙，原社长周鼎还没有走。我的办公室还没有准备好，那时澳门新华社还是在旧的中国银行大楼那里办公，所以就在会议室的门口，放了一张桌子，在那里开始工作了。

刚刚上任时，一些同事，如陈惠君、欧仲文等热情地给我介绍情况，包括和葡方的关系，澳门的社会情况、社团情况等，而且他们很贴心，很亲切，对我的工作帮助很大，我到现在都很感谢这些同志。

我就是这样一点一点开始工作的，后来，我就是深入基层。你们刚才讲到澳门同胞现在还怀念我，我想和这个还是有关系的。那时候我一有空就到工联会、妇联会、街坊会与社团去。为什么我离开澳门的时候，妇联会有些人会哭，因为那时经常去到他们那里。包括马万祺（马老）那里，也就是中华总商会，吴荣恪的出口商会，还有渔民那里。说实话最难的是到渔民那里，因为广东话我听不懂，渔民的话我就更听不懂了。所以每次去离岛的时候，社工部都派两个人跟着我把渔民的话翻译给我听，否则我听不懂也不知道他们在说什么。就这样，一步一步地深入基层，开展工作。白天要有一些应酬的，到了晚上最多晚一点睡觉，就到这些社团那里，跟他们接触，了解他们的情况。

那时候是澳门过渡时期，还是由葡萄牙管理，当时我们的名字叫新

华社，我们的地位和现在的中央联络办不是一回事。我和新华社的同事说，我们一定要深入基层，一定要热情对待基层、社团或每一位向我们反映情况的群众，这个地方不是机关，如果是那样，就相当于把我们新华社和外界隔绝掉了。我在新华社的办公室谁都可以进。我们的房子本身就很小，门都开着，进来的时候若是不认识，一回生、二回熟，进来聊聊天。所以当时我们的工作就是这样一步一步深入的，一步一步地和澳门同胞建立起相互了解的关系。当然不仅是社团基层，如工联、妇联、街坊会，还有工商界，我们也都是和他们这样接触。由此，就把你融入澳门社会当中去了。

后来，我们新华社搬到了新楼，房子大了，门口的派头也大了，也有门卫了。那时候我就和新华社的同事讲：不能因为我们从旧的中国银行搬到这里来，就把我们自己像个鸟笼一样封闭起来，如果要这样，我们的工作就麻烦了。特别是当时处在过渡时期，就相当于我们像鸟一样坐在笼子里，葡萄牙人从外面看我们清清楚楚，我们却不知道外面发生了什么事情。所以我们还是一定要好好地深入基层，不能因为我们搬上了新楼就不下去，就搞机关的那一套："你找谁呀？先找门卫，门卫再通过秘书，一层一层的折腾。"我和同事说，我们的工作方式一定不能变，谁来都要热情，谁来都不能挡。我在新华社的时候就是那样要求的。

二 参与《澳门基本法》起草工作

（一）增进相互了解，认识国情和区情

1987 年《中葡联合声明》明确了澳门回归中国的确切时间，即 1999 年 12 月 20 日。定下来以后，从 1988 年就开始进入过渡期，那么我去的这个时间是 1990 年，正好是过渡期刚开始，当时工作的主要任务是保持平稳过渡，为澳门回归做准备。其中一个十分重要的工作就是起草《澳门特别行政区基本法》。1988 年全国人大决定成立基本法起草委员会，在回归以后，实行"一个国家，两种制度"，那么，如何做好基本法的起草工作？这是当时的头等大事。

《澳门基本法》起草委员会总共有 48 名委员，澳门草委总共 22 人，其

中还包括新华社三位（因工作调动关系，我接替了周鼎，宗光耀接替了胡厚诚，还有柯老，即柯正平）。内地委员有专家，有各个方面的代表，还有好多高级领导，全国人大常委会副委员长和全国政协副主席就有王汉斌、胡绳、钱伟长、雷洁琼，还有姬鹏飞副总理，所以国家对《澳门基本法》起草工作是非常重视的，隆重其事。

我是 1990 年来到澳门的，到了澳门以后，顶替了周鼎的名额，进入了《澳门基本法》起草委员会。因为当时我是新华社澳门分社社长，所以就给了我一个副主任委员的职位。从这个时候开始，我就进入了《澳门基本法》起草委员的角色。

在 1990 年之前，《澳门基本法》起草委员会的会议还不多，主要是制定工作规则和起草《澳门基本法结构（草案）》。成立了五个专责小组后，会议开始多起来，共召开专题小组会 70 次，全体会议 9 次，主任委员扩大会议 3 次。我参加后不久，就需要到内地来参加专题小组会议。记得我第一次参加，是去了杭州的刘庄。以后小组会议除了北京以外，还有到甘肃兰州、四川成都、广西桂林、福建福州、广东广州等。当时领导的指导思想，就是要让两地的委员互相增进了解。内地的委员对澳门的情况要增进了解，所以有些会议都在澳门召开；安排在内地开是为了让澳门的委员，对内地的社会主义有更多的了解。所以会议轮流到全国各地开，东边到了福建，西边到了甘肃、四川、广西，中部也有。

我为什么这样说，是因为当时澳门委员中的中国居民对内地还了解得多一点，但刚才我们说的葡萄牙土生包括宋玉生、黎祖智还有林家骏，他们根本不了解内地的一些情况，有的没有来过内地，所以为了让《澳门基本法》真正能够体现"一个国家，两种制度"，也要让澳门委员了解实行社会主义制度的内地是如何发展、如何变化的。反过来呢，内地的委员也有很多人没有到过澳门，葡萄牙如何逐步占领澳门 400 多年，澳门的情况是什么样的，很多委员不了解，所以很多内地的委员也需要到澳门去。

这样的安排与指导思想，一方面增进了委员们对内地和对澳门的了解，另一方面也增进了委员们之间的相互了解。因为大家都不大了解、不太认识，这样在思维方式、对某个问题的看法上都很难达成一致，通过这样的安排，增进了相互了解，防止了不必要的怀疑和隔阂，容易达成一致和取得共识。

（二）反映澳门实际，体现澳门特色

一方面，《澳门基本法》起草委员会委员是由各个方面的专业人士组成的，再一个，除了我们的草委以外，还有 90 位咨委（澳门基本法咨询委员会委员），下面还有二十八九个关注小组。这些关注小组做什么工作呢？关注小组是由最最基层社团的人员组成的，对澳门各个角落、各个阶层、各方面的情况都要搜集、听取、反馈，先是反馈给咨委会，咨委会再反馈给草委会，形成了一个咨询和收集意见的渠道。

这样做的目的，就是要让我们起草的条文既能够体现"一个国家，两种制度"的方针政策，同时又要符合澳门的实际情况。因为澳门有澳门的实际，澳门的实际与香港不一样，澳门由葡萄牙人管治了几百年，同时澳门的人口结构也和香港不一样，我印象中澳门当时有 3% 左右是葡萄牙人及其后裔。

所以，基本法起草时要关注这样的一个背景。因为在《中葡联合声明》里面就谈到了葡萄牙人的利益问题，所以需要反映澳门的葡萄牙人的愿望，维护他们的合法利益，并体现在《澳门基本法》的条文起草上，使《澳门基本法》条文理念既要体现"一国两制""高度自治""澳人治澳"，也要反映并符合澳门的实际。那么如何做到符合澳门的实际？就是我刚才讲的，在起草过程中为了达到这样的目的做了大量深入实际的工作，包括草委、咨委以及关注小组，关注小组再深入最基层的百姓，所以《澳门基本法》条文是有民众基础的。

（三）民主协商，逐步达成共识

1. 各抒己见，充分讨论

但即使是这样，由于内地和澳门人的认识差异，以及中国人和外国人的认识差异，在讨论某些条文的时候，自然而然也有一些分歧和不同看法，因为这是一个利益问题。我记得起草时有两个场景，印象比较深刻，一次会议是在桂林，宋玉生委员不知道提到哪条条文，总而言之是涉及葡萄牙居民的利益问题，当时讨论的时间比较长而且比较激烈。后来就暂时休会先喝喝茶，放松一下，在会下再协商，之后再重新来，耐心听，就逐步缩小了分歧，取得了共识。

另一次会议是在北京，当时姬鹏飞主任也在，我印象中李后他们都在，曹小姐（曹其真委员）提出了一个意见，当时还是基本法起草委员会的秘书长鲁平也发表了意见，由于意见不同，比较激烈。曹小姐当时就说：如果不让我发言我就走。一时出现了僵持，所以就休会了。然后我记得，因为我是在澳门工作就劝了劝曹小姐，让她不要太激动，不要太生气，因为鲁主任也很直爽，说话很直接，但是出发点都是好的，经过休会和情绪平静，再开会后气氛缓和，对问题的讨论取得了进展。这种争论并没有影响鲁主任与曹小姐在今后起草工作中的友情。

这就是我们说的，大家对问题有不同的看法，讨论也不是一帆风顺的。但是，草委们本着民主协商的精神，经过反复讨论、协商，最终达成一致。

2. 精益求精，斟酌条文

澳门实行资本主义制度，祖国内地实行社会主义制度，"一国两制"就是这样体现出来。我记得这就涉及工商界一些人士的财产、土地房屋等问题，在经济组讨论这些问题的时间比较长，大家讨论的也是比较认真和细致，最终达成的意见也是一致的，澳门实行的是资本主义制度，维护土地和财产私有制，所以在条文中规定"澳门特别行政区以法律保护私有财产权"。

另外，对澳门居民的定义讨论的时间也比较长，比较细，而且是反反复复，多方面听取意见，内地委员专门到澳门去听取意见好像就有好几次，这样的安排让长期生活在内地的委员对澳门有比较多的了解，在条文的表述上比较容易达成共识。这个问题经过多次讨论，条文的表述就比较好，明确规定，在"成为永久性居民后在澳门以外所生的中国籍子女"才能成为澳门永久性居民。

三 解决"三大问题"，实现平稳过渡

所谓"三大问题"就是在澳门回归过渡期为澳门回归做准备中的三个关键性问题，又叫三大难题。

一是公务员本地化问题。公务员本地化问题实质就是让澳门的中国籍居民逐步担任中高级公务员，为回归后的"澳人治澳"做好准备。《澳门基本法》第63条规定，在澳门通常居住连续满15年的澳门永久性居民中的中国公民才能够担任澳门特区的主要官员。那么，中国人能不能胜任呢？特别是澳门和香港的情况不一样，澳门人过去受教育的程度普遍比较低，受过高等教育或者受过更多教育的人，相对来说比较少，难就难在这里。所以，我们当时要开始做这方面的准备工作。说到这方面的工作，前面提到的老欧、陈大姐他们提了很多好的建议，做了大量工作。那么工作又要做，又不大容易做、不好做，所以那时候在这方面，人才的问题是大问题。尽管如此，我们还是用各种各样的办法培养了一些人，就是为澳门回归的人才、公务员的本地化问题做准备。虽然内地是有人，但是不能去，不要说主要官员，就是普通官员也不行，根据《澳门基本法》规定要具备永久性居民的资格，所以这是一个问题，不容易的。

二是法律的本地化，刚才讲到高度自治，就需要很多懂法、执法的一些人。葡萄牙人走了以后，我们澳门人谁能够来做这些事情，这是个大问题。虽然葡萄牙人是配合，是友好合作，但是在葡萄牙管治时期，司法官中几乎没有中国籍的澳门本地人。那么1999年以后，葡萄牙人走了，澳门人谁来担任大法官？谁来担任法院的司法官？这都是难题。尽管如此，在筹备的过程当中，这都是必须解决的，到了回归那一天，以上职位相应的澳门人都要就位。

三就是语言问题，相对来说好一点，但也不容易。因为过去所谓的官方语文是葡文，现在基本法规定，葡文和中文都是正式语文。不错，但是你真正到了澳门办事的时候，有多少人可以用葡文办公？有多少人能懂葡文？说实话，由于历史的原因，澳门受过比较多教育的人是比较少的，基础就是这样的。所以，在过渡期内，要让中文成为正式语文，方便澳门的中国人办事。这样，1999年12月20日以后，中国人能够开张，特区政府能够开张、能够办公。

事实证明，中国人能干。"三大问题"在澳门特区政府成立以前都逐步解决了。虽然三大问题很困难，但是在过渡期内，经过多方面共同努力解决了，保证了澳门的顺利回归。刚才讲的这一段话真的是不容易。我在1997年就回来了，没有待到澳门回归前的最后一刻，但是我在新华社澳门分社当社长期间，这些问题我们都是提到议程上来作为重点工作来抓的。

这里我还想说一个问题，就是澳门整个过渡期的平稳过渡和葡萄牙人的友好合作、支持也有关系，这一点我认为也应该明确。尽管中葡之间有矛盾，但是总体上来说是友好合作的。我在新华社澳门分社任社长的时候，体会得比较深，澳门不像当时香港回归时英国总是出难题。

四　抓好宣传基本法工作很重要

《澳门基本法》从起草到1993年全国人大通过，应该说草委会委员也好，澳门同胞也好，包括内地的各界人士，都是非常关心这部法律的。所以这部法律颁布以后，在澳门实施得比较顺利。当然这样顺利也包括很多原因。

（一）《澳门基本法》——一字千金

《澳门基本法》是一部好法律，它不是我们起草委员会委员在房间里商量出来的或是写文章写出来的，而是经过长时间深入调查研究制定出来的，是实实在在地体现了澳门实际情况的，是我们广大起草委员、咨询委员和关注小组以及澳门同胞大量心血的结晶。

过去我们讲一字值千金，我认为《澳门基本法》就可以用这几个字来形容。条文总共145条，文字也不多，但是从决定起草基本法到决定成立基本法起草委员会再到这部法律最后审议通过，长达四年多的时间，耗费了大家很多的心血，另外也是花了很多的财力。因为到各地去开会也是要花钱的，说实话当时国家不是像现在这么富有，那时候花这些钱，更是非常不容易。所以可以说大量的人力、物力、财力和智力都体现在《澳门基本法》里面，所以《澳门基本法》是来之不易的。

（二）宣传推广工作十分重要

另外，我想说一说澳门对基本法的宣传推广工作，这一点我感受很多。在我任新华社澳门分社社长的时候，《澳门基本法》颁布以后澳门就开始在街头进行宣传，当时《大众报》就开始搞基本法有奖知识问答，还曾出过一本书，而且还组织了一批人到里斯本进行宣传。总之在澳门宣传基本法的活动多种多样，因为颁布基本法之后澳门还是由澳葡政府管理，但澳门已经进入后过渡时期。可以说澳门在过渡时期就开始做宣传推广基本法的工作了，而且做得有声有色，就如刚才说的有奖知识问答等，从那个时候就开始了。

另外，还有一个社团，当年叫基本法协进会，回归以后就改成了基本法推广协会。他们这么多年来的工作，我认为是非常有效、非常认真的。就像一开始和你们讲的，在这一点上我体会比较深。在北京的澳门特区政府驻京办，我们一年要来这里好几次，只要澳门一来参访团就请我们这些老的基本法起草委员来座谈。我们这些老的委员就和他们说一说，介绍一下当年基本法起草的情况，包括刚才讲的内容。所以这部法律在澳门是比较深入人心的。

（三）爱国爱澳优良传统做保障

《澳门基本法》能够顺利实施的另一个很重要的因素，就是我们澳门同胞的爱国爱澳思想基础、政治基础，是非常扎实的。国家颁布这部法律后，澳门居民对国家的信任感是很强的，坚决拥护"一国两制"和基本法，保障了基本法的实施。我觉得，《澳门基本法》实施过程中应当继续保持澳门同胞爱国爱澳的优良传统。

当然，这也和回归之后两任特首领导得好、依法施政有关系。如果只有好的法律，没有人去贯彻执行也不行。

五　正确实施《澳门基本法》是关键

（一）《澳门基本法》保障澳门稳定发展

刚才讲的推广宣传，使《澳门基本法》从上到下深入人心，不仅是在澳门，而且也包括内地。因为基本法也体现了祖国内地对澳门的支持与关怀，保证澳门的平稳过渡，稳定发展。我记得我们当时在新华社澳门分社会议室里有八个大字——平稳过渡、稳定发展，是姬鹏飞主任写的。今天我们转过头来看，12 年的过渡期应该是平稳的，后来由于有基本法的保障及贯彻实施，加上国家的关怀，应该说发展得是比较好的。

看到澳门的发展，我们都是很高兴的。每次澳门派团来的时候，我们就问：这次澳门有没有发钱呀，我们就说澳门现在多好啊，今年又发钱了，所以老百姓心情好，像十九大报告里面说的，幸福感满满的。老百姓都有这种幸福感，感受到安定、繁荣，澳门人能够亲自看到，也能感受到这部法律是一部很好的法律。由于澳门能够切实贯彻好基本法，所以能够保证"一国两制""高度自治""澳人治澳"真正得到实现。

同时，葡萄牙人也高兴，葡萄牙人和葡萄牙后裔在澳门过的生活，并不比当时葡萄牙管治时差；留在澳门的人，不比回到里斯本那些人生活得差。很多之前离开的澳门人都想回来，这就能够说明我们澳门发展得好。这不是空话，实事求是地说，就是这样。不仅法律起草得好，还在于贯彻得好、落实得好，所以澳门今天的繁荣稳定与起草这部法律是分不开的。当然还有刚才讲的很多因素，包括国家的关心、内地的支持等，但是更重要的是坚持依法办事，不是人治而是法治。

（二）正确处理"一国"与"两制"关系

所以我觉得澳门今天的发展情况应该说和我们国家实行"一国两制"是分不开的。对于邓小平同志提出的伟大构想，可以说我们今天理解的是比较多，当年在制定的时候，没有今天理解得这么深刻。

《澳门基本法》的核心就是"一国两制"，而"一国两制"的核心就是"一个国家"。首先要强调"一个国家"，一个国家就是中华人民共和国，澳门自古以来就是中国不可分割的一个部分，这是事实。中葡谈判以后，葡萄牙人承认澳门是中国的，从 1999 年开始由中国恢复行使主权，年轻人必须明白，澳门是祖国不可分割的一部分。这就是"一个国家"的概念。

"两种制度"，这是考虑到澳门的历史和现实，为了妥善解决澳门问题，就采取"一个国家，两种制度"的方式。内地实行社会主义制度，澳门还是实行资本主义制度，保持原有的生活方式五十年不变。

"高度自治"，说的也不是空话，你们搞法律的都知道，终审权给了澳门，这个就算是葡萄牙人也没有做到。当年案件的终审权是在里斯本，现在回归之后不需要拿到北京来。这足以说明澳门高度自治、"澳人治澳"，很多的法律如果和《澳门基本法》不抵触可以继续保留。

另外就是中央不要特区政府一分钱，中央说话是算数的，没有说澳门赌业营利高就让澳门交税，不存在这样的情况。"澳人治澳"、高度自治这些方面在澳门都体现得很清晰。所以这都体现了依法办事，依法就是依基本法，今天澳门的发展与这部法律的制定和实施是分不开的。

孙琬钟委员访谈纪要

访谈时间：2017 年 12 月 10 日
访谈地点：孙琬钟委员家里
出席人员：骆伟健教授、赵英杰博士

访谈主题：《澳门基本法》探源

一 回顾与《澳门基本法》独特且深厚的渊源

作为一名法律工作者，在将近70 年的职业生涯中，除了短暂的时间外，我都在法律界工作。我参加过若干部法律和行政法规的起草和审议工作，包括《行政诉讼法》《刑法》《海商法》等，但是我印象最深刻、记忆最难忘的是《澳门基本法》。参与《澳门基本法》的起草工作，是我法律生涯中最为珍贵、最有意义的一件盛事，也是我一生的荣耀和幸运。所以我对《澳门基本法》一直怀有一种非常深刻的感情。

（一）作为两届人大代表，有幸两次举手

从《澳门基本法》起草委员会成立到第九次全体会议结束，在《澳门基本法》起草委员会最后一次委员会会议结束之际，乔石委员长接见了我们并给我们

442

颁发了纪念牌，这标志着《澳门基本法》起草工作结束，前后历时四年零五个月。

而我参与《澳门基本法》起草工作的时间，比这还要更长一些。我是澳门基本法起草委员中第一位第七届全国人大代表。七届全国人大一次会议的一个重要议程就是决定成立澳门特别行政区基本法起草委员会。而我作为全国人大代表，当时不仅同意审议这项决议，而且也举手投票赞成这项决议。

《澳门基本法》最终获得审议通过，是在第八届全国人大第一次会议上。起草工作结束后，姬鹏飞副委员长代表《澳门基本法》起草委员会向第八届全国人大第一次全体会议作了一个报告，提交了《澳门基本法（草案）》以及三个附件。这时候我作为第八届全国人大代表，投票表示赞成。因此可以说，我参加了整个基本法起草工作的全过程。

所以我是两次举手，第一次举手是在第七届全国人民代表大会第一次会议上，我举手赞同设立澳门特别行政区基本法起草委员会；而在第八届全国人民代表大会第一次会议上，我又第二次举手赞同通过《澳门基本法（草案）》及其三个附件。

（二）参与附件三部分法律起草

列于《澳门基本法》附件三的全国性法律中，有些我是参与起草的。比如说《中华人民共和国领海及毗连区法》，就是我参与协调通过的。还有两部法律，一部是《中华人民共和国国旗法》，一部是《中华人民共和国国徽法》，这两部法律是 1990 年由我受国务院的委托，在全国人民代表大会常务委员会上分别做了说明，并顺利获得通过。本来《中华人民共和国国旗法》《中华人民共和国国徽法》《中华人民共和国国歌法》三部法律是一起的，后来因为我任期届满，《中华人民共和国国歌法》就由我的接任者负责了。一个人，特别是搞法律工作的人，要认识清楚，立法不能急于求成，在一个历史阶段，在一个岗位上，只能做符合实际情况的事情。我担任全国人大代表的时间比较长，但是也只能是在一个阶段内做一个阶段的事情。

整体来看，我实际参与了《澳门基本法》的启动、起草和最终表决通过的全过程，从第七届全国人大第一次会议到第八届全国人大第一次会议，前后历时五年的时间，跨越了两届全国人大任期，因此，我和《澳门基本法》的渊源很深，对《澳门基本法》印象也格外深刻。

二 起草《澳门基本法》过程中印象最深的几点

澳门基本法起草工作历经四年半之久，我们共开了 9 次全体会议、70 次专题小组会议。基本法起草委员会共分为五个专题小组，包括政治体制小组、中央与特区关系小组、居民权利和义务小组、经济小组、文化与社会事务小组。委员们一般会参加一至两个专题小组。我参加的专题小组，一个是政治体制小组，一个是居民权利和义务小组。条文丰富，争议也多。其中印象最深的，也是我认为在起草工作当中非常重要的，主要有以下几条。

(一) 坚决贯彻"一国两制"方针

我们在起草《澳门基本法》的过程中一直坚决贯彻"一国两制"的方针。因为澳门是中国的领土，16 世纪中叶以后虽然被葡萄牙逐步占据，但它一直是中国领土的一部分，回归后更是我们祖国不可分离的一部分。所以起草澳门基本法的过程，实际上是我们学习、领会、贯彻"一国两制"方针的一个过程。

1. 坚持以"一国"原则为前提基础

首先有"一国"，然后才有"两制"，才有所谓的"澳人治澳，高度自治"。基本法起草的整个过程、各个环节都体现了"一国"的基础。《澳门基本法》和其他法律相比，有几个不同点。

第一，澳门特别行政区是依据《中华人民共和国宪法》第 31 条的规定设立的。《中华人民共和国宪法》第 31 条是专门为解决港澳问题，包括将来的台湾问题做出的规定，为台港澳地区的管治预留了很大的空间。

第二，《澳门基本法》是由序言、正文及三个附件组成的一个完整的整体，不是只有 9 章、145 条的条文。所以《澳门基本法》的宣传，一定要注意它的整体性，9 章、145 条固然是对"一国两制"的具体制度的一种规范，但是前面的序言和后面的附件也是非常重要的。

序言的第一句话——澳门自古以来是中国的领土，就明确了澳门从源头上是我们中国的。虽然被葡萄牙人占据了 400 多年，但澳门一直是中国领土的一部分。这个话不多，高度概括，但是非常明确，就是一个中国。这一条我认为将来宣传推广基本法的时候，要特别加以强调，因为这是一个源头，说明了为什么要制定《澳门基本法》，为什么要实行"一国两制"。所以序言是源头，是不能忽略或遗忘的。

还有一个就是总则。总则从文字上看，并不长。但开宗明义，第一句话就是"澳门是中国不可分离的部分"。一个序言和一个总则就把"澳门自古以来是中国领土不可分离的一部分，回归之后在中央人民政府的管理下"这一点说得非常清楚、非常明白、非常肯定、非常确切。

所以，在宣传《澳门基本法》的时候一定要高度注意这一点，首先要强调"一国"，这是大前提。"两制"照顾到了澳门的现实和历史，以及澳门居民的生活、习惯，照顾到了澳门经济制度的发展等各个方面，但是前提基础是"一国"。所以我认为我们今后在宣传推广《澳门基本法》的过程中，对于这一点还需要更多地着墨，浓墨重彩地把这个问题讲清楚。

2. 充分实现了"两制"精神

《澳门基本法》同样充分实现了"两制"的精神。在坚持一个国家的基础上，基于澳门特殊情况，我们实行两种制度。首先就是内地实行社会主义制度，但是内地的社会主义制度不在澳门实行，澳门基本上还是实行原来的制度，包括原来的经济制度、原来的社会制度等，甚至原来的法律制度也是基本不变，这些都是符合澳门的特点和当时的实际情况的。

比如对澳门经济制度中的私有财产制度，基本法就明确予以保护。在澳门特别行政区成立之前已依法取得的私有土地还能继续保留，私有财产权受到法律保护。澳门虽然地方不大，但是部分澳门居民有一些私有土地，土地面积不是很大，却是澳门居民最为关心的。

另外，《澳门基本法》对澳门教育制度的相关规定，也体现了"两制"的原则。《澳门基本法》第121条规定，澳门特区政府自行制定教育政策。这就意味着澳门特区有权结合自己实际情况制定教育政策，中央政府予以高度授权。第122条规定，澳门原有各类学校均可继续开办。这是中央对澳门特区非常概括而又非常高度的授权。第122条还规定澳门特区各类学校均有办学的自主性，依法享有教学自由和学术自由，可以继续从澳门以外招聘教职员和选用教材，学生享有选择院校和在澳门以外求学的自由。可见中央给予澳门充分的自由度及发展空间，这就是"两制"。

（二） 充分反映了"澳人治澳，高度自治"

《澳门基本法》起草过程，充分反映了"澳人治澳，高度自治"的方针。比如，《澳门基本法》第3条规定，澳门特区的行政机关和立法机关由澳门特别行政区永久性居民组成。法官和检察官，基于历史情况，允许聘任外籍人员。当时的历史情况就是法院和检察院都是使用葡文作为正式语文，中央顾及这一因素，在《澳门基本法》中做了一些弹性的规定，充分相信澳门居民有能力管理好澳门。可以说"澳人治澳，高度自治"在《澳门基本法》各个条文当中都有所体现。在此，我就不一条一条展开说明了。

（三） 充分体现时代背景并照顾到澳门的历史和现实

《澳门基本法》充分体现了时代背景并照顾到澳门的历史和现实。澳门教育界来京座谈时提出一个问题，问为什么《香港基本法》规定了普选的问题，而澳门没有提出呢？郭东坡委员就让我来回答。我说普选、直选和间选是一种价值观的问题，也是一个制度规则的问题，但是最终都要结合时代背景，从当地的实际情况出发。哪种制度对当地居民的切身利益，对当地的经济发展和社会稳定有利，就实行哪种制度，不是说哪一种制度就一定好，哪一种制度就一定不好。对此我们要加强宣传、解释。

（四） 充分照顾到澳门的发展

我们在《澳门基本法》起草过程当中，坚持"一国两制"，坚持"澳人治澳，高度自治"，坚持照顾澳门的历史与现实，同时也非常注意关心澳门未来的发展。虽然澳门地方不大，但是澳门的发展不能维持现状，要扩大发展，因此澳门要建机场、要建港口、要建大桥，这些都在基本法当中有所体现。当时澳门没有机场，也不存在航空管理问题，但是《澳门基本法》预留了一条，就是在中央政府的具体授权下，可以制定相关的民航政策。现在从澳门乘坐飞机到北京，已经可以直航了。过去我们去澳门的时候，最早都是先到广州，再坐汽车到珠海，那时候路不好走，非常颠簸，需要五六个小时才能到珠海拱北，有时候太晚了还要吃顿饭再进澳门。这就是《澳门基本法》为澳门提供的便利，可见《澳门基本法》真是经过深思熟虑的，考虑得非常周密、非常细致。

今天澳门的发展完全得益于一个中国，得益于祖国。澳门国际机场建设也好，澳门大学横琴校区也好，这都得益于背靠强大的祖国，划出了这么大的区域，在澳门寸土寸金的地方是非常不容易的事情。所以我们不能身在福中不知福。

（五）充分体现国家对澳门深厚的人文关怀

《澳门基本法》体现了国家对澳门深厚的人文关怀。比如说葡萄牙后裔，不止一条讲到葡萄牙后裔的受教育、就业、权利平等、风俗习惯等问题，这就是从澳门情况出发，从澳门特点出发来思考问题的。《澳门基本法》每条条文背后都藏着许许多多的故事，藏着许许多多的历史，藏着很多中央对澳门的思考与关怀。虽然体现在法律上都是硬邦邦的文字，但是文字后面的内容都是非常充实、非常人性化的，体现了中央对澳门的关怀和大度。

所以整个《澳门基本法》的起草过程，是我们对"一国两制"逐渐学习、了解、深化的过程，也是我们不断了解澳门和澳门居民诉求的过程。过去我也有机会到澳门访问，也同澳门社会各界进行了座谈，了解、聆听了他们的意见和诉求，他们许许多多的意见，最终都在《澳门基本法》当中有了充分的体现。同时，随着时间的推移，我们和澳门同胞不断接触，日渐熟悉，感情也不断增进，大家相处得非常和谐、愉快，因此《澳门基本法》的起草过程也是我们起草委员会委员同澳门各界人士结下了深厚友谊的过程。

三 对《澳门基本法》的总体评价

（一）《澳门基本法》是一部维护国家统一的法

如前所述，《澳门特别行政区基本法》通过最高权力机关——全国人民代表大会以法律的形式，明确澳门特别行政区是中国的组成部分，是不可分割的，是受中央人民政府管理的。这是维护国家统一的法律，必须严格遵守，严格执行，不允许出现分裂和有损国家统一的言论和行为。

（二）《澳门基本法》是一部促进经济发展的法

《澳门基本法》是一部促进澳门经济发展的法。《澳门基本法》对澳门的政治、经济、社会等各方面的发展发挥着不可磨灭的作用，澳门今天的持续发展得益于《澳门基本法》的制度设计，充分体现了"一国两制"的方针，也得益于《澳门基本法》的制度设计切实符合澳门的实际。第一，《澳门基本法》所体现的"澳人治澳，高度自治"的制度设计，为充分调动、激发澳门特别行政区的活力提供了法律保障；第二，《澳门基本法》为澳门特别行政区提供了符合"一国两制"方针和澳门实际情况的政治架构体系；第三，《澳门基本法》从澳门的历史和现状出发，按照"一国两制"的方针，设计和规范了澳门的经济制度。[1] 没有《澳门基本法》，澳门的经济不可能像现在这样突飞猛进，不可能有这样巨大的发展和进步，现在澳门经济逐步实现多元发展，仍然有赖于一部好的《澳门基本法》。

（三）《澳门基本法》是一部促进安全稳定的法

《澳门基本法》也是一部促进安全稳定的法律。回归之初，或是回归之前澳门的治安状况，和现在相比是不能同日而语的。就是因为有了这部好的《澳门基本法》，我们的社会才得以依照法律的轨道前进，才有了现在安全稳定的生活。

（四）《澳门基本法》是一部维护居民福祉的法

《澳门基本法》也是一部维护居民福祉的法律。基本法的许多规定都有利于保障居民的权利、居民的福祉以及居民的幸福生活。今天澳门居民的幸福指数很高，怎么来的？都是因为有一部很好的《澳门基本法》。现在澳门政府每年还给澳门居民发钱、提供免费医疗，对老人更是照顾。相比澳门的福利，内地是远远跟不上的，因为内地的人口太多，还有个发展的过程。即使与世界发达国家或地区相比，在享受福利方面，澳门居民也应该是位居前列的，所以作为澳门居民来讲，真是很幸福的。

---

[1] 孙琬钟：《澳门基本法为澳门发展做出了不可磨灭的贡献》，《人民网》2013 年 5 月 28 日。

（五）《澳门基本法》是一部高度民主的法

《澳门基本法》也是一部体现高度民主的法律。起草之初，我们起草委员会委员就非常注意听取澳门居民的意见和诉求，所以澳门居民对基本法的参与度从一开始就很高。我曾两次到澳门进行调研，同时基本法起草委员会还委托澳门的委员成立了由澳门社会各界共90人组成的咨询委员会，还有基本法关注小组深入基层征求意见。因此，《澳门基本法》不是我们这些委员闭门造车造出来的，而是在广泛听取意见、深入调查研究、反复探讨比较，在听取有识之士意见的基础上起草的。

当然，民主精神不仅体现在基本法起草委员会广泛征求澳门居民和内地各界的意见上，还体现在基本法起草委员会的内部运作上。基本法的条文都是在起草委员会委员充分协商、探讨、沟通的基础上形成的。基本法起草委员会内部也有争论和不同意见，甚至还有比较激烈的争论，遇到这种情况，我们就停下来，先休息一下，大家喝喝茶，喝茶过程当中私下一直在沟通，或者吃饭的时候再沟通，今天不谈明天谈，充分体现了民主协商的工作方法。

四 推广宣传《澳门基本法》对澳门发展功不可没

（一）重视推广宣传工作，具有远见卓识

身为法律人，我总有一种体会，那就是徒法不足以自行。我非常赞赏澳门的一点就是澳门对基本法的推广宣传工作很重视。回归以来，澳门特区在推广宣传方面做了大量工作，这体现了澳门人具有远见卓识。

（二）认认真真推广宣传，助力《澳门基本法》贯彻执行

一部法律，认认真真地调查研究，认认真真地组织起草，最后认认真真地经过审议通过，然而通过之后却搁置一边，这种例子并不少见。

有人问过我参加那么多的法律起草工作，认为哪部法律执行得较好？我说两部，一部是《中国人民解放军军官军衔条例》，因为这个规定是尉级军官两年晋升一级，校级军官三年晋升一级，到时如果没有特殊情况都要往上

晋升，所以是执行得比较好的；另一部执行得好的就是《澳门基本法》，《澳门基本法》下了那么大的气力，组织推广宣传，而且是锲而不舍、一批接一批的，这是非常重要的，也是非常必要的，对今天澳门繁荣发展的贡献是非常巨大的。没有对《澳门基本法》认真的贯彻实施，没有对《澳门基本法》的深刻了解、宣传，没有对《澳门基本法》的切实实施，就没有今天的澳门。

（三）推广宣传工作意义重大、任务艰巨

宣传推广基本法，是全体澳门居民的历史使命，也是澳门一项宏大的事业，当然对澳门公务员和行政长官来说更是一项政治责任。写到纸面上的条文固然是经过字斟句酌的，经得起推敲的，但是后面承载的精神、深厚的内涵，是需要把它讲清楚的，这不是一件容易的事情，却是必须做的事情。

今天了解《澳门基本法》的人越来越多，但是也有很多人对《澳门基本法》一无所知。所以今后《澳门基本法》的推广宣传还要从头抓起，从娃娃抓起，因为我们制定《澳门基本法》的时候有很多人还没有出生，"00后"很多根本就不知道《澳门基本法》，很多故事还没有听过。所以我认为宣传工作要锲而不舍、坚持不懈地开展下去，要以丰富多彩的形式来宣传《澳门基本法》，使澳门居民能够真正了解《澳门基本法》，真正遵守《澳门基本法》，这样《澳门基本法》才能在澳门落地生根，澳门也才能有很好的发展。

五　追忆与草委们的不解情缘

《澳门基本法》起草的五年是与澳门结下不解情缘的五年。给我留下最深印象的一位委员是马万祺委员（马老），虽然我和他单独交谈的机会不多，但是马老对人和蔼、亲善，善于与别人沟通，马老身上体现出来的中华民族的这种美德让人印象非常深刻。当然后来我们也了解到他以前为中国的革命解放事业做的贡献，更是肃然起敬，所以我对像马老这样的澳门当地领袖人物，很尊重，也很荣幸能和他们一起共事。

印象深刻的另一位委员就是宋玉生委员。宋玉生委员没有参加完《澳

门基本法》的起草就过世了，但是宋玉生委员作为一位法律界的人士，他的那种坚持、执着、认真的专业精神，我觉得非常令人钦佩。做法律工作的人，都有一个特点，就是比较认真、比较坚持，他认定的东西如果没有充足的理由说服他，他一定会坚持，这是个好的事情。

钱伟长副主任是我景仰已久的大学者，能和他共事是件荣幸的事。他为人热情，谦和敦厚。他支持特别行政区区旗、区徽的甄选工作，非常认真负责，从众多方案中，经过反复听取意见，确定候选方案，再请草委专家评定。现在使用的区旗、区徽方案，得到了草委的一致同意，也得到了社会各界的广泛认可。

王叔文、肖蔚云、许崇德、吴建璠四位法学家，是我以前就非常熟悉的。王叔文和我都是中国法学会第三届理事会副会长，也同时是全国人大法律委员会委员，经常接触。我和肖蔚云同是北京大学宪法和行政法研究中心的成员，多次共同参与学术研究活动和博士生论文的开题和答辩。他后来应邀出任澳门科技大学法学院院长，还邀我和江平教授出任该校的客座教授，并在该校做过演讲。许崇德、吴建璠两位也早有接触。我多次参加吴教授在中国社会科学院法学所和许先生在中国人民大学法学院的研讨活动。这四位先生，学识渊博，又参加过《香港基本法》的起草工作，经验丰富，对起草、宣传、维护《香港基本法》贡献诸多，被香港人称为"四大护法"。他们都分别担任各专题小组的召集人，主持小组研讨工作，协调和折中各种意见，提出和修改完善各种条文，在小组会议后会见记者，通过讨论，回答各种提问，好在他们经验丰富，应对自如，我是非常佩服的。

除了以上提到的委员之外，我还对我们的秘书长鲁平主任印象深刻。当时姬鹏飞主任是统领、掌握大局的，具体主持起草工作的是鲁平主任。我认为鲁平主任的敬业精神、协调精神是最令人钦佩的。内地委员和澳门委员价值观念不一样，所处的位置不同，自然就容易对同一事物产生不同的看法。对同一事物产生不同的见解，这是很正常的，但是要把不同意见协调一致，形成共识，那就需要艰苦的工作，而且有的时候是要讲艺术的，咱们鲁平主任在这一方面就做得很好。鲁平主任在基本法起草过程中，对重要的问题、重要的原则，他一定坚持，但是坚持原则又用适当的方法来使大家取得共识，这很不容易，所以鲁平委员过世后我是很怀念他的。

同时，我也很钦佩我们秘书处的同志，包括骆教授。秘书处同志是在一线，我们委员是在会上发表意见，提出问题，这个条文应该怎么改？这个条文应该怎么写？结束一天的讨论我们就吃饭去了，剩下整理的工作就需要秘书处晚上完成，因为第二天必须拿到会议上进行讨论。可以说我们委员是坐而论道，他们秘书处是听之动笔，所以秘书处的同志是非常辛苦的。这次访问草委，草委为国家做了很多贡献，但是秘书处也有很多不为人知的辛劳，为这部法律起草所做的贡献也应该让大家了解，也应该为后人知道，这是我的一己之见。

过去这么多年了，很怀念起草《澳门基本法》时的人、事、物。比如每次看到记录起草《澳门基本法》编纂的这个册子，我就想到黄汉强委员。他当时非常认真，为了编纂这本册子付出了辛苦的努力，这种敬业精神也是非常令人敬佩的，看到这个册子我就会想到他，怀念他。

同样，过去这么多年，每次见到澳门的同人，我都感到非常亲切、感动。《澳门基本法》起草工作结束之后，我有两次机会到澳门访问，澳门的这些同人，他们都非常热情。澳门基本法推广协会派人到北京同《澳门基本法》草委座谈，每次只要通知我，我都会抽时间参加，把其他事情排开，必须参加。因为这是一起和大家共同学习《澳门基本法》的机会，是和大家特别是澳门来的同胞共忆友情的机会，也是一个和澳门各界人士共享《澳门基本法》通过之后、澳门特别行政区成立之后，澳门取得的各项成果的机会，所以我是很乐意在这件事情上多做一些微薄的努力的。

《澳门基本法》起草结束之后，我对澳门的了解比较少，除了他们基本法推广协会访京团之外，知道的情况有限，所以说的东西也可能言不及义了。

黎祖智委员访谈纪要

访谈时间：2018 年 5 月 16 日

访谈地点：澳门国际研究所星海豪庭第 1 座金星阁

出席人员：骆伟建教授、江华博士、赵英杰博士

翻译人员：闫卓

访谈主题：《澳门基本法》探源

黎祖智先生曾任《澳门基本法》起草委员会委员、澳葡政府官员、澳葡政府澳门过渡期事务委员会委员等职，在起草《澳门基本法》过程中做了大量工作。尤其是《澳门基本法》公布之后，在澳门过渡时期，黎先生担任澳葡政府非常重要的领导职务，在这一期间也做了大量工作，包括处理澳门过渡时期三大问题之一的公务员本地化问题。相信本次访问为后人更好地了解澳门发展的历程，会有非常大的帮助。

一 回顾《澳门基本法》起草工作

本人很高兴有这个机会讲一讲关于《澳门基本法》的话题，而且今天再次见到好朋友骆教授，让我回想起当时一起参加《澳门基本法》起草工

453

作的时光，也让我感到特别高兴。为了给澳门制定一部好的法律，当时我们每一位草委都尽了全力，我相信我们已经做到了。

我为你们这个"口述历史"项目感到非常高兴，因为基本法起草工作已经过去 25 年了。当事人的年纪越来越大，会忘记过去发生的事情，另外，有一些当事人已经不在世了。所以现在收集这些见证历史的资料是必要且及时的，因为随着时间的流逝，这样的机会将越来越少。

（一）受邀参与，吃惊又荣幸

当时受邀参与起草《澳门基本法》工作，我是十分吃惊的。第一，我不是中国人，我没想到会受到邀请。第二，我和当时澳门的公共行政部门有紧密的联系。当我被邀请的时候，我就想我可以为基本法起草工作做什么呢？我在起草委员会中发挥什么作用呢？最后我觉得我应该接受邀请。我相信是我认识多年的柯正平先生推荐我参加的，也许他是希望澳门土生葡人社群也可以参与到《澳门基本法》的起草工作中，他可能认为我在行政方面的经验可以对基本法的起草工作有所帮助，所以虽然我觉得吃惊，但是我还是接受了邀请。后来我知道当时的立法会主席宋玉生先生和澳门主教也受邀加入了，所以我认为起草委员会是真诚地希望澳门各界人士可以参与并提供不同角度的意见，尽可能为澳门制定最好的法律。

加入《澳门基本法》起草委员会对于我来说，是一个非常特别的经历。首先我可以更好地了解中国机构运作的情况，我去过中国内地很多次，但是没有像这样跟中方官方有过接触，委员会里中方的官员与我们的思维方式不同，但是在委员会的工作经历让我们团结起来并建立了深厚的友谊。

我记得当我第一次接到采访中国内地的邀请时边境还没有开放。那是在"文革"结束后改革开放之初，我收到柯正平先生的邀请去参观中国内地。我向澳门总督汇报，请示批准，得到同意。后来我得知我是澳葡政府中第一个受邀到中国内地访问的行政部门人员，对我来说是很荣幸的。与我同行的还有我的同事和朋友，当我们穿过关境时，看到一个与现在完全不同的中国。当时总督也觉得很新奇，因为还没有人受邀去内地。那时关闸还没有对游客开放，我们只能通过松山和西望洋山上的望远镜眺望中国内地，中国内地对于我们是完全未知的世界。

我第一次去，看到一个自行车的世界，那是在 1976～1977 年。出发那天有一辆车去我家接我，而我的同事们乘坐另外两辆车。关闸那边有 3 位工作人员接待了我们，分别穿着灰色、棕色和蓝色的衣服，当时大家都是那样的穿着。关闸另一边一直到广州都是农田、小村庄，没有现在这样的高楼，河上也没有桥，需要坐船过河，一共要穿过 5 条河。那次是非常有趣的经历。之前拜访澳门基金会吴志良主席时还跟他说起，我在准备写一篇纪念中国改革开放 40 周年的文章，他建议我写一写我那次在改革开放前夕访问中国内地的经历。我想我要写一篇这样的文章，讲述当年发生的故事。我那次访问留下很多照片，可以通过这些照片对比不同时期的中国。

那是一次特别奇特的经历，我得以看到一个只能在书上和远处看到的世界。之后我深刻感受到中国在短短时间内取得的巨大发展。在我第一次访问中国内地差不多 12 年后，我们开始了基本法起草工作。中国这时已经完全不一样了。我了解到中国政府希望制定一部好的法律，帮助澳门顺利回归。我觉得很荣幸可以参与其中。

（二）充分交流，促成共识

我觉得这个意愿是真实的，从一开始到我参与的过程都可以感受到。最初很多内地的官员还不了解澳门。我记得当时下午 6 点多吃晚饭，之后就没有会议了，所以有很多时间可以聊天、喝茶等。会议之余我们有很多时间可以交流。我记得他们问到澳门和香港到底有什么不同。我们于是就建议他们应该多在澳门开几次会，到澳门看看，于是后来有很多次会议安排在澳门进行。当时会议是轮流在澳门和内地的很多城市召开，这样的安排有利于内地的官员了解澳门，同时也有利于澳门委员了解内地。

起草委员会全体会议是比较正式的，但是在小组会议上，我们可以自由发言，讲述我们的感想，也可以提问，个人参与的情况比较多。我觉得澳门委员的参与对工作顺利进行起到了非常有益的作用，更重要的是我们还有私下的谈话。通过和中国政府多年打交道，我们也了解到有时候不能一开始就进行正式的会议，而是以会议之外、幕后的方式，比如喝茶、坐车观光、聊天、吃午饭，等到充分交流后，再进行会议。在参加基本法起草工作之前和之后我返回行政部门工作，都是这样跟新华社或者内地地方政府打交道，我们知道要注重会前的大量、常常是耗时的准备工作。当我在澳葡政府工作时，有时候新华社想要向我们传递一些信息，我们会约时间喝茶，这样在非正式的场合，就传递了信息。这样的方式更简单。

参与《澳门基本法》起草工作也是这样的。开始的时候有人抱怨说这样很浪费时间，用这么长时间在不同城市开会，每次开会都用几天的时间。我说不是的，很多会议以外的时间，包括晚饭后聊天、在行程中车里的谈话，甚至早餐的时候，我们其实也是在工作的。在非正式的场合中更便于交谈一些问题，最后达成谅解与共识，而不是所有事项都要正式地在会议上解决。我觉得开会的时间比较长，让我们有更充分的机会彼此交流看法和观点，有充分的时间交谈、思考、阅读、讨论、解释观点，为会议做最充分的准备，因此会议得以顺利进行。

（三）发扬民主协商精神，真诚听取意见

有些澳门人说澳门委员或是土生委员参不参与起草委员会没什么两样，反正中方已经做好了决定。我觉得不是这样的，我感受到中方真诚地希望听到我们的意见，而且我们的意见也有被考虑，因此《澳门基本法》和《香港基本法》存在不少不同之处。我跟当时澳葡政府的同事讲起来的时候，他们觉得我们是在浪费时间，而邀请我们参加不过是做做样子，其实已经决定好了。我不认同这种看法，因为我知道当时还处在决策的过程中，而我们的参与非常重要。当然有准备好的文件，那是作为开始讨论的出发点。那时《香港基本法》已经通过，我们可以参考《香港基本法》以及其他文件，但是我们也提出了自己的意见，我下面举一些例子。

1. 关于第 125 条保护历史文物问题

《香港基本法》规定香港特区政府自行制定文化政策，我们认为仅规定这一句，对澳门是不够的，因为澳门有历史遗产，而香港没有，葡萄牙人来到澳门的时间更长。我们提出《澳门基本法》增写有关历史遗产条款的建议，最后这个建议被采纳。这体现在《澳门基本法》第 125 条的规定中，即"澳门特别行政区政府依法保护名胜、古迹和其他历史文物，并保护文物所有者的合法权益"。2005 年"澳门历史城区"成功申报世界文化遗产，澳门政府将对文化遗产保护负有重大的责任，文化遗产值得保护，因为这是我们的身份，是我们的生活。①

---

① 黎祖智:《文化遗产是我们的身份》,《论尽》2017 年 8 月 5 日, https://aamacau.com/2017/08/05/% E4% B8% 96% E9% 81% BA% E6% 99% AF% E8% A7% 80% E4% BF% 9D% E8% AD% B7% E6% 83% B9% E9% 97% 9C% E6% B3% A8% E3% 80% 80% E9% BB% 8E% E7% A5% 96% E6% 99% BA% EF% BC% 9A% E6% 96% 87% E5% 8C% 96% E9% 81% BA% E7% 94% A2% E6% 98% AF% E6% 88% 91% E5% 80% 91% E7% 9A% 84/。

2. 关于第 42 条保护葡萄牙后裔居民利益问题

澳门是个人口构成复杂的小社会，不同族群对未来有各自的判断，葡裔居民当时担心政权交接后自身利益得不到保障，对澳门政治、社会是否能保持稳定也较迷茫。① 但《澳门基本法》第 42 条规定："在澳门的葡萄牙后裔居民的利益依法受澳门特别行政区的保护，他们的习俗和文化传统应受尊重。"这一条款对于土生葡人可以说是一个定心丸。可能人们会说这意味着什么呢？法律的规定是非常宽泛的。但是基本法里写明这个条款是很重要的，意味着中国承认澳门世代居住的葡萄牙后裔居民。比如我的家族在澳门已经历了十代人，前后经历了 300 年，我的女儿是我们家族在澳门的第十代。自从我们的第一代葡萄牙先辈来到澳门，就留下了他们的名字。当时的葡萄牙人和不同国家的人结婚，比如印度人、马来西亚人、印度尼西亚人、日本人，还有澳门本地人，所以葡萄牙后裔也出现在各个国家，澳门土生葡人社群就是这样形成的。我们认为在法律中有所体现是很重要的，但是法律中怎样表述才合适呢？最后确定为"澳门的葡萄牙后裔居民的利益依法受澳门特别行政区的保护"。《澳门基本法》明确规定保护葡萄牙后裔居民的利益。很多土生葡人愿意留在澳门，甚至很多出生在葡萄牙、原本同澳门完全没关系的葡萄牙人也愿意继续在澳门工作。②

3. 关于第 10 条澳门特区区旗颜色的问题

其实并不是颜色的问题，对于我们来说，可以用红色、绿色、蓝色或任何颜色，只不过中国的国旗是红色的，香港特区的区旗是红色的，是不是澳门特区的区旗也必须是红色的呢？可以选用其他颜色吗？那时候，关于区旗的颜色还有区徽的使用是没有确定的，于是在会议之外我们就问这个问题可以讨论吗？我们用了很多时间讨论区旗的问题，因为区旗是一个象征、一个标志，我们希望我们的标志是不同的，并不是颜色的问题，而是有所不同。既然香港特区的区旗已经是红色的，那么我们的区旗可以选择其他颜色吗？我们大多数澳门委员不太相信可以选用其他颜色，但是实际上他们希望可以是不同的。我记得有一个晚上我们在喝茶聊天，聊起这个问题，有些澳门委

---

① 《前澳葡政府高官：澳门十五年发展打消所有疑虑》，《新华澳报》2014 年 12 月 8 日，http：//waou. com. mo/detail. asp？id = 84386。

② 《前澳葡政府高官：澳门十五年发展打消所有疑虑》，《新华澳报》2014 年 12 月 8 日，http：//waou. com. mo/detail. asp？id = 84386。

员说没有必要提出这个问题，香港区旗是红色的，澳门区旗自然也就是红色的，最好不要讲这个问题。也有人认为应该继续讨论这个问题，事实上澳门的委员是希望澳门区旗有所不同。结果我们的区旗确实有所不同，它的颜色是绿色的。我重申不是选择颜色的问题，而是选择有所不同，最后内地委员明白我们的考虑，也接受了。

4. 关于第 122 条教育自由问题

关于教育问题，那时澳门教育比较多元，我们希望在法律中有所体现。我记得有一次去北京的旅途中，因为暴风雨的缘故，飞机只能被迫停在大连。我们到了大连的时候，因为酒店没有足够的房间，我和当时的澳门主教住在一个房间。那天晚上我和他聊了很久，当时不知道飞机何时再起飞，我们只是收到通知说只要情况允许，也可能随时起飞，所以我们随时准备着，那晚基本没睡，一直在聊天。因此我也有机会了解到主教关于教会和教育的顾虑。他说他自己不方便提出这些问题，因为他本人涉及其中，然后我说你把你的问题告诉我，我们澳门委员一起讨论，然后提出这些问题。我们提出了宗教自由和教育自由的问题，当时宗教自由是写在讨论文本中的，而他担心教会学校在回归以后是否可以继续办学，他希望基本法可以保证这些学校可以继续办学，他很担心回归后这些非政府的学校会受到限制，澳门有很多与教会和本地社团有关联的私立学校，天主教会在澳门有很多学校。因此希望基本法能够明确这个问题，最后这个意见也被采纳了。《澳门基本法》第22 条规定："澳门原有各类学校均可继续开办。澳门特别行政区各类学校均有办学的自主性，依法享有教学自由和学术自由。"

（四）对第 5 条"五十年不变"问题的理解

一周前我受邀和欧安利在官乐怡基金会做了一个关于基本法的讲座，那个讲座应该说是个非正式的对话。我跟欧安利分为两个部分，他来讲基本法是什么，它的含义和实施，而我讲述有关基本法的故事，我参与基本法的个人经历，因为只有亲历过的人才能讲出这些故事。我这个人是直话直说的，我会跟中方官员讲："如果你们想听的都是正面的意见，那就是浪费时间了。"关于负面的意见我也会很坦率地讲出来。所以我跟他们无论是在澳门、在葡萄牙还是在中国内地都是开诚布公地对话，我觉得那样的对话是很有益的。那场讲座进行得很顺利，很多人参加，是一个很好的活动。

那天座谈会上，有人问 2049 年之后澳门会怎样，我说中国考虑到了在基本法的基础上将来的发展，比如澳门加入"一带一路"，还有大湾区，中国在考虑寻求新路径以稳步渐进的方式逐步让澳门融入，而且澳门还会保留自己独特的身份，因为这样对中国也是有利的。澳门今天的发展同中国中央政府的支持是分不开的。中央政府这些年赋予澳门的特殊任务和使命，就是充当好对外合作与交流的平台，将中国与葡语国家和地区联结起来。"以'中国—葡语国家经贸合作论坛'为代表的一系列发挥牵线搭桥作用的机构在过去几年相继建立，加强中国和葡语国家以经贸交往为起点，陆续延伸到文教等多领域的交流与合作，成果丰硕。"[1]

不用担心这个问题。即使基本法所规定的 50 年期限到期了，我们每个人还是可以为澳门的明天做出贡献的。中国政府的想法很明确，形势是发展变化的，而我们都可以参与，可以积极地提出意见和建议，这样才能找到最好的解决方法。重要的是大家要知道大的发展方向，小的方面具体情况需要每个人的参与。就好像基本法起草委员会会议上，中方提出大的框架，而具体条文的写法，还是要依靠我们每一位委员的合作。如果我们不提出意见，可能有另外的写法。我觉得澳门的发展也是这样。

二　回顾过渡时期工作

很遗憾在 1991 年我退出了《澳门基本法》起草委员会，当时新总督向葡萄牙政府建议我担任政府官员。我太太反对我接受这个职务，因为她知道担任政府官员要从早到晚地工作，甚至直到凌晨。当时政府里顾问很少，虽然我负责的工作范围很广，但我的办公室从来没超过 5 个助手。所以我自己要做大量的工作，有时我太太凌晨四五点起身，我还在工作。尽管很辛苦，但是我觉得为政府工作可以起到更大的作用，而且当时基本法立法工作进行得很顺利，所以就接受了政府的任命。我当时担任澳门基金会主席、政府咨询会委员，我太太说你在政府咨询会也是为总督工作，在澳门基金会工作也是很有趣的，她希望我不要担任政府职务。但是总督说任命已获得总统批

---

[1]　《前澳葡政府高官：澳门十五年发展打消所有疑虑》，《新华澳报》2014 年 12 月 8 日，http：//waou. com. mo/detail. asp？id＝84386。

准，要我去葡萄牙接受任命。当时接替我在起草委员会工作的是罗立文，他现在担任特区政府运输工务司司长。总督跟我讲要把有关过渡时期的工作交给我，于是我担任了行政、教育暨青年事务政务司司长的职务。

到 1996 年，葡萄牙新任总统上台，我跟总督的任期也是到 1996 年，因为那时候当有新总统任职时，总督也要重新任命。1996 年时我们想到新总统要上台，所以我们和韦奇立总督的任期也就要结束了。我的一些同事在 1996 年的时候离开公职，我们不知道韦奇立总督是否会离开澳门，后来葡萄牙政府确认韦奇立总督留任，因为澳门马上就要回归了，如果委任新人，对情况也不了解。

1996 年时，我生了一场大病，很多人并不知道，我没有声张，因为不想给行政机构的运行制造不安。我当时肠道生了肿瘤，在香港做了手术。我担心我的情况已经不容许我继续担任政府公职，我当时准备跟总督讲出院后要离开政府部门。我在香港医院住了三个星期，然后总督通知我说要到医院来看我，那是 1996 年 5 月，我太太当时在我旁边。总督来到的时候，我说总督我还不能起来迎接你，我想说的是我要准备退出公职并让其他同事接替我的位置。他说："不行啊，我已经列出了新的工作清单，你不能离开啊，你会好起来，出院后还有新的工作任务等着你。就是回归过渡期的工作，具体地说就是政务移交的准备、向选出来的新特首交代工作、从事准备委员会工作、公务员本地化等等。"我只能跟总督说好吧，我接受新的工作任务，于是就一直工作到 1999 年。

还有一项重要的工作就是准备回归交接仪式，我那时也负责交接仪式协调办公室的工作。我就这样一直工作到澳葡政府的最后一天。我那时很担心政权交接仪式会不会出现什么纰漏，还好最后一切顺利。在这之前我们做了很多工作。当时作为政府官员，除了自己的住所，我还有官邸。我太太和女儿住在我们自己的住所，我则住在官邸，因为有时候开会要到凌晨四五点，为了不打扰家人，我们就分开住了。回归前一年我们分开住了好几个月。每天我回自己家里和家人团聚一会儿，之后就回去工作。我的官邸成了我的办公室，每天开会，工作人员来来去去。最后在交接仪式结束后，葡萄牙总统特意来祝贺我，因为仪式进行得很顺利。之后我去机场送机。仪式之前我常去机场接送葡萄牙的官员。但是这次葡萄牙的官员都走了，只剩下我自己留守。当时准备了两架飞机，总督动情地紧紧拥抱了我，跟我告别。我突然意识到零点过后，我的职务就结束了。澳门成立了特别行政区，我不再是政府的司长。司机在机场等我，可是零点过后，我不再是政府官员，因此不应再使用公车了。于是我跟司机告别，让司机把车开回官邸。

送机之后，不知道我是否可以去参加新政府官员就职仪式，并且以什么身份参加。我当时在机场，就给新特首的办公室主任何永安打电话。他之前是我的助手，跟我一起工作了很多年，之后被何厚铧选任为特首办主任，现任审计署审计长。我说我自己在机场，没有车，我想问我应不应该去新官员就职仪式，他说他还是问问中葡联合联络小组最后一任中方组长韩肇康大使，韩大使说希望我出席那个仪式，他们派车去机场接我到仪式会场，并安排我坐在代表欧盟的香港前总督彭定康旁边。原澳葡政府的其他人员都撤了，只有我出席了新政府就职仪式。

我说的这些其实并非无关于《澳门基本法》，因为我后来在特区政府的工作和《澳门基本法》是有关联的。1999 年 5 月确定何厚铧将担任第一任澳门特区行政长官，从 5 月到 11 月底，每周三我要和他在濠璟酒店的一个单间一起工作午餐。他问我今后有什么打算，我说不用担心我，我想做一些学术工作，成立一个学会，以澳门国际研究所命名，我相信对澳门是很有益的。

三　《澳门基本法》工作的延续

当我们成立澳门国际研究所的时候，在这样小的一个地区，作为新生事物，总有人会质疑。但是我们相信，随着时间的推移，在展现我们的工作成果后，人们就会接受它。我们跟本地的甚至中国内地的机构都有很好的合作关系。

研究所出版了很多书，如 *A Faixa e Rota Chinesa-a convergência entre Terra e Mar*（《中国的"一带一路"——陆地与海洋的会合》）。这是第一本介绍"一带一路"的葡语书，无论是葡萄牙还是巴西都还没有出版有关内容的书籍。这本书于去年（2017）12 月在北京发布。我们有和中国的学术机构在北京合办研讨会，去年 12 月在北京的研讨会上推出了这本书。今年我们将在葡萄牙驻港澳领事馆发布 *China's Belt and Road Initiative：The Role of Macao and the Portuguese-speaking Countries*（《中国的"一带一路"倡议——葡语国家和澳门的角色》）。这本书是英文版的，我们还在准备该书的中文和葡文版，这本书介绍了什么是"一带一路"，以及葡语国家如何参与"一带一路"项目。与此同时，我们还在准备出版关于大湾区的书籍，希望这是第一本介绍大湾区的葡语书。我们还进行了关于孙中山先生的研究，已经出版了5本关于他的书籍，介绍了他和澳门的关系，以及澳门对他政治观念的影响。*Before the First Guangzhou Uprising in 1895：The Macau Experience Deciphering the Revolutionary Thoughts of Dr. Sun Yat Sen*（《1895年第一次广州起义之前——澳门经历解码孙逸仙的革命思想》）有中英文两个版本。我们有一个专门研究孙中山的团队。这本书可以帮助人们了解孙中山对中国革命的影响以及他和澳门的联系。他在澳门附近的地区出生，也在澳门工作和生活过。我们研究的对象包括澳门的历史、身份和记忆，也非常关心澳门的现在和将来，所以会跟进研究中国关于珠江三角洲和澳门的新倡议。

研究所在葡萄牙有一个代表处，在巴西有很多合作伙伴，因此会在这两个国家举办很多研讨会、座谈等。我现在人在澳门，但常常要去里斯本和里约热内卢开展有关的活动。明天上午我将去拜会澳门特区政府社会文化司司长谭俊荣先生，下午我将去拜会澳门特区行政长官，主要是谈谈澳门回归20周年庆祝活动以及我们如何参与。我现在有一些想法，我希望向澳门特区政府表明我们希望在不同国家举办图片展和一系列的研讨会来庆祝澳门特区成立20周年，但是我知道澳门特区政府还没有确定有关的计划。在澳门回归10周年时，何厚铧特首跟我谈话，希望国际研究所可以在外地组织一些展览，比如美国、加拿大、巴西、葡萄牙以及其他葡语国家。我们很成功地举办了介绍澳门回归10周年发展成就的展览。在澳门回归15周年时，崔世安特首也让国际研究所举办展览活动对外展示澳门发展成果。我们于是在世界不同的国家举办了展览。

除了展览，我们还出版书籍，也在学校和大学举办关于澳门的研讨会，其中有一个展览在巴西不同城市展出了5年。同时，我们和澳门中联办保持了很好的关系，在葡萄牙合办过一些活动。我们愿意维持和各方面的这种合作。我们办过一些有趣而且重要的活动，3年前我们在葡萄牙开办了一个为期3个星期的介绍葡萄牙的课程，中联办和国务院港澳办的24位人员参加了这个课程。国际研究所受中国官方的委托组织了这个课程。活动进行得非常顺利。我们希望可以开办更多这类的课程，这不是一个语言的课程，而是学习葡萄牙各个方面的课程，包括政治、社会和经济等，其中从早到晚都安排了课程，是个强化班，是我安排的那些课程。不久之前，一个由中联办副主任为首的代表团去葡萄牙和巴西了解它们的市政机构，我们协助联络和组织了该代表团和葡方的会议。

在澳门基金会的支持下，我们可以做的事情很多。与政府相比，我们的优势在于我们的成本很低，我们在全世界都有合作者，合作的研究员就有400人，我们无需支付他们薪金。他们在大学、文化中心工作，他们和我们合作开展研究活动。另外，我们和很多国家的大学、文化中心签订了合作协议。当我们需要举办活动时，不需要支付高昂的费用，只需要向对方申请使用场地，同时支付组织活动的费用即可，所以可以以较低的成本组织那些活动。我想给你们看这本关于中国和葡语国家建筑遗产的书，我为这本书写了序言，第一章介绍中国的建筑文化遗产，其中包括澳门的建筑遗产，这部分也是我写的。后面是对所有葡语国家建筑遗产的介绍，如安哥拉、巴西、佛得角、几内亚比绍、圣多美和普林西比、莫桑比克，还有东帝汶。这本书所属的系列还有介绍中国和葡语国家的经济，这套书名为 *Novos Caminhos*（《新路途》），由一个专家团队完成，每两位或三位专家负责介绍一个国家，他们都是我们的合作人，所以我们不需要支付稿费。书的出版由澳门基金会资助。如果资助足够的话我们可以做得更多。

我离开《澳门基本法》起草委员会并不代表我和《澳门基本法》的关联到此为止，我觉得现在的这些工作是《澳门基本法》工作的继续。《澳门基本法》起草已经过去很多年了，但是我在讨论基本法时学到的东西帮助我完成我现在所做的一切。关于澳门的展览、出版和会议都是参与制定基本法以及后来工作的结果。我想说澳门国际研究所是澳门出版书籍最多的机构，比所有澳门高等教育机构的出版物还多。将来我们会继续出版更多的书籍。我个人觉得书籍非常重要，我自己也收藏了很多书，尤其是关于中国的。我敢说在葡萄牙关于中国最好的图书馆是我个人的"图书馆"，我收集了很多美国、英国、亚洲以及其他地区出版的关于中国的书籍。有一天我不在了，这些书籍可以开放给研究者使用。我跟很多大学有密切的联系，在很多大学也讲授过关于中国的课程，甚至和巴西高等军事院校合作，那些未来的将军希望了解中国内地和澳门的情况。所以我们非常关注中国的发展，并向外界介绍其发展。

研究所目前已经成立 18 年了，有很多次我想离开。明天我会告诉特首我应该在澳门回归 20 周年庆祝活动之后离开研究所。我在这工作了很多年。我之前在政府里工作，但是从来没有在一个机构里工作这么多年。这份工作我付出了很多，参加了太多的旅行和会议。以后我还会关注研究所的事务，即使不再担任任何职务。

四　追忆《澳门基本法》起草过程中的友谊

起草委员会的工作让我认识很多人。后来在澳葡政府工作时，当我们需要处理某些事情，常常不需要正式的会议，也可以和他们联络。比如陈滋英大使，他曾在起草委员会工作并任中国驻葡萄牙大使，我总是能联络到他。当时在有需要的时候我会申请去北京找陈大使，他给了我们很多支持。后来葡萄牙政府为陈先生授勋，我认为这是陈先生应该得到的。他写了一本很有意思的回忆录，我把他的这本书摆在我个人图书馆很特别的位置。

五　对落实《澳门基本法》建言

我想强调一点，就是应该多印刷一些《澳门基本法》。以前在公共部门《澳门基本法》都可以找到，但是现在少了，我觉得应该继续摆放。很多人去政府办事，在等候的时候可以阅读，也可以带回家阅读。我知道《澳门基本法》通过至今已经有 20 多年，但是距离 2049 年还有很多年，应该在图书馆、学校以及其他公共场所继续推广。澳门基金会有很多资源，应该印刷更多的《澳门基本法》以及与其相关的书籍，也应该多鼓励那些研究《澳门基本法》的人撰写更多基本法批注和释义等书籍。我知道在学校有很多推广《澳门基本法》和进行有关教育的活动，但是我觉得应该做得更多。可以请老师、公共部门相关的人员给学生尤其是高年级的学生讲解基本法。骆教授是这方面的专家，为基本法做得更多是应该的。

我的故事讲得差不多了，有些事情是我第一次讲出来。

Acta da entrevista com Dr. Jorge Rangel*

Data：16 de Maio de 2018（Quarta-feira）

Local：Instituto Internacional de Macau，sito na Rua de Berlim，Edifício Magnificent Court，240，2°（NAPE），Macau

Presentes：Prof. Luo Weijian，Doutor Jiang Hua，Doutora Zhao Ying Jie

Intérprete：Yan Zhuo

Tema da entrevista：Origem da Lei Básica de Macau

O Dr. Jorge Rangel foi membro da Comissão de Redacção da Lei Básica de Macau（CRLBM），membro do Governo e membro do Conselho para os Assuntos de Transição do Governo Português de Macau，e fez muitos trabalhos no processo da redacção da Lei Básica. Especialmente após a publicação da Lei Básica，no período de transição，o Dr. Rangel assumiu cargo de responsabilidade muito importante no Governo Português de Macau e também fez muito trabalhos，incluindo a localização de quadros，uma das três maiores questões do período de transição de Macau. Acredita-se que esta entrevista vai ajudar as pessoas conhecerem melhor o desenvolvimento de Macau.

Primeiro，revisão dos trabalhos da redacção da Lei Básica

É um prazer ter a oportunidade de conversar sobre a Lei Básica. Ao ver aqui o prof. Luo，meu bom amigo，vieram logo as recordações，porque me lembro do trabalho que nós tivemos. Foi um trabalho muito participado，cada um deu o máximo possível para fazer a melhor lei para Macau，e acho que conseguimos.

Queria desejar muitas felicidades no vosso trabalho，é importante recolher estes depoimentos，as pessoas vão ficando mais velhas，esquecendo-se das

---

* 本部分内容由澳门基金会闫卓小姐帮忙翻译审核。

coisas que aconteceram, já vão 25 anos desde a elaboração da Lei Básica. Por outro lado, infelizmente, alguns nossos colegas já não estão connosco, sendo, por isso, muito oportuno recolher agora os depoimentos. À medida que o tempo passa, vamos ter menos membros que possam colaborar.

1. Foi surpresa e honra ser convidado

Em primeiro lugar, queria dizer que foi uma surpresa quando recebi o convite para ser membro da CRLBM. Primeiro, não sou chinês, não esperava ser convidado. Segundo, estava muito ligado à administração pública de Macau. Quando recebi o convite, pensei na colaboração que poderia prestar e no papel que poderia desempenhar na Comissão, ponderei que podia ser positivo aceitar o convite e aceitei. Creio que foi uma pessoa que conhecia há muitos anos, o Sr. O Cheng Peng, quem sugeriu o meu nome para fazer parte da Comissão. Porque ele queria que a comunidade macaense assumisse um papel interventor na preparação da Lei. Achou que talvez a minha experiência na administração pública pudesse ser útil na discussão da Lei Básica. Foi uma surpresa, mas achei o convite positivo e aceitei. Depois vim a saber que o Dr. Carlos d'Assumpção, que era o presidente da Assembleia Legislativa, e o Bispo de Macau foram também convidados para a Comissão, e concluí que havia realmente um interesse genuíno das autoridades chinesas em envolver um número variável de pessoas com visões diferentes sobre Macau para colaborar na preparação da Lei. Acreditei que existia mesmo um interesse verdadeiro em conseguir a colaboração de todos para fazer a melhor lei possível para Macau.

Para mim, foi uma experiência extraordinária em vários aspectos. Primeiro, consegui perceber melhor como funcionavam as entidades da China, tinha visitado muitas vezes o interior da China, mas não tinha tido uma experiência neste contexto de lidar com as entidades oficiais, as autoridades chinesas. Os membros da Comissão do interior da China tinham uma maneira de pensar diferente das nossas. Também nas nossas reuniões conseguimos criar uma grande solidariedade e amizade entre todos os membros de Macau e entre os de Macau e os da China.

Lembro-me que a fronteira ainda estava fechada quando recebi o convite para visitar o interior da China. Foi no fim da Revolução Cultural e no início da reforma e abertura da China. Fui convidado pelo Sr. O Cheng Peng. Fui falar com o Governador de Macau e dei-lhe conhecimento do convite para visitar o interior da China, pois precisava de autorização. Depois vim a saber que fui a primeira pessoa ligada à administração pública de Macau convidada a passar a fronteira para fazer uma visita. Foi uma grande honra ser a primeira pessoa convidada. Foi comigo um grupo de colaboradores e amigos meus e, quando passámos a fronteira, entrámos numa China completamente diferente da China actual, era um mundo estranho para nós. O Governador ficou admirado com o convite, visto que ainda ninguém ia à China e eu disse que só poderia saber como iria entrar depois de responder afirmativamente. Até então nós víamos a China dos pontos mais altos de Macau. Os turistas não podiam entrar na China, a porta não estava aberta aos turistas e eles vinham a Macau e viam a China do alto das colinas de Penha e da Guia através de canóculos. Era essa a única visão que tínhamos da China.

Na minha primeira ida, vi um mundo de bicicletas. Foi entre 1976 e 1977. No dia da partida, foi um carro à minha casa e fomos depois buscar os meus colegas em dois outros carros. Na fronteira estavam 3 funcionários à nossa espera, um estava com farda cinzenta, um com castanha, e o outro com farda azul, a mesma que era generalizadamente usada pela população. Do lado de lá, não havia quase nada, apenas muita agricultura, não havia edifícios altos como agora, existiam umas aldeias espalhadas e pequenas cidades até chegarmos a Cantão. Os rios não tinham pontes, tínhamos de passar em jangadas para ir à outra margem, eram cinco rios sem pontes. Foi uma experiência nova, interessantíssima. Há dias falei com o presidente da Fundação Macau, Dr. Wu Zhiliang. Ele está a preparar os trabalhos de 40 anos de reforma e abertura da China, e pediu-me para escrever um texto sobre esta experiência, o meu primeiro contacto com a China, no início ou ainda em vésperas da abertura da China. Espero escrever sobre isso a contar esta história. Temos muitas fotografias desta visita. Podemos comparar o que era a China e o que é agora.

Foi uma experiência realmente extraordinária, fui ver um mundo que só conhecia nos livros e que apenas podia ver à distância. Finalmente, fiquei a conhecer um pouco mais. Depois foi uma sensação impressionante ver o crescimento espectacular da China em tão pouco tempo. Quando começámos as reuniões da Lei Básica, tinha sido mais ou menos 12 anos depois da minha primeira ida ao interior da China. A China estava já a ficar bastante diferente. Percebi que queriam ter uma boa lei para Macau para preparar uma transferência suave. Fiquei muito honrado por ter sido envolvido neste projecto.

2. Intercâmbio suficiente para chegar ao consenso

Voltando à Lei Básica, achei que realmente este interesse existiu, percebi isso logo no início e acompanhei tudo muito de perto. Muitos membros do interior da China não conheciam Macau. Lembro-me das conversas às vezes à noite, às seis e tal jantávamos, e depois já não tínhamos reuniões, pelo que tínhamos muito tempo para conversar, tomar chá, etc. Portanto, podíamos trocar opiniões à margem das reuniões. Lembro-me que fizeram perguntas como "afinal em que é que Macau é diferente de Hong Kong". Por isso achámos que eles deviam vir a Macau e que deviam ser feitas reuniões em Macau. Então começámos a ter muitas reuniões em Macau. Ainda bem que alternámos entre Macau e as cidades do interior da China. Isto foi muito útil para os membros do interior da China perceberem melhor a realidade de Macau nas vindas que fizeram.

As reuniões plenárias eram mais complicadas e formais, mas a nível de comissões podíamos falar mais à vontade, trocar impressões, fazer perguntas e dar colaboração pessoal mais intensa. Creio que a participação dos membros de Macau foi muito útil para os trabalhos serem bem realizados. O mais importante, se calhar, além das reuniões, eram as nossas conversas. Ao lidar ao longo de anos com autoridades chinesas, com as quais tivemos muitos contactos, aprendi que nós não podíamos marcar uma reunião e ficar sentado à mesa para iniciar a discussão de algum assunto. É fora, no bastidor, tomando chá, dando um passeio de carro, conversando, almoçando, que tudo se prepara. Só depois é que marcamos a reunião. Muitas vezes, antes de participar nas reuniões da Lei Básica e depois de deixar a Comissão da Redacção da Lei Básica, quando reassumi funções no governo, era assim que lidávamos com a então Agência Xinhua e com as autoridades do interior da China. Sabíamos que tínhamos de fazer o trabalho preparatório, muito intenso e às vezes moroso, com muitos contactos prévios, antes de tratarmos dos assuntos em reunião. Quando estava no governo, às vezes a própria Agência Xinhua, quando queria transmitir algum recado, combinava connosco tomar chá, podendo ser estabelecido um diálogo informal, sendo os assuntos tratados assim de maneira mais fácil.

O que estou a dizer tem a ver também com a Lei Básica. Lembro-me de alguns colegas dizerem que perdíamos muito tempo, passando tantos dias em cada reunião, indo a esta cidade e a outra. Cada reunião demorava vários dias, queixavam-se disso, eu dizia "não, atenção, se calhar, aquilo que nós estamos a tratar fora das reuniões, nas conversas, quando estamos no carro a caminho de qualquer visita, ou quando tomamos o pequeno almoço, estamos a trabalhar". Era mais fácil este ambiente informal, falando dos assuntos duma maneira informal, para chegarmos a algum consenso, em vez de tudo ser tratado formalmente numa reunião. Estou convencido de que as coisas funcionaram bem porque aquelas reuniões demoravam muito tempo, e proporcionavam-nos boas condições para podermos trocar impressões e opiniões uns com os outros, e havia tempo para tudo, para pensar, ler, discutir e conversar, esclarecer os assuntos, ficando depois todos mais preparados para as reuniões formais.

3. Discussão democrática e interesse real em ouvir opiniões dos membros de Macau

Algumas pessoas de Macau opinavam assim, "vocês estarem ali ou não, é igual, porque a China já decidiu tudo". Eu dizia "isto não é verdade". Senti que havia muito interesse em ouvirem as nossas opiniões, e as nossas opiniões foram levadas muitas vezes em consideração, até naquilo que ficou diferente na

Lei de Macau em comparação com a de Hong Kong. Havia esta ideia errada. Às vezes falava com colegas do governo de Macau e algumas pessoas diziam que "vocês estão a perder tempo, a vossa presença ali é meramente uma formalidade, é só para dizerem que foram envolvidas pessoas de Macau, mas está tudo decidido". Eu contrariava essa opinião, porque sabia que as coisas iam sendo decididas e a nossa participação era importante. Claro que já havia um documento preparado, que era um ponto de partida para nós começarmos a discutir. Já havia a Léi Básica de Hong Kong aprovada, podendo ela servir de referência. A Lei de Hong Kong e os documentos que nos foram entregues constituíam o ponto de partida. Sugerimos sempre alterações. Vou citar aqui umas alterações.

(1) Artigo n. °125 – Protecção do património cultural

A Lei de Hong Kong só dizia que o governo da RAEHK definirá por si própria as políticas de cultura. Só isso, nada dizia sobre o património cultural. Achámos que era pouco, que devia haver alguma coisa sobre o património, visto que Macau tinha um valioso património, e Hong Kong não tinha. A presença portuguesa foi muito mais prolongada, portanto, queríamos que alguma coisa ficasse escrita na lei sobre o património. Sugerimos isso e foi aprovada a proposta apresentada. Ao abrigo do art.° 125° da Lei Básica de Macau, "o Governo da Região Administrativa Especial de Macau protege, nos termos da lei, os pontos de interesse turístico, os locais de interesse histórico e demais património cultural e histórico, assim como protege os legítimos direitos e interesses dos proprietários de património cultural. Em 2005 o "Centro Histórico de Macau" foi classificado como património mundial e o governo de Macau ficou a ter enormes responsabilidades neste domínio. O património cultural merece ser protegido, porque tem a ver com a nossa identidade, faz parte da nossa maneira de viver. ①

---

① Jorge Rangel, "Patrimónial cultural é a nossa identidade", in "All about Macau", 5 de Agosto de 2017. https: //aamacau. com/2017/08/05/% E4% B8% 96% E9% 81% BA% E6% 99% AF% E8% A7% 80% E4% BF% 9D% E8% AD% B7% E6% 83% B9% E9% 97% 9C% E6% B3% A8% E3% 80% 80% E9% BB% 8E% E7% A5% 96% E6% 99% BA% EF% BC% 9A% E6% 96% 87% E5% 8C% 96% E9% 81% BA% E7% 94% A2% E6% 98% AF% E6% 88% 91% E5% 80% 91% E7% 9A% 84/.

（2）Art.° 42 – Protecção dos interesses dos residentes de ascendência portuguesa

Macau é uma sociedade pequena com uma estrutura de população complexa e as comunidades diferentes têm diferentes entendimentos em relação ao futuro. Naquela altura, os residentes de ascendência portuguesa estavam preocupados que os seus interesses não iriam ser protegidos após a transferência. ①Em termos do artigo n.° 42 da Lei Básica de Macau, "os interesses dos residentes de ascendência portuguesa em Macau são protegidos, nos termos da lei, pela Região Administrativa Especial de Macau. Os seus costumes e tradições culturais devem ser respeitados." Isto constitui uma tranquilidade muito grande para os macaenses. Há pessoas que diziam "mas o que isto significa, é uma lei muito geral", mas era importante ficar consignado na Lei. A China reconhece a situação dos residentes de ascendência portuguesa, que já viviam aqui há muitos anos. A minha família já está em Macau há dez gerações, estivemos sempre aqui com uma presença continuada de 300 anos, a minha filha é a décima geração. Sabemos todos os nomes dos nossos antepassados deste o primeiro que chegou de Portugal, os portugueses cruzavam-se com as mulheres nativas, da Índia, dos territórios que hoje integram a Malásia, a Indonésia, o Japão, os portugueses deixaram filhos em todo o lado, os macaenses são resultado disso, são lusodescendentes. Achamos muito importante que isso tenha ficado na Lei. A ideia existia, mas era necessário encontrar uma redacção adequada, que acabou por ser esta: "os interesses dos residentes de ascendência portuguesa em Macau são protegidos". A Lei Básica dá protecção aos interesses dos residentes de ascendência portuguesa. Muitos macaenses quiseram ficar em Macau e até portugueses que nasceram em Portugal e não tinham nenhuma relação directa com Macau também quiseram cotninuar a trabalhar em Macau. ②

---

① Alto Funcionário do antigo Governo Português de Macau: os 15 anos de Macau tiraram todas as dúvidas", Jornal San Wa Ou, 8 de Dezembro de 2014, http: //waou. com. mo/detail. asp? id = 84386.

② Alto Funcionário do antigo Governo Português de Macau: os 15 anos de Macau tiraram todas as dúvidas", Jornal San Wa Ou, 8 de Dezembro de 2014, http: //waou. com. mo/detail. asp? id = 84386.

（3） Art. ° 10 – Cor da bandeira

Não é problema de cor, para nós até podia ser vermelho, verde, azul ou qualquer cor, mas apenas perguntámos assim: "a bandeira da China é vermelha, a bandeira de Hong Kong é vermelha, a bandeira de Macau tem de ser vermelha? Pode ser diferente ou não? Não estava nada escrito sobre a cor, nem sobre o emblema a ser usado na bandeira. Perguntámos se podíamos conversar sobre este assunto entre nós fora da reunião, e fomos falando horas seguidas sobre a bandeira. Porque a bandeira não é um pano qualquer, é um símbolo, queríamos que o nosso símbolo fosse diferente. Como disse, não era problema de cor. Sendo a bandeira de Hong Kong vermelha, a nossa podia ter outra cor? A maioria dos membros de Macau não acreditavam que podia ser escolhida outra cor, mas gostavam que a nossa bandeira fosse diferente. Lembro-me que numa noite estavamos novamente a conversar depois de jantar sobre este assunto e alguns membros de Macau disseram que "não vale pena levantar esta questão, eles não vão gostar, a bandeira de Hong Kong ficou vermelha, naturalmente a bandeira de Macau vai ficar vermelha, é melhor não levantar esta questão". Outros achavam que devíamos continuar a conversar sobre este assunto. Na realidade, a vontade dos membros de Macau era que a bandeira de Macau fosse diferente. E conseguimos ter uma bandeira diferente. Ela tem a cor verde. Repito que não é a opção da cor, é mais a preocupação de ser diferente. Aí conseguimos a marcar a diferença. As autoridades centrais chinesas que estavam na comissão perceberam isso e aceitaram.

（4） Art. ° 122 – Liberdade de ensino

Sobre o ensino, Macau tinha um sistema muito variado de ensino nas escolas locais. Queríamos que isto ficasse tratado na lei. Lembro-me que numa viagem que fizemos, íamos a caminho de Beijing, quando um temporal desviou o nosso avião para Dalian. Quando chegámos a Dalian, o hotel não tinha quartos para todos, pelo que ficámos dois em cada quarto. Nessa noite, o bispo de Macau e eu dormimos no mesmo quarto, e pudemos conversar muito durante a noite. Como disseram que não se sabia quando o avião ia sair, podendo em qualquer momento partir, devendo estar todos preparados para seguirmos para o aeroporto, não dormimos. Ficámos a conversar durante toda a noite. Então fiquei a entender melhor as preocupações do nosso bispo, em relação à igreja e ao ensino. Ele disse assim "não devo ser eu a apresentar alguns assuntos, porque sou parte interessada". Podiam pensar que ele estava a defender os interesses dele, como bispo de Macau. Eu disse "muito bem, senhor bispo, diga as suas preocupações, vamos conversar, amanhã envolveremos os colegas numa conversa sobre as suas preocupações. Ao chegarmos a um consenso, poderemos levantar estas questões, não é preciso que seja o senhor a suscitá-las. Então levantámos a questão da liberdade religiosa, e a liberdade de ensinar. A liberdade de religião estava já no projecto. Mas a preocupação dele era se as escolas católicas podiam continuar a funcionar, queria ter essa garantia. Estava com receio que depois de 1999, alguma autoridade pusesse restrições no funcionamento das escolas não oficiais, queria saber como ia ser. Macau tem muitas escolas privadas, ligadas a várias igrejas, a associações locais, a igreja católica tinha e tem muitas escolas em Macau. Queria que isto ficasse claramente escrito na Lei. No art.° 122° da Lei Básica da RAEM, é previsto que "os estabelecimentos de ensino de diversos tipos, anteriormente existentes em Macau, podem continuar a funcionar. As escolas de diversos tipos da Região Administrativa Especial de Macau têm autonomia na sua administração e gozam, nos termos da lei, da liberdade de ensino e da liberdade académica."

4. Art.° 5 – 50 anos inalterados

Há uma semana fui convidado a fazer uma palestra sobre a Lei Básica juntamente com Leonel Alves na Fundação Rui Cunha. A palestra foi uma conversa informal. Combinei com Leonel Alves fazer duas partes: na primeira, ele explicou o que é a Lei Básica, oseu significado e a sua implementação em Macau. Na segunda eu contei histórias em torno da Lei Básica, sobre a minha experiência pessoal com a Lei Básica, porque estas histórias só podem ser contadas por aqueles que estiveram lá. Às vezes também sou crítico das coisas, é por isso que tenho conversado muito com autoridades chinesas, a quem digo que "não vale perder tempo se só querem ouvir coisas positivas". Quanto às coisas negativas, gosto de falar à vontade, conversamos sempre muito abertamente aqui, em Portugal quando faço visitas lá, e na China. Tenho falado sempre francamente, acho que este diálogo tem sido muito útil. Aquela sessão correu muito bem, tinha muita gente, foi uma boa iniciativa.

Naquela sessão, algumas pessoas perguntaram como Macau será depois de 2049, eu disse que a China tem estudado o que vai acontecer a seguir, em conformidade com a Lei Básica. É proposta agora a integração de Macau na "Faixa e Rota" e temos agora a Grande Baía. A China está a pensar sempre em novos caminhos para a integração de Macau de forma suave, mas segura, e Macau tem condições para manter a sua própria identidade preservada, porque isto também interessa à China. O desenvolvimento de Macau é inseparável e conta com o apoio do governo central da China. O governo central da China atribuíu a Macau as tarefas e as missões especiais, para desempenhar o papel de plataforma de cooperação e intercâmbio com o exterior, ligando a China aos países e territórios de língua portuguesa. Uma série de entidades intermediárias como o "Fórum para a Cooperação Económica e Comercial entre a China e os Países de Língua Portuguesa", foram estabelecidas nos últimos anos, para reforçar a relação entre a China e os países de língua portuguesa, a partir de contactos económicos e comerciais, e abrangendo posteriormente a área de educação, a cultura e outras, conseguindo assim resultados frutíferos. ①

Não há razão para preocupações desnecessárias. Cada um deve estar no seu lugar e saber contribuir para que Macau seja Macau, mesmo quando chegarmos ao fim da vigência da Lei Básica; podem todos contribuir para o amanhã de Macau. A China tem ideias muito claras, e a situação vai evoluindo, mas nós podemos

---

① "Alto Funcionário do antigo Governo Português de Macau: os 15 anos de Macau tiraram todas as dúvidas", Jornal San Wa Ou, 8 de Dezembro de 2014, http://waou.com.mo/detail.asp?id = 84386.

participar e colaborar, dar as nossas ideias e apresentar sugestões de forma positiva para que sejam encontradas as melhores soluções. Uma coisa é ter a visão geral de que a evolução vai ser feita, mas as situações concretas só podem ser resolvidas com a ampla participação das pessoas. Como nas próprias reuniões da Lei Básica, quando o enquadramento estava definido, como seria em pormenor a redacção final, se nós todos ficássemos calados, se calhar teria ficado de outra maneira; nós pudemos colaborar, a China já tinha uma ideia geral sobre a Lei Básica, mas a redacção final de cada artigo dependia da nossa capacidade de colaborar, propor e sugerir ou até discutir, e isto foi conseguido. Acho que mesmo quanto ao futuro de Macau, esta é a postura que as pessoas devem ter.

Segundo, trabalhos durante a transição

Depois tive muita pena de deixar a Comissão de Redacção da Lei Básica em 1991, quando o novo governador chegou e propôs à República Portuguesa que eu fosse membro do governo com ele. A minha mulher era contra esta ideia, já sabia como é a vida dum membro do governo, que fica preso no trabalho de manhã até noite, e às vezes até alta madrugada. Quando estava no governo, tinha pouco assessores, o meu gabinete nunca teve mais de 5 pessoas a trabalhar comigo, apesar de ter áreas muito grandes, o que obrigava a que eu próprio trabalhasse muito mais. Às vezes a minha mulher acordava às 4 ou 5 de manhã, e eu estava ainda acordado, não tinha dormido, a minha mulher não queria que eu voltasse a exercer essas funções, mas eu também percebi que seria mais útil fazê-lo naquela altura. Eu era presidente da Fundação Macau, gostava de exercer essas funções e era membro do Conselho Consultivo do Governador. Estava muito bem, mas achei que podia ser mais útil a Macau aceitando o cargo no governo e a Lei Básica estava já muito adiantada. A minha mulher achava que eu já estava próximo do governador como membro do Conselho Consultivo, e ser presidente da Fundação Macau podia ser mais interessante do que ser membro do governo, mas o governador disse que a escolha já tinha sido aprovada e contactou-me logo para ir a Lisboa para preparar o início de funções. E assim fiz. Quem me substituiu em 1991 na Comissão de Redacção da Lei Básica foi o engenheiro Raimundo do Rosário, que agora é o Secretário para os Transportes e Obras Públicas. O governador disse que queria entregar-me as áreas mais relacionadas com a transição, a administração pública, a educação e a juventude. Aceitei.

Quando chegámos a 1996, mudou o presidente da República Portuguesa, foi eleito o novo presidente em Portugal. O nosso compromisso assumido com o governador era até 1996. Como sabem, antigamente era assim, quando mudava o presidente da República de Portugal, ele escolhia o novo governador. Em 1996 pensávamos que o novo presidente iria escolher o novo governador. Todos nós assumimos o compromisso com o governador Vasco Rocha Vieira até 1996. Alguns meus colegas saíram em 1996 e também falei com o governador sobre isto. Não sabíamos se o governador continuava ou não, mas a República Portuguesa confirmou que o governador ficava no seu cargo. Já estávamos a chegar ao fim, pelo que seria muito complicado enviar outra gente para governar Macau.

Contudo, em 1996 tive uma doença muito grave. Muitos não souberam, porque eu não quis fazer alarde disso para evitar perturbações no funcionamento da função pública. Portanto, pouca gente soube disso. Tive um problema de foro oncológico, um tumor no intestino, que obrigou a uma intervenção cirúrgica em Hong Kong. Receei não poder continuar a desempenhar as minhas funções no governo. Eu estava para dizer ao governador que deixaria o cargo do governo logo que saísse do hospital, pois seria difícil acompanhar os assuntos dos últimos três anos do governo. Eu já estava na terceira semana deitado no hospital, quando o governador avisou que ia lá fazer-me uma visita. Isto foi em Maio de 1996. Quando ele me foi visitar, a minha mulher estava ao meu lado. O governador chegou, eu disse "estou deitado e nem posso levantar-me para o receber". Fiz saber que devíamos preparar a minha saída e entregar as minhas responsabilidades a outro colega. Ele disse "não, não, estava no jetfoil a pensar nisso e trago já uma lista nova de coisas para lhe entregar. Perguntei quais seriam essas responsabilidades e ele disse que "não vai sair, vai ficar bom, quando sair do hospital, tenho novas atribuições para lhe dar." São os assuntos do final da transição, é a preparação da entrega das responsabilidades administrativas ao novo governo, o acompanhamento do Chefe do Executivo que vai ser escolhido até assumir as suas funções, trabalhar com a Comissão Preparatória da RAEM, concluir a localização dos quadros, preparar a administração pública para a RAEM. Aceitei o desafio. Fiquei então até 1999, até ao último dia, até ao fim.

Ainda havia mais um trabalho muito importante que era a organização das cerimónias finais de transferência. Também fiquei com a tutela do Gabinete de Coordenador das Cerimónias. Então fiquei até o último dia. Eu estava muito preocupado com as cerimónias. Felizmente, correu tudo bem, foi tudo impecável, ainda bem, mas tudo aquilo deu muito trabalho, tanto trabalho que quase já não vivia com a minha família durante meses. Como sabem, os membros do governo de Macau tinhamos residência oficial, mas eu tinha a nossa própria casa. A minha mulher e filha viviam então na nossa casa e eu vivia sozinho na residência oficial para poder fazer reuniões até 4, 5 de madrugada, e não perturbar a família, estivemos durante meses assim naquele último ano da administração portuguesa. Por razões funcionais e pragmáticas, fizemos assim: ela ficou em casa, e eu na residência oficial, e todos os dias passava por casa para ficar um pouco com a família. Transformei a residência oficial num escritório, todos os dias com reuniões, com pessoas a entrar e sair, porque ali era mais fácil funcionar. Depois, quando chegámos à cerimónia final à meia noite, o presidente da República de Portugal passou por mim, deu-me um abraço e felicitou-me por ter tudo corrido bem. Depois fui ao aeroporto para me despedir deles, vi-os a chegar e partir várias vezes ao longo de 25 anos, mas nesse dia iam despedir-se definitivamente. Só eu iria permanecer. Saíram dois aviões, o governador deu-me um grande e comovido abraço de despedida. Subitamente, dei conta de que, à meia noite, tinha deixado as minhas funções, quando começou a RAEM e eu não era mais o secretário do governo de Macau. O condutor estava à porta do aeroporto à minha espera, mas, depois da meia noite, eu já não tinha funções no governo de Macau. Achei, por isso, que já não devia usar o carro oficial. Despedi-me do condutor e mandei-o embora, pedindo-lhe que deixasse o carro na residência oficial.

Depois, não sabia se podia ir à cerimónia de posse das novas autoridades. Em que qualidade iria? Ainda no aeroporto, telefonei a Ho Veng On, que foi meu colaborador, trabalhou muitos anos comigo, depois foi escolhido por Edmund Ho para ser o Chefe do Gabinente do Chefe do Executivo, e agora é Comissário da Auditoria. Disse-lhe que estava sozinho no aeroporto, não tinha carro e queria saber se devia ir ou não à cerimónia de posse das novas autoridades. Ele dsse que ia falar com o embaixador Han, último chefe da parte chinesa do Grupo de Ligação. O embaixador Han disse que queria que eu fosse à cerimónia, ia mandar um carro para me buscar e levar ao Fórum de Macau onde se realizou a cerimónia. Deu-me um lugar ao lado do antigo governador de Hong Kong, Chris Patten, que estava ali a representar a União Europeia. Do governo cessante de Macau, só eu assisti àquela cerimónia. Os outros membros do governo já iam a caminho de Portugal.

Não estou a dizer estas coisas fora do contexto da Lei Básica, porque tudo está interligado, afinal toda a minha actuação no governo depois da Lei Básica tinha alguma ligação com os objectivos da Lei Básica. Depois, o Chefe do Executivo várias vezes falou comigo. Nessa altura, em Maio o Sr. Edmund Ho foi confirmado pelo governo central como Chefe do Executivo e tomou posse na madrugada de 20 de Dezembro. De Maio até final de Novembro eu trabalhei com ele quase todas as semanas; almoçava com ele numa sala privada todas as quartas-feiras no Hotel Ritz, que agora é Hotel Riviera. Ele perguntou-me várias vezes o que eu ia fazer a seguir, eu disse "não se preocupe comigo, quero ir a minha vida, tenho projectos, quero retomar algumas actividades académicas, vou fazer funcionar um instituto denominado "Instituto Internacional de Macau" IIM, que acreditava que podia ser muito útil à RAEM.

Terceiro, a continuação dos trabalhos da Lei Básica

Quando o IIM foi criado, como é normal, quando aparece algum organismo novo num território pequeno como o nosso, fomos olhados com alguma desconfiança. Mas sabíamos que acabariam por nos aceitar depois de mostrarmos trabalho feito. Temos hoje uma relação positiva com as entidades locais e até com as da China.

O Instituto publicou muitos livros, por exemplo, "A Faixa e Rota Chinesa – a Convergência entre Terra e Mar", que é o primeiro livro em português sobre a "Faixa e Rota". Nem em Portugal nem no Brasil o fizeram ainda. Foi lançado em Beijing em Dezembro de 2017. Temos feito seminários em Beijing com entidades académicas chinesas. Este livro foi apresentado no último seminário em Dezembro. Vamos agora lançar o livro *China's Belt and Road Initiative-The Role of Macao and the Portuguese-speaking countries*" no Consulado de Portugal. O livro é em inglês e estamos a preparar as versões chinesa e portuguesa. O livro explica o que é a iniciativa "Uma Faixa, Uma Rota", e nos capítulos finais são indicadas as formas de participação dos países de língua portuguesa nesta enorme iniciativa. Estamos a fazer um livro sobre a Grande Baía de Guangdong, Hong Kong e Macau, esperamos ser os primeiros a publicar um livro sobre a Grande Baía. Também temos feito investigação sobre Sun Yat Sen, e já publicámos 5 livros sobre Sun Yat Sen, explicando a relação entre ele e Macau, e como Macau influenciou o percurso político dele. Este livro *Before the First Guangzhou Uprising in 1895 – The Macau Experience Deciphering the Revolutionary Thoughts of Dr. Sun Yat Sen*" tem versões em chinês e inglês. Temos uma equipa de investigação especial sobre Sun Yat Sen, isto é muito importante para as pessoas conhecerem o papel dele para a revolução republicana da China e a ligação entre ele e Macau. Ele nasceu perto de Macau e viveu e trabalhou em Macau. Por isso, uma das áreas de estudo do nosso Instituto é sobre Sun Yat Sen. Publicamos muito sobre a história, a identidade, a memória de Macau, mas também sobre o presente e o futuro de Macau. Vamos avançando também nos estudos dos novos grandes projectos da China relacionados com o Delta e com Macau.

O IIM tem uma delegação em Lisboa, e muitas parcerias estabelecidas no Brasil. Por isso, fazemos muitas actividades, tais como seminários e conferências no Brasil e em Portugal sobre estes temas. Agora estou em Macau, mas muitas vezes estou em Lisboa ou no Rio de Janeiro, para desenvolver as nossas iniciativas. Amanhã vou ter um encontro com o Sr. Chefe do Executivo à tarde, e com o Secretário para os Assuntos Sociais e Cultura, Dr. Alexis Tam de manhã, para falar do 20° aniversário da RAEM e sobre como é que podemos colaborar nas comemorações. Já temos ideias para apresentar ao governo, estamos preparados para comemorar com exposições fotográficas sobre a RAEM, e com um conjunto de seminários e encontros em vários países sobre os 20 anos da RAEM, mas sei que o governo de Macau ainda não tem o seu plano concluído. No 10° aniversário da RAEM, foi o Chefe do Executivo Edmund Ho quem nos chamou para uma conversa, na qual ele disse que gostava que o IIM organizasse uma exposição fora de Macau, nos EUA, Canadá, Brasil, Portugal e outros países de língua portuguesa, sobre os dez anos da RAEM. Nós fizemos uma grande exposição, de inegável qualidade, que correu muito bem e durou um ano. Quando a RAEM fez 15 anos, o novo Chefe do Executivo, Fernando Chui Sai On, também contou com a nossa colaboração para fazer exposições fotográficas da RAEM, mostrando as grandes realizações conseguidas nos primeiros 15 anos. Fizemos também exposições em várias partes do mundo.

Juntamente com as exposições, publicamos livros e organizamos conferências e seminários nas escolas e universidades sobre a RAEM. Uma exposição que fizemos fez uma itinerância por cidades do Brasil durante 5 anos. Mantemos uma boa relação com o Gabinete de Ligação do Governo Central em Macau, e também colaboramos com o Gabinete de Ligação em actividades realizadas em Portugal. Continuamos disponíveis para dar a nossa colaboração a todos. Temos feito trabalhos interessantes e importantes. Há três anos fizemos um curso em Portugal para 24 quadros do Gabinete de Ligação do Governo Central da China em Macau e do Gabinete dos Assuntos de Hong Kong Macau do Conselho do Estado durante 3 semanas sobre Portugal. Foi o IIM que organizou este curso, a pedido das autoridades chinesas. Correu tudo muito bem. Trabalhos como este podemos fazer mais vezes. Não era um curso de língua portuguesa, mas um curso sobre Portugal em todas as vertentes, da política à social e à económica. Foi um curso intensivo, de manhã até à noite, que eu coordenei. Há pouco tempo, foi uma delegação chefiada pelo Vice-Director do Gabinete de Ligação do Governo Central da China em Macau a Portugal e depois ao Brasil para estudar os órgãos municipais e nós ajudámos a coordenar os contactos e as reuniões que esta delegação fez com entidades portuguesas.

Podemos dar muita colaboração à RAEM, se pudermos contar com o apoio da Fundação Macau. Temos uma vantagem em relação ao governo, pois quando o governo organiza alguma actividade, custa sempre mais dinheiro. Nós conseguimos fazer tudo mais barato, temos uma rede de colaboradores espalhados no mundo, temos 400 investigadores, a quem não precisamos de pagar, são colaboradores nossos que trabalham em universidades e em centros culturais, fazem projectos connosco, e temos muitos protocolos de colaboração assinados com universidades e centros culturais de muitos países. Quando queremos fazer alguma actividade, muitas vezes não precisamos de pagar, bastando pedir a cedência do espaço e sendo a única despesa a organização da actividade. O resto não tem grandes encargos, portanto, conseguimos fazer muitas coisas sem precisar de muito dinheiro. Quero mostrar-vos este livro que a Fundação Macau apoiou, sobre o património arquitectónico na China e nos países lusófonos. Contém um prefácio meu, contém um estudo sobre o património da China no primeiro capítulo, incluindo a parte de Macau, escrito por mim e depois temos todos os países de língua portuguesa (Angola, Brasil, Cabo Verde, Guiné-Bissau, São Tomé e Príncipe, Moçambique e Timor-Leste). Conseguimos juntar tudo neste livro, visando explicar o que é património mundial nestes países todos. Também fizemos nesta colecção "Novos Caminhos" um estudo sobre a economia da China e dos países de língua portuguesa. Uma equipa de especialistas, encarregou-se de o elaborar, com dois ou três a escreverem sobre o respectivo país. Não precisámos de pagar a estes nossos colaboradores. A Fundação Macau patrocinou a edição do livro. Podemos produzir muito mais se os apoios não faltarem.

A ligação com a Lei Básica não acabou no dia em que saí da Comissão da Redacção, isto tudo que referi pode ser entendido como a continuação dos trabalhos da Lei Básica. Já vão muitos anos, mas o que aprendi quando discutimos a Lei Básica permitiu-me pôr em prática tudo quanto é feito agora. As exposições, as edições e as conferências sobre Macau são o resultado do meu envolvimento na produção da Lei Básica e de todo o trabalho posterior realizado. Quero aproveitar para dizer que nenhuma entidade em Macau publica mais do que o IIM. Publicamos mais do que as universidades de Macau todas juntas, conforme um estudo divulgado sobre edições e publicações na RAEM. Vamos continuar a publicar mais livros nos próximos anos sobre Macau. Acredito muito nos livros, tenho uma boa biblioteca pessoal, especialmente sobre a China, julgo que ela poderá ser a melhor biblioteca sobre a China em Portugal. Compro muitos livros sobre China que saem na América, na Inglaterra, na Ásia, e em outros sítios. Um dia, quando eu desaparecer, ficará esta biblioteca para os investigadores poderem pesquisar. Tenho contactos frequentes com universidades e também dou aulas sobre a China em várias universidades. Até colaboramos com a Escola Superior de Guerra do Rio de Janeiro, onde os futuros generais e almirantes querem saber a nossa opinião sobre a China e sobre Macau. Acompanhamos de perto o que acontece na China e promovemos a sua divulgação.

O IIM foi fundado há 18 anos e já várias vezes eu quis passar o testemunho. Vou dizer ao Chefe do Executivo que gostava de ficar no IIM só até a comemoração dos 20 anos da RAEM. Já são muitos anos, estive ligado ao governo de Macau, mas nunca fiquei tanto tempo ligado directamente a uma instituição. Este trabalho obriga-me a um enorme empenhamento pessoal e a fazer muitas viagens e conferências. Mesmo depois de deixar as minhas funções, irei continuar a acompanhar os trabalhos do IIM, mas sem ter qualquer função de natureza executiva.

Quarto, amizade contraída durante os trabalhos da Comissão da Redacção da Lei Básica

Conheci muita gente na Comissão da Redação da Lei Básica. Quando estava no governo de Macau, às vezes quando tínhamos assuntos para tratar, sem ser em reunião formal, consegui falar com vários deles. Por exemplo, o embaixador Chen Ziying, que esteve na Comissão e foi embaixador em Lisboa, estava sempre acessível. Quando tinha assuntos para tratar, eu pedia autorização para ir a Beijing a falava com ele, porque sabia que ele podia ajudar a resolver os problemas. O embaixador Chen deu-nos muito apoio. O governo de Portugal atribuiu-lhe a Ordem do Infante D. Henrique. Ele mereceu essa distinção. Ele escreveu um livro de memórias muito interessante. Tenho este livro em lugar destacado da minha biblioteca pessoal.

Quinto, sugestões para a implementação da Lei Básica da RAEM

Uma coisa importante que acho dever referir, é que devem imprimir mais exemplares da Lei Básica. Antigamente, nos serviços públicos, a Lei Básica estava disponível, e agora nem sempre está. Quando as pessoas ficam sentadas à espera de serem atendidas, a Lei Básica devia estar lá para as pessoas lerem e levarem para casa. Passaram 25 anos, mas até 2049 ainda faltam muitos anos. Acho que é necessário fazer mais exemplares e espalhá-las pelas bibliotecas, escolas e outros locais públicos. Seria muito útil fazer isto. A Fundação Macau tem muitos recursos e pode imprimir mais exemplares da Lei Básica e outros trabalhos sobre a Lei Básica. Também é importante que as pessoas ligadas à Lei Básica escrevam mais sobre a Lei Básica, com comentários, lições e notas explicativas para as pessoas compreenderem melhor a Lei e seria útil fazer mais livros. Sei que nas escolas estão a organizar actividades de promoção e educação da Lei Básica. Mesmo assim, penso que se pode fazer mais. Podem convidar professores e pessoas ligadas à administração pública para conversarem com os alunos, sobretudo os alunos do ensino secundário, sobre a Lei Básica. O Prof. Luo é mestre nesta área e merece todo o apoio para fazer mais trabalhos sobre a Lei Básica.

As minhas histórias e sugestões sobre a Lei Básica são mais ou menos estas. Algumas das coisas referidas nesta entrevista foram agora divulgadas pela primeira vez.

附　录

中华人民共和国澳门特别行政区
基本法（草案）征求意见稿

序　言

澳门，包括澳门半岛、氹仔岛和路环岛，自古以来就是中国的领土，十六世纪中叶以后被葡萄牙逐步占领。一九八七年四月十三日，中葡两国政府签署了关于澳门问题的联合声明，确认中华人民共和国政府于一九九九年十二月二十日恢复对澳门行使主权，从而实现了长期以来中国人民收回澳门的共同愿望。

为了维护国家的统一和领土完整，有利于澳门的社会稳定和经济发展，考虑到澳门的历史和现实情况，国家决定，在对澳门恢复行使主权时，根据中华人民共和国宪法第三十一条的规定，设立澳门特别行政区，并按照"一个国家，两种制度"的方针，不在澳门实行社会主义的制度和政策。国家对澳门的基本方针政策，已由中国政府在中葡联合声明中予以阐明。

根据中华人民共和国宪法，全国人民代表大会特制定中华人民共和国澳门特别行政区基本法，规定澳门特别行政区实行的制度，以保障国家对澳门的基本方针政策的实施。

第一章　总则

第一条　澳门特别行政区是中华人民共和国不可分离的部分。

第二条　全国人民代表大会授权澳门特别行政区依照本法的规定实行高度自治，享有行政管理权、立法权、独立的司法权和终审权。

第三条　澳门特别行政区的行政机关和立法机关由澳门特别行政区永久性居民依照本法有关规定组成。

第四条　澳门特别行政区依法保障澳门特别行政区居民和其他人的权利和自由。

第五条　澳门特别行政区不实行社会主义的制度和政策，保持原有的资本主义制度和生活方式，五十年不变。

第六条　澳门特别行政区依法保护私有财产权。

第七条　澳门特别行政区境内的土地和自然资源，除澳门原有法律规定的私有土地外，属于国家所有，由澳门特别行政区政府负责管理、使用、开发、出租或批给个人、法人使用或开发，其收入全部归澳门特别行政区政府支配。

第八条　澳门原有的法律、法令、行政法规和其他规范性文件，除同本法相抵触或经澳门特别行政区的立法机关或其他有关机关依照法定程序作出修改者外，予以保留。

第九条　澳门特别行政区的行政机关、立法机关和司法机关，除使用中文外，还可使用葡文，葡文也是正式语文。

第十条　澳门特别行政区除悬挂中华人民共和国国旗和国徽外，还可使用澳门特别行政区区旗和区徽。

澳门特别行政区的区旗为：

澳门特别行政区的区徽为：

第十一条　根据中华人民共和国宪法第三十一条，澳门特别行政区的制度和政策，包括社会、经济制度，有关保障居民的基本权利和自由的制度，行政管理、立法和司法方面的制度，以及有关政策，均以本法的规定为依据。

澳门特别行政区的任何法律、法令、行政法规和其他规范性文件均不得同本法相抵触。

第二章　中央和澳门特别行政区的关系

第十二条　澳门特别行政区是中华人民共和国的一个享有高度自治权的地方行政区域，直辖于中央人民政府。

第十三条　中央人民政府负责管理与澳门特别行政区有关的外交事务。

中华人民共和国外交部在澳门设立机构处理外交事务。

中央人民政府授权澳门特别行政区依照本法自行处理有关的对外事务。

第十四条　中央人民政府负责澳门特别行政区的防务。

澳门特别行政区政府负责维持澳门特别行政区的社会治安。

第十五条　中央人民政府依照本法的有关规定任免澳门特别行政区行政长官、政府主要官员和检察长。

第十六条　澳门特别行政区享有行政管理权，依照本法的有关规定自行处理澳门特别行政区的行政事务。

第十七条　澳门特别行政区享有立法权。

澳门特别行政区的立法机关制定的法律须报全国人民代表大会常务委员会备案。备案不影响该法律的生效。

全国人民代表大会常务委员会在征询其所属的澳门特别行政区基本法委员会的意见后，如认为澳门特别行政区立法机关制定的任何法律不符合本法关于中央管理的事务及中央和澳门特别行政区关系的条款，可将有关法律发回，但不作修改。经全国人民代表大会常务委员会发回的法律立即失效。该法律的失效，除澳门特别行政区的法律另有规定外，无溯及力。

第十八条　在澳门特别行政区实行的法律为本法以及本法第八条规定的澳门原有法律和澳门特别行政区立法机关制定的法律。

全国性法律除列于本法附件三者外，不在澳门特别行政区实施。凡列于本法附件三的法律，由澳门特别行政区在当地公布或立法实施。

全国人民代表大会常务委员会在征询其所属的澳门特别行政区基本法委员会和澳门特别行政区政府的意见后，可对列于本法附件三的法律作出增减，任何列入附件三的法律，限于有关国防、外交和其他依照本法规定不属于澳门特别行政区自治范围的法律。

全国人民代表大会常务委员会决定宣布战争状态或因澳门特别行政区内发生澳门特别行政区政府不能控制的危及国家统一或安全的动乱而决定澳门特别行政区进入紧急状态，中央人民政府可发布命令将有关全国性法律在澳门特别行政区实施。

第十九条　澳门特别行政区享有独立的司法权和终审权。

澳门特别行政区法院除继续保持澳门原有法律制度和原则对法院审判权所作的限制外，对澳门特别行政区所有的案件均有审判权。

澳门特别行政区法院对国防、外交等国家行为无管辖权。澳门特别行政区法院在审理案件中遇有涉及国防、外交等国家行为的事实问题，应取得行政长官就该等问题发出的证明文件，上述文件对法院有约束力。行政长官在发出证明文件前，须取得中央人民政府的证明书。

第二十条　澳门特别行政区可享有全国人民代表大会、全国人民代表大会常务委员会或中央人民政府授予的其他权力。

第二十一条　澳门特别行政区居民中的中国公民依法参与国家事务的管理。

根据全国人民代表大会确定的名额和代表产生办法，由澳门特别行政区居民中的中国公民在澳门选出澳门特别行政区的全国人民代表大会代表，参加最高国家权力机关的工作。

第二十二条　中央人民政府所属各部门、各省、自治区、直辖市均不得干预澳门特别行政区依照本法自行管理的事务。

中央各部门、各省、自治区、直辖市如需在澳门特别行政区设立机构，须征得澳门特别行政区政府同意并经中央人民政府批准。

中央各部门、各省、自治区、直辖市在澳门特别行政区设立的一切机构及其人员均须遵守澳门特别行政区的法律。

各省、自治区、直辖市的人进入澳门特别行政区须办理批准手续，其中进入澳门特别行政区定居的人数由中央人民政府主管部门征求澳门特别行政区政府的意见后确定。

澳门特别行政区可在北京设立办事机构。

第二十三条　澳门特别行政区应自行立法禁止任何叛国、分裂国家、煽动叛乱、颠覆中央人民政府及窃取国家机密的行为，禁止外国的政治性组织或团体在澳门特别行政区进行政治活动，禁止澳门特别行政区的政治性组织或团体与外国的政治性组织或团体建立联系。

第三章　居民的基本权利和义务

第二十四条　澳门特别行政区居民，简称澳门居民，包括永久性居民和非永久性居民。

澳门特别行政区永久性居民为：

（一）在澳门特别行政区成立以前或以后在澳门出生的中国公民；

（二）在澳门特别行政区成立以前或以后在澳门通常居住连续七年以上的中国公民；

（三）第（一）、（二）两项所列永久性居民在澳门以外所生的中国籍子女；

（四）在澳门特别行政区成立以前或以后在澳门出生并以澳门为永久居住地的葡萄牙人；

（五）在澳门特别行政区成立以前或以后在澳门通常居住连续七年以上并以澳门为永久居住地的葡萄牙人；

（六）在澳门特别行政区成立以前或以后在澳门通常居住连续七年以上并以澳门为永久居住地的其他人；

（七）第（六）项所列永久性居民在澳门特别行政区成立以前或以后在澳门出生的未满十八周岁的子女。

以上居民在澳门特别行政区享有居留权并有资格领取澳门特别行政区永久性居民身份证。

澳门特别行政区非永久性居民为：有资格依照澳门特别行政区法律领取澳门居民身份证，但没有居留权的人。

第二十五条　澳门居民在法律面前一律平等，不因国籍、血统、性别、种族、语言、宗教、政治或思想信仰、文化程度、经济状况或社会条件而受到歧视。

第二十六条　澳门特别行政区永久性居民依法享有选举权和被选举权。

第二十七条　澳门居民享有言论、新闻、出版的自由，结社、集会、游行、示威的自由，组织和参加工会、罢工的权利和自由。

第二十八条　澳门居民的人身自由不受侵犯。

澳门居民不受任意或非法的逮捕、拘留、监禁。对任意或非法的拘留监禁，居民有权向法院申请颁发防止滥用权力的人身保护令。禁止非法搜查居民的身体，剥夺或者限制居民的人身自由。禁止对居民施行酷刑或予以非人道的对待。

第二十九条　澳门居民除其行为依照当时法律明文规定为犯罪和应受惩处外，不受刑罚处罚。

澳门居民在被指控犯罪时，享有尽早接受法院审判的权利，未经法院判罪之前均假定为无罪。

第三十条　澳门居民的人格尊严不受侵犯。禁止用任何方法对居民进行侮辱、诽谤和诬告陷害。

澳门居民享有个人的名誉权、私人生活和家庭生活的隐私权。

第三十一条　澳门居民的住宅和其他房屋不受侵犯。禁止任意或非法搜查、侵入居民的住宅和其他房屋。

第三十二条　澳门居民的通讯自由和通讯秘密受法律保护。除因公共安全和追查刑事犯罪的需要，由有关机关依照法律规定对通讯进行检查外任何部门或个人不得以任何理由侵犯居民的通讯自由和通讯秘密。

第三十三条　澳门居民有在澳门特别行政区境内迁徙的自由，有移居其他国家和地区的自由。澳门居民有旅行和出入境的自由，有依照法律取得各种旅行证件的权利。有效旅行证件的持有人，除非受到法律制止，可自由离开澳门特别行政区，无需特别批准。

第三十四条　澳门居民有信仰的自由。

澳门居民有宗教信仰的自由，有公开传教和举行、参加宗教活动的自由。

第三十五条　澳门居民有选择职业和工作的自由。

第三十六条　澳门居民有权诉诸法律，向法院提起诉讼，得到律师的帮助以保护自己的合法权益，以及获得司法补救。

澳门居民有权对行政部门和行政人员的行为向法院提起诉讼。

第三十七条　澳门居民有从事教育、学术研究、文学艺术创作和其他文化活动的自由。

第三十八条　澳门居民的婚姻自由、成立家庭和自愿生育的权利受法律保护。

未成年人、老年人和残疾人受澳门特别行政区的关怀和保护。

第三十九条　澳门居民有依法享受社会福利的权利。劳工的福利待遇和退休保障受法律保护。

第四十条　国际劳工公约适用于澳门的规定继续有效，通过澳门特别行政区法律予以实施。

第四十一条　澳门居民享有澳门特别行政区法律保障的其他权利和自由。

第四十二条　在澳门的葡萄牙后裔居民的利益依法受澳门特别行政区的保护，他们的习惯和文化传统应受尊重。

第四十三条　澳门居民的权利和自由除依照法律规定外不得限制。法律规定的限制应以维护国家安全、社会秩序、公共卫生、公共道德以及保障他人的权利和自由所必需为限。

第四十四条　在澳门特别行政区境内的澳门居民以外的其他人，依法享有本章规定的澳门居民的权利和自由。

第四十五条　澳门居民和在澳门的其他人有遵守澳门特别行政区实行的法律的义务。

第四章　政治体制

第一节　行政长官

第四十六条　澳门特别行政区行政长官是澳门特别行政区的首长，代表澳门特别行政区。

澳门特别行政区行政长官依照本法的规定对中央人民政府和澳门特别行政区负责。

第四十七条　澳门特别行政区行政长官由年满四十周岁，在澳门通常居住连续满二十年的澳门特别行政区永久性居民中的中国公民担任。

第四十八条　澳门特别行政区行政长官在当地通过选举或协商产生，由中央人民政府任命。

行政长官产生的具体办法由附件一《澳门特别行政区行政长官的产生办法》规定。

第四十九条　澳门特别行政区行政长官任期五年，可连任一次。

第五十条　澳门特别行政区行政长官在任职期内不得具有外国居留权，不得从事私人赢利活动。行政长官就任时应向澳门特别行政区终审法院院长申报财产，记录在案。

第五十一条　澳门特别行政区行政长官行使下列职权：

（一）领导澳门特别行政区政府；

（二）负责执行本法和依照本法适用于澳门特别行政区的其他法律；

（三）签署立法会通过的法案，公布法律；

签署立法会通过的财政预算案，将财政预算、决算报中央人民政府备案；

（四）决定政府政策，发布行政命令；

（五）制定行政法规并颁布执行；

（六）提名并报请中央人民政府任命下列主要官员：各司司长（相当于原政务司）、廉政专员、审计长、警察部门和海关负责人；建议中央人民政府免除上述官员职务；

（七）委任部分立法会议员；

（八）任免行政会委员；

（九）依照法定程序任免各级法院院长和法官，任免检察官；

（十）依照法定程序提名并报请中央人民政府任命检察长，建议中央人民政府免除检察长的职务；

（十一）依照法定程序任免公职人员；

（十二）执行中央人民政府就本法规定的有关事务发出的指令；

（十三）代表澳门特别行政区政府处理中央授权的对外事务和其他事务；

（十四）批准向立法会提出有关财政收入或支出的动议；

（十五）根据安全和重大公共利益的需要，决定政府官员或其他负责政府公务的人员是否向立法会或其所属的委员会作证和提供证据；

（十六）依法颁授澳门特别行政区奖章和荣誉称号；

（十七）依法赦免或减轻刑事罪犯的刑罚；

（十八）处理请愿、申诉事项。

第五十二条 澳门特别行政区行政长官如认为立法会通过的法案不符合澳门特别行政区的整体利益，可在九十日内提出书面理由并将法案发回立法会重议。立法会如以不少于全体议员三分之二多数再次通过原案，行政长官必须在三十日内签署公布或依照本法第五十三条的规定处理。

第五十三条 澳门特别行政区行政长官如拒绝签署立法会再次通过的法案或立法会拒绝通过政府提出的财政预算案或行政长官认为关系到澳门特别行政区整体利益的法案，经协商仍不能取得一致意见，行政长官可解散立法会。

　　行政长官在解散立法会前，须征询行政会的意见，解散时应向公众说明理由。

　　行政长官在其一任任期内只能解散立法会一次。

　　第五十四条　澳门特别行政区立法会如未通过政府提出的财政预算案，行政长官可按上一财政年度的开支标准，批准临时短期拨款。

　　第五十五条　澳门特别行政区行政长官如有下列情况之一者必须辞职：

　　（一）因严重疾病或其他原因无力履行职务；

　　（二）因两次拒绝签署立法会通过的法案而解散立法会，重选的立法会仍以全体议员三分之二多数通过所争议的原案，而行政长官在三十日内拒绝签署；

　　（三）因立法会拒绝通过财政预算案或关系到澳门特别行政区整体利益的法案而解散立法会，重选的立法会仍拒绝通过所争议的原案。

　　第五十六条　澳门特别行政区行政长官短期不能履行职务时，由各司司长按各司的排列顺序临时代理其职务。各司的排列顺序由法律规定。

　　行政长官出缺时，应在一百二十日内依照本法第四十八条的规定产生新的行政长官。行政长官出缺期间的职务代理，依照本法第五十条和本条第一款规定办理。

　　第五十七条　澳门特别行政区行政会是协助行政长官决策的机构。

　　第五十八条　澳门特别行政区行政会的委员由行政长官任免。行政会委员的任期应不超过委任他的行政长官的任期，在新的行政长官产生前，原行政会委员暂时留任。

　　澳门特别行政区行政会委员由澳门特别行政区永久性居民中的中国公民担任。

　　行政长官认为必要时可邀请有关人士列席行政会会议。

　　第五十九条　澳门特别行政区行政会由行政长官主持。行政会的会议每月至少举行一次。行政长官在作出重要决策、向立法会提交法案、制定行政法规和解散立法会前，须征询行政会的意见，但人事任免、纪律制裁和紧急情况下采取的措施除外。

　　行政长官如不采纳行政会多数委员的意见，应将具体理由记录在案。

　　第六十条　澳门特别行政区设立廉政公署，独立工作。廉政专员对行政长官负责。

第六十一条　澳门特别行政区设立审计署，独立工作。审计长对行政长官负责。

第二节　行政机关

第六十二条　澳门特别行政区政府是澳门特别行政区行政机关。

第六十三条　澳门特别行政区政府的首长是澳门特别行政区行政长官。澳门特别行政区政府设司、厅、处。

第六十四条　澳门特别行政区政府的主要官员由在澳门通常居住连续满十五年的澳门特别行政区永久性居民中的中国公民担任。

第六十五条　澳门特别行政区政府行使下列职权：

（一）制定并执行政策；

（二）管理各项行政事务；

（三）办理本法规定的中央人民政府授权的对外事务；

（四）编制并提出财政预算、决算；

（五）提出法案、议案，草拟行政法规；

（六）委派官员列席立法会会议听取意见或代表政府发言。

第六十六条　澳门特别行政区政府必须遵守法律，对澳门特别行政区立法会负责：执行立法会通过并已生效的法律；定期向立法会作施政报告；答复立法会议员的质询。

第六十七条　澳门特别行政区行政机关可根据需要设立咨询组织。

第三节　立法机关

第六十八条　澳门特别行政区立法会是澳门特别行政区的立法机关。

第六十九条　澳门特别行政区立法会由澳门特别行政区永久性居民组成。在立法会中除中国公民外，可以有不超过百分之二十的议员由非中国籍的澳门特别行政区永久性居民担任。

第七十条　澳门特别行政区立法会多数议员由选举产生。

立法会产生的具体办法由附件二《澳门特别行政区立法会的产生办法》规定。

第七十一条　澳门特别行政区立法会除第一届另有规定外，每届任期四年。

第七十二条　澳门特别行政区立法会如经行政长官依本法规定解散，须于九十日内依照本法第七十条的规定重新产生。

第七十三条　澳门特别行政区立法会行使下列职权：

（一）依照本法规定和法定程序制定、修改、暂停实施和废除法律；

（二）审核、通过政府提出的财政预算案；审议政府提出的审计报告；

（三）根据政府提案决定税收；

（四）听取行政长官的施政报告并进行辩论；

（五）就公共利益问题进行辩论；

（六）接受澳门居民申诉并作出处理；

（七）如立法会全体议员四分之一联合动议，指控行政长官有严重违法或渎职行为而不辞职，经立法会通过决议，可委托终审法院院长负责组成独立的调查委员会进行调查。如该调查委员会认为有足够证据构成上述指控，立法会以全体议员三分之二多数通过，可提出弹劾案，报请中央人民政府决定；

（八）在行使上述各项职权时，如有需要，可传召和需求有关人士作证和提供证据。

第七十四条　澳门特别行政区立法会主席、副主席由立法会议员互选产生。澳门特别行政区立法会主席、副主席由在澳门通常居住连续满十五年的澳门特别行政区永久性居民中的中国公民担任。

第七十五条　澳门特别行政区立法会主席、副主席出缺时，另行选举。

澳门特别行政区立法会主席缺席时由副主席代理。

第七十六条　澳门特别行政区立法会主席行使下列职权：

（一）主持会议；

（二）提出议程，应行政长官的要求，政府提出的议案须优先列入议程；

（三）决定开会日期；

（四）在休会期间可召开特别会议；

（五）召开紧急会议或应行政长官的要求召开紧急会议；

（六）立法会议事规则所规定的其他职权。

第七十七条　澳门特别行政区立法会议员依照本法规定和法定程序提出议案。凡不涉及公共收支、政治体制或政府运作的议案，可由立法会议员个别或联名提出。凡涉及政府政策的议案，在提出前必须得到行政长官的书面同意。

第七十八条　澳门特别行政区立法会议员有权依照法定程序对政府的工作提出质询。

第七十九条　澳门特别行政区立法会举行会议的法定人数为不少于全体议员的二分之一。除本法另有规定外，立法会的法案、议案由全体议员过半数通过。

立法会议事规则由立法会自行制定，但不得与本法相抵触。

第八十条　澳门特别行政区立法会通过的法案，须经行政长官签署公布，方能生效。

第八十一条　澳门特别行政区立法会议员在立法会会议上的发言和表决，不受法律追究。

第八十二条　澳门特别行政区立法会议员非经立法会许可不受逮捕，但现行犯不在此限。

第八十三条　澳门特别行政区立法会议员如有下列情况之一，经立法会决定，由立法会主席宣告其丧失立法会议员的资格：

（一）因严重疾病或其他原因无力履行职务；

（二）担任法律规定不得兼任的职务；

（三）未得到立法会主席同意，连续五次或间断十五次缺席会议而无合理解释；

（四）违反誓言；

（五）在澳门特别行政区区内或区外犯有刑事罪行，被判处监禁三十日以上。

第四节　司法机关

第八十四条　澳门特别行政区法院行使审判权。

第八十五条　澳门特别行政区法院独立进行审判，只服从法律，不受任何干涉。

第八十六条　澳门特别行政区设立初级法院、中级法院和终审法院。

澳门特别行政区终审权属于澳门特别行政区终审法院。

澳门特别行政区法院的组织、职权和运作由法律规定。

第八十七条　澳门特别行政区初级法院可根据需要设立若干专门法庭。原刑事起诉法庭继续保留。

第八十八条　澳门特别行政区设立评政院。评政院是管辖行政诉讼和税务诉讼的法院。不服评政院裁决者，可向中级法院上诉。

第八十九条　澳门特别行政区各级法院的法官，根据当地法官、律师和知名人士组成的独立委员会的推荐，由行政长官任命。法官的选用以其专业资格为标准，符合标准的外籍法官也可聘用。

法官只有在无力履行其职责或行为与其所任职务不相称的情况下，行政长官才可根据终审法院院长任命的不少于三名当地法官组成的审议庭的建议，予以免职。

终审法院法官的免职由行政长官根据澳门特别行政区立法会议员组成的审议委员会的建议决定。

终审法院法官的任命和免职须报全国人民代表大会常务委员会备案。

第九十条　澳门特别行政区各级法院的院长由行政长官从法官中选任。

终审法院院长由澳门特别行政区永久性居民中的中国公民担任。

终审法院院长的任命和免职须报全国人民代表大会常务委员会备案。

第九十一条　澳门特别行政区法官依法进行审判，不听从任何命令或指示，但上级法院对上诉的裁决及本法第十九条第三款的规定除外。

除法律规定的情况外，对法官不得因其所作的裁决而追究其责任。

法官在任职期间，不得兼任其他公职或任何私人职务，也不得在政治性团体中担任任何职务。

第九十二条　澳门特别行政区检察院独立行使法律赋予的检察职能，不受任何干涉。

澳门特别行政区检察长由澳门特别行政区永久性居民中的中国公民担任，由行政长官提名，报中央人民政府任命。

检察官经检察长提名，由行政长官任命。

检察院的组织、职权和运作由法律规定。

第九十三条　原在澳门实行的司法辅助人员的任免制度予以保留。

第九十四条　澳门特别行政区政府可参照原在澳门实行的办法，作出有关当地和外来的律师在澳门特别行政区执业的规定。

第九十五条　澳门特别行政区可与全国其他地区的司法机关通过协商依

法进行司法方面的联系和相互提供协助。

第九十六条　在中央人民政府协助和授权下，澳门特别行政区可与外国就司法互助关系作出适当安排。

第五节　市政机构

第九十七条　澳门特别行政区可设立非政权性的市政机构。市政机构受政府委托为居民提供文化、康乐、环境卫生等方面的服务，并就有关上述事务向澳门特别行政区政府提供咨询。

第九十八条　市政机构的职权和组成由法律规定。

第六节　公务人员

第九十九条　在澳门特别行政区政府各部门任职的公务人员必须是澳门特别行政区永久性居民。本法第一百条和一百零一条规定的公务人员，以及澳门特别行政区政府聘用的某些专业技术人员和初级公务人员除外。

第一百条　澳门特别行政区成立时，原在澳门政府各部门任职的公务人员，包括警务人员，以及原在澳门司法机关任职的司法辅助人员，均可留用，继续工作，其年资予以保留，薪金、津贴、福利待遇不低于原来的标准。

在澳门特别行政区成立后退休的上述人员，不论其所属国籍或居住地点，澳门特别行政区政府向他们或其家属支付不低于原来标准的应得的退休金和赡养费。

第一百零一条　澳门特别行政区政府可任用原澳门公务人员中的或持有澳门特别行政区永久性居民身份证的葡籍和其他外籍人士担任政府部门的各级公务人员，但本法另有规定者除外。

澳门特别行政区政府还可聘请葡籍和其他外籍人士担任政府部门的顾问和专业技术职务。

上述人员只能以个人身份受聘，并对澳门特别行政区政府负责。

第一百零二条　公务人员应根据其本人的资格、经验和才能予以任用和提升，澳门原有关于公务人员的录用、纪律、提升和正常晋级制度基本不变，但得根据澳门社会的发展加以改进。

第七节　宣誓效忠

第一百零三条　澳门特别行政区行政长官、主要官员、行政会委员、立法会议员、法官和检察官，必须拥护中华人民共和国澳门特别行政区基本法，尽忠职守，廉洁奉公，全心全意为澳门特别行政区服务，并依法宣誓。

第一百零四条　澳门特别行政区行政长官、主要官员、立法会主席、终审法院院长、检察长在就职时，必须宣誓效忠中华人民共和国。

第五章　经济

第一百零五条　澳门特别行政区依法保护私人和法人财产的取得、使用、处置和继承的权利，以及依法征用私人和法人财产时被征用财产的所有人得到补偿的权利。

征用财产的补偿相当于该财产当时的实际价值，可自由兑换，不得无故迟延支付。

企业所有权和外来投资均受法律保护。

第一百零六条　澳门特别行政区保持财政独立。

澳门特别行政区财政收入全部用于自身需要，不上缴中央人民政府。

中央人民政府不在澳门特别行政区征税。

第一百零七条　澳门特别行政区的财政预算以量入为出为原则，力求收支平衡，避免赤字，并与本地生产总值的增长率相适应。

第一百零八条　澳门特别行政区实行独立的税收制度。

澳门特别行政区参照原在澳门实行的低税政策，自行立法规定税种、税率、税收宽免和其他税务事项。专营税制由法律另作规定。

第一百零九条　澳门特别行政区的货币金融制度由法律规定。

澳门特别行政区政府自行制定货币金融政策，保障金融市场和各种金融机构的经营自由，并依法进行管理和监督。

第一百一十条　澳门元为澳门特别行政区的法定货币，继续流通。

澳门货币发行权属于澳门特别行政区政府。澳门货币的发行须有百分之百的准备金。澳门货币的发行制度和准备金制度，由法律规定。

澳门特别行政区政府可授权指定银行行使或继续行使发行澳门货币的代

理职能。

第一百一十一条 澳门特别行政区不实行外汇管制政策。澳门元自由兑换。

澳门特别行政区政府保障资金的流动和进出自由。

第一百一十二条 澳门特别行政区保持自由港地位，除法律另有规定外，不征收关税。

第一百一十三条 澳门特别行政区实行自由贸易政策，保障货物、无形财产和资本的流动自由。

第一百一十四条 澳门特别行政区为单独的关税地区。

澳门特别行政区可以"中国澳门"的名义参加《关税和贸易总协定》、关于国际纺织品贸易安排等有关国际组织和国际贸易协定，包括优惠贸易安排。

澳门特别行政区取得的出口配额、关税优惠和其他类似安排，全由澳门特别行政区享有。

第一百一十五条 澳门特别行政区有权根据当时的产地规则，对产品签发产地来源证。

第一百一十六条 澳门特别行政区依法保护工商企业的自由经营，自行制定工商业的发展政策。

澳门特别行政区政府改善经济环境和提供法律保障，以促进工商业的发展，鼓励投资和技术进步，并开发新产业和新市场。

第一百一十七条 澳门特别行政区根据经济发展的情况，自行制定劳工政策，完善劳工法律。

澳门特别行政区设立由政府、雇主团体、雇员团体的代表组成的社会协调组织，对制定劳工法、社会保障制度和经济计划提供咨询意见。

第一百一十八条 澳门特别行政区保持和完善原在澳门实行的航运经营和管理体制，自行制定航运政策。

澳门特别行政区经中央人民政府授权可进行船舶登记，并依照澳门特别行政区的法律以"中国澳门"的名义颁发有关证件。

除外国军用船只进入澳门特别行政区须经中央人民政府特别许可外，其他船舶可依照澳门特别行政区的法律进出其港口。

澳门特别行政区的私营的航运及与航运有关的企业和码头可继续自由

经营。

第一百一十九条　澳门特别行政区根据本地整体利益自行制定旅游娱乐业的政策。

第一百二十条　澳门特别行政区政府依法实行环境保护。

第一百二十一条　澳门特别行政区依法承认和保护澳门特别行政区成立前已批出或决定的年期超过一九九九年十二月十九日的合法土地契约和与土地契约有关的一切权利。

澳门特别行政区成立后新批或续批土地，按照澳门特别行政区有关的土地法律及政策处理。

第六章　文化和社会事务

第一百二十二条　澳门特别行政区政府自行制定教育政策，包括教育体制和管理、教学语言、经费分配、考试制度、承认学历和学位等政策，推动教育的发展。

澳门特别行政区依法逐步推行义务教育。

社会团体和私人均可依法举办各种教育事业。

第一百二十三条　澳门原有各类学校均可继续开办。澳门特别行政区各类学校均有办学的自主性，依法享有教学自由和学术自由。宗教组织开办的学校可以继续提供宗教教育，包括开设宗教课程。

各类学校可以继续从澳门特别行政区以外招聘教职员和选用教材。学生享有选择院校和在澳门特别行政区以外求学的自由。

第一百二十四条　澳门特别行政区政府自行制定促进医疗卫生服务和发展中西医药的政策。社会团体和私人可依法提供各种医疗卫生服务。

第一百二十五条　澳门特别行政区政府自行制定科学技术政策，以法律保护科学技术的研究成果、专利和发明创造。

澳门特别行政区政府自行确定适用于澳门的各类科学技术标准和规格。

第一百二十六条　澳门特别行政区政府自行制定文化政策。

澳门特别行政区政府依法保护作者的文学艺术创作成果和合法权益。

澳门特别行政区政府依法保护名胜、古迹和其他历史文物。

第一百二十七条　澳门特别行政区政府自行制定体育政策。民间体育团体可依法继续存在和发展。

第一百二十八条　澳门特别行政区政府根据宗教信仰自由的原则，不干预宗教组织的内部事务，不干预宗教组织和教徒同澳门以外地区的宗教组织和教徒保持及发展关系，不限制与澳门特别行政区法律没有抵触的宗教活动。

宗教组织可依法开办宗教院校和其他学校、医院和福利机构以及提供其他社会服务。

宗教组织依法享有财产的取得、使用、处置以及接受捐献的权利。宗教组织在财产方面的原有权益依法受到保护。

第一百二十九条　澳门特别行政区政府自行确定专业制度，根据公平合理的原则，制定有关评审和颁授各种专业和执业资格的办法。

在澳门特别行政区成立以前已经取得专业资格和执业资格者，根据澳门特别行政区的有关规定可保留原有的资格。

澳门特别行政区政府根据有关规定承认在澳门特别行政区成立以前已被承认的专业和专业团体，并可根据社会发展需要，经咨询有关方面的意见，承认新的专业和专业团体。

第一百三十条　澳门特别行政区政府在原有社会福利制度的基础上，根据经济条件和社会需要自行制定有关社会福利的发展和改进的政策

第一百三十一条　澳门特别行政区本地的社会服务团体，在与法律不抵触的情况下，可以自行决定服务方式。

第一百三十二条　澳门特别行政区政府根据需要和可能逐步改善原在澳门实行的对教育、科学、技术、文化、艺术、体育、康乐、医疗卫生、社会福利、社会工作等方面的民间组织的资助政策。

第一百三十三条　澳门特别行政区的教育、科学、技术、文化、艺术、体育、康乐、专业、医疗卫生、劳工、社会福利、社会工作等方面的民间团体和宗教组织同全国其他地区相应的团体和组织的关系，以互不隶属、互不干涉、互相尊重的原则为基础。

第一百三十四条　澳门特别行政区的教育、科学、技术、文化、艺术、体育、康乐、专业、医疗卫生、劳工、社会福利、社会工作等方面的民间团体和宗教组织可同世界各国、各地区及国际的有关团体和组织保持和发展关系，各该团体和组织可根据需要冠用"中国澳门"的名义，参与有关活动。

第七章　对外事务

第一百三十五条　澳门特别行政区政府的代表，可作为中华人民共和国政府代表团的成员，参加由中央人民政府进行的同澳门特别行政区直接有关的外交谈判。

第一百三十六条　澳门特别行政区可在经济、贸易、金融、航运、通讯、旅游、文化、科技、体育等适当领域以"中国澳门"的名义，单独地同世界各国、各地区及有关国际组织保持和发展关系，签订和履行有关协议。

第一百三十七条　对以国家为单位参加的、同澳门特别行政区有关的、适当领域的国际组织和国际会议，澳门特别行政区政府可派遣代表作为中华人民共和国代表团的成员或以中央人民政府和上述有关国际组织或国际会议允许的身份参加，并以"中国澳门"的名义发表意见。

澳门特别行政区可以"中国澳门"的名义参加不以国家为单位参加的国际组织和国际会议。

对中华人民共和国已参加而澳门也以某种形式参加的国际组织，中央人民政府将根据情况和澳门特别行政区的需要采取措施，使澳门特别行政区以适当形式继续保持在这些组织中的地位。

对中华人民共和国尚未参加而澳门已以某种形式参加的国际组织，中央人民政府将根据情况和需要使澳门特别行政区以适当形式继续参加这些组织。

第一百三十八条　中华人民共和国缔结的国际协议，中央人民政府可根据情况和澳门特别行政区的需要，在征询澳门特别行政区政府的意见后，决定是否适用于澳门特别行政区。

中华人民共和国尚未参加但已适用于澳门的国际协议仍可继续适用。中央人民政府根据情况和需要授权或协助澳门特别行政区政府作出适当安排，使其他与其有关的国际协议适用于澳门特别行政区。

第一百三十九条　中央人民政府授权澳门特别行政区政府依照法律给持有澳门特别行政区永久性居民身份证的中国公民签发中华人民共和国澳门特别行政区护照，给在澳门特别行政区的其他合法居留者签发中华人民共和国澳门特别行政区的其他旅行证件。上述护照和旅行证件，前往各国和各地区有效，并载明持有人有返回澳门特别行政区的权利。

对世界各国或各地区的人入境、逗留和离境，澳门特别行政区政府可实行出入境管制。

第一百四十条　中央人民政府协助或授权澳门特别行政区政府同有关国家和地区谈判和签订互免签证协议。

第一百四十一条　澳门特别行政区可根据需要在外国设立官方或半官方的经济和贸易机构，报中央人民政府备案。

第一百四十二条　外国在澳门特别行政区设立领事机构或其他官方、半官方机构，须经中央人民政府批准。

已同中华人民共和国建立正式外交关系的国家在澳门设立的领事机构和其他官方机构，可予保留。

尚未同中华人民共和国建立正式外交关系的国家在澳门设立的领事机构和其他官方机构，可根据情况允许保留或改为半官方机构。

尚未为中华人民共和国承认的国家，只能在澳门特别行政区设立民间机构。

第八章　本法的解释和修改

第一百四十三条　本法的解释权属于全国人民代表大会常务委员会。

全国人民代表大会常务委员会授权澳门特别行政区法院在审理案件时对本法关于澳门特别行政区自治范围内的条款自行解释。

澳门特别行政区法院在审理案件时对本法的其他条款也可解释。但如澳门特别行政区法院在审理案件时需要对本法关于中央人民政府管理的事务或中央和澳门特别行政区关系的条款进行解释，而该条款的解释又影响到案件的判决，在对该案件作出不可上诉的终局判决前，应由澳门特别行政区终审法院提请全国人民代表大会常务委员会对有关条款作出解释。如全国人民代表大会常务委员会作出解释，澳门特别行政区法院在引用该条款时，应以全国人民代表大会常务委员会的解释为准。但在此以前作出的判决不受影响。

全国人民代表大会常务委员会在对本法进行解释前，征询其所属的澳门特别行政区基本法委员会的意见。

第一百四十四条　本法的修改权属于全国人民代表大会。

本法的修改提案权属于全国人民代表大会常务委员会、国务院和澳门特别行政区。澳门特别行政区的修改议案，须经澳门特别行政区的全国人民代表大会代表三分之二多数、澳门特别行政区立法会全体议员三分之二多数和澳门特别行政区行政长官同意后，交由澳门特别行政区出席全国人民代表大会的代表团向全国人民代表大会提出。

本法的修改议案在列入全国人民代表大会的议程前，先由澳门特别行政区基本法委员会研究并提出意见。

本法的任何修改，均不得同中华人民共和国对澳门既定的基本方针政策相抵触。

第九章　附则

第一百四十五条　澳门特别行政区成立时，澳门原有法律除由全国人民代表大会常务委员会宣布为同本法抵触者外，采用为澳门特别行政区法律，如以后发现有的法律与本法抵触，可依照本法规定的程序修改或停止生效。

根据澳门原有法律取得效力的文件、证件、契约及其所包含的权利和义务，在不抵触本法的前提下继续有效，受澳门特别行政区的承认和保护。

原澳门政府所签订的有效期超过一九九九年十二月十九日的契约，除已由中葡联合联络小组中方代表或中葡土地小组中方代表公开声明为与本法抵触或不符合中葡联合声明关于过渡时期的安排的规定者外，继续有效。

中华人民共和国澳门特别
行政区基本法（草案）

（一九九三年一月十五日通过）

目　录

序　言

第一章　总则

第二章　中央和澳门特别行政区的关系

第三章　居民的基本权利和义务

第四章　政治体制

　　　　第一节　行政长官

　　　　第二节　行政机关

　　　　第三节　立法机关

　　　　第四节　司法机关

　　　　第五节　市政机构

　　　　第六节　公务人员

　　　　第七节　宣誓效忠

第五章　经济

第六章　文化和社会事务

第七章　对外事务

第八章　本法的解释和修改

第九章　附则

序　言

澳门，包括澳门半岛、氹仔岛和路环岛，自古以来就是中国的领土，十六世纪中叶以后被葡萄牙逐步占领。一九八七年四月十三日，中葡两国政府签署了关于澳门问题的联合声明，确认中华人民共和国政府于一九九九年十二月二十日恢复对澳门行使主权，从而实现了长期以来中国人民收回澳门的共同愿望。

为了维护国家的统一和领土完整，有利于澳门的社会稳定和经济发展，考虑到澳门的历史和现实情况，国家决定，在对澳门恢复行使主权时，根据中华人民共和国宪法第三十一条的规定，设立澳门特别行政区，并按照"一个国家，两种制度"的方针，不在澳门实行社会主义的制度和政策。国家对澳门的基本方针政策，已由中国政府在中葡联合声明中予以阐明。

根据中华人民共和国宪法，全国人民代表大会特制定中华人民共和国澳门特别行政区基本法，规定澳门特别行政区实行的制度，以保障国家对澳门的基本方针政策的实施。

第一章　总则

第一条　澳门特别行政区是中华人民共和国不可分离的部分。

第二条　中华人民共和国全国人民代表大会授权澳门特别行政区依照本法的规定实行高度自治，享有行政管理权、立法权、独立的司法权和终审权。

第三条　澳门特别行政区的行政机关和立法机关由澳门特别行政区永久性居民依照本法有关规定组成。

第四条　澳门特别行政区依法保障澳门特别行政区居民和其他人的权利和自由。

第五条　澳门特别行政区不实行社会主义的制度和政策，保持原有的资本主义制度和生活方式，五十年不变。

第六条　澳门特别行政区以法律保护私有财产权。

第七条　澳门特别行政区境内的土地和自然资源，除在澳门特别行政区成立前已依法确认的私有土地外，属于国家所有，由澳门特别行政区政府负责管理、使用、开发、出租或批给个人、法人使用或开发，其收入全部归澳门特别行政区政府支配。

第八条　澳门原有的法律、法令、行政法规和其他规范性文件，除同本法相抵触或经澳门特别行政区的立法机关或其他有关机关依照法定程序作出修改者外，予以保留。

第九条　澳门特别行政区的行政机关、立法机关和司法机关，除使用中文外，还可使用葡文，葡文也是正式语文。

第十条　澳门特别行政区除悬挂和使用中华人民共和国国旗和国徽外，还可悬挂和使用澳门特别行政区区旗和区徽。

澳门特别行政区的区旗是绘有五星、莲花、大桥、海水图案的绿色旗帜。

澳门特别行政区的区徽，中间是五星、莲花、大桥、海水，周围写有"中华人民共和国澳门特别行政区"和葡文"澳门"。

第十一条　根据中华人民共和国宪法第三十一条，澳门特别行政区的制度和政策，包括社会、经济制度，有关保障居民的基本权利和自由的制度，行政管理、立法和司法方面的制度，以及有关政策，均以本法的规定为依据。

澳门特别行政区的任何法律、法令、行政法规和其他规范性文件均不得同本法相抵触。

第二章　中央和澳门特别行政区的关系

第十二条　澳门特别行政区是中华人民共和国的一个享有高度自治权的地方行政区域，直辖于中央人民政府。

第十三条　中央人民政府负责管理与澳门特别行政区有关的外交事务。

中华人民共和国外交部在澳门设立机构处理外交事务。

中央人民政府授权澳门特别行政区依照本法自行处理有关的对外事务。

第十四条　中央人民政府负责澳门特别行政区的防务。

澳门特别行政区政府负责维持澳门特别行政区的社会治安。

第十五条　中央人民政府依照本法的有关规定任免澳门特别行政区行政

长官、政府主要官员和检察长。

第十六条　澳门特别行政区享有行政管理权，依照本法的有关规定自行处理澳门特别行政区的行政事务。

第十七条　澳门特别行政区享有立法权。

澳门特别行政区的立法机关制定的法律须报全国人民代表大会常务委员会备案。备案不影响该法律的生效。

全国人民代表大会常务委员会在征询其所属的澳门特别行政区基本法委员会的意见后，如认为澳门特别行政区立法机关制定的任何法律不符合本法关于中央管理的事务及中央和澳门特别行政区关系的条款，可将有关法律发回，但不作修改。经全国人民代表大会常务委员会发回的法律立即失效。该法律的失效，除澳门特别行政区的法律另有规定外，无溯及力。

第十八条　在澳门特别行政区实行的法律为本法以及本法第八条规定的澳门原有法律和澳门特别行政区立法机关制定的法律。

全国性法律除列于本法附件三者外，不在澳门特别行政区实施。凡列于本法附件三的法律，由澳门特别行政区在当地公布或立法实施。

全国人民代表大会常务委员会在征询其所属的澳门特别行政区基本法委员会和澳门特别行政区政府的意见后，可对列于本法附件三的法律作出增减。列入附件三的法律应限于有关国防、外交和其他依照本法规定不属于澳门特别行政区自治范围的法律。

全国人民代表大会常务委员会决定宣布战争状态或因澳门特别行政区内发生澳门特别行政区政府不能控制的危及国家统一或安全的动乱而决定澳门特别行政区进入紧急状态时，中央人民政府可发布命令将有关全国性法律在澳门特别行政区实施。

第十九条　澳门特别行政区享有独立的司法权和终审权。

澳门特别行政区法院除继续保持澳门原有法律制度和原则对法院审判权所作的限制外，对澳门特别行政区所有的案件均有审判权。

澳门特别行政区法院对国防、外交等国家行为无管辖权。澳门特别行政区法院在审理案件中遇有涉及国防、外交等国家行为的事实问题，应取得行政长官就该等问题发出的证明文件，上述文件对法院有约束力。行政长官在发出证明文件前，须取得中央人民政府的证明书。

第二十条　澳门特别行政区可享有全国人民代表大会、全国人民代表大会常务委员会或中央人民政府授予的其他权力。

第二十一条　澳门特别行政区居民中的中国公民依法参与国家事务的管理。

根据全国人民代表大会确定的代表名额和代表产生办法，由澳门特别行政区居民中的中国公民在澳门选出澳门特别行政区的全国人民代表大会代表，参加最高国家权力机关的工作。

第二十二条　中央人民政府所属各部门、各省、自治区、直辖市均不得干预澳门特别行政区依照本法自行管理的事务。

中央各部门、各省、自治区、直辖市如需在澳门特别行政区设立机构，须征得澳门特别行政区政府同意并经中央人民政府批准。

中央各部门、各省、自治区、直辖市在澳门特别行政区设立的一切机构及其人员均须遵守澳门特别行政区的法律。

各省、自治区、直辖市的人进入澳门特别行政区须办理批准手续，其中进入澳门特别行政区定居的人数由中央人民政府主管部门征求澳门特别行政区政府的意见后确定。

澳门特别行政区可在北京设立办事机构。

第二十三条　澳门特别行政区应自行立法禁止任何叛国、分裂国家、煽动叛乱、颠覆中央人民政府及窃取国家机密的行为，禁止外国的政治性组织或团体在澳门特别行政区进行政治活动，禁止澳门特别行政区的政治性组织或团体与外国的政治性组织或团体建立联系。

第三章　居民的基本权利和义务

第二十四条　澳门特别行政区居民，简称澳门居民，包括永久性居民和非永久性居民。

澳门特别行政区永久性居民为：

（一）在澳门特别行政区成立以前或以后在澳门出生的中国公民及其在澳门以外所生的中国籍子女；

（二）在澳门特别行政区成立以前或以后在澳门通常居住连续七年以上的中国公民及其成为永久性居民后在澳门以外所生的中国籍子女；

（三）在澳门特别行政区成立以前或以后在澳门出生并以澳门为永久居

住地的葡萄牙人；

（四）在澳门特别行政区成立以前或以后在澳门通常居住连续七年以上并以澳门为永久居住地的葡萄牙人；

（五）在澳门特别行政区成立以前或以后在澳门通常居住连续七年以上并以澳门为永久居住地的其他人；

（六）第（五）项所列永久性居民在澳门特别行政区成立以前或以后在澳门出生的未满十八周岁的子女。

以上居民在澳门特别行政区享有居留权并有资格领取澳门特别行政区永久性居民身份证。

澳门特别行政区非永久性居民为：有资格依照澳门特别行政区法律领取澳门居民身份证，但没有居留权的人。

第二十五条 澳门居民在法律面前一律平等，不因国籍、血统、种族、性别、语言、宗教、政治或思想信仰、文化程度、经济状况或社会条件而受到歧视。

第二十六条 澳门特别行政区永久性居民依法享有选举权和被选举权。

第二十七条 澳门居民享有言论、新闻、出版的自由，结社、集会、游行、示威的自由，组织和参加工会、罢工的权利和自由。

第二十八条 澳门居民的人身自由不受侵犯。

澳门居民不受任意或非法的逮捕、拘留、监禁。对任意或非法的拘留监禁，居民有权向法院申请颁发人身保护令。

禁止非法搜查居民的身体、剥夺或者限制居民的人身自由。

禁止对居民施行酷刑或予以非人道的对待。

第二十九条 澳门居民除其行为依照当时法律明文规定为犯罪和应受惩处外，不受刑罚处罚。

澳门居民在被指控犯罪时，享有尽早接受法院审判的权利，在法院判罪之前均假定无罪。

第三十条 澳门居民的人格尊严不受侵犯。禁止用任何方法对居民进行侮辱、诽谤和诬告陷害。

澳门居民享有个人的名誉权、私人生活和家庭生活的隐私权。

第三十一条 澳门居民的住宅和其他房屋不受侵犯。禁止任意或非法搜查、侵入居民的住宅和其他房屋。

第三十二条 澳门居民的通讯自由和通讯秘密受法律保护。除因公共安全和追查刑事犯罪的需要，由有关机关依照法律规定对通讯进行检查外，任何部门或个人不得以任何理由侵犯居民的通讯自由和通讯秘密。

第三十三条 澳门居民有在澳门特别行政区境内迁徙的自由，有移居其他国家和地区的自由。澳门居民有旅行和出入境的自由，有依照法律取得各种旅行证件的权利。有效旅行证件的持有人，除非受到法律制止，可自由离开澳门特别行政区，无需特别批准。

第三十四条 澳门居民有信仰的自由。

澳门居民有宗教信仰的自由，有公开传教和举行、参加宗教活动的自由。

第三十五条 澳门居民有选择职业和工作的自由。

第三十六条 澳门居民有权诉诸法律，向法院提起诉讼，得到律师的帮助以保护自己的合法权益，以及获得司法补救。

澳门居民有权对行政部门和行政人员的行为向法院提起诉讼。

第三十七条 澳门居民有从事教育、学术研究、文学艺术创作和其他文化活动的自由。

第三十八条 澳门居民的婚姻自由、成立家庭和自愿生育的权利受法律保护。

妇女的合法权益受澳门特别行政区的保护。

未成年人、老年人和残疾人受澳门特别行政区的关怀和保护。

第三十九条 澳门居民有依法享受社会福利的权利。劳工的福利待遇和退休保障受法律保护。

第四十条 《公民权利和政治权利国际公约》、《经济、社会与文化权利的国际公约》和国际劳工公约适用于澳门的有关规定继续有效，通过澳门特别行政区的法律予以实施。

澳门居民享有的权利和自由，除依法规定外不得限制，此种限制不得与本条第一款规定抵触。

第四十一条 澳门居民享有澳门特别行政区法律保障的其他权利和自由。

第四十二条 在澳门的葡萄牙后裔居民的利益依法受澳门特别行政区的保护，他们的习俗和文化传统应受尊重。

第四十三条　在澳门特别行政区境内的澳门居民以外的其他人，依法享有本章规定的澳门居民的权利和自由。

第四十四条　澳门居民和在澳门的其他人有遵守澳门特别行政区实行的法律的义务。

第四章　政治体制

第一节　行政长官

第四十五条　澳门特别行政区行政长官是澳门特别行政区的首长，代表澳门特别行政区。

澳门特别行政区行政长官依照本法规定对中央人民政府和澳门特别行政区负责。

第四十六条　澳门特别行政区行政长官由年满四十周岁，在澳门通常居住连续满二十年的澳门特别行政区永久性居民中的中国公民担任。

第四十七条　澳门特别行政区行政长官在当地通过选举或协商产生，由中央人民政府任命。

行政长官的产生办法由附件一《澳门特别行政区行政长官的产生办法》规定。

第四十八条　澳门特别行政区行政长官任期五年，可连任一次。

第四十九条　澳门特别行政区行政长官在任职期内不得具有外国居留权，不得从事私人赢利活动。行政长官就任时应向澳门特别行政区终审法院院长申报财产，记录在案。

第五十条　澳门特别行政区行政长官行使下列职权：

（一）领导澳门特别行政区政府；

（二）负责执行本法和依照本法适用于澳门特别行政区的其他法律；

（三）签署立法会通过的法案，公布法律；

签署立法会通过的财政预算案，将财政预算、决算报中央人民政府备案；

（四）决定政府政策，发布行政命令；

（五）制定行政法规并颁布执行；

（六）提名并报请中央人民政府任命下列主要官员：各司司长、廉政专员、审计长、警察部门主要负责人和海关主要负责人；建议中央人民政府免除上述官员职务；

（七）委任部分立法会议员；

（八）任免行政会委员；

（九）依照法定程序任免各级法院院长和法官，任免检察官；

（十）依照法定程序提名并报请中央人民政府任命检察长，建议中央人民政府免除检察长的职务；

（十一）依照法定程序任免公职人员；

（十二）执行中央人民政府就本法规定的有关事务发出的指令；

（十三）代表澳门特别行政区政府处理中央授权的对外事务和其他事务；

（十四）批准向立法会提出有关财政收入或支出的动议；

（十五）根据国家和澳门特别行政区的安全和重大公共利益的需要，决定政府官员或其他负责政府公务的人员是否向立法会或其所属的委员会作证和提供证据；

（十六）依法颁授澳门特别行政区奖章和荣誉称号；

（十七）依法赦免或减轻刑事罪犯的刑罚；

（十八）处理请愿、申诉事项。

第五十一条　澳门特别行政区行政长官如认为立法会通过的法案不符合澳门特别行政区的整体利益，可在九十日内提出书面理由并将法案发回立法会重议。立法会如以不少于全体议员三分之二多数再次通过原案，行政长官必须在三十日内签署公布或依照本法第五十二条的规定处理。

第五十二条　澳门特别行政区行政长官遇有下列情况之一时，可解散立法会：

（一）行政长官拒绝签署立法会再次通过的法案；

（二）立法会拒绝通过政府提出的财政预算案或行政长官认为关系到澳门特别行政区整体利益的法案，经协商仍不能取得一致意见。

行政长官在解散立法会前，须征询行政会的意见，解散时应向公众说明理由。

行政长官在其一任任期内只能解散立法会一次。

第五十三条　澳门特别行政区行政长官在立法会未通过政府提出的财政预算案时，可按上一财政年度的开支标准批准临时短期拨款。

第五十四条　澳门特别行政区行政长官如有下列情况之一者必须辞职：

（一）因严重疾病或其他原因无力履行职务；

（二）因两次拒绝签署立法会通过的法案而解散立法会，重选的立法会仍以全体议员三分之二多数通过所争议的原案，而行政长官在三十日内拒绝签署；

（三）因立法会拒绝通过财政预算案或关系到澳门特别行政区整体利益的法案而解散立法会，重选的立法会仍拒绝通过所争议的原案。

第五十五条　澳门特别行政区行政长官短期不能履行职务时，由各司司长按各司的排列顺序临时代理其职务。各司的排列顺序由法律规定。

行政长官出缺时，应在一百二十日内依照本法第四十七条的规定产生新的行政长官。行政长官出缺期间的职务代理，依照本法第五十条和本条第一款规定办理。

第五十六条　澳门特别行政区行政会是协助行政长官决策的机构。

第五十七条　澳门特别行政区行政会的委员由行政长官从政府主要官员、立法会议员和社会人士中委任，其任免由行政长官决定。行政会委员的任期应不超过委任他的行政长官的任期，但在新的行政长官就任前，原行政会委员暂时留任。

澳门特别行政区行政会委员由澳门特别行政区永久性居民中的中国公民担任。

行政会委员的人数为七至十一人。行政长官认为必要时可邀请有关人士列席行政会会议。

第五十八条　澳门特别行政区行政会由行政长官主持。行政会的会议每月至少举行一次。行政长官在作出重要决策、向立法会提交法案、制定行政法规和解散立法会前，须征询行政会的意见，但人事任免、纪律制裁和紧急情况下采取的措施除外。

行政长官如不采纳行政会多数委员的意见，应将具体理由记录在案。

第五十九条　澳门特别行政区设立廉政公署，独立工作。廉政专员对行政长官负责。

第六十条　澳门特别行政区设立审计署，独立工作。审计长对行政长官负责。

第二节　行政机关

第六十一条　澳门特别行政区政府是澳门特别行政区行政机关。

第六十二条　澳门特别行政区政府的首长是澳门特别行政区行政长官。澳门特别行政区政府设司、局、厅、处。

第六十三条　澳门特别行政区政府的主要官员由在澳门通常居住连续满十五年的澳门特别行政区永久性居民中的中国公民担任。

澳门特别行政区主要官员就任时应向澳门特别行政区终审法院院长申报财产，记录在案。

第六十四条　澳门特别行政区政府行使下列职权：

（一）制定并执行政策；

（二）管理各项行政事务；

（三）办理本法规定的中央人民政府授权的对外事务；

（四）编制并提出财政预算、决算；

（五）提出法案、议案，草拟行政法规；

（六）委派官员列席立法会会议听取意见或代表政府发言。

第六十五条　澳门特别行政区政府必须遵守法律，对澳门特别行政区立法会负责：执行立法会通过并已生效的法律；定期向立法会作施政报告；答复立法会议员的质询。

第六十六条　澳门特别行政区行政机关可根据需要设立咨询组织。

第三节　立法机关

第六十七条　澳门特别行政区立法会是澳门特别行政区的立法机关。

第六十八条　澳门特别行政区立法会议员由澳门特别行政区永久性居民担任。

立法会多数议员由选举产生。

立法会的产生办法由附件二《澳门特别行政区立法会的产生办法》规定。

立法会议员就任时应依法申报经济状况。

第六十九条　澳门特别行政区立法会除第一届另有规定外，每届任期四年。

第七十条　澳门特别行政区立法会如经行政长官依本法规定解散，须于九十日内依照本法第六十八条的规定重新产生。

第七十一条　澳门特别行政区立法会行使下列职权：

（一）依照本法规定和法定程序制定、修改、暂停实施和废除法律；

（二）审核、通过政府提出的财政预算案；审议政府提出的审计报告；

（三）根据政府提案决定税收，批准由政府承担的债务；

（四）听取行政长官的施政报告并进行辩论；

（五）就公共利益问题进行辩论；

（六）接受澳门居民申诉并作出处理；

（七）如立法会全体议员三分之一联合动议，指控行政长官有严重违法或渎职行为而不辞职，经立法会通过决议，可委托终审法院院长负责组成独立的调查委员会进行调查。调查委员会认为有足够证据构成上述指控，立法会以全体议员三分之二多数通过，可提出弹劾案，报请中央人民政府决定；

（八）在行使上述各项职权时，如有需要，可传召和要求有关人士作证和提供证据。

第七十二条　澳门特别行政区立法会设主席、副主席各一人。主席、副主席由立法会议员互选产生。

澳门特别行政区立法会主席、副主席由在澳门通常居住连续满十五年的澳门特别行政区永久性居民中的中国公民担任。

第七十三条　澳门特别行政区立法会主席缺席时由副主席代理。

澳门特别行政区立法会主席、副主席出缺时，另行选举。

第七十四条　澳门特别行政区立法会主席行使下列职权：

（一）主持会议；

（二）决定议程，应行政长官的要求将政府提出的议案优先列入议程；

（三）决定开会日期；

（四）在休会期间可召开特别会议；

（五）召开紧急会议或应行政长官的要求召开紧急会议；

（六）立法会议事规则所规定的其他职权。

第七十五条　澳门特别行政区立法会议员依照本法规定和法定程序提出议案。凡不涉及公共收支、政治体制或政府运作的议案，可由立法会议员个别或联名提出。凡涉及政府政策的议案，在提出前必须得到行政长官的书面同意。

第七十六条　澳门特别行政区立法会议员有权依照法定程序对政府的工作提出质询。

第七十七条　澳门特别行政区立法会举行会议的法定人数为不少于全体议员的二分之一。除本法另有规定外，立法会的法案、议案由全体议员过半数通过。

立法会议事规则由立法会自行制定，但不得与本法相抵触。

第七十八条　澳门特别行政区立法会通过的法案，须经行政长官签署、公布，方能生效。

第七十九条　澳门特别行政区立法会议员在立法会会议上的发言和表决，不受法律追究。

第八十条　澳门特别行政区立法会议员非经立法会许可不受逮捕，但现行犯不在此限。

第八十一条　澳门特别行政区立法会议员如有下列情况之一，经立法会决定，即丧失其立法会议员的资格：

（一）因严重疾病或其他原因无力履行职务；

（二）担任法律规定不得兼任的职务；

（三）未得到立法会主席同意，连续五次或间断十五次缺席会议而无合理解释；

（四）违反立法会议员誓言；

（五）在澳门特别行政区区内或区外犯有刑事罪行，被判处监禁三十日以上。

第四节　司法机关

第八十二条　澳门特别行政区法院行使审判权。

第八十二条　澳门特别行政区法院独立进行审判，只服从法律，不受任何干涉。

第八十四条　澳门特别行政区设立初级法院、中级法院和终审法院。

澳门特别行政区终审权属于澳门特别行政区终审法院。

澳门特别行政区法院的组织、职权和运作由法律规定。

第八十五条　澳门特别行政区初级法院可根据需要设立若干专门法庭。

原刑事起诉法庭的制度继续保留。

第八十六条　澳门特别行政区设立行政法院。行政法院是管辖行政诉讼和税务诉讼的法院。不服行政法院裁决者，可向中级法院上诉。

第八十七条　澳门特别行政区各级法院的法官，根据当地法官、律师和知名人士组成的独立委员会的推荐，由行政长官任命。法官的选用以其专业资格为标准，符合标准的外籍法官也可聘用。

法官只有在无力履行其职责或行为与其所任职务不相称的情况下，行政长官才可根据终审法院院长任命的不少于三名当地法官组成的审议庭的建议，予以免职。

终审法院法官的免职由行政长官根据澳门特别行政区立法会议员组成的审议委员会的建议决定。

终审法院法官的任命和免职须报全国人民代表大会常务委员会备案。

第八十八条　澳门特别行政区各级法院的院长由行政长官从法官中选任。

终审法院院长由澳门特别行政区永久性居民中的中国公民担任。

终审法院院长的任命和免职须报全国人民代表大会常务委员会备案。

第八十九条　澳门特别行政区法官依法进行审判，不听从任何命令或指示，但本法第十九条第三款规定的情况除外。

法官履行审判职责的行为不受法律追究。

法官在任职期间，不得兼任其他公职或任何私人职务，也不得在政治性团体中担任任何职务。

第九十条　澳门特别行政区检察院独立行使法律赋予的检察职能，不受任何干涉。

澳门特别行政区检察长由澳门特别行政区永久性居民中的中国公民担任，由行政长官提名，报中央人民政府任命。

检察官经检察长提名，由行政长官任命。

检察院的组织、职权和运作由法律规定。

第九十一条　原在澳门实行的司法辅助人员的任免制度予以保留。

第九十二条　澳门特别行政区政府可参照原在澳门实行的办法，作出有关当地和外来的律师在澳门特别行政区执业的规定。

第九十三条　澳门特别行政区可与全国其他地区的司法机关通过协商依法进行司法方面的联系和相互提供协助。

第九十四条　在中央人民政府协助和授权下，澳门特别行政区可与外国就司法互助关系作出适当安排。

第五节　市政机构

第九十五条　澳门特别行政区可设立非政权性的市政机构。市政机构受政府委托为居民提供文化、康乐、环境卫生等方面的服务，并就有关上述事务向澳门特别行政区政府提供咨询意见。

第九十六条　市政机构的职权和组成由法律规定。

第六节　公务人员

第九十七条　澳门特别行政区的公务人员必须是澳门特别行政区永久性居民。本法第九十八条和九十九条规定的公务人员，以及澳门特别行政区政府聘用的某些专业技术人员和初级公务人员除外。

第九十八条　澳门特别行政区成立时，原在澳门政府各部门任职的公务人员，包括警务人员和司法辅助人员，均可留用，继续工作，其薪金、津贴、福利待遇不低于原来的标准，原来享有的年资予以保留。

依照澳门原有法律享有退休金和赡养费待遇的留用公务人员，在澳门特别行政区成立后退休的，不论其所属国籍或居住地点，澳门特别行政区向他们或其家属支付不低于原来标准的应得的退休金和赡养费。

第九十九条　澳门特别行政区可任用原澳门公务人员中的或持有澳门特别行政区永久性居民身份证的葡籍和其他外籍人士担任各级公务人员，但本法另有规定者除外。

澳门特别行政区有关部门还可聘请葡籍和其他外籍人士担任顾问和专业技术职务。

上述人员只能以个人身份受聘，并对澳门特别行政区负责。

第一百条　公务人员应根据其本人的资格、经验和才能予以任用和提升。澳门原有关于公务人员的录用、纪律、提升和正常晋级制度基本不变，但得根据澳门社会的发展加以改进。

第七节　宣誓效忠

第一百零一条　澳门特别行政区行政长官、主要官员、行政会委员、立法会议员、法官和检察官，必须拥护中华人民共和国澳门特别行政区基本法，尽忠职守，廉洁奉公，效忠中华人民共和国澳门特别行政区，并依法宣誓。

第一百零二条　澳门特别行政区行政长官、主要官员、立法会主席、终审法院院长、检察长在就职时，除按本法第一百零一条的规定宣誓外，还必须宣誓效忠中华人民共和国。

第五章　经济

第一百零三条　澳门特别行政区依法保护私人和法人财产的取得、使用、处置和继承的权利，以及依法征用私人和法人财产时被征用财产的所有人得到补偿的权利。

征用财产的补偿应相当于该财产当时的实际价值，可自由兑换，不得无故迟延支付。

企业所有权和外来投资均受法律保护。

第一百零四条　澳门特别行政区保持财政独立。

澳门特别行政区财政收入全部由澳门特别行政区自行支配，不上缴中央人民政府。

中央人民政府不在澳门特别行政区征税。

第一百零五条　澳门特别行政区的财政预算以量入为出为原则，力求收支平衡，避免赤字，并与本地生产总值的增长率相适应。

第一百零六条　澳门特别行政区实行独立的税收制度。

澳门特别行政区参照原在澳门实行的低税政策，自行立法规定税种、税率、税收宽免和其他税务事项。专营税制由法律另作规定。

第一百零七条　澳门特别行政区的货币金融制度由法律规定。

澳门特别行政区政府自行制定货币金融政策，保障金融市场和各种金融机构的经营自由，并依法进行管理和监督。

第一百零八条　澳门元为澳门特别行政区的法定货币，继续流通。

澳门货币发行权属于澳门特别行政区政府。澳门货币的发行须有百分之百的准备金。澳门货币的发行制度和准备金制度，由法律规定。

澳门特别行政区政府可授权指定银行行使或继续行使发行澳门货币的代

理职能。

第一百零九条　澳门特别行政区不实行外汇管制政策。澳门元自由兑换。

澳门特别行政区的外汇储备由澳门特别行政区政府依法管理和支配。

澳门特别行政区政府保障资金的流动和进出自由。

第一百一十条　澳门特别行政区保持自由港地位，除法律另有规定外，不征收关税。

第一百一十一条　澳门特别行政区实行自由贸易政策，保障货物、无形财产和资本的流动自由。

第一百一十二条　澳门特别行政区为单独的关税地区。

澳门特别行政区可以"中国澳门"的名义参加《关税和贸易总协定》、关于国际纺织品贸易安排等有关国际组织和国际贸易协定，包括优惠贸易安排。

澳门特别行政区取得的和以前取得仍继续有效的出口配额、关税优惠和其他类似安排，全由澳门特别行政区享有。

第一百一十三条　澳门特别行政区根据当时的产地规则，可对产品签发产地来源证。

第一百一十四条　澳门特别行政区依法保护工商企业的自由经营，自行制定工商业的发展政策。

澳门特别行政区改善经济环境和提供法律保障，以促进工商业的发展，鼓励投资和技术进步，并开发新产业和新市场。

第一百一十五条　澳门特别行政区根据经济发展的情况，自行制定劳工政策，完善劳工法律。

澳门特别行政区设立由政府、雇主团体、雇员团体的代表组成的咨询性的协调组织。

第一百一十六条　澳门特别行政区保持和完善原在澳门实行的航运经营和管理体制，自行制定航运政策。

澳门特别行政区经中央人民政府授权可进行船舶登记，并依照澳门特别行政区的法律以"中国澳门"的名义颁发有关证件。

除外国军用船只进入澳门特别行政区须经中央人民政府特别许可外，其他船舶可依照澳门特别行政区的法律进出其港口。

澳门特别行政区的私营的航运及与航运有关的企业和码头可继续自由经营。

第一百一十七条　澳门特别行政区政府经中央人民政府具体授权可自行制定民用航空的各项管理制度。

第一百一十八条　澳门特别行政区根据本地整体利益自行制定旅游娱乐业的政策。

第一百一十九条　澳门特别行政区政府依法实行环境保护。

第一百二十条　澳门特别行政区依法承认和保护澳门特别行政区成立前已批出或决定的年期超过一九九九年十二月十九日的合法土地契约和与土地契约有关的一切权利。

澳门特别行政区成立后新批或续批土地，按照澳门特别行政区有关的土地法律及政策处理。

第六章　文化和社会事务

第一百二十一条　澳门特别行政区政府自行制定教育政策，包括教育体制和管理、教学语言、经费分配、考试制度、承认学历和学位等政策，推动教育的发展。

澳门特别行政区政府依法推行义务教育。

社会团体和私人可依法举办各种教育事业。

第一百二十二条　澳门原有各类学校均可继续开办。澳门特别行政区各类学校均有办学的自主性，依法享有教学自由和学术自由。

各类学校可以继续从澳门特别行政区以外招聘教职员和选用教材。学生享有选择院校和在澳门特别行政区以外求学的自由。

第一百二十三条　澳门特别行政区政府自行制定促进医疗卫生服务和发展中西医药的政策。社会团体和私人可依法提供各种医疗卫生服务。

第一百二十四条　澳门特别行政区政府自行制定科学技术政策，依法保护科学技术的研究成果、专利和发明创造。

澳门特别行政区政府自行确定适用于澳门的各类科学技术标准和规格。

第一百二十五条　澳门特别行政区政府自行制定文化政策，包括文学艺术、广播、电影、电视等政策。

澳门特别行政区政府依法保护作者的文学艺术及其他的创作成果和合法权益。

澳门特别行政区政府依法保护名胜、古迹和其他历史文物，并保护文物所有者的合法权益。

第一百二十六条　澳门特别行政区政府自行制定新闻、出版政策。

第一百二十七条　澳门特别行政区政府自行制定体育政策。民间体育团体可依法继续存在和发展。

第一百二十八条　澳门特别行政区政府根据宗教信仰自由的原则，不干预宗教组织的内部事务，不干预宗教组织和教徒同澳门以外地区的宗教组织和教徒保持及发展关系，不限制与澳门特别行政区法律没有抵触的宗教活动。

宗教组织可依法开办宗教院校和其他学校、医院和福利机构以及提供其他社会服务。宗教组织开办的学校可以继续提供宗教教育，包括开设宗教课程。

宗教组织依法享有财产的取得、使用、处置、继承以及接受捐献的权利。宗教组织在财产方面的原有权益依法受到保护。

第一百二十九条　澳门特别行政区政府自行确定专业制度，根据公平合理的原则，制定有关评审和颁授各种专业和执业资格的办法。

在澳门特别行政区成立以前已经取得专业资格和执业资格者，根据澳门特别行政区的有关规定可保留原有的资格。

澳门特别行政区政府根据有关规定承认在澳门特别行政区成立以前已被承认的专业和专业团体，并可根据社会发展需要，经咨询有关方面的意见，承认新的专业和专业团体。

第一百三十条　澳门特别行政区政府在原有社会福利制度的基础上，根据经济条件和社会需要自行制定有关社会福利的发展和改进的政策。

第一百三十一条　澳门特别行政区的社会服务团体，在不抵触法律的情况下，可以自行决定其服务方式。

第一百三十二条　澳门特别行政区政府根据需要和可能逐步改善原在澳门实行的对教育、科学、技术、文化、体育、康乐、医疗卫生、社会福利、社会工作等方面的民间组织的资助政策。

第一百三十三条　澳门特别行政区的教育、科学、技术、文化、新闻、出版、体育、康乐、专业、医疗卫生、劳工、妇女、青年、归侨、社会福利、社会工作等方面的民间团体和宗教组织同全国其他地区相应的团体和组织的关系，以互不隶属、互不干涉、互相尊重的原则为基础。

第一百三十四条　澳门特别行政区的教育、科学、技术、文化、新闻、出版、体育、康乐、专业、医疗卫生、劳工、妇女、青年、归侨、社会福利、社会工作等方面的民间团体和宗教组织可同世界各国、各地区及国际的有关团体和组织保持和发展关系，各该团体和组织可根据需要冠用"中国澳门"的名义，参与有关活动。

第七章　对外事务

第一百三十五条　澳门特别行政区政府的代表，可作为中华人民共和国政府代表团的成员，参加由中央人民政府进行的同澳门特别行政区直接有关的外交谈判。

第一百三十六条　澳门特别行政区可在经济、贸易、金融、航运、通讯、旅游、文化、科技、体育等适当领域以"中国澳门"的名义，单独地同世界各国、各地区及有关国际组织保持和发展关系，签订和履行有关协议。

第一百三十七条　对以国家为单位参加的、同澳门特别行政区有关的、适当领域的国际组织和国际会议，澳门特别行政区政府可派遣代表作为中华人民共和国代表团的成员或以中央人民政府和上述有关国际组织或国际会议允许的身份参加，并以"中国澳门"的名义发表意见。

澳门特别行政区可以"中国澳门"的名义参加不以国家为单位参加的国际组织和国际会议。

对中华人民共和国已参加而澳门也以某种形式参加的国际组织，中央人民政府将根据情况和澳门特别行政区的需要采取措施，使澳门特别行政区以适当形式继续保持在这些组织中的地位。

对中华人民共和国尚未参加而澳门已以某种形式参加的国际组织，中央人民政府将根据情况和需要使澳门特别行政区以适当形式继续参加这些组织。

第一百三十八条　中华人民共和国缔结的国际协议，中央人民政府可根据情况和澳门特别行政区的需要，在征询澳门特别行政区政府的意见后，决定是否适用于澳门特别行政区。

中华人民共和国尚未参加但已适用于澳门的国际协议仍可继续适用。中央人民政府根据情况和需要授权或协助澳门特别行政区政府作出适当安排，使其他与其有关的国际协议适用于澳门特别行政区。

第一百三十九条　中央人民政府授权澳门特别行政区政府依照法律给持有澳门特别行政区永久性居民身份证的中国公民签发中华人民共和国澳门特别行政区护照，给在澳门特别行政区的其他合法居留者签发中华人民共和国澳门特别行政区的其他旅行证件。上述护照和旅行证件，前往各国和各地区有效，并载明持有人有返回澳门特别行政区的权利。

对世界各国或各地区的人入境、逗留和离境，澳门特别行政区政府可实行出入境管制。

第一百四十条　中央人民政府协助或授权澳门特别行政区政府同有关国家和地区谈判和签订互免签证协议。

第一百四十一条　澳门特别行政区可根据需要在外国设立官方或半官方的经济和贸易机构，报中央人民政府备案。

第一百四十二条　外国在澳门特别行政区设立领事机构或其他官方、半官方机构，须经中央人民政府批准。

已同中华人民共和国建立正式外交关系的国家在澳门设立的领事机构和其他官方机构，可予保留。

尚未同中华人民共和国建立正式外交关系的国家在澳门设立的领事机构和其他官方机构，可根据情况予以保留或改为半官方机构。

尚未为中华人民共和国承认的国家，只能在澳门特别行政区设立民间机构。

第八章　本法的解释和修改

第一百四十三条　本法的解释权属于全国人民代表大会常务委员会。

全国人民代表大会常务委员会授权澳门特别行政区法院在审理案件时对本法关于澳门特别行政区自治范围内的条款自行解释。

澳门特别行政区法院在审理案件时对本法的其他条款也可解释。但如澳门特别行政区法院在审理案件时需要对本法关于中央人民政府管理的事务或中央和澳门特别行政区关系的条款进行解释，而该条款的解释又影响到案件的判决，在对该案件作出不可上诉的终局判决前，应由澳门特别行政区终审法院提请全国人民代表大会常务委员会对有关条款作出解释。如全国人民代表大会常务委员会作出解释，澳门特别行政区法院在引用该条款时，应以全国人民代表大会常务委员会的解释为准。但在此以前作出的判决不受影响。

全国人民代表大会常务委员会在对本法进行解释前，征询其所属的澳门特别行政区基本法委员会的意见。

第一百四十四条　本法的修改权属于全国人民代表大会。

本法的修改提案权属于全国人民代表大会常务委员会、国务院和澳门特别行政区。澳门特别行政区的修改议案，须经澳门特别行政区的全国人民代表大会代表三分之二多数、澳门特别行政区立法会全体议员三分之二多数和澳门特别行政区行政长官同意后，交由澳门特别行政区出席全国人民代表大会的代表团向全国人民代表大会提出。

本法的修改议案在列入全国人民代表大会的议程前，先由澳门特别行政区基本法委员会研究并提出意见。

本法的任何修改，均不得同中华人民共和国对澳门既定的基本方针政策相抵触。

第九章　附则

第一百四十五条　澳门特别行政区成立时，澳门原有法律除由全国人民代表大会常务委员会宣布为同本法抵触者外，采用为澳门特别行政区法律，如以后发现有的法律与本法抵触，可依照本法规定和法定程序修改或停止生效。

根据澳门原有法律取得效力的文件、证件、契约及其所包含的权利和义务，在不抵触本法的前提下继续有效，受澳门特别行政区的承认和保护。

原澳门政府所签订的有效期超过一九九九年十二月十九日的契约，除中央人民政府授权的机构已公开宣布为不符合中葡联合声明关于过渡时期安排的规定，须经澳门特别行政区政府重新审查者外，继续有效。

澳门研究丛书书目

澳门人文社会科学研究文选

　　社会卷　　　　　　　　　　　程惕洁／主编

　　行政卷　　　　　　　　　　　娄胜华／主编

　　政治卷　　　　　　　　　　　余　振　林　媛／主编

　　法律卷　　　　　　　　　　　赵国强／主编

　　基本法卷　　　　　　　　　　骆伟建　王　禹／主编

　　经济卷　　　　　　　　　　　杨允中／主编

　　教育卷　　　　　　　　　　　单文经　林发钦／主编

　　语言翻译卷　　　　　　　　　程祥徽／主编

　　文学卷　　　　　　　　　　　李观鼎／主编

　　文化艺术卷　　　　　　　　　龚　刚／主编

　　历史卷　　　　　　　　　　　吴志良　林发钦　何志辉／主编

　　综合卷　　　　　　　　　　　吴志良　陈震宇／主编

新秩序　　　　　　　　　　　　　娄胜华　潘冠瑾　林　媛／著

澳门土生葡人的宗教信仰　　　　　霍志钊／著

明清澳门涉外法律研究　　　　　　王巨新　王　欣／著

珠海、澳门与近代中西文化交流　　珠海市委宣传部 等／主编

澳门博彩产业竞争力研究　　　　　阮建中／著

澳门社团体制变迁　　　　　　　　潘冠瑾／著

澳门法律新论　　　　　　　　　　刘高龙　赵国强／主编

韦卓民与中西方文化交流　　　　　珠海市委宣传部 等／主编

澳门中文新诗发展史研究（1938～2008）

吕志鹏／著

现代澳门社会治理模式研究　　　　　陈震宇／著

赃款赃物跨境移交、私营贿赂及毒品犯罪研究

赵秉志　赵国强／主编

近现当代传媒与港澳台文学经验　　　朱寿桐　黎湘萍／主编

一国两制与澳门特区制度建设　　　　冷铁勋／著

澳门特区社会服务管理改革研究　　　高炳坤／著

一国两制与澳门治理民主化　　　　　庞嘉颖／著

一国两制下澳门产业结构优化　　　　谢四德／著

澳门人文社会科学研究文选（2008～2011）（上中下）

《澳门人文社会科学研究文选

（2008～2011）》编委会／编

澳门土地法改革研究　　　　　　　　陈家辉／著

澳门行政法规的困境与出路　　　　　何志远／著

个人资料的法律保护　　　　　　　　陈海帆　赵国强／主编

澳门出土明代青花瓷器研究　　　　　马锦强／著

动荡年代　　　　　　　　　　　　　黄鸿钊／编著

当代刑法的理论与实践　　　赵秉志　赵国强　张丽卿　傅华伶／主编

澳门行政主导体制研究　　　　　　　刘倩／著

转型时期的澳门政治精英　　　　　　蔡永君／著

澳门基本法与澳门特别行政区法治研究　蒋朝阳／著

澳门民事诉讼制度改革研究　　　　　黎晓平　蔡肖文／著

澳门人文社会科学研究文选（2012～2014）（上中下）

《澳门人文社会科学研究文选

（2012～2014）》编委会／编

澳门特别行政区立法会产生办法研究　王禹　沈然／著

全球化与澳门　　　　　　　　　　　魏美昌／主编

中葡澳门谈判（1986～1999）　　〔葡〕卡门·曼德思／著

臧小华／译

镜海微澜：黄鸿钊澳门史研究选集　　黄鸿钊／著

澳门道路交通事故民事责任研究　　　吕冬娟／著

"一带一路"与澳门发展　　　　　　澳门特别行政区政府政策研究室

澳门基金会

思路智库／主编

新时代 新征程："一带一路"与澳门发展　　澳门特别行政区政府政策研究和区域发展局

澳门基金会

思路智库/主编

"一国两制"下的中央管治权研究　　骆伟建　周　挺　张　强/著

图书在版编目（CIP）数据

澳门特别行政区基本法解析：立法背景和立法原意
的探究/骆伟建，江华，赵英杰著 . -- 北京：社会科
学文献出版社，2020.10（2022.1 重印）
　（澳门研究丛书）
　ISBN 978 - 7 - 5201 - 7032 - 1

　Ⅰ.①澳…　Ⅱ.①骆…　②江…　③赵…　Ⅲ.①特别行
政区基本法 - 法律解释 - 澳门　Ⅳ.①D921.95

　中国版本图书馆 CIP 数据核字（2020）第 138035 号

· 澳门研究丛书 ·

澳门特别行政区基本法解析
—— 立法背景和立法原意的探究

著　　者／骆伟建　江　华　赵英杰

出 版 人／王利民
责任编辑／王晓卿
文稿编辑／肖世伟
责任印制／王京美

出　　　版／社会科学文献出版社·当代世界出版分社（010）59367004
　　　　　　地址：北京市北三环中路甲 29 号院华龙大厦　邮编：100029
　　　　　　网址：www.ssap.com.cn
发　　　行／社会科学文献出版社（010）59367028
印　　　装／天津千鹤文化传播有限公司

规　　　格／开本：787mm×1092mm　1/16
　　　　　　印张：33.75　字数：560 千字
版　　　次／2020 年 10 月第 1 版　2022 年 1 月第 2 次印刷
书　　　号／ISBN 978 - 7 - 5201 - 7032 - 1
定　　　价／159.00 元

读者服务电话：4008918866